溢出高等教育财政内涵

高等教育项目制治理的财政社会学分析

熊进 著

中国社会科学出版社

图书在版编目（CIP）数据

溢出高等教育财政内涵：高等教育项目制治理的财政社会学分析／熊进著．—北京：中国社会科学出版社，2023.5
ISBN 978-7-5227-1884-2

Ⅰ.①溢… Ⅱ.①熊… Ⅲ.①高等教育—教育财政—研究—中国 Ⅳ.①G647.5

中国国家版本馆CIP数据核字（2023）第086777号

出 版 人	赵剑英
责任编辑	彭 丽 李 沫
责任校对	刘 健
责任印制	王 超

出　　版	中国社会科学出版社
社　　址	北京鼓楼西大街甲158号
邮　　编	100720
网　　址	http://www.csspw.cn
发 行 部	010-84083685
门 市 部	010-84029450
经　　销	新华书店及其他书店
印　　刷	北京明恒达印务有限公司
装　　订	廊坊市广阳区广增装订厂
版　　次	2023年5月第1版
印　　次	2023年5月第1次印刷
开　　本	710×1000 1/16
印　　张	22.75
插　　页	2
字　　数	351千字
定　　价	119.00元

凡购买中国社会科学出版社图书，如有质量问题请与本社营销中心联系调换
电话：010-84083683
版权所有　侵权必究

前　言

20世纪80年代以来，在国家财政体制变革、国家财政能力变迁、高等教育财政拨款方式改革等宏观背景下萌生、发展与强化的高等教育项目制，已成为一个由"超大型"与"微型""完全"与"非完全""竞争性"与"非竞争性""强专有性"与"弱专有性"等系列元素综合而成并具有建构性的制度体系。

在几十年的项目资源输入历程中，高等教育项目制已被实践为多种制度存在面孔，其内涵早已超越高等教育财政拨款与支出的高等教育财政学存在，从而构造了一种从财政学向外溢出至其他学科的内涵发展样态，本书将其概称为"溢出高等教育财政内涵"。正是这一溢出进程塑造了项目制对高等教育治理的全方位影响，本书的选题缘起、问题意识与思考中心就根植于从财政学溢出至他学科的学术脉络中。

"溢出高等教育财政内涵"意味着本书将高等教育项目制治理的研究进行了理论化、学科化处理，将其推向一种由财政学、政治学、组织学等组合而成的跨学科研究的纯粹理论化解释境地，从而决定了本书在总体上表现为一种解释性研究，即一种将高等教育项目制历史与高等教育项目制案例等进行理论抽象与阐释的研究。以财政社会学理论及货币、空间等溢出单一学科的跨学科概念作为研究框架搭建的智识灵感与学术启源，以新制度主义、结构化理论等作为研究论证的理论资源凭借，深刻地刻画着本书的明、暗两条线索：以高等教育项目制内涵的发展与变迁为明线，从财政学内涵溢出至国家治理、组织学、哲学等学科内涵的诞生来解构高等教育项目制；以项目制对高等教育治理的影响为暗线，即跨学科内涵的存在便意味着项目制对高等教育治理的影响显现出跨学科意义上的总体实践效应。明、暗两条线交织共同叙述与诠释着"高等教育治理中的项目制"与"项目制下的高等教育治理"双重主体内容。

在财政与国家治理具有理论与实践上的紧密牵连前提下，高等教育项目制注定会在国家治理场域与语境中构造其政治学意义，这是其第一个财政社会学韵味。在高等教育项目制历史及其实践中，国家高等教育治理在总体上型变为一种理论上的自由、平等与实践中"类公司化"的"发包制"治理、"治理术"权力；以项目资源的投入为中心，高等教育效率与公平、教学与科研等系列高等教育命题被置放于国家注意力分配变迁与注意力分层的逻辑话语中，展演着高等教育项目制治理的多重逻辑；在巨额资金扶持下，"超大型高等教育项目"与"微型高等教育项目"以前所未有的高等教育成就构建起高等教育项目制治理的绩效合法性；由于项目制的诞生在实践中仅触及行政科层体制中的工具、技术与功能层面，所形成的是与科层制一道形塑高等教育治理的"双轨制"模式。在此四个维度上，完成了高等教育项目制的政治学建构。

当研究视野从上往下转移至高等学校这一"基层社会"时，"溢出高等教育财政内涵"便开始从政治学过渡至组织学的学术视域。高等学校为高等教育项目制实践提供了一个"微观场域"，通过这个"微观场域"建立起项目与学术资格、收入分配、学术评价、人才引进等高等教育事务间的某种必然性勾连。高等学校内部围绕科研、人才等项目衍生出了等级、等价、非常规、激励、约束、动员等系列治理机制，高等教育项目制内涵获得生动演绎，从而建构了高等教育项目制的组织学。

当高等教育项目制在高等学校内部的实践机制与形态迈向整个高等教育系统而成为一种普遍性机制与形态时，当项目制所赋予的"生活空间"与"生活机会"成为高等学校、高校教师的"空间"与"机会"，具有了一种财政社会学所言的"立宪"地位时，其内涵状态又进入更加抽象的层面——一种携带哲学特征的学科构境，从而孕育着内涵再次溢出与再次概念化的理论效应。在新型"学术卡里斯玛"的诞生、学术场域运作规则的变迁等组织学效应中，高等教育项目制被镌刻成一种"二元对立""边界""等级""尺度"等概念的制度印象，有关高等教育衡量与评价的价值观、认识论与方法论在内涵的再次溢出中从整体上实现了根本迁变。

在特定宏观制度后盾（项目制作为一种新总体性、强大的国家财政能力、渐进性制度变迁）等主导下，项目制有意地被建构为一种国家治理高等教育的手段与方式，也有意地被选择为构建、理解当代大学、学术的认知基础。在此主观行动之中促动着高等教育项目制内涵发生嬗变，使其由财政学视域一路扩展至政治学、组织学、哲学等学科空间，见证了高等教育项目制在高等教育治理实践中的功能演化与自我扩张。

在财政学、政治学、组织学、哲学等跨学科内涵的建构下，项目制俨然成为一个能够将高等教育诸多主体与结构要素统合起来的制度枢纽，资源获取、利益分配、学术评价、地位区隔、符号意义等制度实践，国家治理与高等教育组织治理等均被统整在其框架下，发挥着强大的实践能力与支配能力，并随实践与内涵的建构性而不断成为一个结构化的总体。正是在这个意义上，通过国家与高等教育组织的上下建构，项目制成为当前高等教育运行的一个总体性规则而内蕴一种体制性的精神内涵。这种精神性体现在一旦哪一个高等教育组织或高等教育个体荣登"项目榜"，成功获取项目尤其是高等级项目，其在高等教育场域中的地位、身份、资格、资源、收入、福利、关系、生涯等都会随之发生结构性改变，从而成功地塑造了高校组织与高校教师的项目属性与特征。面对这种"精神性"，有必要被腾留出的一个检审空间是项目制所应承担的高等教育责任与所应发挥的高等教育功能究竟在何处，也就是考量其财政溢出效应的界限。

总括之，基于当前高等教育项目制研究的单一财政学框架，其停留于对策式的现象考察、缺乏对财政背后理论问题的深度挖掘，有可能遮蔽对一般性逻辑的探讨，在一定意义上无益于高等教育项目制及相关研究的学术对话与理论建构。为改变当前分散化、碎片化的研究情状，打破不同学科间的话语界限，实现高等教育项目制研究的扩展性分析与整体性转型，本书尝试建立了一个统合和解释诸类高等教育项目运作的整体性框架，即"溢出高等教育财政内涵"，以此建立起高等教育项目制研究所具有的学科性、跨学科性及其理论开放性与包容性。或许，在高等教育项目制治理问题的研究中，更具吸引力、穿透力的研究进路便是透过财政或从财政之外察觉高等教育项目制更为隐蔽性的存在。

把项目制带入高等教育治理研究的议题,虽然面临不能解释所有高等教育治理实践的遭遇,但在学理上可以成为理解中国国家高等教育治理现实的独特制度案例,其孕生的高等教育治理研究的规则论范式转换等具有很强的方法论启示意义。综上所论,如果从本体论和方法论两个角度加以区分与辨明,本书在方法论上更具创新性与价值,从而凸显出一种框架性研究的基调与特征。以此研究为起始,以高等教育项目现象与实践为基础,迈向一种更具逻辑性关联的跨学科或综合社会科学特征的研究,有利于在新的理论与方法平台上建构出高等教育治理、高等教育项目制、高等教育财政等诸多研究议题的新问题意识与新诠释进路。

目　　录

第一章　项目制：释读中国高等教育治理的新视角 ⋯⋯⋯⋯⋯⋯ 1
　　第一节　研究背景与问题提出 ⋯⋯⋯⋯⋯⋯⋯⋯⋯⋯⋯⋯⋯⋯⋯ 2
　　第二节　研究意义 ⋯⋯⋯⋯⋯⋯⋯⋯⋯⋯⋯⋯⋯⋯⋯⋯⋯⋯⋯ 13
　　第三节　核心概念 ⋯⋯⋯⋯⋯⋯⋯⋯⋯⋯⋯⋯⋯⋯⋯⋯⋯⋯⋯ 16
　　第四节　文献述评：范式转换、学科基础与空间拓展 ⋯⋯⋯⋯⋯ 18
　　第五节　理论资源、分析框架与本书结构 ⋯⋯⋯⋯⋯⋯⋯⋯⋯⋯ 50
　　第六节　研究方法 ⋯⋯⋯⋯⋯⋯⋯⋯⋯⋯⋯⋯⋯⋯⋯⋯⋯⋯⋯ 68

第二章　高等教育项目制的历史、类型与建构 ⋯⋯⋯⋯⋯⋯⋯⋯ 76
　　第一节　高等教育项目制的历史演进 ⋯⋯⋯⋯⋯⋯⋯⋯⋯⋯⋯ 78
　　第二节　高等教育项目制的类型学 ⋯⋯⋯⋯⋯⋯⋯⋯⋯⋯⋯⋯ 111
　　小结：高等教育项目制体系的建构及其建构性 ⋯⋯⋯⋯⋯⋯⋯⋯ 118

第三章　高等教育项目制的国家治理意涵 ⋯⋯⋯⋯⋯⋯⋯⋯⋯⋯ 122
　　第一节　财政与国家治理：财政研究范式转向的启发 ⋯⋯⋯⋯⋯ 123
　　第二节　项目制与国家治理：项目制的财政社会学意涵 ⋯⋯⋯⋯ 130
　　第三节　高等教育项目制的多重国家治理意涵 ⋯⋯⋯⋯⋯⋯⋯⋯ 132
　　小结：高等教育项目制的政治学建构 ⋯⋯⋯⋯⋯⋯⋯⋯⋯⋯⋯ 155

第四章　项目进校、组织诠释与高等教育项目制的组织学 ⋯⋯⋯ 158
　　第一节　科研项目及其组织学 ⋯⋯⋯⋯⋯⋯⋯⋯⋯⋯⋯⋯⋯⋯ 161
　　第二节　人才项目及其组织学 ⋯⋯⋯⋯⋯⋯⋯⋯⋯⋯⋯⋯⋯⋯ 184

第三节 迈向更为普遍的"高等教育项目"：一个扩展性的
案例讨论 …………………………………………… 195
小结：高等教育项目制的组织学生成 ……………………… 197

第五章 内涵再溢出：高等教育项目制的组织学效应 ………… 201
第一节 改造与重组：项目制的组织阐释与学术场域变迁 …… 202
第二节 项目通行与学术的"一般等价物" ………………… 212
第三节 "符号的崛起"与"学术真与假的辩证法" ………… 220
第四节 技术治理与"高等教育表演" ……………………… 226
第五节 学术商品化与资本的逻辑 …………………………… 230
小结：作为尺度的高等教育项目制 …………………………… 234

第六章 高等教育项目制内涵的财政溢出效应何以可能 ……… 238
第一节 项目制作为国家治理的"新总体性"及其理论
价值 ……………………………………………………… 239
第二节 国家财政、国家能力与高等教育治理逻辑 ………… 244
第三节 项目制治理的渐进性诞生与"双轨制"高等
教育治理模式 …………………………………………… 247
第四节 结构化理论下高等教育财政项目制内涵的外溢 …… 252
小结：上下建构中的高等教育项目制 ………………………… 264

第七章 高等教育项目制跨学科内涵的建构与综合分析 ……… 267
第一节 高等教育项目制跨学科内涵的建构 ………………… 268
第二节 高等教育项目制内涵的建构性：一个未竟的状态 … 271
第三节 高等教育项目制跨学科内涵的可能限度 …………… 275
第四节 高等教育项目制跨学科内涵实践限度的超越 ……… 280

余论：财政社会学视域中的高等教育项目制 …………………… 289
第一节 研究的观点："溢出高等教育财政内涵"及其
理论价值 ………………………………………………… 290

第二节　研究的视角与范式：诠解项目制与高等教育治理 …… 296
第三节　研究的方法：个案研究的局限及其价值 ………… 301
第四节　高等教育项目制及相关研究的拓展 ……………… 303

附录 1　分税制改革前后中央与地方财政收入情况……………… 310

附录 2　分税制改革前后中央与地方财政支出情况……………… 311

附录 3　省级层面人才项目体系 ………………………………… 312

附录 4　高等学校教师职务试行条例 …………………………… 316

主要参考文献 ……………………………………………………… 322

第一章

项目制：释读中国高等教育治理的新视角

即便项目制最初并非缘起于高等教育领域，但如今似乎已被实践成高等教育中的"日常生活"。20世纪80年代以来，项目制已成为我国高等教育领域中的一项比较稳定的基本制度设计，综合性的"大型"项目（如"985工程""211工程"）与单一的"微型"项目（如科研项目、人才项目、教学项目）等项目类别，以及其中内含的资源获取、利益分配、学术评价、地位区隔、符号意义等运行机制与次生影响俨然构造了一个国家、大学、教师等诸多行动者都相遇于其中的高等教育项目制场域。高等教育项目制场域的诞生深刻地影响甚至改造着高等教育场域、学术场域，并促动高等教育场域、学术场域发生结构性变迁，从而具备了多重实践样态与学科意涵。在项目制产生与发展的时空之中，社会学、政治学、经济学等社会科学学科于近些年给予了诸多学术关怀与理性审视并赋予其财政（项目的原初含义）之外的治理意义与内涵，在这些学科视域中，项目制乃作为一种新的治理机制而存在。他们所提出的学术概念、研究命题、解释框架等有利于观察一个更加真实的中国国家治理，对于中国国家治理现实也更具解释力。

有鉴于此[①]，无论在理论上还是从实践层面上，高等教育学也有必要以一种学术警觉、自觉的态度将项目制纳入学术的视野对其进行理性

---

① 当然，我们的问题意识与研究缘起并非简单根植于其他学科有关项目制的研究（具体说来，项目制的他学科研究倒是可以提供理论上的启发），而是在根本上基于高等教育领域中的项目事实与项目实践中所呈现的问题，下文详述。

考察。本书力图在新的研究话题中去寻觅高等教育治理等相关研究可能存在的创新空间，包括方法、视角、范式上的转换与拓展。同时，关注这样一个影响甚广的高等教育制度背景与安排，也能够彰显一直以来学界所强调的高等教育学对高等教育改革与发展实践问题予以关切的学科情怀与学术旨趣，并从中尽可能地去累积高等教育学学科建设与发展的认识论、方法论等理论资源。

本章属于绪论部分，包含研究背景问题提出、研究意义、核心概念、文献述评、理论资源分析框架、研究方法六个主体内容，简论之就是相继回答"项目制——释读中国高等教育治理的新视角"这一主题"是什么"（研究什么）、"为什么"（为什么要研究）与"怎么样"（怎样进行研究）三个问题，这构成了绪论章节的主要任务和目的，也是绪论部分逻辑展开的顺序。它们之间的任务分工是：研究背景与问题提出、研究意义与文献述评三个部分在于回答"是什么"和"为什么"两个设问，即本书研究的是什么以及研究何以可能的问题：应如何构建起高等教育项目制治理研究的问题意识（即关注高等教育项目制治理的何种问题）、项目制对于高等教育的实践意涵与理论价值（实践意义与理论意义）。实践意涵即为项目制作为一种国家治理高等教育的新机制、新方式及其所引发的大学行动等，理论价值则意味着高等教育项目制研究对高等教育治理等相关研究的创新与拓展；通过文献述评是希望借助对相关文献的整理、评价能为本书的研究选题提供一定的学理支撑并力图发现、寻觅可能的学术延展空间。理论基础与研究方法重在解决"怎样研究"的问题，即围绕这个主题的研究展开所依凭的理论资源及其构建的分析框架、研究方法上的支撑。

第一节 研究背景与问题提出

在当代中国高等教育领域内，高等教育治理的理论与实践探寻已然成为一个颇受关注的学术板块。特别是在国家治理体系和治理能力现代化的宏观叙事嵌入下，高等教育界以一种"条件反射"式的态度发生反应与进行对接，自觉地提出高等教育治理体系和治理能力现代化这一时代命题，并将高等教育治理体系和治理能力现代化纳入国家治理体系和治理能力现代化的宏大构架中获取合法性与意义。而高等教育学界则力图构建一种"高等教育治理体系和治理能力现代化"的理论体系，以为"高等教育治理体系和治理能力现代化"的实践提供指导，并为国家治理体系与治理能力现代化作出高等教育的独特贡献。

观照1949年以来中国高等教育的历史与现实，其发生与实践的起点从来都不是传统书院式的高等教育机构，也区别于西方的大学场域，而是一个有着自身特色的高等教育领域。高等教育改革与发展一直紧密嵌入于国家宏观制度与改革脉络之中，成为高等教育宏微观治理的真实情境与最大现实，并直接构造了高等教育理论分析与实践运作的制度场景。总体而论，中国高等教育改革、发展是镶嵌于国家治理及其转型的总体脉络之中。因此，对于高等教育治理的把握也必须置放于国家总体性治理的宏大体系之中，才能更加懂得中国特色的高等教育究竟为"何物"。为此，需先凝练出当前国家治理的总体框架和模式是什么，然后再将高等教育治理纳入国家治理的总体框架之中去获悉高等教育的真切意涵。

既如此，理解、研究当代中国高等教育宏观治理就不能仅限于国家放权与大学自治的略带西方特色的传统范式，而应从现实出发归纳出一个有关高等教育宏观治理的具有总体性能力的名词、概念或框架，并在这一总体性概念与框架之下去探讨高等教育的治理及其所内蕴的国家与大学间新的关系互动等系列命题，是一种较为接地气或者说是一种较为本土化的理论取向。依循这样的前提与思路，本书试图通过在改革开放几十年的历程中去回顾国家治理模式的变迁、回思高等教育发展的历史与各种高等教育制度变革、紧贴高等教育发展现实、细致观察当下高等学校组织内部"日常生活"等途径，去找寻一个具有总体性概括能力的概念，而"项目制"一词恐怕最为合适不过。本书认为，对中国真实高等教育的把握以及高等教育治理体系与治理能力现代化理论体系建设这一治理构想的思考，可以在"项目制"这一真实的、新的制度环境中找寻问题并寻求变革的途径。

一　项目：特色术语、财政概念与治理方式

"特色"一词不仅强有力地概括了中国国家诸多领域的语言表达方

式，更是饱含了政治、经济、教育、科技、文化等理论与实践问题所承担的历史责任，承载了国家对于学术与实践问题的宏大理想与终极旨归。于此理想与旨归之中，我们力求构建的是具有中国特色的理论体系与具有中国特色的实践模式。1949 年以后，不论是学术求索还是改革实践，我们不断建构着、生产着、打造着系列"特色"话语，俨然形成了一个囊括所有的"特色体系"，而"项目"即为其中一员。把项目看作是一个中国特色的术语，并不是说项目现象只存在于中国，而是指一种具有别样内涵的项目（在下文中将会具体呈现这种特色）。

从社会学等学科研究的情况来看，主流研究都将项目认定为是一个起源于经济、财政领域的概念与制度，是 1994 年分税制改革的产物。分税制改革后，国家通过专项转移支付的方式向社会诸项事务注入财政资源，项目作为一种财政制度便在这个过程中孕育而出。此后，项目就频频见诸于各类媒体、文件、报刊、报告等公开媒介上。在中国政府网输入"项目"一词，可检索到上万条关于"项目"的信息。其中包含教育、文化、科技、扶贫、旅游、环境、能源、税收、医疗、城市、养老、商品、房地产、海洋、银行、水利、PPP（Public-Private-Partnership）等从宏观到微观的各种项目。在各领域的项目之下又蕴涵各种细微的项目，比如教育项目中的九年义务教育普及项目、精准扶贫项目等。可以说，项目无处不在，无时不有，已在中国改革与发展实践中占据重要席位，如今的项目基本涵盖了经济建设、文化建设、社会建设、生态文明建设等方方面面[1]。

对于项目来说，如果仅仅是停留于财政经济领域，抑或单单是偶发性的国家行为且其辐射领域相当狭窄，更不用说具备一种体制能力（这种情况简论之则意味着项目制的实践能力比较弱小），那么在理论上对于项目关注的充分性与必要性则稍显不足。当其从财政、经济领域向外溢出而贯穿整个中国社会，成为通行于中国经济、政治、学术、教育等各个领域的普遍社会治理机制[2]时，当其成为全国上下各类组织、群体、

---

[1] 杨志军：《运动式治理悖论：常态治理的非常规化——基于网络"扫黄打非"运动分析》，《公共行政评论》2015 年第 2 期。

[2] 张学博：《项目治国和政府绩效：从县乡村治理切入》，《学术界》2017 年第 1 期。

个人等无法逃逸的制度背景时（这种情形则表明项目制具备了强大的实践能力），其性质与内涵则超越了一种语言表述、一种偶发性政府行为、一项财政管理制度，而是于其中蕴涵了政治学、社会学、组织学等学术意义的建构，暗藏着国家治理体制、机制的变迁与发展，意味着项目作为一种治理体制、机制、模式与思维方式的诞生。从国家财政到地方政府、从企业到教科文卫组织、从组织到社会成员等，似乎谁也无法离开项目的支持。从这个角度而言，项目制便以多种形态存在：其不仅是一种或某种财政意义上的项目，也非意味着对财政项目进行管理的各类制度，而更是一种在各种因素综合作用下能够将国家从中央到地方再到基层的各层级关系、从社会组织到个体成员以及社会各领域诸项事务统合起来的治理模式。如同渠敬东教授在论及项目制时认为其已被实践为多重样态：一种体制、一种机制、一种思维模式。[①] 项目制实践与制度存在从财政制度到治理意义，在本质上意味着国家在治理实践及其逻辑上发生了结构性变化，相关研究所建立起的问题意识也由此获得了强大的实践合法性基础。

在理论界，发展一个统一的概念框架来解释中国的国家治理是未来可行的研究议题之一[②]，也是国家治理研究的重要任务。在政治话语、各方行动的嵌入及项目实践能力增强的背景下，"项目制"一词可以发展为理解当前中国国家治理模式、机制的统一概念，如同压力型体制、单位制、清单制及运动式治理等治理机制能够解释中国国家治理现实一样。在项目制治理模式之下，项目制的运作机制、成效与局限，项目制度中国家与社会的关系，项目制治理中组织与个体行为，项目嵌入下基层社会的反应等可作为且已成为这一治理模式重点关注的理论与实践命题。

二 高等教育中的项目与项目中的高等教育：现象描述与问题探寻

在当今高等教育领域内，从国家层面到大学内部，经常看到、听到

[①] 渠敬东：《项目制：一种新的国家治理体制》，《中国社会科学》2012年第5期。
[②] 蔡潇彬：《中国国家治理研究述评》，《天津行政学院学报》2016年第3期。

抑或体验到有关项目的话语与实践。一方面，改革开放以来，国家不断生产出连串的高等教育项目；另一方面，在大学内部，从学校、学院到教师，或繁忙于各种项目申报等行动中，或陶醉于项目所带来的荣耀中。无论是繁忙还是陶醉，项目都将高等教育组织与个人成功纳入其制度框架内，围绕项目产生的行动构成了大学组织内部的别样景观与另番景象。

（一）高等教育中的项目：国家财政拨款与大学内部"项目现象"

自20世纪80年代高等教育专项拨款方式诞生后，国家从20世纪90年代中后期开始在高等教育领域内加大对高等教育的专项财政投入、广泛采用项目思维，从高等教育的宏观架构（比如"211工程""985工程""双一流"等项目）到高等教育的微观建设涉及高校组织内部的科学研究、学科建设、教学改革、教师队伍建设、人才培养等多个方面，似乎表明国家以项目资源投入的方式试图将高等教育整体及系统内部诸项事务均纳入其框架中（更多高等教育财政项目制的细节内容在第二章的历史、类型中将会详述），由此产生了对于国家来说一种"项目治教"（通过财政项目治理高等教育）的高等教育治理模式。

作为高等教育财政拨款方式之项目制的诞生，随即引发了当前高等学校内部呈现出来的各种"项目现象"。

我们可追溯出项目的起始之期。但不知从何时起，项目在大学校园内变得十分流行；也不知从何时起，项目在大学场域中畅行无阻；更不知从何时起，大学、教师似乎已全然接受或承认项目所象征的一切。各色"工程""计划""项目""基金"等连片进驻大学校园内，似乎成为大学中的"日常用语"。学校、院系层面对其青睐有加，任意一个"国字号"项目都能为学校、学院带来丰厚资金与无上荣耀；教师个体也十分矛盾，既盼摘得"项目头衔"、荣登"项目榜"，却又不得不为此费尽心力、疲惫不堪。"项目"一词毫无疑问成为学校、学院、教师、学生的惯用语汇而落地生根。

学校、学院层面上的新闻报道足见其对于各类高等教育项目的重视，"热烈祝贺""热闹庆祝""看望""喜讯""圆满结束""动员""部署""加快""推进"等非学术用语一拥而上，时常见诸大学内部新闻头条。譬如：

第一章 项目制：释读中国高等教育治理的新视角

热烈祝贺我院2016年国家自然科学基金项目立项与资助金额全校第一；热烈祝贺我院××老师课题获得2016年度"国家自然科学基金项目"立项；××副校长到药生学院看望获得国家自然科学基金项目教师；热闹庆祝我校国家自然科学基金再创新高；喜讯：热烈祝贺××教授入围××年度"长江学者特聘教授"建议人选名单；我校"211工程"三期建设验收工作圆满结束；我校通过国家"211工程"部门预审迈出走向一流师范大学坚实一步；××大学举行"985工程"（2010—2013）建设责任书签字仪式；热烈祝贺我校进入985二期工程；热列庆祝××大学进入985工程优势学科创新平台；我校召开2017年度国家级基金项目申报动员暨研讨会；2014年国家社会科学基金项目申报拉开序幕；加快推进"双一流"建设……

无论何种形式，学校、学院都愿意为此花费大量人力、物力而展开项目的争夺与项目任务的顺利完成。这已是大学内部的"常态行动"。

其实，大学教师的学术生活也早已不再"平静"，一份大学"青椒"的日程表便勾画出了大学教师的生活样态，其中也少不了项目的贡献：

早上6点多起床，看书、查资料、写论文和投标书，再抓紧完善由老教授或教研室主任"挂帅"的课题报告；中午"随便搞点吃的"后花一个多小时辗转抵达学校，完成下午3个课时的教学任务，下课后还得赶在财务、人事下班前"把提前在家粘好的发票送去报销"；晚上回家也是片刻不得闲，上传教学课件、回复学生邮件，真正能坐下来看看书、写写字已是深夜。甚至没有双休日和假期，"不去参加学术会议的话，就抓紧多写点论文，还得准备PETS-5考试（专为申请公派出国留学的人员设立的英语水平考试，部分高校评职称时的必要条件）"。①

---

① 《关注高校青年教师》，《光明日报》2013年8月13日第5版。

如此，大学教师的正常生活已变得"不正常"，而"不正常"的生活却成了大学教师生活的"常态"。这可能是一个悖论。

报销、职称塑造了繁忙的"项目生活"与"项目化的学术生活"。

在此，项目吸纳学术或在某种程度上项目与学术画上了等号、充当了学术评价的"一般等价物"的功能，这似乎亦成为大学学术的常态。这或许又是一个悖论。

在社会学等学科研究中，一种"项目下乡""项目进村"的语言表述方式常被研究者所采用。对于高等教育项目制来说，也可借鉴此类表达形式将项目进入高等学校的过程简称为"项目进校"。在"项目进校"进程中，从高等教育组织到高等教育个人所采取的行动抑或惯用的语言表达可以说构成了大学校园内的"人文"一景。而对于这独特一景，远远观看与感性反思恐显不够，需驻立脚步理性思考。

（二）"项目治教"与"项目进校"：由财政内涵向外溢出

对于高等教育项目制所带来的影响，其感性式的反思与批判先于学理意义上的理性探究而早已见诸于各种场合。在不同网站、微信公众号、报纸乃至学术期刊上都登载过关于各类项目对高等教育、大学学术影响的感性反思类文章。然而，对于这样一个颇具中国特色的高等教育语词，其对高等教育的影响已远非感性反思足以表达，或者说仅凭单一的研究范式与问题化进路（文献综述会对此加以详述）难以把握住其中的核心问题。通过前述现象描述发现，在项目财政资源向高等学校注入的"长时段"进程及其丰富实践中，伴随国家、高等学校以及高校教师等主体对项目的理解与建构，已经使高等教育项目制在实践中超越了其原有作为财政的内涵，而不断以多副面孔与制度存在于高等教育领域中发挥作用、产生影响（比如作为评价的手段），因此本书的关注点就不应只放置在财政制度的考量上，还应更加关注其多副面孔的学理意义。高等教育项目制多副面孔的存在可以提升为何种样式的理论命题，这是本书的焦点问题与现实基础。

1. 高等教育项目制的国家治理蕴意

从宏观层面上讲，在国家财政制度变革中诞生的高等教育项目制因其与国家对建设一个什么样的高等教育等国家目标与意图密切关联，此时高等教育项目制便进入国家治理场域,即项目资金投入不仅是一种国家的高等教育财政行为,而是于其中蕴涵着一种国家治理的政治学学术意味。基于此,研究可作如下设问:项目制的运作及其治理机制是否是完全独立的?项目资金分配过程中所规定的竞争、自由、平等等市场元素与国家高等教育治理方式有何种关联?项目资源在不同高等教育事务间的分配,又能探视出国家怎样的考量?如此种种设问,蕴藏了高等教育项目制溢出国家财政拨款之外的实践内涵,由此可衍生出丰富的学术信息、学术价值及系列研究问题与学术延展空间。当从国家治理体制、机制意义上去理解高等教育项目制时,即表明高等教育现在已进入一个项目化时代。也就是说,在这里,首先需思考的是,在国家眼中,项目制是否仅仅是一种财政项目制?它与国家这一行动主体间有何种关联?本研究需要以及可能提炼出的理论命题又是什么?

2. "项目进校"中高等教育项目制的组织意义

当视域由宏观层次走进更为微观的大学内部时发现,"项目进校"的频发及其影响也早已跳出了其仅仅作为一种财政资助的存在。在项目制嵌入下,高等教育系统内部的一些运作规则正在发生悄然变化。如在现象描述中提及的 A 教师职称评定时对项目的要求,对一所大学的评价所倚赖的"211 工程""985 工程"等项目头衔,对大学教师的评价所依凭的"长江学者"等项目头衔,大学间围绕项目的竞争(出天价引进"长江学者")等行为表现,似乎塑造了一个以项目为中心的高等教育微观主体行为方式与高等教育的存在方式,从而主导着高等教育的日常生活与常规运作。

因此,项目制不仅是简单的财政拨款方式、为高等教育提供经费支持的问题,当"项目进校"这一行动开始与高等教育中的其他事务(比如各种评价、论文发表)发生关联时,当改革开放以降的政治话语以及国家推进"项目进校"的治理行动在相当程度上构成了大学和大学教师行为实践的合法性与"正当性"资源时,项目便开始突破其财政意义而试图建立起一种对于高等教育系统来说具有体制性支配能力的治理模式、治理机制与思维方式。

总而言之,作为当前国家青睐的治理模式,项目不断地进驻高等教育领域，从全方位视角开始对高等教育进行深度改造，已成功地将高等教育置于其治理框架之下。这是因为：经过宏观"项目治教"与微观"项目进校"的衔接而上下建构后，项目化的高等教育世界不只是有着财政项目行为及其相应的运作机制与规则，更厉害的是其本身置入并重构了高等教育的主体或全部，使高等教育、大学教师从学术内容、生存方式、学术职业轨道到学术价值观、学术认知、学术追求等实践与理念各个方面被囊括在"项目体系"中，形成了一种"项目中的大学"与"项目中的人"的高等教育生态。

3. 研究问题的展开

或许，在高等教育项目制仅仅是一种财政的定义与实践时，其作为研究问题的"问题性"也并不那么凸显与宽阔。只有在从中央到地方再到高等学校，项目制不断被下级组织模仿、制造、加码而向下延伸时，只有在其将国家、高等学校、高校教师等诸多主体以及高等教育主体事务纳入其框架内而成为各主体、各项事务须臾不可分离的制度时，项目便具有了一种体制性、治理性的内涵。此时，便能彰显这一研究主题更强的"问题性"与价值。

国家通过各种项目进行高等教育资源配置及其蕴涵的国家高等教育治理转型、"项目进校"中发生的种种行动等诸多实践形态，为高等教育项目制的学术出场预留了足够空间；诸种实践形态的存在也建立起了高等教育项目制在学理上的学科性与跨学科性价值。故对于高等教育项目制的关注可以赋予更多学术性关怀而将其纳入学术的理性框架中[①]，以一种理性的学术立场与态度对其中所蕴涵的治理方式、治理逻辑、治理机制、思维方式等多重命题进行深度拷问，从多学科的视角（如政治

---

① 比如，单位制研究是中国社会学取得很大成就的领域。其实，单位并不是一个发明的概念而是一个中国当代社会习焉不察的概念，而单位制研究赋予了单位独特韵味。参见应星：《新革命史：问题与方法》，《妇女研究论丛》2017年第5期。在高等教育研究中，对单位制的关注以赵炬明教授为代表，参见赵炬明：《精英主义与单位制度——对中国大学组织与管理的案例研究》，《北京大学教育评论》2006年第1期。对于项目制来说，同样它也不是一个被我们发明的概念，而仅仅是一种客观存在。对于高等教育项目制来说，它确实已成为当前我们高等教育领域中的一个重大制度背景并且呈现出多种实践面貌。我们的任务是应该去发现这一客观存在并去研究与诠释它。因此对其展开研究必然能赋予其独特的韵味，或许对高等教育相关研究也能带来些许启发。

学、社会学、组织学等）进行理性的论证、释读与检视，以反思、检讨高等教育世界中"项目治教"与"项目进校"所带来的"问题簇"，进而促进高等教育项目制治理的完善。

上述分析表明，高等教育中的项目制与其他领域中的项目制一样，都从财政经济领域或财政经济内涵溢出至其他领域或其他学科内涵。本书为何要谈论项目制的溢出效应及其内涵的跨学科性，便如同学界在探究货币内涵时一样：作为原初意义的市场交换功能的货币，人们耳熟能详，但是，在人类文明实践中，货币逐渐在人类社会各个领域留下深刻印记，从而超越市场交换的经济学身份，并以哲学、符号学、社会学、政治学等新的学科身份存立于世，并借此对人类社会发挥重大影响，这种新的学科身份与实践影响需要学术界保持足够的理论关怀[1]。如此种种，就足以使得作为一种高等教育现象的项目制超越了一般性的财政内涵讨论，而具有更加宽广、深刻的学理价值。项目制对高等教育的影响必然有着深刻的政治学、社会学、组织学机理（而绝非仅仅是财政学的含意）。因此，本书的任务就需要发展出更多的学科与理论视角，用以揭示项目制对高等教育影响的层面以及影响何以可能发生的机理。

如此，本书切入高等教育项目制治理问题的角度主要限定为：从内涵溢出、演变的角度来解说高等教育项目制治理的影响。从内涵溢出的角度切入高等教育项目制治理问题，意味着本书所秉持的研究态度是对这个主题进行纯粹的理论化处理。把这一问题进行理论化处理后则可表述为：从关注财政学意义到关注财政学之外的意义，意即溢出高等教育财政内涵。这就是本书在理论上需要关注的一个视角与思路。本书的问题意识、分析缘起与思考中心就植根于高等教育项目制从财政的内涵扩散至其他学科的脉络中，在这个过程中，探视出项目制对高等教育的影响。整个研究也就在于理解和阐释这种影响、支配当前中国高等教育诸多事务运行的制度逻辑，重新发现和认识中国本土的高等教育事实与经验，并希望借此来重构或扩展高等教育宏微观治理的理论范式。关注高等教育项目制从财政内涵向外溢出的过程，才能更加彰显高等教育项目

---

[1] 张雄：《货币幻象：马克思的历史哲学解读》，《中国社会科学》2004年第4期。

制及其治理研究的意义。

是故，对于高等教育项目制治理的研究，本书的焦点不在于项目实施的效应（如积极与消极）抑或对其利弊好坏、赞成与否作一个二元对立的前提性判断，而是探讨"高等教育项目制究竟意味着什么？（比如科研项目对研究者和研究意味着什么）"这一总体性问题。事实上，谈论项目制对高等教育的影响，不一定必须以一种线性思维、"积极影响与消极影响"这种二元对立式的路径展开叙述，通过对高等教育项目制内涵从一个学科到另一学科的理论阐释，同样也能回应项目制对高等教育的影响问题，而且这种回应方式表现得更加精致且更具学术性。

建基于此，高等教育项目制治理的分析主题包括以下四个方面：

第一，何谓高等教育财政项目制？也就是从财政学意义出发，厘清高等教育财政项目制的基本情况，主要包括高等教育财政项目制的历史、类型与特征。实际上这里主要是从财政投入、支出等角度探讨项目制对高等教育的影响。

第二，高等教育财政项目制内涵的溢出效应体现在何处？或者说是高等教育项目制的制度存在形态有哪些？高等教育项目制内涵他学科建构是何种过程？根据前文分析已经获悉其政治学（国家治理）与组织学（项目进校）的意义。这种溢出效应意味着项目制对高等教育的影响不仅体现在高等教育财政上，更体现在对高等教育其他方面的影响中。

第三，高等教育项目制从财政内涵溢出至其他学科意义的原因何在？

第四，高等教育项目制从财政学到他学科内涵的建构又可能会带来的问题有哪些？我们应以何种态度对待？

意即，以"溢出高等教育财政内涵"为基本线索，完整地呈现高等教育项目制的内涵及其治理样态，从整体上廓清高等教育项目制的制度存在与内涵发展及其对高等教育影响的广度、深度，反思高等教育项目制治理可能存在的问题以及在实践中应如何理性地把握它。

第二节 研究意义

问题提出（"是什么"）后，开始过渡至"为什么"的解答。研究意义与文献述评的作用就在于回答"为什么要研究这个主题"的问题。研究意义意味着研究这个主题具有很大的价值，强调研究的重要性与必要性问题，既有理论上的价值也包括实践上的诉求。

如同陈家建在指明项目制研究重要性时的论述：项目制的研究工作之所以显得颇为重要，一方面植根、缘起于项目制本身的巨大影响力；另一方面，解读项目制就是在解读政府的运作及中国正在经历的社会变迁[①]。简论之，就是项目制具备强大的实践能力及其对相关实践主题的解释能力。对于高等教育项目制治理研究来说，在当代高等教育研究领域中也至关重要。一方面，它确实在多角度、多层面上对高等教育产生了深刻影响，也可以说大范围、大面积地重构着高等教育规则；另一方面，它关系到学界如何去把握高等教育治理及其他高等教育命题中的本土性资源，引导研究者去关注当下中国高等教育的经验现实与真实情境以及对高等教育发展与治理变革的深度思考。

一 理论意义

简言之，理论意义有两个维度：一是指研究能丰富对原有理论概念、理论命题的认识；二是指研究提出的新概念与新命题。这些新的认识有赖于理论视角、解释范式、研究方法上的巧妙运用。在本书中，高等教育项目制治理的研究也有利于对高等教育中的原有概念进行重新概念化、对原有命题进行理论上的解构与重构，从而赋予新的意义与内涵。

当前，项目制脱颖而出成为一种国家治理机制，构成了高等教育发展的制度背景。将高等教育内外部改革、发展置放于项目行动的场域与

[①] 陈家建：《项目制与基层政府动员——对社会管理项目化运作的社会学考察》，《中国社会科学》2013年第2期。

构架中去理解，或许更能探视出当前国家与大学等诸种关系的真切意涵。比如，我们不能简单地认为只要规章制度上国家放权的实现，大学就能达成自主。传统研究基于一种完美的理想与想象（即大学自治、学术自由）且带有鲜明西方特色的主旨和基调，从一种抽象应然的层次对国家与大学关系进行深刻检思，从现实性上来说具有很大的限度。有必要实现研究向一种更为具体、更加精致的层面推进论析，从而形成更具洞察力的分析进路，才能更清楚地回答在当今时代背景下"高等教育究竟是什么"的设问。

以高等教育宏观治理研究为例，其中关涉的概念与命题主要有：国家、大学、治理等概念以及国家与大学、行政/政治与学术间的关系等命题。原有研究范式、研究方法为认识这些命题提供了较好的理论视角（在文献综述部分将详述），有利于从宏观上去整体认识国家、大学等主体以及国家与大学之间的关系形态。而本书在不同研究视角、研究范式与不同研究方法的启示下，可以丰富对于这些主体及其关系的认识。比如，从项目治理的角度出发来认识高等教育治理中的国家就突破了主体论、结构主义视角下国家作为一个实体的概念，将国家看成系列治理策略、治理规则、治理技术的可变效应，从而赋予国家一个动态的内涵。或许国家并不是遥远的想象，而是身边的事实[①]，它一直都默默地存在于我们身边的那些规则与事实。对于大学、治理的理解也与对国家的理解一样，从静态走向动态，从而促使这些概念生发出更丰富的内涵。与此同时，从项目治理的实践与大学行为反应中去探寻国家与大学关系的复杂多样，远比结构意义上国家大学关系的宏观叙述更为真切与生动；甚至还可以在新的研究背景中去拷问大学自治、学术自由等高等教育理论中的经典话题（当然，这个话题可作为一个拓展的学术空间，在此仅提出）。

另外，由于项目制作为一种高等教育治理机制并未在高等教育研究领域引起足够关注，因此研究过程中可能提出的一些能解释当前高等教

[①] 孙睿昕、叶敬忠：《由斯皮瓦克命题到福柯命题——中国参与式发展话语的国家化》，《华中科技大学学报》（社会科学版）2013年第6期。

育实际的命题便是理论意义的第二个表现。譬如,"项目制度下的大学学术治理实质上是'科层制嵌入项目制'"① 与"高等教育项目制治理模式的本质是'科层主导与项目辅导所形成的双轨制'"② 便是这种形式的表达。本书也会努力尝试去对相关概念进行新的解释与新命题的提出。无论是新命题的提出还是新的解释视域,高等教育项目制治理研究都有利于研究问题意识的拓宽与思考研究方法论层面上可能存在的变革。

二 实践意义

作为一项政策制度安排,在近四十亿年的变迁历程与反复实践中,项目已发展为多重制度形态,并借此发挥着对高等教育实践的影响。无论何种类别、何种层次的高等教育组织以及何种高等教育事务、何种主体几乎都须臾离不开项目。无论是基于消极意义上的分析还是看重项目的积极作用,项目早已构成了高等教育的重大现实背景。尤其是当我们聚焦于其负面影响时,这一话题的关注及其研究,对于认清高等教育改革与发展中存在的诸多问题以及其中可能蕴藏的制度变革空间都有重大的实践价值。从总体上看,项目作为一种具有中国特色的高等教育治理机制,对其运作逻辑的把握,更能让大家了解一个真实的高等教育是什么。

例如,近些年来,能明显感知到的一个现象是高等教育中的"人才大战"。"大战"的对象就是"人才项目",这已经引起了多方关注,深度地影响着高等教育实践。在此前提下,有必要将"人才大战"问题予以学术化处理,窥清其中本质性问题,以为高等教育实践提供参考。因此,在高等教育项目制治理研究中,是否可以探知以项目为代表的国家行动是不是无所不能的,是否能解决高等教育的所有问题?高等教育的项目制治理究竟在多大程度上对高等教育具有适切性?在项目嵌入下,大学与教师所做、所感兴趣的究竟是什么?项目对大学、教师究竟可以

---

① 熊进:《科层制嵌入项目制:大学学术治理的制度审思》,《现代大学教育》2016年第3期。

② 熊进:《科层制与项目制:高等教育治理"双轨制"的形成研究》,《江苏高教》2016年第6期。

意味什么，不能意味什么？等等。故而，对项目制的高等教育治理进行研究既能使大学、教师认清项目的本质，又能使各主体明白在实践中该如何对待项目。总而言之，可以为行动主体认清现实及其实践行为提供前提性的理论反思。而更为重要的是，在认清这一治理的本质及其造成的负面影响后，也可以为寻求高等教育治理的变革之道提供前提基础。

对高等教育项目制治理的内涵、历史演化及其跨学科效应的考察，将为确切认识和把握中国高等教育理论与实践提供观测窗口。无论是出于对高等教育现实的回应，还是基于学术研究的纵深推进，都有必要对高等教育项目制治理问题展开多角度、多层次的深入研究，以促进高等教育治理理论的丰富和发展与高等教育相关治理实践的改革。

第三节　核心概念

本书的核心概念是项目。

对任何理论建构来说，概念与方法都十分关键。新的概念或方法可以促使一个新的理论产生，同时，对概念进行新的组织也可以成为新的理论产生的基础。[1] 本书的努力并不指向于提出全新的概念，而在于利用在实践中原本就客观存在的概念（即项目）来完成理论命题以及概念衍生内涵的构建并获取对其他概念的新理解。正如杨小凯和黄有光所强调的：在理论化的过程中，组织概念的方式有时比概念的形成更重要。[2]

关于项目的内涵，首先作四个层面上的解析，然后再确定本书中高等教育项目内涵的具体所指。

（1）管理学中的一种"临时性"组织形式和一个将被完成的有限任务。项目最初具备的是一种管理学意义上的内涵，它是在特定情况下、为完成某一特定任务而形成的临时性安排。为实现某一特定任务，它会

---

[1] 刘志广：《新财政社会学研究：财政制度、分工与经济发展》，上海人民出版社2012年版，第60页。

[2] ［澳］杨小凯、黄有光：《专业化与经济组织——一种新兴古典微观经济学框架》，张玉刚译，经济科学出版社1999年版，第2页。

突破常规的组织形式，而将组织各个组成部分调动起来，共同完成任务，也就是多层级、多部门联合参与的形式。项目任务完成后，项目也随即被撤销，因此临时性是项目的鲜明特性。而作为一个特殊的将被完成的有限任务，它是在一段时间内，满足一系列特定目标的多项相关工作的总称[①]。当前社会科学领域研究项目制时，往往以此定义作为溯源对象。此种概念框架下的高等教育项目运作也引发了部分学者的关注（文献综述部分将详述）。

（2）政治学、社会学中"治理体制""治理机制"的意义建构。伴随项目所占比例的逐渐增多、项目影响的日趋扩大乃至项目成为全社会的一种思维、行动方式后，项目本身便超越了资源分配、资金支持的一种手段，而是在全社会形成了一种新的治理体制、治理机制。作为治理意义上的项目，学界通常认为，项目是一种非常规的制度类型，其运行打破了常规制的组织形式、运作机制，它能充分地调动组织成员的行动积极性、有效地改变常规制下组织绩效低下等问题。很明显，这一内涵的建构缘起于至少是启发于管理学中的定义与实践。这种概念框架下的项目制是当前社会科学研究关注的焦点。在高等教育领域，从宏观层面的"985工程""211工程"到微观层次的科研项目（如国家社会科学基金）和人才项目等，构成了一个由工程、计划、基金等构成的项目集合体。对于高等教育组织与个人而言，这些项目的存在不仅意味着一种财政上的资源支持，更是与国家治理、组织治理发生勾连并象征着它们在高等教育场域中的地位，从而深刻地烙印着治理等多重意义。

（3）法学（法律社会学）中与法治相对的一个概念。在法律社会学中，治理与法治是一个有着鲜明界限、二元对立的概念范畴，治理主要是指行政治理，法治就是以法律为基础的治理。因而存在治理论与法治论、治理化与法治化两组相对的理论范畴，表达的中心意思就是治理与法治之间是此消彼长的关系，治理的生长意味着法治的衰落，而法治的兴起则可以使治理的随意性、自主性降低。在社会科学研究中，部分学

[①] 中国项目管理研究委员会：《中国项目管理知识体系与国家项目管理专业资质认证标准》，北京机械工业出版社2002年版，第11—14页。

者将项目或者说专项划定在行政的实践范围，因此它们就被置放于治理论、治理化的理论框架内而获取解释意义。

（4）经济学视域中的"资金分配""资源分配"的内涵。在我国，项目在20世纪90年代后发生了内涵的根本性变化。一般认为，专项项目是1994年分税制改革的产物。1994年分税制改革是为解决财权与事权不对称的矛盾，中央对地方进行专项转移支付以弥补地方财政的缺陷从而孕育出了项目。在这里，专项项目所具备的是一种经济学含义，即一种资金分配或资源分配的方式。比如，在高等教育领域，从20世纪90年代中后期开始，中央财政加大了对高等教育专项资金的投入，启动了一些大型的高等教育专项资金项目（如"985工程""211工程"等）。此外，包括此前的一些科研基金项目和21世纪以来的各种科研基金项目等都是国家对高等教育进行项目投入与资金扶持的一种方式。

本书中，对项目的定义以第四种解释为参照，即从财政的角度定义项目与高等教育项目。简而论之，高等教育项目就是国家以专项资金的通道向高等教育输入资源的方式（项目支出），是与常规性高等教育拨款（这里的常规性类似于"综合定额＋专项补助"中的"综合定额""基本支出预算＋项目支出预算"中的"基本支出预算"）并列的一种拨款方式。这是高等教育项目的最初含义。在这里，所谓的高等教育项目制也就是一种高等教育财政制度的安排。需要予以解释的是，本书对高等教育项目下定义的根本目的在于强调其作为财政学内涵的原初意味，这是我们研究的起始和出发点。而前述三种含义则是在高等教育项目实践过程中逐渐产生的，故不在我们的定义范围内。虽然，我们定义时只限定在财政意义上，但实践中高等教育财政项目制已经与前三种意义串联在一起而使高等教育项目制能够得以重新概念化，这也是我们所要探讨的一个理论思路与重要任务，从而在研究最后对高等教育项目制内涵作整体分析。

第四节　文献述评：范式转换、学科基础与空间拓展

如果说，研究意义是从理论与实践重要性的角度回答"为什么要研

究高等教育项目制治理"这个问题,那么文献述评只从纯理论的角度回应"为什么"的问题,为研究这个问题提供理论上的合法性与合理性论证,也就是我们常说的这个研究所蕴涵的诸如学术空间拓展等理论问题。

基于紧密性与相关性的考量,文献综述所涉及的两个中心词是:高等教育宏观治理、高等教育项目制。对这两个方面进行文献综述的目的很自然地构成了其所要回答的两个问题:为何做这个研究?如何拓展这个主题的研究?对高等教育宏观治理研究的归纳,可以对高等教育宏观治理这一关注良久且具有根本性价值的话题有一个整体把握,并试图去寻找其中可能存在的理论创新空间;在总结高等教育项目制研究的过程中,对这一研究主题的展开或者拓展进行思考,以开启或完善高等教育项目制这一话题的"治理"等理论视域。

一 高等教育宏观治理研究:主体论范式及其转向

20 世纪 80 年代以来,高等教育治理已经成为热门,并被国际公认为 21 世纪的关键政策问题[①]。在国家治理体系与治理能力现代化的宏大框架下,高等教育治理体系与治理能力的现代化成为高等教育理论与实践界关注的热点,相关研究经久不衰。自高等教育从边缘走向中心后,高等教育的完全自我治理在复杂社会关系、复杂社会行动、复杂社会主体的嵌入中不再,而是不断成为一片可以且似乎必须共治的领地。自治理理论引入高等教育研究领域后,高等教育治理便在这一理论框架下预设了国家、大学、社会、市场等众多参与者的主体身份与角色,厘定了他们在高等教育治理中的应然位置。有鉴于这种实践与理论背景,在高等教育宏观治理研究中,主体及其关系一直是研究者们商讨的核心话题,从而构建了一种可提炼为主体论的研究范式,即以主体(包括中央政府、地方政府、大学、第三部门等)为中心的高等教育宏观治理研究——高等教育治理研究的主体论。主体论的高等教育治理研究试图回答的是"谁在治理高等教育、谁应该治理高等教育、何以保障主体治理

---

① Lundgren, U, *Governing the Education Sector: International Trends, Main Themes and Approaches*, Governance for Quality of Education Budapest: Open Society and World Bank, 2001.

高等教育"三方面的主体论设问。这种研究范式在借鉴治理理论、法治理论等智识资源基础上，通过强调治理理论中多元主体以及法治理论中大学法人地位的保障等途径来完善高等教育宏观治理体系。

（一）谁在治理：一元协调与二元对立的主体论

"谁在治理"的主体论涉及两组主体间关系：一是在国家/政府内部系统中，中央政府与地方政府在治理高等教育中的关系互动；二是国家与大学间的二元权力关系。前者是一元（国家）主体内部关系协调的一元主体论，后者是国家这一元与大学这一元对立的二元主体论，成为很长一段时期内学界探讨与实践变革所关心的两个重大问题。类似于国家与大学权力关系的研究及其改革已成为高等教育理论与实践中的一个经典命题和一个难解谜题，成为"谁在治理"这一主体论研究中的主流。为解决一元内部、二元之间的矛盾，学人们提供了丰富的理论思考。

1. 中央与地方：一元主体内部关系协调

一元主体内部关系表现为国家（政府）这一权力主体内部中央政府与地方政府间（也就是在科层制系统内部组织间关系的协调）放权与收权、权责关系明确等权力关系格局下的高等教育治理。张德祥教授对此作了详尽的历史梳理：1949—2009 年的 60 年高等教育发展历程中，中央政府与地方政府就一直在放权与收权的框架间游走。1949 年至改革开放的这一时段内，国家高等教育治理模式就历经三次比较明显的往复变化[①]：首先是国家高等教育治理模式在 1949—1958 年确立中央集权的高等教育管理体制后，于 1958—1963 年开始尝试集权向放权的转变，但放权又带来地方权力过大，所以很快在 1963—1966 年高等教育宏观的"放权模式"被"集权模式"替代。此后至改革开放前，高等教育宏观治理体制虽有变动，但总体上徘徊于集权与放权。而在 1978—2009 年，国家改变了计划经济体制下形成的高度集中的管理模式。自 20 世纪 80 年代建立分级管理的高等教育管理体制后，1994 年分税制及其他制度变革将分级管理、分级负责的高等教育管理体制强化下来。但这种分级管理的

---

① 张德祥：《1949 年以来中国大学治理的历史变迁——基于政策变革的思考》，《中国高教研究》2016 年第 2 期。

高等教育管理体制更多涉及事权上的改革，而财权却没有在分级管理改革中形成与事权相匹配的格局（支出责任与财力保障不匹配），又给两者间关系的协调增添了难度。

高等教育治理中的这种集权与放权间关系的演变仅仅是中央政府与地方政府间关系演变的一个缩影；也就是说，中央政府与地方政府间关系的调整不会考虑高等教育等其他领域的特殊情况而表现出不同形态的集权与放权，而是总体上在不同领域都呈现出相同的集权与分权关系格局。从社会学视角来看，这种集权与放权间关系的波动有其客观必然性①。

虽然在实践中协调处理两者关系因为集权与放权的纠缠、中央政府掌握着集权与放权的主动权而变得十分艰难，但不论如何学者们还是将如何建构两者良善关系纳入思考中。在如何理顺中央政府与省级政府的责权关系问题上，马廷奇认为必须做到明确省级政府对省域内高等教育发展的领导责任、管理责任；以推进教育治理体系和治理能力现代化为目标，理顺中央政府与省级政府的高等教育管理权限和职责范围；明确中央和省市两级政府的财政保障责任等三方面的要求。② 这种回应在很大程度上就是为协调中央政府与地方政府在高等教育财权与事权上的关系而提出的建议。

2. 国家与大学：二元主体之间的权力关系

国家/政府、大学二元主体间的关系可谓高等教育学中一个比较具有终极意义的话题，是高等教育理论与实践中"经典命题中的经典命题"，也是"难解之谜中的难解之谜"。特别是自20世纪80年代以来，国家大学关系越来越受到关注，也越来越难解，但这并没有影响学人们对此问题孜孜不倦的关注精神。因国家、大学、市场等不同主体所扮演角色的不同，形成了相异的高等教育治理模式。早在1983年，伯顿·克拉克（Burton Clark）就根据不同主体提出了政府（科层官僚）、政党（政

---

① 周雪光：《权威体制与有效治理：当代中国国家治理的制度逻辑》，《开放时代》2011年第10期。
② 马廷奇：《省级统筹与高等教育治理体系建设》，《国家教育行政学院学报》2015年第8期。

治)、大学(专业)、社会(市场)等高等教育治理的"理想类型"①。与克拉克分析中的主体略有不同的是,迪特麦·布朗(Dietmar Braun)基于大学(学院)、政府、企业等主体以及政府在大学中作用程度,归纳了学院模式、官僚模式、公司化模式、创业型模式②四种类型。拉森(Larsen)总结了20世纪80年代以来大学治理改革中的诸多困境,其中之二便涉及高等教育治理一元主体内部关系与高等教育治理中二元主体之间的关系、大学治理中集权与分权的关系问题③。20世纪80年代以来,受全球化等因素的影响,高等教育发生的一个重大变化就是各个国家都表现出对高等教育的浓厚兴趣,通过各种方式、技术、手段将政府意图嵌入高等教育,或通过更多的宏观政策制度支持,确定高等教育运行的权力边界④,从而表现出不同风格的国家高等教育治理样态。在时代变迁中,政府的角色也同样随之发生重构,并在新的角色与身份中塑造对高等教育的影响⑤;伴随高等教育在国家战略中重要性的提升,各个国家都通过各种手段、方式积极地加入对目标、责任、功能、价值、发展、定位⑥等系列高等教育活动中。

在英国,政府大学关系因大学拨款委员会到高等教育基金委员会的组织嬗变而发生改变。曾经,大学拨款委员会作为政府大学关系的"缓冲器"⑦,高等教育基金委员会以政府代理机构的面目呈现⑧,政府或政

---

① Olaf C McDaniel, "The Paradigs of Governance in Higer Educatin Systems", *Higher Education Policy*, Vol. 9, No. 2, June 1996, pp. 137 – 158.

② Dietmar Braun and Francois-Xavier Merrien, *Towards a New Model of Governance for University*, London: Jessica Kingsley Pubishers, 1999, pp. 68 – 69.

③ 另外两大困境与矛盾是代议制民主与组织效率、机构决策中的内部影响和外部影响。参见 Ingvild M. Larsen ed., "Four Basic Dilemmas in University Governance Reform", *Journal of Higher Education Policy and Management*, Vol. 21, No. 3, November 2009, pp. 1 – 18.

④ Amaral, A, ed., *The Higher Education Managerial Revolution*? The Netherland: Kluwer Academic Publishers, 2003.

⑤ Ewan Ferlie, ed., "The Steering of Higher Education Systems: a Public Management Perspective", *Higher Education*, No. 56, April 2008, pp. 325 – 348.

⑥ [荷]弗兰斯·F. 范富格特:《国际高等教育政策比较研究》,王承绪译,浙江教育出版社2001年版,第415页。

⑦ Shattock, M, *The UGC and the Management of British Universities*, Buckingham: Society for Research into Higher Education & Open University Press, 1994, p. 142.

⑧ Scott, P, *The Meaning of Mass Higer Education*, Buckingham: Open University Press, 1995, p. 33.

第一章 项目制：释读中国高等教育治理的新视角

府通过高等教育基金委员会对高等教育进行审计评价[1]、绩效问责、科研教学质量保障[2]等，政府与大学构成新的关系且高校成为被详细审查的对象[3]，高校在政府或高等教育基金委员会设定的体系内运行[4]。尼夫认为，英国国家与大学的关系协调中，大学不再可能是一种无条件自治的状态，大学自治的空间只能在国家的控制与导向中有选择性地行使[5]。因此，在高等教育场域与大学学术场域中，新的力量（但不是学术价值）主导着国家与大学间关系的进程……包括类似于基金委员会等组织，其终极目的不过是国家想方设法地嵌入大学。[6] 由于政府的介入，英国大学的治理、领导及管理模式的变革出现了加速的趋势[7]；在瑞典，高等教育治理模式也是在行政与市场之间游走，从最开始的行政模式到市场模式，最后又回至行政模式[8]；在挪威，高等教育机构在整体上呈现出与英国相似的情状，即高等教育的自治必须在国家的场域与语境中才能获取意义[9]。总之，在世界范围内，进入20世纪80年代后，各国大学均面临政府财政拨款削减的危机，绩效、评估、合同、效率、问责、战略规划、项目评估、目标管理、全面质量等关键词成为大学与政府之

---

[1] Tapper, T, *The Governance of British Higher Education: the Struggle for Policy Control*, Netherlands: Springer, 2007, p. 40.

[2] Taylor, J, "'Big is Beautiful.' Organizational Change in Universities in the United Kingdom: New Models of Institutional Management and the Changing Role of Academic Staff", *Higher Education in Europe*, No. 3, January 2007, pp. 251 – 273.

[3] Olaf, C. M, "The Paradigms of Governance in Higher Education Systems", *Higher Education Policy*, Vol. 9, No. 2, June 1996, pp. 137 – 158.

[4] Tapper, T, *The Governance of British Higher Education: the Struggle for Policy Control*, Netherlands: Springer, 2007, pp. 10 – 11.

[5] Neave, G, "The Changing Boundary between the State and Higher Education", *European Journal of Education*, Vol. 17, No. 3, 1982, pp. 231 – 241.

[6] Salter, B., Tapper, T, *The State and Higher Education*, Ilford: Woburn Press, 1994, p. 130.

[7] Shattock, M, "University Governance, Leadership and Management in a Decade of Diversification and Uncertainty", *Higher Education Quarterly*, Vol. 67, No. 3, June 2013, pp. 217 – 233.

[8] Engwall, L, "Universities, the State and the Market: Changing Patterns of University Governance in Sweden and Beyond", *Higher Education Management and Policy*, Vol. 19, No. 3, 2007, pp. 87 – 104.

[9] Maassen, P, ed., "Reforming Higher Education in the Netherlands and Norway: the Role of the State and National Modes of Governance", *Policy Studies*, Vol. 32, No. 5, August 2011, pp. 479 – 495.

间的纽带，并重新建构着政府与大学间的关系①。现在，各个国家都不再采取传统的直接监管的治理模式，转而转换成以间接的形式来调控，间接治理手段在实践中不断扩张。而在政府对高等教育的间接调控中，目标管理是一种颇受青睐的政府调控模式。在这个过程中，政府先厘定高等教育目标，如何实现这个目标交由大学自己决定，或许这就是有选择的大学自主。很显然，通过目标管理的形式使政府在大学中的规制作用越发增强，政府依然是高等教育治理天平中倾斜的那一方②。

根据政府、大学两个主体在治理中地位和身份的不同，有学者将高等教育治理模式分为等级制、程序性、间接监管、自治四种类型③。无论是在大学举办权方面还是在资源配置中，抑或是在各种行政化手段、方式、技术、命令等因素中，政府与大学之间都存在着的依附关系。面对此种问题，其解决策略似乎只有"权力下放"与"权力回归"两种路径。但"权力下放"与"权力回归"之间存在本质差别，两者体现的是计划思维与市场思维的根本性差异④。比如"放权"针对的是政府权力的过分集中，但权力如何下放、下放多少都由政府确认，甚至政府还可以收回，政府占据权力主动权；而"回归"则意味着权力关系的彻底理顺，该谁的权就是谁的权，即把权力放进笼子，是一个由政府主导转向学校自我建设的过程。只有如此，大学才能够建立起对自己负责、对社会负责进而对国家负责的自主办学的法人实体，只不过这种改革仍在进行中。但不管是"下放"还是"回归"，都要求政府必须从烦琐细碎的评估、评审、评比工作中解脱出来。⑤

---

① 朱家德：《从回应民主诉求到提高绩效：西方大学治理范式的发展演变》，《中国高教研究》2013年第3期。

② Krücken，G，*A Euopean Perspectives on New Modes of University Governance Actorhood*，http://cshe. Berkeley. edu/December2011，2017 - 03 - 29.

③ 余承海、程晋宽：《高等教育治理的四种国际模式——基于目标与手段的分类》，《江苏高教》2017年第2期。Capano，G，"Government Continues to Do Its Job：a Comparative Study of Governance Shifts in the Higher Educatin Sector"，*Public Administration*，Vol. 89，No. 4，2011，pp. 1622 - 1642.

④ 马陆亭：《当前现代大学制度建设的两个着力点》，《苏州大学学报》（教育科学版）2015年第4期。

⑤ 许长青：《高等教育管理的新常态：现代大学治理的动力、特征与体系构建》，《教育学术月刊》2016年第4期。

与"权力下放""权力回归"的对策进路不同,有研究根据系统理论中一个自组织概念"序参量"的有关定义,认为为了协调好政府与大学间的关系,必须寻找一个"序参量"——大学自治,如何使大学自治这个"序参量"发挥作用则须做到大学自治理念、大学的自治能力、大学自治度的坚守、提升与扩大。[①] 针对当前高等教育治理中所呈现出的高度行政化的总体特征[②],与倾向于一方(大学自治)的协调策略相异,也有学者认为不仅是单方面地考虑"政府放权"与"大学自治"等因素,也可采取一种折中办法,那就是根据不同类型、不同层次的高校(如研究型、一般性、应用型等),在理论上建构"自主型""均衡型""渗透型"三种不同的高等教育治理模式,其中"自主型"高等教育治理模式彰显的学术自主与松散管理特质更加符合研究型大学的功能、定位等,"均衡型"高等教育治理模式意味着权力均衡与利益博弈,而"渗透型"则凸显外部权威与规范运行[③]。

　　客观说来,"权力下放"与"权力回归"的道路漫漫,大学要实现真正意义上的自治、自主依然任重道远。本质上而言,深化高等教育领域的综合改革并不能从根本上减弱政府作用,而是会使政府以各种途径加强其对高等教育的治理能力。在复杂化、多元化以及不确定性的风险社会,政府有充分理由证明其对高等教育改革与治理的要求是合理的。因此,频繁的高等教育改革与政策制度不断出场,力图通过改革注入确定性因素来减弱非确定性元素所带来的风险。尤其是21世纪以来,政府治理高等教育的范式、模式发生了巨大变迁,干预主义已不再作为政府治理高等教育的主导模式,而是在全球化等时代背景下日渐型变为一种加速主义的政府治理高等教育的模式。这种范式的型变可能被解释为一种行动策略——高等教育在当前国际竞争中所发挥的作用越发强大,因此政府所采用的这些实用性、工具性的战略,其目的是使高等教育具备

[①] 贺修炎:《大学自治:政府与大学关系系统的序参量》,《湖南师范大学教育科学学报》2014年第6期。

[②] 陈金圣:《重塑大学治理体系:大学治理能力现代化的实现路径》,《教育发展研究》2014年第9期。

[③] 张宏宝:《"中国模式"高等教育分层治理的理论框架及模式选择》,《现代教育管理》2016年第3期。

满足国家竞争等战略需求的能力。从现实情形来看,在政府自身的变革模式及其治理高等教育的变革模式中所展现出来的政策趋势和风格,不得不留下一个省思空间:对市场和政府之间的分裂所作的分析在理论上是有疑问的,在实践上是不现实的。新治理战略的采用可能使政府成为一个更加积极主义的政府而不是减弱政府的能力。① 因此,改革开放以后市场元素的体制性吸纳,仅仅起到了辅助作用并可以充当论证政府高等教育治理与改革合法性的有力工具。这是当前高等教育的最大现实,所以"对高等教育改革进行改革"往往成为一种时代诉求与理想愿景,但这一理想似乎易在"对改革进行改革后,新改革再次出场"。

(二) 谁应该治理:二元到多元的主体论

"谁应该治理"的主体论不再纠缠于中央与地方这一元、国家与大学之间二元对立的关系,而是开始转向于吸纳国家、大学之外的其他主体,认为高等教育治理应该有多元主体参与而不仅是国家与大学这两个主体。从二元主体到多元主体是近些年高等教育宏观治理研究关注的焦点,尤其是受到新公共管理理论、治理理论等思潮影响后,这种多元主体论的研究更是被学界不断加大笔墨。在高等教育治理研究的历史轨迹中,伯顿·克拉克提出的"三角协调模型"② 可以说建构了一个基本的分析框架,成为解释现代高等教育系统运作与治理,特别是进行多国高等教育体制比较时所使用的经典模式,也开启了国家、市场、大学三大主体治理研究的先河。而传统的国家/政府与大学的二元对立关系实际上是布鲁贝克思想中政治论与认识论的二元对立。理想中,纯粹的政治论与纯粹的认识论都不可能在实践中圆满实现,因此超越于政治论与认识论的利益相关者理论等多元主体观开始风行,它将政府、市场、媒体、公众等利益相关者共同纳入高等教育治理体系中③;抑或如有人提出的

---

① 莫家豪:《跨越社会主义和全球资本主义:中国教育治理和社会政策范式的变革(下)》,《高教发展与评估》2009 年第 6 期。
② Clark, B, *The Higher Education System: Academic Organization in Cross-National Perspective*, Berkeley, CA: University of California Press, 1983, p.43.
③ 魏士强:《〈高等教育哲学〉蕴涵的高等教育管理理念——读约翰·S. 布鲁贝克的〈高等教育哲学〉》,《高等教育研究》2014 年第 11 期。

行走于政治论与认识论之间的第三条道路——现实主义价值观①，不过这一现实主义价值观所关注的核心特征是多元主体参与大学治理与政府还权于教；抑或通过共同治理（Shared Governance）来均衡两者关系②，以章程的形式促进政府与大学之间更加对彼此负责，既要保证政府宏观调控作用的发挥又要使大学能够面向社会自主办学，两大主体相互结合，逐渐迈向一种相互制约、相互促进的平衡机制；抑或如生态位理论基础上的高等教育治理，其本质还是政府放权与多元参与③；抑或是教育产权从单一到多元化变革④，其本质终究在于大学治理主体的多元化或称大学的共同治理。为解决国家/政府与大学之间"上收—下放—再上收—再下放"的权力关系怪圈或称"集权与分权"的悖论，必须采用多中心的高等教育治理模式⑤。

概而言之，"谁应该治理"的主体论强调在国家与大学两个主体之外引入"第三者"。以新的主体介入国家、大学中开始，高等教育治理不断寻求更多的主体力量加入其中。在多元主体联合治理框架下，谁都是治理主体与治理对象，无论是政府、社会还是其他组织⑥。而在具体涉及高等教育评估、高等教育质量保障等诸项高等教育事务上，也都强调多元主体的参与。因而，治理的本质实际上就是构建一个网络管理系统，这个系统的理想状态是政府与社会等主体以面对面的方式展开合作⑦。彼得·斯科特根据西方高等教育发展的历史与现状归纳了五种类

---

① 刘晖：《地方大学治理：特征、理念与模式》，《教育研究》2008年第7期。
② Shattock, M, "Rebalancing Modern Concept of University Governance", *Higher Education Quarterly*, Vol. 56, No. 3, 2002. Susan, L, "Arresting Decline in Shared Governance: Towards a Flexible Model for Academic ParticIpation", *Higher Education Quarterly*, Vol. 58, No. 4, 2004, pp. 299–314.
③ 沈亚平、陈良雨：《高等教育治理现代化的生态位困境及优化策略》，《中国高教研究》2016年第3期。
④ 方芳：《高等教育产权与大学治理探析》，《高校教育管理》2014年第1期。
⑤ 龙献忠：《高等教育的多中心治理：内涵、必要性与意义》，《江苏高教》2006年第6期。
⑥ 许长青：《高等教育管理的新常态：现代大学治理的动力、特征与体系构建》，《教育学术月刊》2016年第4期。
⑦ Kettle, D, *Sharing Power: Public Governance and Private Markets*, Washington D. C.: Brookings Institution, 1993, p. 232.

型的高等教育治理模式，其中之二凸显的是对多元主体的吸纳：一是外部董事会模式，以美国私立大学与学院为代表；二是外部人员与学术成员联合模式或"平衡结构"，其中权力影响是明确划分的，以英国维多利亚时期建立的所谓城市大学为代表[1]。利昂·塔克曼在《型构大学治理》一文中也对国际高等教育治理模式作了新的归纳，即学术人员治理模式、公司治理模式、董事会治理模式、利益相关者治理模式、混合治理模式[2]，莫不体现了对"多元主体"的关注。

在我国学界，受西方新公共管理改革、治理理论的影响，对国内外高等教育治理主体的研究也纷纷展开。周光礼根据政府与大学的理想角色将世界大学治理概括为三种基本政策范式：国家本位、高校本位、市场本位[3]。还有学者根据布劳恩的高等教育治理三角模型[4]（政府、大学、市场）划分了1949年以来我国高等教育治理的三个历史阶段：1949年至改革开放以前，这一阶段的高等教育治理凸显政府主导的特征；而在1978—1998，由于市场因素的介入，政府与大学关系面临重构；1998年后市场的要素逐渐发挥重要作用[5]。龙献忠等以政府公共管理改革为基础提出了高等教育发展的四种治理模式：市场型治理、参与型治理、解制型治理和弹性化治理[6]。

一些学者认为可通过发展第三部门来形成一种社会势力，与政府、市场进行抗衡，从而能够更好地促进高等教育的发展。[7] 在治理理论指

---

[1] Hirsch, W., Weber, L, *Governance in Higher Education: the University in a State of Flux*, London: Economica Ltd, 2001, p. 135.

[2] Trakman, L, "Modelling University Governance", *Higher Education Quarterly*, Vol. 62, No. 1/2, 2008, pp. 63 – 83.

[3] 周光礼：《高等教育治理的政策范式：办学自主权的国际比较》，《湖南师范大学教育科学学报》2011年第5期。

[4] Braun, D, New Managerialism and the Governance of Universities in a Comparative Perspective, in Braun, D., Merrien, F, *Towards a New Model of Governance for University*, London: Falmer Press, 2000, p. 253.

[5] 陶凤翔：《国外大学治理形态的变迁与其借鉴意义——以迪特玛·布劳恩的三角模型为视角》，《大学教育科学》2011年第4期。

[6] 龙献忠、刘鸿翔：《论高等教育发展的治理模式》，《高等教育研究》2007年第2期。

[7] 史雯婷：《从高等教育的社会治理看第三部门的发展》，《江苏高教》2004年第3期；王建华：《第三部门视野中的现代大学制度》，广东高等教育出版社2008年版。

导下，学界不断思考如何对高等教育治理架构进行调整以实现高等教育治理的重构。在治理理论视野中，政府放权、社会多元主体参与等成为新型高等教育治理模式的特征。学者们纷纷强调各种社会组织民主参与的多中心格局等特征，从而确立一种网络式治理结构、形成一种相互合作与互动协商的对话式伙伴关系、构建一种权力共享与责任分担的公共责任机制。① 发展至今，多元主体参与高等教育治理已成为学者们的共识。合作共治是指应积极调动各方面的力量，促进更多主体加入高等教育治理的行列中，并要构建一个能让不同参与主体积极、真正发挥作用的治理协同关系。② 在这种多元的制度氛围中，才更有可能去寻求大学自治与学术自由的实现。

（三）怎样保障治理：以法治、信任等协调主体关系的主体论

在我国，由于国家拥有对高等教育任意处置的权力，单纯依赖权力下放或回归以及多元主体参与治理并不能解决问题，因为权力既可以下放也可以回收，而市场与社会力量本身发育不足。为了协调好各主体间关系，必须在国家与大学之间、国家与大学及其他主体之间寻找一个中介去约束国家权力、规范各方行动边界，而这首先都指向于法律，从而使高等教育治理从政策治校到依法治校，从"善政"到"善治"③。

由此，一种基于法权理论的法律至上主义开始受到青睐，这种主义认为应通过法律手段确定政府大学权力关系，明确大学法人地位。"法权中心说"认为，法权是"法定之权"，是一个反映法律承认和保护的全部利益的法学范畴，表现为法律权利和法律权力的统一体。④

大学法人化是高校依法办学、自主管理的前提⑤。因此，高等教育

---

① 李明忠：《"治理"视野下的中国高等教育管理架构》，《现代教育管理》2010年第6期。

② 孙云志：《"有限主导—合作共治"：高职院校治理模式的新路径》，《教育发展研究》2014年第13/14期。

③ 许长青：《高等教育管理的新常态：现代大学治理的动力、特征与体系构建》，《教育学术月刊》2016年第4期；龙献忠：《论高等教育治理视野下的政府角色转变》，《现代大学教育》2004年第1期。

④ 童之伟：《法权与宪政》，山东人民出版社2001年版，第294页。

⑤ 许长青：《高等教育管理的新常态：现代大学治理的动力、特征与体系构建》，《教育学术月刊》2016年第4期。

要实现自主、自治、自由的目标，必须借助于法律通道加以保障。而建立法治化的高等教育治理体制首先必须做到宏观法权建构与法制体系的建立与完善：包括在国家层面上修改和完善《高等教育法》，或颁布《高等学校法》《大学法》《大学组织法》[①]，形成一个较为完备的法律系统。同时建立《高等教育改革法》，用法治思维来约束和规范政府的高等教育改革行为和决策行为，在法律框架内设计和主导高等教育改革，并自觉接受法律的约束和规范等高等教育治理的法律化措施[②]。当然，除了修改、完善已有的《高等教育法》等法律之外，还可以考虑设立诸如《高等教育法实施细则》等配套性法规，规范大学外部治理，并补充上下位法律之间的衔接空隙，形成较完整的高等教育法律制度体系架构。由类似《高等教育法》、《高等教育法实施细则》或《大学法》等教育单行法律来明确大学的外部治理关系细节，包括政府与大学、政府与社会的关系等。[③]

同时，法治化高等教育治理的实现还需加强法制的落实。改革开放以来，我们一直在推进高等教育法制建设，从无到有、从少到多、从单一到体系化，初步构建了高等教育法律制度体系，依法管学、依法办学、依法治教、依法治学不断深化，高等教育的法治基础初步确立起来了。而要使高等教育治理体系和治理能力现代化的实现不成为一种理想与想象，除了进一步依法推进高等教育治理体系建设外，还必须严格落实法律规定要求、加强执法能力建设、加强高等教育法制宣传与教育，营造优良的依法治理环境[④]。事实上，高等教育法治化难以实现等高等教育法制问题，很大程度上并是不单纯的法律问题，而是与转型背景下国家治理的路径依赖、国家治理的

---

① 潘懋元、左崇良：《高等教育治理的衡平法则与路径探索——基于我国高教权责失衡的思考》，《清华大学教育研究》2016 年第 4 期。

② 张应强：《关于将高等教育改革纳入法治化轨道的思考》，《江苏高教》2015 年第 6 期；张应强：《我国高等教育改革的反思和再出发》，《深圳大学学报》（人文社会科学版）2016 年第 1 期。

③ 胡莉芳、黄海军：《教育治理视域下的政府与大学新型关系构建》，《复旦教育论坛》2015 年第 5 期。

④ 别敦荣等：《高等教育治理体系和治理能力现代化的基本原则》，《复旦教育论坛》2015 年第 3 期。

实然追求（如对绩效合法性的重视）等政治因素有重大关联的制度性问题（在这里，又可将高等教育法治化问题带入另一种分析路径与学术语境中）。

从具体路径来说，宏观层面的高等教育治理体系改革的关键也需以法律为中心，可以从以下方面入手①：第一，从高校层面来说，要开具高等学校自主的权力清单；第二，在政府方面，主要是在高等教育资源的分配与使用上，人大应发挥在这两方面的立法权和监督权，对于政出多门的资源配置方式和手段所显现出来的"碎片化"现象予以整体性治理；第三，对法律法规中已经明确规定的各项自主权限，要加以落实以免法律法规中的规定成为一种象征性的权力。总而言之，在高等教育治理过程中，必须通过相关法律法规的制定、修改、完善等途径创设一个优良的法治环境，明确国家、大学、社会等各个行动主体的权责界限，促成高等教育治理中的各权力主体间平等关系和协商制度的建立等，才更有可能意味着高等教育治理实现了善治，也就意味着在高等教育治理的现代化道路上向前迈进了一大步②。

当然，协调治理主体间关系不仅只有诉诸法律这条硬性之道，还有一种软性之路值得追求与建构，即高校与其外部利益相关者之间应基于相互信任的关系对高等教育进行治理。张应强教授以高等教育质量建设问题为例指出，高等教育质量问责并没有获得预期中的良好效果（也就是问责失灵），其中的核心则在于高等教育质量建设过程中共同体意识、责任等都未建立起来，特别是质量评价者和高校之间基本信任都没建立起来。因此，要保障高等教育质量的真正提升，大体上必须做到以下两点：第一，共同体意识的建立，也就是说一种基于信任和合作的高等教育质量建设意识有必要在良好的制度环境中生长起来，实现从质量问责走向质量合作的转变；第二，类似于通过法律明确政府与大学各自权限，在高等教育质量建设中，也需要各主

---

① 阎光才：《高等教育治理体系与治理能力的现代化》，《苏州大学学报》（教育科学版）2014年第3期。

② 张继明、王希普：《大学权力秩序重构与大学治理的现代化——基于社会参与大学治理的视角》，《高校教育管理》2017年第1期。

体主动意识到各自的责任，共同致力于质量改进和质量提升①，因而这里强调的是一种与硬性法律规定相对应的行动模式。事实上，人们之间的相互关系和信任比治理结构和正式过程更重要②。正如1998年的《世界高等教育大会宣言》第17条所指出的："以共同利益、相互尊重和相互信任为基础的合作伙伴关系，应成为改革高等教育的主要方式。"③

（四）主体论范式的局限及其规则论转向

过去一些年来，建基于西方治理理论之上的主体论学术框架一直统治着我国高等教育学界对高等教育宏观（实际上也包含了微观）治理的研究，其与"国家—社会"视角一道构成了高等教育治理研究中最具影响力的研究范式。客观说来，高等教育宏观治理的主体论涵括的政府主体内部权力关系互动、协调国家大学二元对立主体关系、二元主体到多元主体的变革以及多元主体权力保障等多重理论视域内容，为深入研究高等教育宏观治理提供了丰富的理论经验与观测视角。已有分析框架在描述和理解中国高等教育治理上也极为有用，它所总结的许多经验和开启的研究视角对当下高等教育治理的研究仍然富有启发性，主流理论给出的"多元主体参与""法治""信任"等治理"药方"为高等教育治理实践提供了一个"理想类型"的范本，治理理论也似乎被高等教育学界共识为解决中国高等教育治理问题的"万能钥匙"。

然而，在西方治理理论的主导下，中国高等教育治理的困境在学理上似乎就被单一地问题化为国家、大学等主体之间权力关系的结构性不对等所带来的体制性问题。以西方治理理论为基础的高等教育治理研究将各个行动主体设定在相应的程序中，把研究引向一个刻板化的境地。

---

① 张应强：《高等教育质量建设：创新体制机制与培育质量文化》，《江苏高教》2017年第1期。

② Adrianna Kezar, "What is More Important to Effective Governance: Relationship, Trust, and Leadership, or Structures and Formal Process, New Direction for Higher Education", *Wiley Periodical Inc.: Fall*, No. 127, 2004, pp. 34–44.

③ 赵中建：《全球经济发展的研究热点——90年代以来联合国科教文组织的报告》，教育科学出版社1999年版，第426页。

第一章 项目制：释读中国高等教育治理的新视角

在这里，一来面临一个治理适用性问题的质疑[①]，也就是这一理论在中国缺乏足够的现实基础与支撑条件。二来即便对于多元主体参与的高等教育治理模式可以作为高等教育实践与改革的不懈追求，但在理论上大可不必固守这唯一路径与范式，而应尝试实现研究范式的转换与突破，在范式转换中建构起更强烈、更敏感的问题意识能力与更宽阔的解释视域。因为在这种主体论风行的研究场域中，其包含的问题意识与研究范式从关注二元主体关系到侧重二元到多元的变革等，都携带有典型的类似"国家—社会"等结构主义分析范式的迹痕。这种分析进路预设的一个理论前提是国家与社会、国家与大学的二元分立，并据此提出一个治理结构的理想型。在这一理想治理结构中确定"谁是主角、谁是配角、谁是参与者"的角色定位，然后将不同主体放置于相应的位置上，其中凸显了"国家—社会"等结构主义研究中所呈现出来的静态特性，或多或少地忽视了国家与大学关系互动中的多种可能与丰富意蕴，更无法以一种基于实践与事实的态度去深层次地理解国家与大学互动中更为复杂的权力关系以及不同行为主体的复杂反应，也无法获得相对微观的机制性解释[②]，从而极有可能消解掉高等教育治理过程中的本土性内涵与

[①] 治理作为一种语汇，大量地充斥于发展中国家的公共行政研究中，但治理理论是否适用于解决发展中国家的治理问题却也构成了一个重要的研究问题，而其并没有被腾留出足够的省思空间去检讨这种合适性，想当然地认为其一定适应并能解决问题。不少中国研究者认为，西方意义上的治理实践与非西方的治理实践并不相同，因此不能用西方式的工具解决中国问题；治理是一个西方语境中的概念，并且治理实践一般也立足于西方的政治和行政制度框架，因而治理概念并不适用于中国；同样，这一分析理路也适用于批判中国高等教育治理研究现状。在高等教育宏微观治理研究中，我们也很少作相关的前提性反思，单纯地套用治理理论的框架或动辄以比较的方式借鉴他国的高等教育治理经验，而缺乏对比较中双方国家的制度、文化等背景作整体性的对比与适切性分析。参见王诗宗《治理理论及其中国适用性》，浙江大学出版社2009年版，第7页；于文明、卢伟《治理理论的适用性及大学治理的中国实践方略》，《高等教育研究》2016年第10期；陈正华《中国高等教育治理：现实还是理想？》，《高教探索》2006年第4期；王群光《治理的西方语境与中国化重建》，《社会主义研究》2017年第5期；康晓强《社会组织一定促进协商民主吗？——对国外文献的评述和批判性考察》，《马克思主义与现实》2018年第1期；杨光斌《作为建制性学科的中国政治学——兼论如何让治理理论起到治理作用》，《政治学研究》2018年第1期。或者如王绍光、克劳斯·奥菲所言，治理的规范性主张只是一个"空洞的能指"。参见王绍光：《治理研究：正本清源》，《开放时代》2018年第2期；Claus Offe, "Governance: An 'Empty Signifier'?" Constellations, Vol. 16, No. 4, 2009, pp. 550–562.

[②] 丁惠平：《"国家与社会"分析框架的应用与限度——以社会学论域中的研究为分析中心》，《社会学评论》2015年第5期。

特征。

在韦伯的方法论看来，这种二元对立式的关系纯属社会科学的"理念型"，只有在理论思维的抽象中它们才会以纯粹的形式存在，而在现实生活中并不必然如是①。在治理结构的"理想类型"约束下，学界以国家大学理想关系、多元主体参与治理的理想结构作为研究的起始、出发点和归宿，从20世纪90年代至今，生产出了"不计其数"的研究成果，而这些成果却表现出"惊人"的一致性与相当的默契。仔细察看研究内容，从问题意识的缘起到问题的解决方略都保持着"结构主义"这唯一的立场，其中所析原因无外乎国家权力过大和其他主体参与不够，而结论则徘徊于政府放权与构建多元主体参与治理的治理结构两者间，这基本上构成了当前高等教育治理的知识与理论处境。站在学术立场，此种研究适度尚可；若过度，则易冒同质化的理论风险，可能会造成"研究过剩"与真正"学术不足"的学术生态。而多年研究的同质化则恰恰表明此种研究范式面临边际效应递减的知识生产趋势。

已有高等教育治理研究，虽然从"二元主体论"过渡到"多元主体论"，并引入"法治""信任"等理论，但是并未揭示出高等教育治理的过程，难以关照其中的细节。在此情形下，若继续坚持以主体论中所蕴涵的静态视角、宏观叙事展开高等教育治理研究，其合理性与必要性至少没有在治理理论刚兴起时那么强，尤其是在一个缺乏本土性关怀的理论之下。那么如何突破静态的结构主义视角，转向一个动态的思维解释高等教育治理，则可以从概念出发对治理内涵进行把握与诠释。事实上，在治理的内涵中，它不仅包含"谁在治理"的主体问题，更关涉"怎样治理"的规则（制度）问题。其中，"谁在治理"对应的是治理的"表面结构"问题，"怎样治理"对应的是治理的"深层结构"问题②。就具体治理实践来说，治理主体的影响远不如治理规则的影响，因为治理主体的影响是通过治理规则而发挥作用。因此，本质上去探讨治理主体

---

① 在现实生活中也许是"你中有我，我中有你"的"镶嵌关系"。参见［德］马克斯·韦伯《新教伦理与资本主义精神》，康乐、简惠美译，广西师范大学出版社2010年版，第Ⅷ页。
② 狄金华、钟涨宝：《从主体到规则的转向——中国传统农村的基层治理研究》，《社会学研究》2014年第5期。

与治理规则关系时，治理主体不外乎是治理规则得以实践的躯体——不是主体在治理，而是规则通过主体实现了治理①，从而构成了一种可以称作"规则论"的治理研究范式。与主体论相反，规则论强调在规则制度中去理解主体而非将主体看作一个静态实体概念。以治理规则为路径的研究侧重于对治理实践过程的考察，强调在具体规则中理解行为、理解行为主体及主体间相互关系（自上而下），并从主体具体行为中去理解规则（自下而上）。不但如此，将治理研究转移到具体治理制度、治理规则中时，这类研究实际上构造了一个让相关行动主体相遇并发生关系的规则场域，是一种"宏观问题的微观视"②。

如果说主体论范式遵从的是"结构—角色—行为"的分析逻辑，那么在规则论中则凸显的是一种"规则—行为—规则"的分析进路，是通过规则行为的互动路径诠释主体。虽然主体论对于从宏观上把握国家大学权力关系具有提纲挈领的作用，但对于国家治理高等教育的实质及隐藏的真实逻辑与机制可能还需在国家治理所塑造与依凭的制度表征上去找寻。况且，在主体论范式中，由于"预设"的前在性存在，不仅使研究呈现出一种静态特性，更造成研究结果具有很强的可预测性，结论似乎尽在众人的意料之中，而缺少意料之外的收获，也就是"权力下放、多元参与"似的研究结论。而在规则论中，它意在打破前在性的"角色预设"进路，而是在具体行为中去寻觅，因为主体反应复杂多变、具有很强的情境性，研究结果实际上很难预料，而最后对于规则、制度的反思程度也变得并不可测。即使研究过程会与主体论的思维或结论发生某种关联或一致，但至少规避了先在性的主体预设而并未提前进入主体论的学术语境中。

从主体论到规则论的范式转换并不意味着规则论的研究范式抛弃了主体，反而以另一种方式呈现、诠释高等教育治理中的相关主体，主体依然存在与有效。当然，在这里，所涉及的主体主要是指国家与大学。具体说来，规则论力图抛弃将国家作为一个宏大主体的静态形象的理论

---

① 狄金华：《被困的治理——河镇的复合治理与农户策略（1980—2009）》，生活·读书·新知三联书店2015年版，第79页。

② 何艳玲：《都市街区中的国家与社会：乐街调查》，社会科学文献出版社2007年版。

思维，而是将国家看作一种实践的动态结果与规则集合。这意味着国家不仅是观念意义上作为一种主权实体的存在，也是实践层面上一套松散而又精细的权力关系①。故而，在强世功看来，对于国家的理解范式可以实现一个根本性转换，也就是说，从国家的实体性质到国家所采用的各种微观策略性权力的存在，国家对于社会的支配就是由这些微观权力技术所构造的一种"总体效果"，从这个角度而言，国家的"策略性权力"存在就是福柯"权力之眼"的无所不在②。而大学也不再是一个静态身份，同样也是在规则实践中被赋予了生动内涵。我们不应只关注应然治理（即一种多元参与的治理目标或治理状态）或者以应然治理为前在性约束的实然治理，而有必要去关心纯粹的实然治理究竟是什么，也即关注治理的过程与规则，展示制度、结构、行动者在社会场域中相遇时的情形以及在具体社会场景中的动态运作情况。概而言之，规则论的问题意识与研究范式是在具体的制度规则与实践机制中呈现主体论中的主体面貌，以廓清真正的高等教育治理境况。

在当前时代背景下，国家提供的规则和资源构成了高等教育的最大现实，已成为国家的一种权力技术。无论从理论上还是从实践层面上来讲，与其执着于在主体论视域中讨论"政府放权、大学自治、学术自由、多元参与"等主体论命题，不如将研究视域切换至规则论的框架下，由此探讨高等教育治理实践中的治理规则比分析治理主体更揭示出当前高等教育领域存在的现实问题以及更能创新性地解释类似国家与大学关系等此类经典命题、揭示主体研究模式所无法呈现的隐含在制度规则中的秘密，更有可能切中高等教育治理的本质与内核，也更能完整地呈现高等教育治理的全貌，所提出的解决策略也更具针对性与现实性价值。也正因如此，张静教授反思道，治理主体的身影遮掩了治理规则的光环，那么这种研究路径或思路很有可能将阻碍研究者发现更多的东西③。

---

① 丁轶：《国家主义的两重维度》，《政治与法律》2017年第1期。
② 强世功：《法制与治理：国家转型中的法律》，中国政法大学出版社2003年版，第340—341页。
③ 张静：《基层政权：乡村制度诸问题》，上海人民出版社2007年版，第55页。

在治理规则的前提下，本书将焦点锁定在国家这一主体通过什么规则（制度）来治理高等教育以及国家治理制度引致的大学行为反应映射出高等教育治理的现实性特征与本质性命题究竟是什么。从主体论到规则论的转向引出了本书所侧重的核心话题——作为一种制度或规则的项目，具体说来，在本书中，将项目行动作为一项国家治理高等教育的制度安排，去商讨项目行动这一治理制度是什么，在项目行动的约束下，大学主体反应如何以及由此凸显出来的治理制度本身乃至国家治理行动的问题。以项目行动为切入点，有利于探讨在这一制度规则嵌入下高等教育治理秩序是如何形成的，在国家高等教育治理中所呈现出来的系列问题、原因以及可能蕴藏的制度变革路径。

总言之，这种分析进路既能把握宏观国家行为又能理解高等教育微观治理行为，更加全面地展现了国家与高等教育两者在治理实践中的真实逻辑。区别于以往的国家大学权力关系研究、高等教育宏观治理研究，本书从单纯注重国家、大学两个主体关系的宏观探讨、历史检思到注重从规则的角度来探讨治理及其具体表现。以治理规则的角度来展现当代中国高等教育治理的实践逻辑，并以宏观的结构为基础来把握转型过程中国家治理高等教育的策略转换，以此来透析当前高等教育治理所出现的种种困境。高等教育宏观治理研究不再限于构建一个各方利益相关者共同合作参与的治理模式的理论任务，而是对治理行动本身进行描画与反思，也就是注重从治理主体向国家治理制度、国家治理行动的范式更迭。

二 高等教育项目研究：理论视角的局限与可为的学术空间

项目作为20世纪90年代以后高等教育领域频繁使用的工具，从其产生开始特别是在"211工程""985工程"实施后，学界的探讨与政策的持续推进从未停歇，思索路径都指向于如何完善各种不同的高等教育项目，以此建立不同项目的绩效。总体看来，学界将高等教育项目的笔墨着重于项目的管理与政策的实践上，即一种管理学与财政学视域中的高等教育项目，在总体上表现为注重"项目资源分配过程中财政支出绩效与问题"式或者是"绩效拨款"①式的经验解答。

（一）作为整体的高等教育项目：管理学与政策学的视域

1. 管理学中高等教育项目的管理："一次性"与"工商化"

将高等教育工程、计划、基金等项目式的语词作为一个整体纳入研究者视野并不算太晚，首先关注的是管理学中的项目界定及其影响，一次性、临时性、工商管理化是其典型特征。

在白思俊的定义中，教育项目的内涵首先与教育资源的有限性密切关联，只不过在此前提下，运用工程管理等理论，对学校中各项事务及相关工作进行流程化的管理，比如从决策、组织到总结评价，最终希望借此实现教育项目目标的过程②；对于高等教育项目的内涵，芦丽君将高等教育项目纳入教育项目作为其中的一种分支，主要用于高等教育中教学、科研、服务或其他相关工作等活动，具有明确目标要求的一次性事业③，其界定也与白思俊的定义有类似之处（即在资源约束的前提下所展开的项目行为，但她还涉及技术、时间、空间、政策等条件性约束）；从项目管理理论的角度，卢松攀将高等教育项目界定为由政府相关部门发起，有关于教育、科研、社会服务等，同时由高校承担建设的，在规定的时间内实现特定目标的一系列活动的集合，构建高等教育项目管理模式从项目启动、规划到收尾等5个相互交叉的过程④；在李美凤等人眼中，由于教育工程项目具有工程的结构化特征和丰富的教育性特征从而使其变得十分复杂，很难把握这种特征所带来的影响，而且，教育工程的实施过程具有非线性，甚至需要多重反复，其效益也具有多维性、潜在性与长效性，从而带有强大的模糊性⑤。

刘念等以某一学校为例，探讨了"211工程"现代项目管理运行机制的实践（合理健全的项目管理组织结构、科学务实的项目范围管理、

---

① Kevin J. Dougherty, eds., *Performance Funding for Higher Education*, Baltimore, MD: Johns Hopkins University Press, 2016.
② 白思俊：《现代项目管理》，机械工业出版社2003年版，第3—43、85—99页。
③ 芦丽君：《高教管理创新思维研究》，中国经济出版社2006年版。
④ 卢松攀：《基于路线图的高等教育项目管理模式研究》，硕士学位论文，浙江大学，2012年。
⑤ 李美凤、李艺：《教育工程复杂性探微》，《学术交流》2008年第3期。

完善协调的项目集成管理、准确及时的项目文件管理），以及从强化项目成本管理、完善项目分类管理等来完善"211 工程"现代项目管理运行机制[①]。

王允修、宗刚[②]借用项目管理学的知识体系认为，高等教育项目是一种临时性、专门性的组织安排，其典型特征是高效率从计划到实施，其过程是动态管理与系统管理。从项目临时性、专门性角度上来说，这也是项目制相对于科层制的制度优势。这一管理学视角的审视为了解高等教育项目制治理提供了一个基础性的知识前提，成为研究高等教育项目制治理不可跳过的一个知识来源。而文中所提及的"迎接验收""上有政策，下有对策"等词汇也携带浓烈的社会学意味，管理学与社会学在这一研究中实现了较好结合。然而，其研究结论中所提及的要加强可量化的制度建设、绩效标准的制定则并不具有充分的合理性，对于理解高等教育项目制的全部内涵及其对高等教育的影响并不具备解释上的说服力。

钟柏昌、李艺虽然也从教育工程管理的角度展开叙述，但其理论视野显得更具高度，他们将以"985 工程""211 工程"为代表的"教育工程"纳入学科论、本体论、方法论和实践论的学术视域[③]，呈现了一个较完整的研究路径。从学科论的角度来说，他们将"211 工程""985 工程"等置于教育工程学的学科体系中，梳理了教育工程学的历史，从研究主体、研究方法、研究对象等方面检讨了教育工程学的研究现状，并从教育工程对象的廓清、教育工程方法的定位等角度论述了教育工程学的研究转向。其次，本体论视角下的教育工程项目则包含了项目的目标、任务、组织和成本在空间和时间上的表现以及教育工程环境的复杂性、教育工程过程的复杂性、教育工程效益的复杂性。从方法论上来讲，教育工程项目管理最基本的方法是采用结构化方法（结构分解方法）将复

---

① 刘念、赵红军：《"211 工程"现代项目管理运行机制的探索》，《中国成人教育》2007 年第 2 期。

② 王允修、宗刚：《高等教育项目管理探析》，《北京工业大学学报》（社会科学版）2005 年第 4 期。

③ 钟柏昌、李艺：《教育工程学新探》，教育科学出版社 2012 年版。

杂的管理对象在目标、工作、组织和成本等诸方面进行结构分解以及将教育工程项目在空间和时间上进行结构整合的方法。实践论视野下,以"211工程"为例,探讨了"211工程"投资结构、组织结构、绩效管理、外部监控、风险控制、信息管理方面的问题与对策。或许,从"教育工程"出发实现相关研究范式的转向及提出更为宏观、一般性命题是这一研究所具备的重大学理价值。

同样从项目管理学的角度出发,王建民重点批判了高等教育项目的工商管理化及其后果①。不论是"211工程""985工程"等学校层面的建设项目还是指向于高等学校内部事务、学人的项目如长江学者奖励计划、国家杰出青年科学基金、国家"百千万人才工程"、教育部"跨世纪人才培养计划"、教育部"长江学者和创新团队发展计划"、教育部"新世纪优秀人才支持计划"、教育部"青年骨干教师培养计划"、教育部"高等学校本科教学质量与教学改革工程"等各种"计划""工程",它们构成的是一种"工程化"的高等教育建设模式,具备典型的经济建设项目管理特征。他认为,这种管理模式导致学术竞争行政化、挤占专业时间、资源过度集中、形成学术泡沫和虚假绩效、削弱可持续发展动力以及增加行政成本和管理失败风险等问题,并将其原因归纳为政府对高等教育发展规律认识不足、照搬行政管理模式、简单使用工商管理方法等方面,解决之道应该从对项目集中管理、分类实施,简化资源投入程序,强化学术主导力量,创新投资和管理制度等方面着手。

与王建民的批判路径不同,李国强②从正反两面梳理了近五年来高等教育"创优"工程(也就是王建民重点批判的那些项目种类)在人才培养、科学研究、学科建设、知识创新、社会服务、人才队伍建设、学术话语权、文化影响力等方面的成绩与在资源统筹、合理评价、精准投入等方面的问题,并提出了如何化解以上三个问题的策略及"创优"工

---

① 王建民:《高等教育"工程化"建设中的管理模式:问题与对策》,《高等教育研究》2008年第10期。
② 李国强:《高等教育"创优"工程项目的喜与忧——基于〈高等教育第三方评估报告〉的分析》,《中国高教研究》2016年第3期。

程项目与"扶弱"工程项目的协调推进,以保障高等教育整体均衡、健康发展。

2. 政策学中"高等教育工程"的政策工具属性

面对同一问题,李津石赋予一个政策工具理论的视角[①]进行了学理回应。她认为,包括"211工程""985工程"和"质量工程"等在内的"教育工程"是一种以能力建设为导向的教育政策工具,其推进分别以权威、激励、劝诫等方式进行。同时她以以上三项工程为例,论述了它们在地方政府、高等学校内部中政策工具的表达与执行情况。并探讨了"教育工程"在基层民主、吸纳资金、竞争文化上的工具性优势与公平性、使用效率、使用效益、执行稳定性局限。虽然书中提及政府治理方式的变迁,但由于未考虑国家的本质,从而在应对策略时提出采用新政策工具。事实上,任何新政策工具的采用都会带来高等教育系统的内部"运动",使高等教育在应对不间断的新政策工具过程中失却自主性、自觉性。特别是在学术自由、大学自治并非本土概念时,希冀通过采用新政策工具以及改进原有政策工具却变得不那么现实。由于研究很大部分集中于中央政府、地方政府的分析上,对大学的反应方式缺乏足够且尽可能全面的分析,使得对政策工具在高等教育系统中的反响缺乏生动的经验基础。另外,她将研究框架和内容的分析建立在政策工具理论基础上,在政策工具的权威性、激励性、劝诫性等属性以及强制性、直接性、自治性、可见性等特征这些方面具备一定的说服力,但对于"教育工程"的属性及其特征分类如果局限于以上方面的分析狭窄了"教育工程"的大部甚或全部内涵乃至最本质性的内涵,并不具有对当下高等教育现实强大的解释力。对于其中所涉及的国家治理态度的变化、国家注意力的分配、"教育工程"历史发展中的变迁逻辑等最为本土化的概念与范畴无从所指。如其本人在论及其研究不足之处时指出,研究定位于对"教育工程"的工具性理解,主要采用政策工具的视角和系统分析的方法,不可能涵盖"教育工程"的方方面面,因而从教育政策研究来看,具有一定的理论局限性。

---

① 李津石:《"教育工程"研究:基于政策工具理论视角》,北京大学出版社2015年版。

3. 治理视角的初涉

此外，已有部分研究者开始从国家治理、组织治理视角关注这一话题。陈正江[①]采用社会学的研究范式，对国家示范性高职院校建设项目进行了"制度—结构"与"过程—事件"结合式的解读，对其运作机制、治理逻辑、高职院校的反应等作了生动的解释，并提出了"动员型的项目建设""常态化的项目生成"等命题。这一分析进路在高等教育项目制研究中并不常见，赋予了这一研究新的学术生命力。

郅庭瑾用项目制回答了教育治理"是什么"的问题[②]。他认为，通过项目制可以发挥两大作用：一方面有利于政府为区域教育改革与发展提供引导，另一方面也能够以项目的方式提供教育服务。同时，他还指出项目制蕴涵着强大的激励功能，项目制发包的过程是一种竞争性授权，而非指令式。教育项目制治理生效的前提是包括立项、申报、考核、验收和奖罚等系列理性程序。

为本书提供有益启发的是肖瑛教授的论述[③]，其思路也更符合本研究旨趣。他认为，科研项目制的功能不仅是体现在财政转移支付上用以弥补高校和科研机构的科研经费不足，还为高校和科研机构创造更多资源条件；科研项目制同时还以一种"治理术"的面貌呈现，是国家对学人的"治理术"，其方式是通过项目的设计到结项的整个流程控制或引导了学人的研究选题、研究方向、结果的评价。概而言之，其观点意在指明（科研）项目制已从财政内涵转移到国家治理的内涵上从而开始扩展其实践能力，发挥其对高等教育更多层面的影响。

（二）单一的高等教育项目：实践的维度

在高等教育项目研究历程中，与从整体上考察高等教育项目相异，单一项目被加大更多笔墨，重点关注高等学校内部科研、教学、服务、教师、学生等系列事务所构成的项目之实施成效与问题，总体上表现为一种经验

---

① 陈正江：《国家示范性高职院校建设项目运作机制与治理逻辑》，《高教探索》2016年第11期。

② 郅庭瑾：《用项目制回答教育治理"是什么"》，《中国教育报》2016年5月24日第010版。

③ 肖瑛：《作为治理术的科研项目制》，《云梦学刊》2014年第3期。

性、政策性的讨论，以为相关项目如何更好地发挥作用提供实践依据。

1. 高等教育项目的实施成效

当前，学界在关注高等教育项目的实施成效上主要通过诸种定量的统计与因果分析，提供了基于项目的高等教育成就的证据。改革开放后，中国高等教育在项目支持下取得了较大成效，如部分"985工程"大学在科研产出规模指标、重大原创性成果指标、高水平师资指标等方面都进入世界前列[①]；"211工程"建设推动了高等学校发展目标的整体提升[②]；在对"985工程"大学所开展的本科教学质量工程建设评估后发现，这一质量建设工程并未呈现金字塔形的结构，而是一种"两头小中间大"的结构，表明我国"985工程"大学的本科教学质量工程建设整体成效显著[③]；"985工程"高校无论在师资规模、科研经费投入，还是在科研生产效率、教学生产效率上都明显优于非"985工程"高校[④]；"本科教学质量与教学改革工程"的实施促使各高等学校加大对本科教学的投入，部分本科专业的教学软硬件设施得到了明显改善，提升了学生理论联系实际能力，团队协作精神，社会经验的积累，学生的就业能力[⑤]。

2. 高等教育项目建设的问题

无论是"211工程""985工程"还是"2011计划"以及其他项目，其共性问题均是行政化[⑥]，这也是高等教育项目的最本质性问题；正是因为政府主导，所以在"985工程"等建设中，政府掌握着经费资源并决定这些资源的使用方式、投向和目标，以及与此相关联的评估考核模式。频繁的考核与评估，项目资金与科研产出的数量相结合，使学校不

---

① 程莹、杨颉：《从世界大学学术排名（ARWU）看我国"985工程"大学学术竞争力的变化》，《中国高教研究》2016年第4期；鲍威等：《我国"985工程"的运行机制与投入成效分析：基于国际比较与实证研究的视角》，《复旦教育论坛》2016年第4期。
② 莫少群：《"211工程"建设与高等学校的发展定位》，《中国高教研究》2012年第2期。
③ 李硕豪、何敏：《"985工程"大学本科教学质量绩效分析》，《国家教育行政学院学报》2012年第6期。
④ 丁岚：《"985工程"实施效率及影响因素研究》，博士学位论文，湖南大学，2011年。
⑤ 李祥云：《本科教学质量与教学改革工程实施现状、问题与政策建议——基于武汉市9所高校的学生问卷调查》，《中国高教研究》2011年第7期。
⑥ 宋维强、廖媛红：《大学竞争的政治学分析：以"985工程"为例》，《高等教育研究》2004年第6期；程雅杰：《从"211工程"到"985工程"再到"2011计划"——基于渐进模型视角的分析》，《教育与考试》2013年第5期。

得不把学术研究、人才培养当成实现目标的工具。

受"评估""考核"的影响,科学研究模仿跟踪多,创新突破少,在关键领域创新能力不足,已成为制约大学发展、社会进步的突出矛盾[1];在"工程""项目"建设过程中,不论是建设目标还是建设内容都已深陷同质化的境地,更是存在缺乏第三方参与、终身制等问题[2];即使指望通过管理学理论的指导解决其中的问题,但"211工程"等建设在投资结构(如重点学科结构不合理)、绩效管理(只注重结果绩效而忽视行为绩效)、风险控制(无风险分析和预防措施设计)等多个方面都存在问题[3],且相关专项经费管理存在预算编制欠科学、预算执行有偏差、财务核算不规范、绩效考评不完善等诸多问题[4],管理学理论的指导似乎所起作用并不明显从而面临失灵,妨碍着项目目标的实现。

当然,"985工程"政策执行中存在多重委托—代理关系,政府与项目学校之间,项目学校与"平台""基地"之间,"平台""基地"与"成员"之间,但这些主体之间因利益目标冲突和信息不对称等因素引发了较为严重的委托—代理问题——道德风险问题[5]。"马太效应"的存在也成为研究者们检讨高等教育项目问题的一个重要切入点。

总而言之,虽然"985工程"等政策带有明显的理想导向型政策制定的特征,并能够起到引导、鼓舞、激励人们为实现项目目标而努力奋斗的作用,但也面临政策目标的目标、难以计算政策目标实现的代价等多重实践困境[6]。

3. 项目嵌入下的高校行为

项目嵌入背景下,全员参与、繁忙、迎检生动地表达着高校的行为

---

[1] 李红宇:《基于资源依赖理论探析中国大学自治——以"985工程"建设为例》,《江西社会科学》2011年第2期。

[2] 梁传杰:《对我国"211工程"建设的若干思考》,《学位与研究生教育》2013年第10期。

[3] 钟柏昌等:《"211工程"建设的三大问题与对策》,《江苏高教》2009年第6期。

[4] 魏欣、巫晓雪:《高等学校专项经费管理研究》,《天津大学学报》(社会科学版)2014年第6期。

[5] 周建民等:《"985工程"政策执行中的委托代理关系探究》,《东北大学学报》(社会科学版)2009年第4期。

[6] 陈学飞:《理想导向型的政策制定——"985工程"政策过程分析》,《北京大学教育评论》2006年第1期。

方式:"本科教学质量与教学改革工程"实施后,某高校的应对策略与过程是"领导重视,周密安排,督导实施——制定管理办法,明确申报细则——出台激励措施,调动师生参与积极性——有始有终,检查督导项目的执行"①,从下至下全员动员、全员参与;在"世界一流大学建设工程"推进过程中,以项目指标为依据,高校容易陷入忙于应付各种检查的境地②,希望能借满足项目指标的要求以享受项目所带来的政策红利与制度连带效应。

4. 高等教育项目的终结

面临项目中呈现的诸多困境,"终结"一词被提上学界的议程,但事实上"211工程""985工程"难以终结,其主要原因在于政策本身的惯性、利益团体的阻碍、社会舆论的压力、终结成本支付等核心因素,因此要解决这些困扰终结的因素,预先做好政策宣传、保留制度中的合理成分、新旧政策同步、做好政策评估、寻求利益平衡、选择有利时机等治理路径,最终推动政策终结的顺利实现③。当然,一类项目的取消并不意味着项目的整体终结,而是会伴随新的替代项目的出现来延续,高等教育项目制也正是依此路径向前发展,所以,康宁等从制度变迁的视角分析了"985工程"的终结与"双一流"诞生的历史逻辑,认为"985工程"蕴涵的结构型矛盾、过程型矛盾、体制性矛盾和其面临的章程化趋势、竞争化趋势、创新化趋势等挑战使"双一流"的诞生成为大学制度创新的重要转折④,也是项目制在高等教育领域不断扩展的制度逻辑。

(三)国家治理等视角的缺失与学术空间的拓展

1. 国家治理等视角的缺失

应该说,对作为整体的高等教育项目展开研究开启了以整体视角反思20世纪90年代以来我国政府所实施的各类高等教育项目与工程的研

---

① 张睿等:《本科教学质量与教学改革工程案例》,《中国高校科技》2014年第5期。
② 赵俊芳、车旭:《对"世界一流大学建设工程"的反思——基于中韩政策的比较》,《教育发展研究》2016年第7期。
③ 许士荣:《"211工程""985工程"终结的障碍与治理路径》,《重庆高教研究》2015年第3期。
④ 康宁等:《"985工程"转型与"双一流方案"诞生的历史逻辑》,《清华大学教育研究》2016年第5期。

究进程，为本研究提供了一个新的分析思路与框架，并提出了高等教育"工程化"建设"项目制运作"这一颇具启示意义的命题，所提对策对于改进与完善"工程化"建设具有建设性价值。然而，在此研究之余，不免又预留了很多值得遐想的空间：前文虽述及"项目制运作"这一现今社会学界时髦的研究语汇，但仅仅提供了一个从招标到验收的基本程序，对于这一运作的学理分析并未涉及。从其研究对策来看，其实以默认"工程化"建设这一模式，只是需要将其改进与完善而已。然而，这一分析并未切中"工程化"建设的要害，从更深层次的角度来看，在高等教育"工程化"建设的背后反映的是国家治理体制的变迁与形塑及其在与高等学校组织等主体的合作下所诞生的诸种实践形态。当然，完善这一模式有诸多好处，但如果这一模式本身缺乏合理性的论证时，完善将永远"完善不了"，完善也成为一种托词与镜像。由于缺乏一种从更宏大的层面去探究这一问题的视野，故文中所归纳的原因不免落入在一般意义上探讨国家大学关系时的俗套之中。

过去学界习惯于将焦点聚集在高等教育项目制的经济学、财政学、管理学内涵如对项目的立项统计、经费管理与预算[①]、成果产出等，而总体上则更加关注项目绩效式的财政学问题，轻视或掩盖其政治学等其他意义，譬如政府财政收支活动中所内蕴的国家治理实践与国家治理意涵。显然，伴随高等教育项目制实践的发展，与之相应的知识供给与学术关怀似乎难以跟上步伐。而单纯的管理学、经济学上的概念及其逻辑框架并不能解释当下高等教育项目制实践及其对高等教育所发挥的影响能力（例如肖瑛教授式的观点与思维很少被纳入学术的视野），因此，在经济学、财政学的基础上，研究需要关注高等教育项目制的社会学、政治学、组织学甚至其哲学等学科意义，以更全面地说明其对高等教育影响的层面与程度。检视高等教育项目制研究易发现，在高等教育学学科甚至在整个教育学科内部，对于治理体制意义上的项目的学术感知并没有表现出像在其他学科内部那样"热闹非凡"，治理视角尤其是将其

---

① Raudla, R., Karol, E., Valdmaa, K., Kattel, R, "Implications of Project-based Funding of Research on Budgeting and Financial Management in Public Universities", *Higher Education*, No. 70, pp. 957 – 971.

第一章　项目制：释读中国高等教育治理的新视角

纳入国家治理体制的视角明显没有受到足够重视。或许，在高等教育项目制研究中，对于国家这一行动主体与高等教育学学者们这一行动主体而言，他们已将项目制默认为国家治理的常规机制，即把项目制的常规化（Routinization）看作情理之中的事情而无须赘墨，所以研究者们的理论研究似乎并不足够。虽有学者尝试作了初步分析，但真正从国家治理的角度及其他学科等意义加以关注的极为少见。也正因如此，本书也充分地获得了很大的学术拓展空间。

2. 学术空间的展开

总体上，现有研究更多停留于对策式的现象考察与讨论，研究也呈现较为碎片的境地，对项目数字以及项目制度背后隐含的理论问题也缺乏深度挖掘，有可能遮蔽对高等教育项目制问题中一般性逻辑的探讨，在一定意义上无益于高等教育项目制的理论建构与深刻剖解。基于当前分散化、碎片化的研究情势，要突破这一现状，所需要努力的方向就是建立一个统一的高等教育项目制分析框架，促进不同学科之间的交流与合作，实现高等教育项目制研究的扩展性分析与整体性转型，建立一个统合和解释各类高等教育项目的整体性框架，以更好地把握高等教育项目制这一整体。

本质上，现有关于高等教育项目制的研究之所以表现出一定的理论局限性，除了受财政学、管理学等学科范式的影响外，还有一个重大原因则在于缺乏对高等教育项目制历史及其实践形态的细致考察，从而也就没有建立起高等教育项目制实践所具备的学科性与更广阔的问题意识。事实上，在高等教育领域，项目制已成为一个"问题性"十分彰显的板块；对于高等教育学来说，其并非是一个不值得研究的课题，而是与其在社会学、经济学、政治学等学科中的地位一样，同样值得重视。在这样一个学术空白地带，如何将作为一种治理体制的高等教育项目行动进行研究拓开，是一个值得长期思索的话题。现实中，项目制实践已经与高等教育中的系列事务发生勾连，无论是资源获取、收入分配还是学术评价、地位区隔等；无论是国家还是高等学校组织，都在项目制场域中各自考量，从而呈现出项目制对高等教育影响的系列样态。实现高等教育项目制内涵研究的跨学科转换、考察项目制中的政治学等跨学科意义

溢出高等教育财政内涵

[也就是"溢出高等教育财政（学）内涵与范畴"]或许能使这一议题变得更有意义，也能建起一个较为统一的解释框架。

因此，有必要将这一问题的探讨转入国家治理的政治学、组织行为的组织学等学术框架中，从政治学、组织学、社会学等学科的视野去省思国家的项目治理行动、去设问国家为何采用这种建设模式，这种模式在当前为何成为一种常态模式，它是否应该是高等教育的常态模式等更为根本性的理论命题。事实上，1949年以来的中国高等教育发展史实际上是一部国家如何治理高等教育与高等教育如何反应、应对国家治理行动的治理史。作为现今高等教育改革发展中重大的实践问题，项目可以说构成了高等教育最大的宏观实践场景。如若不紧跟上这一研究与实践的"时髦"，不免有缺乏现实关怀的嫌疑，而事实上高等教育学又是一门现实性十分强的学科。肖瑛教授虽然没有对科研项目制进行系统研究，但他所提出的"作为治理术的科研项目制"可以说完全提供了一个创新的分析思路，对此可作更多思考与借鉴。

如前所述，可将其他学科"拿来"作为理论基础，据此，本书可以尝试分析或者展开的内容涉及：经济学视域中高等教育项目制治理的现实与客观基础，历史学视野中高等教育项目制治理的历史与类型，高等教育项目制治理的组织学解读，高等教育项目制治理与政治学中权力这一基础性概念的纠缠，在制度学、组织学、社会学的宽广学术空间中去寻找国家、大学、教师之间的互动以及对国家治理高等教育行动的检讨与反思，乃至可以尝试思考如何构建一个适合高等教育的项目制治理体制。这些话题的谈论都可置于"溢出高等教育财政内涵与范畴"这一命题之下。

虽然原有高等教育项目制研究缺乏国家治理等学科视角，我们也可从国家治理等学科角度进行弥补，但这并不意味着先前研究对于本研究"无效"。相反，本书的研究还需借鉴先前研究成果（比如有关高等教育项目实施成效的研究），只是本书尝试将以前的研究成果或研究思路放置在国家高等教育治理等"溢出高等教育财政内涵"这样一个理论框架下进行诠释。总而言之，在高等教育项目制研究中，如果能通过一个新的框架发现一些总体性的结构关系，也是一种颇具新意的叙述进路，更能揭示出当前高等教育治理的真实状态。当高等教育项目制遭遇政治学、哲学等学科时，其作用不仅是推动高等教育项目制的学术生产，而更是赋予高等教育研究更多方法论上的启发。

三 文献述评与研究主题的关联：高等教育项目制治理研究何以可能

前文已从高等教育宏观治理、高等教育项目两个方面进行了内容的梳理与简要评价。为何要对此两方面展开综述，主要在于其与研究主题的关联度上，即为回答"高等教育项目制研究何以可能"的问题。总结之，它们的作用体现在以下两个方面：

（1）高等教育宏观治理研究述评所提出的规则论范式为引向项目制这一高等教育治理规则提供了学术合法性基础。当前高等教育宏观治理研究侧重于一种主体论的分析范式，这种分析范式所秉持的观点可以说是我国高等教育改革的方向，即建立一种多元主体参与的高等教育治理结构。但从学术研究的立场来看，主体论范式因其宏观把握、静态分析的特点而不免稍显局限，因此必须实现一种范式的更迭，其中规则论范式可作为一种尝试转向的范式之一。在规则论范式框架下，本书试图在项目制这一具体制度规则中去探寻高等教育治理的实然状态（也就是说这种规则下的高等教育治理是何种状态）；如若可能，希望从中找寻国家、大学、教师等不同行为主体更加复杂的互动关系，在规则与行为的过程中去讨论国家与大学的关系、大学自治等经典性命题，从而创新高等教育宏观治理的理论空间。

（2）关于高等教育项目制的研究为本书展开提供了理论上的可能性、必要性与必需性。当前，高等教育项目研究缺乏一种广阔的学科视野，与高等教育项目制实践相脱离，从而狭窄了高等教育项目制研究的视域；同时，也缺乏一个整体性的解释框架，虽然对个别项目的绩效等关注能加深理解，却易遮蔽对高等教育项目制一般逻辑的讨论，无益于高等教育项目制的学术建构。当然，高等教育项目制研究视角的单一，为本书预留了更多理论上的可能性与空间，我们可以在现有研究之外去诠释这一高等教育领域中的重要制度安排；也正是由于视角的单一，对于这么一个对高等教育影响层面与程度深远的制度来说，单一视角的解读显然不够，无论是出于现实诉求还是基于理论关怀，本书都有必要且必须将高等教育项目制研究纳入更宽广的学科视野中。而对高等教育项目制研究的梳理，使得作为一项治理制度的项目制具备了研究的充分性与必要性，既是对现实世界的关怀，也能填补这一研究领域的空白。本质上而言，离开项目制这一总体性来讨论高等教育治理抑或其他相关议题，并不具有对历史与当下现实的批判超越性。

不管是高等教育治理研究还是高等教育项目制研究，都要求实现学术叙述方式与进路的转换，以构建一种新的学术话语结构。总言之，前述文献的分析足以使高等教育项目制治理这一论题得以建立，也为从溢出财政学内涵的角度展开研究奠定了充分的合法性与合理性基础。未来，无论是基于现实还是扩展理论，这一话题的关注可以作为高等教育治理研究的重要理论追求与学术旨趣。

第五节　理论资源、分析框架与本书结构

前述四个部分已将研究问题及其合理性、合法性论证提出，也就是将本研究中"是什么"与"为什么"两大问题作了一定的论述与解答，其中包括"研究的具体问题有哪些""研究意义何在""研究的合理性与合法性证成"等内容。接下来的任务就是要关注"怎样研究"的问题，即对围绕这个研究主题如何展开进行思考，其中既包括研究所需要的理论资源（也就是理论基础）、采用何种方法（也就是研究方法）研究这个主题。首先完成理论基础与研究框架、研究内容间关系的解答。一方面要对高等教育项目制研究进行理性的学科化处理；另一方面又要使研究具有创新性，理论资源的借用便是实现这两个目标的一个很重要的维度。通过文献综述部分可以看到现有关于高等教育项目制的研究状况，为使本书的研究从根本上区别于先前研究，必须找寻一个独特的理论视角来诠释。为此，本书借力于财政社会学以及其他议题的研究（如货币、空间、时间等概念）等理论工具作为本书的思路的启示或研究灵感的来源。而一般说来，研究的理论基础，其作用大体上可分为两种：

一种是为搭建分析框架,另一种是为具体内容的阐述特别是观点论证与阐释、问题分析提供理论支撑。本书中则两者兼而有之。故而,本书在此所借鉴的理论资源就从分析框架与观点阐释两个维度进行归纳。

一 分析框架的构建:财政社会学及其他主题研究的灵感

基于前述问题的思考,本书尝试从财政社会学以及其他学科部分主题研究的学术资源中觅寻接近研究问题的理论路径与框架。

首先是财政社会学所带来的启示。

讨论财政社会学往往从检讨财政学开始,从财政学的学科危机谈财政社会学的诞生、从财政学的解释缺憾谈财政社会学的理论补充,因为主流的财政研究遵循的是一套财政学(具体地说是被经济学化了的财政学)的范式。而在"长时段"的学术史迹中,财政学在自身发展过程中一直没能拥有学科自主性、独立性的身份与地位。在旧有范式之下,学界往往将财政看作是与市场相对应的一种资源配置方式,财政学只不过是扮演了经济学在财政问题上的应用研究的角色,或者说财政学已经被经济学化,其学术表现仅仅是一种研究资源配置中的技术化、程序化、形式化的学问,对财政现象与问题的解答往往深陷数学模型与计量分析的"囚牢"而不可自拔,表现出一定的学术自负。例如,财政学家马斯格雷夫将对政府财政行为的分析统整在资源配置、收入分配和稳定经济三分支模型与框架中[①],成为财政研究的经典范式。而事实上,被经济学化了的财政学已经渐渐失去或者说不能更加完整地呈现对现实世界与财政现象的解释能力,遮掩了国家财政活动中的复杂性及其与社会的客观联系。刘志广在学术史、学科史的基础上对这种被经济学化了的财政研究进行了分析:

> 对于各种以政府为研究重点的经济发展理论来说,财政都是其解释逻辑中重要的一环。就理论的一般建构而言,我们可以直接选

---

① Musgrave, R. A, *The Theory of Public Finance: A Study in Public Economy*, New York: McGraw-Hill, 1959.

溢出高等教育财政内涵

择以财政制度作为分析的立足点,而无须考虑导致财政压力或财政危机的具体原因。这就为我们打开了一个思路,即我们需要架构起财政制度与经济发展之间的内在逻辑联系,并使之能够在经济发展史研究中得到检验。在学科分化的历史发展中,主流财政学研究日益将自己的理论建立在新古典经济学等既有理论的虚拟观念的基础上,从市场失灵、公共物品和外部性等概念来概括政府的职能,进而研究政府如何履行这些职能并如何为履行这些职能筹资,而新古典经济学关于资源配置的帕累托最优标准则成为这些研究的基本出发点与最终落脚点。这意味着在主流财政学理论中,"技术化"研究完全取代了历史化和制度化研究,因而也就隔断了财政与经济发展之间的有机联系。[①]

基于此种理论缺憾(认识到将政治和社会等因素从财政研究中剥离后,财政学不能解释许多重大问题),美国经济学家约瑟夫·熊彼特(Joseph Alois Schumpeter)于1918年呼吁建立一门财政社会学。其实,财政研究在起始之时便具有鲜明的综合性。奥地利财政社会学家鲁道夫·葛德雪(Rudolf Goldscheid)和熊彼特于20世纪早期强调要恢复、关注财政学的综合化特色,并从财政史的角度研究国家与社会——财政史提供了对政府财政活动和潜在社会结构和安排的理解。"19世纪的财政学文献表明,重商主义时期的财政学具有鲜明的学科综合化特色,它包含有今天的法学、经济学、公共管理学、政治学、社会学以及历史学、政策学等内容。只是随着19世纪末和20世纪初经济学的'纯粹化'以及学科分化的发展,财政学才逐渐变成一门技术性的学科,并将自己的理论建立在法学、政治学、经济学等既有理论的虚拟观念的基础上,忽视了财政与社会经济结构之间的有机联系。"[②] 直到20世纪70年代,财政社会学(财政学综合化)才逐渐恢复、发展起来。财政社会学致力于

[①] 刘志广:《新财政社会学研究:财政制度、分工与经济发展》,上海人民出版社2012年版,第33—34页。

[②] 刘志广:《新财政社会学研究:财政制度、分工与经济发展》,上海人民出版社2012年版,第37页。

发展一种新的"宏观历史范式",一种观察和理解社会的方式①,观察和理解国家治理的途径。

当把注意力放置在财政制度与社会结构变迁的历史高点上时,很快便能勾画出财政的社会学味道。财政及其制度发展史表明,财政从家计财政的简单筹资,到市场经济时期对经济的全面调节,再到政治和社会体系与经济体系的力量失衡引发的财政治理职能的产生和强化,财政制度的变迁呈现了财政从经济范畴延伸到治理范畴的发展脉络②。因此,在这里便可引出财政与国家治理间的某种关联。而在实践中,任何一种治理形式与制度安排,原本就需要通过人、财、物的安排落到实处,都需要为此筹集资金、安排支出,并实施相应的过程和结果控制。与市场、社会等治理机制不同的是,国家治理的资金筹集和支出过程,以国家强制力作为终极保障,人们通常认为这就是财政。但在布坎南看来,财政不仅是一个资金运动过程,财政过程本身就意味着国家治理。资金筹集过程对应着国家治理中的需求揭示,资金运用过程对应着国家治理中的官僚机构运作,控制和决策过程对应着财政预算与立法机关表决,财政过程的另一面就是国家治理和民主制度的运作过程③。因此,财政与国家治理的关联不仅仅体现在一个维度,任意一个财政行为活动方式都可能会烙上国家治理的印痕,例如不同财政收入、财政支出制度与国家治理间的不同关联方式与程度等。所以,在社会转型期,分析财政是研究社会的最有效的方法④,特别是在社会各类组织对国家财政高度依赖的背景中,更能有利于本质揭示。在"国家财政是国家治理的基础和重要支柱"的宏观表述下,当从国家治理的角度定位财政时,便已经说明财政不仅是一个经济范畴,而是一个事关国家治理和整个经济社会事务,牵动经济建设、政治建设、文化建设、社会建设、生态文明建设和党的

---

① 马骏、温明月:《税收、租金与治理:理论与检验》,《社会学研究》2012年第2期。
② 李一花:《财政在国家治理中基础和支柱地位的理论分析》,《公共财政研究》2015年第1期。
③ 马珺:《布坎南财政思想中的国家治理理论》,《财政研究》2016年第12期。
④ 参见李一花《财政在国家治理中基础和支柱地位的理论分析》,《公共财政研究》2015年第1期。

溢出高等教育财政内涵

建设等各领域的基本要素①。

基于上文概述，在某种程度上，我们可以进行简要归纳：有什么样的财政就有什么样的国家。现代研究成果表明，财政不只是简单的技术或工具的问题，而是塑造某种特定的现代经济、社会文化与价值、公共官僚体制、特定的国家与社会关系的利器，与此同时，也塑造着这个国家的人民②。因此，不论从哪个角度而论，财政社会学能单独对社会发展中的公共收入起源和组成问题作出整体性解释，因而也能说明国家的命运和社会组织、个人的遭遇③。也就是说，基于一种财政社会学的理路，国家、组织与个人都能被整合进财政及其制度框架内并在财政制度框架中获取相关解释意义或者是透过财政观察国家、社会组织、社会成员等主体的存在方式与身存样态，如组织与个体的角色与行为取向等。

按照现代语境，我们可以将财政社会学的研究主题归纳为国家与社会发展：

> 财政社会学研究即是从国家财政入手对国家与社会发展的理论与历史研究，包含并具体体现在对财政与社会、经济、政治和文化变化的驱动力、制度、机制、过程和结果的研究之中。总而言之，财政社会学认为财政问题是社会问题、经济问题和政治问题的根源，因而强调通过对财政收入起源和组成等作整体解释，以从财政的侧面抓住国家的本质、形式和命运，并立足财政历史来洞悉社会存在和社会变化的规律，洞悉国家命运和个人遭遇的推动力量。④

另外，在财政社会学发展过程中，它吸收了经济学、历史学、法学、

---

① 高培勇：《新一轮财税体制改革的战略定位》，《人民日报》2014年6月9日第7版。
② 李炜光：《财政何以为国家治理的基础和支柱》，《法学评论》2014年第2期。
③ Goldsheid, R. *A Sociological Approach to Problems of Public Finance*, Trans. Elizabeth Henderson, in Classics in the Theory of Public Finance, Edited. Richard A. Musgrave and Alan T. Peacock, London: Macmillan, 1925.
④ 刘志广：《新财政社会学研究：财政制度、分工与经济发展》，上海人民出版社2012年版，第42页。

第一章　项目制：释读中国高等教育治理的新视角

政治学等学科理论与方法，最终在总体上表现为一种宏大视角与综合概括性的研究范式，或者说，财政社会学是一个颇具开放性的学科，财政与社会发生关联所牵涉的学科都可被纳入其中。在这个过程中，财政社会学对财政的研究在理论上使财政溢出其自身内涵而转向关注其更多跨学科意义。

在这里，可以稍微作一个小的总结与归纳以图为本书构建一个分析思路。从解释视角上看，财政社会学的一个基本思路是从财政之外看财政；从解释对象出发，财政社会学的研究范式被应用到对社会规则的解释、组织治理、个体行动、国家的形成、国家治理等微观与宏观的不同领域中，形成了一个较为固定的研究范式。财政社会学重视历史与制度，这些都为财政研究奠定了分析的基础。财政社会学的思考方式为本书打开了另一扇窗，架构起了作为财政的项目制与高等教育事务（包括学术）间的关联，例如从财政史（高等教育项目制的历史）的角度关注国家对高等教育的治理。高等教育项目制作为一种财政制度，其在实践中的表现使其具备了多重实践样态与多学科的理论意涵，契合了财政社会学的分析视角，故本书以财政社会学为基础来构建全文的分析框架。当然，每一种理论都有其各自学术趣味、旨趣，财政学与财政社会学体现出一种不同的学术、知识趣味，两者间并没有孰优孰劣之分，而只是各自取舍不同，各自对自己的研究思路与观点论证承担解释责任。由于财政背后蕴涵着丰富的信息、知识（由于国家、组织、个体的作用），使得财政社会学可以成为分析各类高等教育项目的整体性框架。当然，这种整体性框架是在一个较广的范围来说的。在财政社会学这个大的整体性框架下面，又可以根据不同层面（比如国家、组织层面）提出一个稍微观些的解释路径，比如在国家层面上，用国家治理去分析各类高等教育项目中所蕴藏的治理逻辑、治理转型等内容。

综合上述分析，财政社会学为本书构建了一个分析高等教育项目制的框架：也就是从财政意义上的高等教育项目制之外来看高等教育项目制（亦即"溢出高等教育财政内涵"的分析框架），从而将财政学与政治学、组织学等学科有机结合在一起去观察高等教育项目制这个高等教育财政现象与财政制度。具体来说就是：从财政学意义上的高等教育项目制开始论说逐步过渡到财政学之外的意义探寻,即按照"高等教育财政项目制—高等教育项目制的他学科意义"的总体分析框架展开。

其次是其他主题研究所赋予的研究灵感。

应该说,财政社会学为本书搭建了一个整体性框架,提供了诠释高等教育项目制的新思路、新视野,这也是本书从起初之时最先考虑的一个理论视角与最先获得的一种理论启发。而与此同时,社会学、哲学中部分主题的研究也为本书思路的形成与框架的搭建提供了丰富的理论灵感,从而增强了本书顺利铺展的学术合法性与合理性,因为它们与财政社会学有着类似的学术趣味。这些研究主题主要包括对货币、空间、时间、消费等概念的分析与解读。这些概念的一个共同特征是:在实践中都表现出从一个领域到另一个领域的溢出效应;在理论上表现为从一个学科嬗变为另一个学科的溢出效应。譬如货币的初始意义从经济学出发,伴随人类文明实践,逐渐溢出至一种哲学意义;作为地理学意义中的空间概念,最终还是与正义、阶层、权力、政治等相互关联,两者最终都促成了文化、社会、治理等诸多研究主题的学术转向;而消费概念原本从属于经济学范畴(是指对物品使用价值的关注,主要是在生产社会时代),而当历史转入消费社会时代时,消费这一概念范畴则跨越经济学的学科范围,开始由单纯的生理行为和经济行为转变为具有社会文化意义的活动[1],或者是一种符号的意义。这种思路给予本书极大启发,其所赋予的研究灵感是:我们可以从某一事物的原初意义之外去看待这一事物。当然,其前提是在实践中确实存在着某一事物具有强大的溢出本领域的效应。这种研究思路的最大好处体现在两个方面:一是赋予某一事物、概念更为丰富的内涵,获取一个全面、整体的概念认知;二是提供研究方法论上的指导,促进相关研究的理论转向。两者最终都有利于概念与理论、范式与视角的转换与发展。

上述两种理论语言、研究思维共同构筑高等教育项目制治理研究的理论工具。财政社会学以及空间、货币等概念所给予的思路启发(溢出

---

[1] 宋德孝:《"符号的政治经济学批判"之理论检视》,《北方论丛》2012年第3期。

原初内涵），恰巧吻合了前述对高等教育项目制现实表征与本质意义的描述（溢出高等教育财政内涵）。基于此，本书对高等教育项目制治理的研究就从高等教育项目制的最初意义（财政）开始论述，逐步过渡到对其最初意义的外溢效应进行分析。从这个框架出发，分析高等教育项目制是什么（赋予高等教育项目制新的学科内涵）、项目制对高等教育的影响等内容。框架的搭建使高等教育项目制研究进入了理性的学科化构境，从而避免了评论式、感性化的"批判与反思"。而本书之所以能运用上述理论、概念作为分析框架搭建的基础，其合理性始终在于高等教育项目制实践中所孕生的可能。

二 研究内容中的理论依托

第二种类型的理论基础是指在研究内容阐述、观点阐释与论证时所凭借的相关理论资源，主要包括两个部分：第一，制度学派关于制度与行为关系的理论，涉及新制度主义经济学、政治学、社会学中有关制度与行为的研究，尤其是组织社会学中关于组织行为的分析，主要集中于论述组织行为的合法性。这方面理论的作用在于两点：一是用于分析在项目制度下，高等教育组织与个人是如何行动的？二是对一项制度进行完整诠释可以从哪些角度出发？其中涉及组织行为对制度的诠解（或者接近于"制度—结构"与"过程—事件"的分析思维）。也就是说，要对高等教育项目制进行一项完整的研究并赋予其一个相对完整的内涵，其理论要义之一便是要通过高等教育组织与个人行动去理解。这种从组织学出发的考量，很显然，与第一种类型的理论基础中所提及的"其他意义"相吻合。第二，其他相关理论与概念，如政治学中国家治理、国家能力，哲学中"一般等价物""真与假的辩证法"、符号等概念的理论阐述。它们的作用在于对高等教育项目制治理的后果或者影响机制等内容展开分析。这里主要对制度与行为关系的理论进行概括与总结，而其他相关理论将在具体内容分析时作相应的叙述。

1. 关于制度的简要解释

如果说20世纪60—70年代社会科学研究的核心概念是集团，80年代的核心概念是国家的话，那么制度则成为近期社会科学研究的焦点。[①]经济学、政治学、社会学等都将其作为分析的主要概念或者说将其作为分析的理论背景。在经济学的制度主义中，其诞生主要是为弥补传统新古典经济学的理论缺陷，因为在传统理论框架下，市场失效等无法找到一个合适的解释空间；政治学制度主义的兴起主要与理性选择理论太强调组织、个人能动性相关，公共选择理论对此发起了有力的挑战，转而关注制度对组织与个人的约束；社会学制度主义的理论理念很清晰，也就是强调组织与个人在制度框架寻找解释意义。[②] 总体来看，他们都关注"制度与个体、组织行为间的某种结构性制约因素"这一论题。制度究竟关涉哪些命题？比如制度经济学的研究对象由相互联系的两个方面构成：一是制度的演化过程。二是制度及其变迁与行动主体、社会其他事务间的社会性关联等。[③] 从整体上来说，制度关涉到"制度是什么""制度对行为的影响""制度脉络中的个体行为""制度背后的权力关系""制度的变迁"[④]、行为对制度的反应与理解等系列命题，简言之就是"制度中的行为"与"行为中的制度"相结合，它们都与本研究密切关联。循此思路，可以设问如高等教育项目制治理是什么、项目制治理对大学组织行为的影响如何、大学组织如何应对项目制治理以及由此反映的高等教育项目制治理的本质特征是什么等。

2. 行为背后是制度

总体而言，在政治、经济等与行为关系的分析中，制度学派理论家认为，微观行为不能作为分析的基础要素，原因在于这些微观行为难以解释"所有政府现象"等宏观性命题，无法切中问题本质。不论是何种情形下，行为都嵌植在特定的宏观制度背景中，理解行为，必须将制度

[①] ［韩］河连燮：《制度分析：理论与争议》，李秀峰、柴宝勇译，中国人民大学出版社2014年第2版，第3页。

[②] 孙立平：《社会主义研究中的范式及其转变》，载谢立中《结构—制度分析，还是过程—事件分析？》，社会科学文献出版社2010年版，第16页。

[③] 黄少安：《经济学为什么和怎样研究制度——关于制度经济学研究对象、目的和一般理论框架的梳理》，《学术月刊》2009年第5期。

[④] ［韩］河连燮：《制度分析：理论与争议》，李秀峰、柴宝勇译，中国人民大学出版社2014年第2版，第5页。

第一章 项目制：释读中国高等教育治理的新视角

因素纳入分析中[1]。其中有三个特点：第一，组织、个体行为与社会制度模式、结构特征等之间无法进行简单化约；第二，组织、个体行为更不可能通过简单统计而累加成为社会制度与结构；第三，各种行为背后起决定性作用的还是制度，是制度使选择被管制起来[2]。因此新制度主义认为必须用制度透视组织[3]、用制度透视个体、用制度透视行为。罗纳德·科斯（Ronald Coase）将排除制度的经济学理论喻为研究脱离人体的血液循环[4]。

所以，道格拉斯·诺斯（Douglass North）才说，制度提供了人类相互影响的框架[5]。在政策实施与执行中，其中的系列行为都与制度紧密关联，并且这些制度会影响组织、个体的行为选择。[6] 社会学制度主义强调作为社会存在的个体，认为不能脱离文化环境解释个体的偏好和选择，其特征就是以制度解释个体。[7] 制度意味着社会的某种结构化因素，解释社会现象时有必要将焦点放在这些结构化因素上。制度约束个体行为，在制度背景下产生的个体行为具有一定的规律性。因此，新制度主义的焦点不是原子化、低度社会化的个体，而是在制度背景中产生的个体行为。[8] 随着卷入人员的增加或者时间的传递，这些行为模式逐渐会"外在化""晶体化"，从而获得客观性，并最终成为人类行为的一个基

---

[1] Ellen Immergut, "The Theoretical Core of the New Institutionalism", *Politics & Society*, No. 26, 1998.

[2] [美] 罗伯特·贝斯等：《分析性叙述》，熊美娟、李颖译，中国人民大学出版社2008年版，第7页。

[3] B. Guy Peters, *Institutional Theory in Political Science*, London and New York: Wellington House, 1999.

[4] 参见河连燮《制度分析：理论与争议》，李秀峰、柴宝勇译，中国人民大学出版社2014年第2版，第40页。

[5] [美] 道格拉斯·诺斯：《经济史中的结构与变迁》，上海三联书店、上海人民出版社1994年版，第225—226页。

[6] 柯政：《理解困境：课程改革实施行为的新制度主义分析》，教育科学出版社2011年版，第85页。

[7] Powell, W. W, *Expanding the Scope of Institutional Analysis*, in Walter W Powell, Paul J DiMaggio, The New Institutionalisn in Organizational Analysis, Chicago: University of Chicago Press, 1991, pp. 183-203.

[8] Viven Lowndes, "Varieties of New Institutionalism: A Critical Appraisal", *Public Administration*, Vol. 74, No. 2, 1996, pp. 181-198.

本社会背景。所以,制度就变成了一种外在于行为者而存在的一些预先行为模式,这些行为模式会通过诸如角色、语言、符号、理论、法规等"人造物"体现出来。① 在中国体制之下,高等教育的改革与发展镶嵌在国家宏观治理体制之中,很多情形下,对于高等教育的理解放置于宏观制度背景下考量,会显得更具解释力;在微观层面上,对于大学组织、大学教师行为的理解也只有在国家的政策构境与制度脉络中才能获得更大或更好的解释空间。所以,在项目已成为一个总体性制度环境时,大学组织、教师个体的行为在很大程度上由此产生并与此发生各种勾连。

3. 制度影响行为:内容与路径

第一,制度影响行为的内容:主体及主体间关系。

一般来说,制度不仅对个体、组织行为产生影响,还对个人与个人、组织与组织、组织与个人之间的关系产生影响。比如历史制度主义的特点在于,关注的并非制度本身的含义,而是勾连起制度与行为间的某种关系(包括制度与个体行为、同一制度下个体与个体间的关系),从而突出制度影响力及制度所涉的关系层面。② 所以,在项目制治理框架下,其影响范围并不仅仅关涉到大学组织与教师个体两个独立的主体,而是对其中所蕴藏的各种关系进行改造与重构,包括大学与大学之间、大学与教师之间、教师与教师之间、高等教育内部诸项事务之间都围绕项目直接或间接地形成了某些关系,比如区隔、竞争等。

第二,制度影响行为的路径:符号、认知、利益与其他。

那么,制度究竟通过什么途径影响行为?概而言之,社会学制度主义强调制度影响的一个重要层面体现在认知或者说一种观念上:认知模板、符号系统、身份认同等。③ 也即是说,社会学制度主义的理论将制度划分为两种类型:一种是正式的制度与规则,同时还可衍生出一种非正式但却具有强大约束力的规则,而认知模板、符号系统等即属于这一

---

① Beger, P. L., Luckmann, T, *The Social Construction of Reality*, New York: Anchor Books, 1966.
② [韩]河连燮:《制度分析:理论与争议》,李秀峰、柴宝勇译,中国人民大学出版社 2014 年第 2 版,第 24 页。
③ 薛晓源、陈家刚:《全球化与新制度主义》,社会科学文献出版社 2004 年版,第 5 页。

类型。这种对制度、规则的理论划分很自然地将组织和文化两者融合起来，把这些非正式规则（文化）理解成惯例、符号或认知的网络，为行动提供模板，提供一个"意义框架"来指导人类的行为。[1] 制度对组织或个体行为的影响，除了通过利益机制强迫你这么做和有约束力的社会期望让你觉得应该这么做之外，还能通过提供一套正统的、被大家共享的认知范本和行为图式来让行为者"理所当然地"去这么做。[2] 或许，可以感知到，在当前项目风行的时空场域中，其不仅为大学、教师提供一套规则系统，更是在项目崇拜的进程中确认其作为一种符号的统治地位，学术身份、学术成就等学术的自我事务须在项目的理性构架下获得合法性。

4. 组织合法性

在论述组织合法性时，学界一般将保罗·迪马吉奥（Paul J. DiMaggio）和沃尔特·鲍威尔（Walter W. Powell）提出的制度同形性变迁的机制，即强制机制、模仿机制和规范机制三种[3]作为主要参照系分析组织间关系——组织行为趋同性。由于本研究中并不直指组织间关系的趋同，所以主要从宏观观念上去分析高等教育组织内部为何会采用同一行动，即为何会形成以项目为中心的组织行为。

组织分析的新制度主义学派的中心命题是：不管在组织内部（如满足制度要件的要求）还是组织外部（如获取制度资源）都强调合法性机制在其中所发挥的重要作用。合法性机制容易诱发出两个重大后果："制度化的组织"（组织内部）以及组织趋同性（组织外部）。在理查德·斯科特等（Richard Scott）看来，组织合法性是组织的一种反应与正式规则规范、非正式规则（文化—认知性规范框架）相亲和的状态，因此，他们将组织合法性分为规制合法性、规范合法性、文化—认知合法

---

[1] Peter Hall, Rosemary Taylor, "Political Science and the Three New Institutionalism", *Potitical Study*, Vol. 44, No. 4, 1996, pp. 936–957.

[2] 柯政:《理解困境：课程改革实施行为的新制度主义分析》，教育科学出版社2011年版，第116页。

[3] [美]保罗·迪马吉奥、沃尔特·鲍威尔:《关于"铁笼"的再思考：组织场域中的制度性同形与集体理性》，载沃尔特·鲍威尔、保罗·迪马吉奥《组织分析的新制度主义》，姚伟译，上海人民出版社2008年版，第68—87页。

性三种类型①。他们认为规制性要素、规范性要素、文化—认知性要素是构成或支撑制度或所谓"法"的三大基础要素。它们在遵守基础、秩序基础、扩散机制、逻辑类型、系列指标、情感反应、合法性基础等方面都有所区别。制度的这三大基础要素,对组织合法性提供了三种相关的但明显不同的支撑。

规制合法性强调合法性的基础是法律规制,很自然地合法组织的判定标准就是那些根据相关法律要求而建立、运行的组织。只有那些依照政府出台的法律法规制度条例建立的组织才是拥有合法性身份和地位的组织。由于这些规制是来自政府、专业机构、行业协会等相关部门的规章制度,组织可以通过遵纪守法、遵守规章制度等,来表明组织是合法的,得到认可的。因此,这些组织的合法性来源于严格地遵从法律法规制度。

规范合法性则强调按照评估形成的规范维度引入社会体系、评估合法性的较深层的道德基础,这里的规范来源于社会公众,他们根据被社会广为接受的价值观和社会道德评判组织行为,从而要求具有更深层的职业道德。组织必须遵从社会公认的价值观和道德观来获取"合法性"存在感。

文化—认知合法性与前述两种不同之处在于,其所强调的在总体上表现为一种"软性约束"(如参考框架、角色模板或结构模板)并据此获取合法性,是一种"最深层次"的合法性,因为这种合法性依赖于潜意识的、被视为理所当然而接受的各种理解或认知框架。

而合法性机制对组织行为的影响表现为强意义和弱意义。所谓强意义的合法性是指法律法规的硬性约束,组织或个人难以发挥自身主观能动性,不得不采取外界环境约束的合法性机制。在这个过程中,组织或个人仅是一种制度载体而已。而所谓弱意义的合法性是指制度通过资源分配、利益动机、符号意义来影响人的行为,鼓励人们采纳被社会广泛认可的行为和做法。在这个角度上而言,制度不以硬性方式反而以利益激励等来诱惑组织或个人的行为朝向制度期冀的方向前进。但是,这种

---

① [美]马丁·瑞夫、理查德·斯科特:《组织合法性的多维模型:制度环境变迁中的医院生存》,载张永宏《组织社会学的新制度主义学派》,覃国享译,上海人民出版社2007年版,第103—104页。

影响不是决定性的，而是概率意义上的。比如迪马吉奥的强制属于"强意义上的"合法性机制，而模仿和规范属于"弱意义上"的合法性机制，不论是哪一种意义，都是制度的影响途径。①

简论之，组织合法性机制表现为两个方面：强意义与弱意义。无论是斯科特的管制性还是迪马吉奥的强制性，都表现为一种强意义上的合法性机制。而规范、认知、模仿等则都属于弱意义上的合法性机制。

两种意义上的合法性对理解高等教育中的组织行为具有重要指导价值。对于中国高等教育而言，国家主导是1949年以来我国高等教育发展的最显著特征，高等教育组织几乎完全裹挟在制度环境中而立于世，因此，制度环境替代技术（专业）合法性构成了高等教育组织最大的合法性。具体在本研究中，项目已构成高等教育的一个总体性制度环境，因此，高等教育组织和高等教育个人需要在这一新的总体性制度环境中去获取合法性，项目也就成了当前高等教育组织与个体生存的最大合法性。

5. 行为对制度的诠释

行为是如何对制度进行反应的？这里涉及对制度如何进行诠释的问题。在理性选择制度主义看来，遵守制度不是道德、义务使然，而是经过计算被认为符合自身的利益，即"结果性逻辑"，个体的行为以计算"回报"为基础②。在制度与行为之间，一方面，在总体上制度虽是行为的一个结构性框架；但另一方面，行为也塑造了制度，行动者通过角色扮演使制度存在成为可能，从而赋予制度更多生动内涵。也就是说，制度秩序的形成或者说制度的丰富内涵在于行动者承担角色的实现。行动者通过承担角色展现制度的同时，也不断赋予制度可理解的意义。③ 此外，对行为的分析不仅是去了解行为本身，而是去发现行为背后的制度力量与权力网络。所以，张静教授认为个体的行为是被他生存其中的（正式或非正式的）制度所刺激、鼓励、指引和限定的④，由此行为成为

---

① 周雪光：《组织社会学十讲》，社会科学文献出版社2006年版，第78—85页。
② 薛晓源、陈家刚：《全球化与新制度主义》，社会科学文献出版社2004年版，第7页。
③ 张军、王邦虎：《从对立到互嵌：制度与行动者关系的新拓展》，《江淮论坛》2010年第3期。
④ 张静：《基层政权：乡村制度诸问题》，浙江人民出版社2000年版，第11页。

溢出高等教育财政内涵

研究者窥探其所嵌入社会结构关系的切入点，结构也相应地成为研究者最终的落脚点①。因此，对于项目制度下高等教育组织行为的理解，其重点并不在于行为本身，而是要去探究行为背后的制度构造，去探寻大学所处的总体性制度环境，进而了解到更真实的高等教育；同时对宏观制度的了解也依赖于微观行为的细致分析。

总之，制度分析法将制度作为发展的要素并且强调它的重要性。制度建立的基本规则支配着所有公共的和私人的活动，即从个人财产权到社会处理公共物品的方式，以及影响着收入的分配、资源配置的效率和人力资源的发展。②制度自主性的观点是很有必要的，它有助于树立起这样的理念：政治制度不仅是社会力量的简单映射物。经验观察似乎表明，虽然政治制度自身可能由外部事件所触发，但政治制度的内在过程也在影响着历史进程。③波兰尼主张，对人类行为的研究，必须要在广泛的社会、政治、文化环境中，进行制度分析。④所以，回到制度、发现制度，把制度带回分析的中心是了解行为的前提与基础。组织行为也不只是制度的简单映射物，而是会对制度作出更多符合自身利益的诠解。总体来看，本研究就是从制度（高等教育项目制的宏观设计）与行为（高等教育组织的"项目行为"）两个角度来诠释高等教育项目制，以此构建全面把握高等教育项目制的思路。

作为初步尝试，本书重点关注对高等教育项目制治理内涵的整体把握。这种把握必须从宏观与微观两个角度来论说，必须在结构—行动或制度—行为的二重性中展开，从而突出结构主义与行为主义等此类二元对立式的片段理解。这种分析具体呈现为两个组成部分：宏观上高等教育项目制的历史与类型（意即国家作为行动者所实施的项目）与微观世

---

① 狄金华、钟涨宝：《从主体到规则的转向——中国传统农村的基层治理研究》，《社会学研究》2014年第5期。
② [美] V. 奥斯特罗姆、菲尼·H. 皮希特：《制度分析与发展的反思：问题与抉择》，王诚等译，商务印书馆1992年版。
③ [美] 詹姆斯·马奇、约翰·奥尔森：《重新发现制度：政治的组织基础》，张伟译，生活·读书·新知三联书店2011年版，第18页。
④ Karl Polanyi, *The Economy as Instituted Process*, in Conrad Aresberg, Harry Pearson, Karl Polanyi Trade and Market in the Early Empires: Economics in History and Theory, Chicago: Henery Regnery Company, 1957.

界中即高等教育系统或场域中行动者的项目行动（意即高等教育组织等行动者因国家项目所产生的行为）及其蕴涵的学科意味。从这两个层面出发，最终获取对高等教育项目制治理的全面认识。

三 研究提纲与本书结构

研究框架的展开构成了研究的具体内容，也就是研究提纲的产生。高等教育财政项目制下，具体内容包括对其历史、类型的叙述；高等教育财政项目制意义之外，则分别从政治学、组织学、哲学等角度出发进行探讨，其中涉及财政之外的意义有哪些、为何会产生这些意义以及这些意义的诞生又会带来什么影响等分析主题。

总体而言，本书的研究思路或者说逻辑展开顺序是：从作为财政的高等教育项目制出发，逐步过渡至其他学科的内涵（财政社会学内涵）建构中。在其他学科分析中，从国家到高等学校组织，分别阐述高等教育项目制的政治学、组织学；随后在政治学、组织学等内涵基础上，将其推向一种哲学的学科空间加以讨论高等教育项目制所具有的强大影响力；进而对高等教育项目制从财政学外溢至其他学科的机理展开分析，并对这种由多学科建构而成的高等教育项目制进行综合分析（包括局限与对策）；最后从本体论与方法论两个角度对本书所涉及的观点、范式、方法与学术空间予以总结、反思与展望。

全书共分八章。第一章为绪论部分。第二章主要从财政的角度介绍高等教育项目制的历史与现状。第三章到第七章为主体部分，意在回应"溢出高等教育财政内涵"的"是什么""为什么""怎么样"三个问题。第八章是结语、总结与展望部分。具体安排如下：

第一章是绪论部分。以项目制为观察视角来审视我国高等教育治理，认为项目制已在高等教育中根深蒂固，从国家到高等学校组织、高校教师，从高等教育宏观架构到微观建设，意味着高等教育项目制不仅是一种作为财政的存在，而是一个能将高等教育中的"人"（各行为主体）与"事"（各项事务）及相关活动串接在一起的跨学科实践概念（溢出高等教育财政内涵）。对于高等教育来说，项目制已成为一个能统揽整个高等教育的治理模式、机制，就像单位制一样，它的存在及其强大的

溢出高等教育财政内涵

实践能力足以让我们重新诠释高等教育及其治理，具有重要的学理价值与实践意义。从高等教育宏观治理研究、高等教育项目制研究两个方面对学术文献进行梳理、解读与检讨，为本研究提供了诸多反思的基础与创新的可能。高等教育宏观治理研究向规则论转向为探讨高等教育治理提供了一种思维创新的路径，而高等教育学科有关项目制的研究，则为本研究腾留出可供大量拓展的学术空间。研究方法的采用、研究的理论基础以及对相关学术资源的述评与借用，在研究思路、行文展开等方面达成了共识，更加夯实了本书研究的必要性、合理性与可行性基础。

第二章主要从财政投入（支出）视角分析高等教育项目制的历史演变过程以及在此基础上所进行的类型学划分。无论哪一领域的项目制，其诞生都是财政制度变革的产物。故这一章主要根据与项目制发展相关的国家高等教育财政制度变革、国家财政体制变迁以及其他政策文本梳理高等教育项目制的历史并进行阶段性划分，关注不同阶段的项目资金投入情况、项目表现及其特点。然后，在整体考虑的基础上，对高等教育项目制类型进行简要划分，并根据多个要素构建一个概括性的国家高等教育项目制体系，并初步认为高等教育项目制体系并未是一个已经完成的体系，其正处于一个被建构的状态。

第三章集中讨论高等教育项目制的政治学意涵。第三章开始，正式进入"溢出高等教育财政内涵"这一主题的分析（亦即高等教育项目制的他学科构建）。首先在国家这一行动主体、维度上呈现高等教育项目制治理的政治学，也就是高等教育项目制的国家治理意义。在这一章中，根据财政与国家治理的相关理论与概念、他学科的项目制与国家治理、高等教育项目制的历史与类型及其他因素提炼出几个高等教育项目制中蕴涵国家治理意义的分析主题，从而完成高等教育项目制政治学的建构。

第四章主要论述"项目进校"所呈现出的组织学特征。第四章将视野从上往下移至高等学校组织这一高等教育项目制实践的微观场域。事实上，对于一项制度的全面把握，如果仅仅是从制度制定主体去理解，则很容易陷入一种比较静态的思维方式中。制度的全部内涵必须要在其实践中呈现，也就是说理解制度就必须借助一定的中介物，这个中介物就是制度的实施对象所进行的相关行为活动。对于高等教育项目制而言

第一章　项目制：释读中国高等教育治理的新视角

也是如此，单从宏观或微观出发很难获取对高等教育项目制治理的全面理解，有必要将"上"与"下"、宏观与微观结合起来。这一章，主要运用案例研究方法，试图在高等学校组织围绕项目所产生的治理行动中（主要是高等学校内部的一些规章制度等）提炼出几个高等教育项目制的微观内生机制，并形成初步的学理性认识，为后文理论抽象奠定资料基础。

第五章在第四章的基础上并结合第三章的部分内容在整体上观照高等教育项目制的组织学效应。经过高等学校组织对于项目的理解或者建构的内涵成为高等教育系统中一种普遍性的客观事实与机制后，可能又会使高等教育项目制面临内涵的再次溢出（如哲学），其中会存在一些或显或隐的问题。这一章将借用哲学、社会学、经济学等学科的概念与理论来诠释被高等学校组织诠释与建构后的项目制究竟是何种存在。总体说来，第五章基于前述章节内容，在论述上表现得较为抽象，希望能以此途径提出一般性的理论问题。

第六章讨论高等教育项目制内涵的财政溢出效应何以可能的问题。主要从国家与高等学校组织两个行动主体，对其中存在的机理进行理论分析。对于国家而言，项目制是一个总体性的制度设计，它很少会考虑各领域的不同特性，而将所有事务都纳入这一总体性框架中，进而构建一个新的总体性权力的制度机制。与此同时，在国家的这一维度上，项目制并不是在激进的制度变迁中诞生的，它并没有获得独立的制度身份与地位，而是与原有的科层制相互关联并受其控制。对于高等学校组织而言，在项目制的时代背景下，出于制度合法性的考量，学校一定会产生与之相关的行动机制；而高等学校组织如何围绕项目行动，这在一定程度上属于高等学校的自主行为，比如高校运用其对教师的激励与约束、项目中造假的存在等。经过上下建构，才促使高等教育项目制内涵从财政学学科中溢出而具备跨学科性。

第七章在前述章节基础上建构高等教育项目制的跨学科内涵。第三、第四、第五、第六章的任务是完成高等教育项目制内涵的他学科建构，在国家与高等学校组织两大主体的考量中，高等教育项目制超越了财政的内涵，从而构建一个由财政学、政治学、社会学、哲学等学科综合的

67

制度存在与理论概念。事实上，项目制对高等教育的影响就深深地体现在其跨学科内涵的建构及其塑造的总体性、结构化的能力上。同时，这一跨学科内涵的建构可能会面临一些实践限度（对高等教育而言），需要从宏观与微观上作出一些对策性的理论思考。

第八章以"财政社会学视域中的高等教育项目制"作为结论部分的主题，从观点、范式、方法与学术空间拓展等方面加以总结与展望。本书并不按照创新之处、不足之处、未来展望这样的序列作为总结部分的提纲，而是以财政社会学视域中的高等教育项目制为主题，将以上三个方面统整在这个主题之下，呈现本书所得出的观点、所具有的方法论意义以及可能存在的研究拓展空间。相比于观点所得，本书在方法论意义上可能显得更具创新性，无论是在高等教育治理研究与高等教育项目制研究的视角转换上，还是在具体研究方法上。本书对高等教育项目制治理的分析仅仅是一次尝试，希望能在未来研究中将高等教育项目制、高等教育财政、高等教育治理等相关主题的研究推向一个更加广阔的学术视野中。

第六节　研究方法

"每种学问都遵循特定的方式来答复自己提出的问题，没有哪一种学问研究，不同时是一种方法论研究。"① 这里便涉及"怎样研究"的第二个问题即研究的方法论及具体方法的问题。事实上，理论资源的借用与分析框架的构建是从论文的整体设计与展开上来探讨"怎样研究"的问题，是一个较为宏观层面上的研究设计。在此前提下，研究方法则是一种更为细致、具体的研究运用与设计。它是在研究理论资源所确定的研究框架基础上，对框架中具体内容的论述所采用何种方法的规定与要求。因此，"怎样研究"的微观落实就需要研究方法的辅助与支持。研究方法与理论资源的结合，两者共同促进"怎样研究"的顺利完成，最终实

---

① 张文喜：《方法与反方法：基于哲学与人文社会科学的思想对话》，西南交通大学出版社2016年版，第1页。

现研究的目标与任务。

在方法论的层面上,本书的研究所采用的是一种解释主义的研究范式与研究进路。解释主义预设了一种对于理解的认识论理解,那就是它把理解视为一种认识者(作为主体的研究者)获取关于某一对象的知识(人类行动的意义)的智识过程[①],其理解对象包括文本、制度、实践或生活方式等各个层面。从发生学视角看,这种范式是对实证主义范式的一种回应,它认为,并不是所有社会现象都足以用数字等客观存在的形式来呈现与说明,这容易忽视数字等客观存在背后的深层意义以及事物之间本质上的关联。这些客观存在的历史与事实、数字与现象需要经过个人的解释和重新建构,从而赋予事物、事件以丰富内涵。所以,解释主义的方法论也可以称为"人文的方法"[②]。在这种解释过程中,要达到理解或解释的目的,研究者本身是不可能将其立场、观点、预判、偏见等置之不理。在本书中,无论是高等教育项目制的历史梳理还是对高等教育项目个案的呈现,都希望从中能解读出所谓"高等教育财政溢出效应"的学理性信息,从而使这一主题的研究向纵深推进。

当然,本书采用这种研究范式也许面临一种解释风险,会遭受来自其他范式的质疑,更不可能意味着本书提供了一种模板式的研究进路。同样的话题,实证主义、批判主义、建构主义等诸多研究范式都可赋予研究空间。每一个研究范式都有不同的学术旨趣,都可提供一定的解释力,各自也对其解释进路与内容负责,无须给它们贴上"孰优孰劣""非此即彼"的学术标签,这种贴标签的方式很可能是一种较为危险的行为,很可能会狭隘我们的学术视域。实际上,研究所要面对的不过是研究者自己的选择问题,选择做一个什么样的研究、选择自己希望怎样去过一个社会研究者的生活[③]。只要这种范式能为高等教育项目制相关

---

① [美]托马斯·施瓦特:《定性研究的三种认识论取向:解释主义、诠释学和社会建构论》,载诺曼·邓津、伊冯娜·林肯《定性研究:方法论基础》(第1卷),风笑天等译,重庆大学出版社2007年版,第210页。
② 李景山等:《社会科学研究方法》,哈尔滨工程大学出版社2011年版,第12页。
③ [美]托马斯·施瓦特:《定性研究的三种认识论取向:解释主义、诠释学和社会建构论》,载诺曼·邓津、伊冯娜·林肯《定性研究:方法论基础》(第1卷),风笑天等译,重庆大学出版社2007年版,第227页。

问题的研究贡献一种方法、扩展我们的认知、拓宽我们的视界,其存在价值也就不小了。

在此方法论的框架下,本书研究方法的运用主要表现在以下三个方面。

一 历史研究及其解释价值

历史研究是本研究所注重的一个研究方法,简要而言,就是研究者通过对史料的搜集、鉴别、分析、评价,对相关历史作出符合逻辑的阐释的方法[①]。也就是说,历史研究可由两个部分构成:历史描述(搜集与鉴别)和历史解释(分析与评价)。历史资料的搜集与整理是历史研究的第一步,是一个整体的历史研究远未完成的状态,而当我们对历史进行解释时,便进入了历史研究的跨学科研究(如历史社会学[②])情境中,由此也才能完整地呈现历史研究的全部。它可以关注历史行为、历史事件、历史制度、历史结构等,也可以有如下设问:社会变迁如何发生?为什么一些社会制度安排,在某些历史阶段呈现的某种特定的形式与特征,而在另一个历史阶段则又是另外一种风貌?某一时段的历史与社会体制等社会整体间有何种关联?

在本书中,历史研究法主要用于第二章(历史描述)、第三章(历史解释)的论述中。由于高等教育项目制是宏观制度变革的产物,故第二章的历史考察就集中于相关的政策文本。

第二章的历史研究主要体现在从财政的角度讨论高等教育项目制的历史演进过程,因此资料收集主要集中于20世纪80年代以来与项目制相关的国家(高等教育)财政体制改革的政策文本及其他政策文本中有关高等教育项目的规定,比如国家财政体制变革、高等教育财政拨款制度变迁、分税制改革、有关科技体制与教育体制改革的决定、各种"规划纲要""行动计划"等,从这些文本中看到高等教育项目经费的投入,探寻高等教育项目制的产生、发展到强化的历史过程,并对不同历史阶

[①] 侯怀银:《教育研究方法》,高等教育出版社2009年版,第92页。
[②] 李明超:《历史社会学兴起的学科基础探析》,《学术探索》2008年第4期;[乌]马尔·丁诺夫:《历史社会学:跨学科综合研究》,刘伸译,《国外社会科学》2004年第6期。

第一章 项目制：释读中国高等教育治理的新视角

段特征及历史整体进行总结分析。

历史研究的一个重要价值取向是解释历史。如果仅仅是对历史进行一番梳理，特别是只对历史作数字统计与事实描绘，如此只会抽象掉数字统计与事实描绘中的某些质的规定性①，而我们需要努力做的就是通过历史去诠释更多历史之外或建基于历史之上的更为根本性、本质性的东西。这种解释的价值则在于波普尔所说的"解释的丰富性和阐明历史事实的能力，解释的魅力和阐明当今问题的能力"②。从这个意义上来说，历史事实的描绘与数字统计只是历史研究的辅助工具。在对高等教育项目制历史脉络梳理清晰的前提下，需要弄清楚高等教育项目制历史进程中所存在的外在约束条件、与经济社会之间的关系、所蕴涵的其他学科性命题等，从而迈向一种一般性的解释模型。或许，这也表现出历史社会学所注重的一个分析路径，从历史时段与进程中探寻历史制度、历史结构的社会学韵味。所以，哈罗德·珀金指出，从某种真实的意义上说，真正的历史学并不是一味按照年代顺序挖掘整理史实材料的一门学科，历史学家常常必须闯进其他学科领域中去，利用它们的研究成果和方法为自己的研究服务③。通过这种路径或可有利于找寻到新的理论生发点，提炼出宏观性的命题。

总结之，第二章基本上是一个纯粹的历史梳理过程，第三章的研究基本上建基于高等教育项目制历史来阐释这一历史发展过程中所内蕴的国家高等教育治理等多重意蕴，从而构建起第二章与第三章间以及历史学与政治学、社会学等其他学科间的逻辑关联。通过对高等教育项目制的历史研究及其所具备的解释价值也契合了财政社会学强调"立足财政历史来洞悉社会存在和社会变化的规律，洞悉国家命运、组织与个人遭遇的推动力量"这一理论要旨。

---

① 姜国钧：《中国教育周期论》，北京大学出版社2005年版，第8页。
② [英]卡尔·波普尔：《开放社会及其敌人》（第二卷），郑一明等译，中国社会科学出版社1999年版，第404页。
③ [英]哈罗德·珀金：《历史的观点》，载伯顿·克拉克《高等教育新论——多学科的研究》，王承绪等译，浙江教育出版社2001年版，第23页。

二 案例研究及其意义：引出学术议题

个案研究不是一种方法论的选择，而是对研究对象的选择。不论在什么方法论的框架下，都可以对特定的个案展开分析。我们可以通过反复测量，用分析的方法或整体的方法来研究个案，也可以从阐释的、有机的、文化的角度或多种角度研究个案①。罗伯特·斯泰克认为，个案研究可以分成三种类型：本质性个案研究、工具性个案研究与集合性个案研究。第一种是本质性个案研究对个案的关注不是因为这个个案能代表其他个案，也不是因为它能阐明一个特征或问题，而是不管这个个案多么特殊或普通，这样的个案本身就具有重要意义。第二种工具性个案研究是关注个案对研究者所能提供的认识价值，选择的个案能帮助研究者增进对其他意义的理解。根据罗伯特·斯泰克的理解，本质性个案研究与工具性个案研究并没有明确的界限，它们之间存在着一个公共地带，都能产生意义。第三种是集合性个案研究，也就是将单个个案拓展到多个个案的过程。本书中的案例分析更侧重于前两者：一方面，我们选择的项目案例本身就蕴涵着一定的特征与意义；另一方面，对这些项目案例的分析能为高等教育宏、微观上的诸多命题提供新的解释空间。

本书所采用的案例研究方法主要用于第四章的研究中，即高等教育项目在高等学校组织中的实践形态（高等教育项目制的组织学）。这里涉及两种案例的选取：项目案例与学校（文中涉及高等学校指普通本科高校）案例。首先是项目案例。由于高等教育项目数量颇多，将所有项目在高等学校组织中的表现都进行分析既不可能也不符合研究现实，故项目案例的选择主要根据项目的类型、特征尤其是内涵发生明显变化（比如从资金扶持到作为评价工具的内涵嬗变）的项目（比如"985工程""211工程"、科研项目、人才项目、教学项目等，本书的案例分析基本也以这几种项目作为分析的对象），这种选择既与高等教育项目制的实践形象相符，也契合本书的研究旨趣。高等教育项目制的类型、特

---

① ［美］罗伯特·斯泰克：《个案研究》，载诺曼·邓津、伊冯娜·林肯《定性研究：策略与艺术》（第2卷），风笑天等译，重庆大学出版社2007年版，第465页。

第一章 项目制：释读中国高等教育治理的新视角

征及相关问题的讨论在第二章及第四章开篇将会详述。其次是学校案例。探讨项目在高等学校中的实践形态，同样也面临项目案例的选择困境——不可能对所选择的项目在每所高等学校中的实践都进行分析，同样也不符合研究现实。本书选择的学校中，既有"985 工程"学校、"211 工程"学校，也有地方本科院校。这三种学校的选择本身就意味着它们与高等教育项目相关，而且也基本概括了当前高等学校的几个类型。

在研究过程中，案例的选取依据不是严密的、科学的抽样规则所获取的"代表性样本"，而仅仅是在理论意义上对案例的适合性与充分性的考量，即这些个案是否适合并能蕴涵相对丰富的信息可供我们探讨提出的研究问题①。本书并不奢望也不可能做到对每一所高校的项目行为进行分析，而只是结合相关案例学校有关项目的行为所凸显出来的学术议题并结合自己的理论兴趣与所掌握的理论知识，提炼出几个与之（案例学校）相关联的分析主题，并对这些个案进行呈现、分析与讨论，进而过渡至与本研究的中心、任务与目的相呼应的话题。事实上，与其执着于案例代表性问题，不若从一个或几个案例中发现什么也理应成为案例研究方法的重大价值所在。这种处理方式可看成是个案的定性研究，折晓叶认为，这种手段并不在于通过"精准技术"性的方式而是以一种开放探讨性面貌呈现，其魅力不在于严格而在于审美，其目的不在于证伪而在于在理解的基础上提出学术问题或引出学术问题②。

还需予以说明的是，在这些案例之外，本书还会结合高校新闻报道，新闻媒体报道，其他研究者已有访谈实证材料，社会各界对各种项目的反响材料包括网上言论、报纸、访谈录、"两会"提案、学术会议讨论等，这些作为围绕高等教育项目所发生的"项目事件"，来辅助理解或全面、深刻诠释本书的研究主题，并借助于这些"事件"材料尽可能地丰富、扩充本书的研究思路与研究观点的凝练。

---

① 黄盈盈：《跨国视野下的身体与性别：加拿大中国移民的"中西方"想象》，《开放时代》2017 年第 2 期。
② 费孝通：《江村经济》，商务印书馆 2001 年版，第 26 页；折晓叶：《"田野"经验中的日常生活逻辑：经验、理论与方法》，《社会》2018 年第 1 期；折晓叶：《土地产权的动态建构机制——一个"追索权"分析视角》，《社会学研究》2018 年第 3 期。

不管怎样，本书还是会尽量呈现案例选择的差异性与"丰富性"，以不同类型项目、不同类型学校（或者说不同级别学校）为基础，尽可能多呈现出案例中所蕴涵的理论空间、勾连起高等教育项目制案例与高等教育项目制理论之间的逻辑关系，以不负财政社会学等理论、概念所赋予的研究灵感、新的学术视角与解释路径。

三 理论分析及其抽象功能

教育研究中的理论分析方法是对复杂的教育问题的性质和相互关系，从理论上加以分析、综合，抽象、概括，以发现其内在规律或一般性结论，主要包括归纳、演绎、类比、分类、比较、分析、综合、概括等方法[①]。其所遵循的逻辑是：从对社会现象的观察开始，通过广泛地收集数据，逐步归纳出对社会现象的解释性观点，最终构建有关社会现象的理论化解释或理论。简言之，就是从经验事实出发，建立事实与事实之间的某种理论联系，并把经验事实推向一种更抽象的观念或理论方向[②]。从这个角度上看，本书中运用更加鲜明的是归纳、分析与抽象的方法。

理论分析方法在本书中的运用篇章主要体现在第三章、第五章、第六章和第七章的内容，严格说来应该遍及整个研究。以第二章、第三章、第四章内容为资料基础，借鉴社会学、经济学、哲学等相关学科理论资源（如布迪厄资本理论、马克思主义货币哲学理论等），对历史、案例进行归纳总结与简要分析，进而尽可能地抽象出几个一般性的学术议题以供讨论（批判与反思），最后进行总结分析。

整体而论，高等教育项目制历史与高等教育项目制案例是高等教育项目制治理研究系列问题的基础，但若停留于此，便无法从深层次把握高等教育项目制治理，有可能会狭窄高等教育项目制治理研究的问题意识（例如可能会纠缠于项目资源分配多寡等财政学问题），不利于发现高等教育项目制治理实践中存在的困境。有鉴于此，转入多学科的理论分析平台，建立别样的问题意识与研究进路，找寻项目制背景下高等教

[①] 侯怀银：《教育研究方法》，高等教育出版社2009年版，第36页。
[②] 蒋逸民：《社会科学方法论》，重庆大学出版社2011年版，第291页。

育治理实践中的诸多问题，乃是一项重要研究任务与一次学术机遇。

对于本书而言，"溢出高等教育财政内涵"这一语言表述本身就暗含着一种对理论深度追求的研究任务。如果不能凸显高等教育项目制财政学之外的学科内涵及其理论深度，那么财政社会学的学术意味便不会特别浓厚。只有将高等教育项目制历史与高等教育项目制案例的分析推向一种更加抽象、更为多元、跨学科的理论化解释境地，才能彰显出本书的学理价值。可以说，理论分析运用的程度（思辨的程度）在一定意义上决定了研究的整体水平，也决定了本书研究是否符合原初意旨与前述框架的构想。

第二章
高等教育项目制的历史、类型与建构

根据第一章研究框架与研究提纲的设计,研究高等教育项目制治理的财政溢出效应,首先需从作为财政的高等教育项目制(可称为高等教育财政项目制或高等教育项目制的财政学)开始论述。项目制是与国家财政体制变革、国家财政能力变迁等财政相关联的一个概念,这是理解高等教育项目制的出发点。

作为一个财政学、经济(学)范畴的"财政",是指"政府从事资源配置和收入分配的收支活动,并通过收支活动调节社会总需求和社会总供给,并使它们相协调,达到资源配置、公平分配以及经济稳定和社会发展的目标"[①]。概而言之,财政学意义上的财政主要关注财政的收入与支出(如财政支出规模等)、资源分配与优化、促进经济稳定等内涵,关注如何进行收支与分配等技术性程序与要素,比如资源向哪些事务拨付与倾斜、如何对产业发展进行激励的财政政策。罗森等认为,财政学研究的根本问题是实际资源的利用问题[②]。

高等教育项目制实践始于高等教育财政拨款制度的改革。作为一种资源分配的手段、方式,高等教育项目制的诞生与国家对高等教育的财政拨款方式变革直接关联。从最初的意义上来说,高等教育项目制的出

[①] 陈共:《财政学》,中国人民大学出版社1999年版,第30页;相关定义还可参见高培勇:《财政学》,中国财政经济出版社2004年版,第15页。

[②] Harvey·s. Rosen, Ted Gayer, *Public Finance*, NewYork: McGraw-Hill International Edition, 2013.

第二章 高等教育项目制的历史、类型与建构

场便只具备经济学、财政学意义上的内涵，表现为一种高等教育财政资源分配的制度形态，即国家通过专项或项目的方式对高等教育予以经费资助、扶持，简单而言则是另一种高等教育财政分配模式。从财政学的角度来讲，高等教育项目制在财政收支结构中属于一个财政支出的问题（即项目支出），但这种支出规模、大小等与收入有着密切关联（后文会涉及财政收入与财政支出的关系）。很显然，这种支出必定会注重分配过程、技术、程序、效率等，比如项目向哪些高等教育事务支出、怎样在高等教育组织与个人间进行分配等问题。

因此，在对高等教育项目制赋予学术关怀与理论审视的前提下，对高等教育项目制话题的关注，无论从哪个角度出发，抑或不论要研究高等教育项目制中的某一具体问题，其首要任务是须对高等教育财政项目制的基本情况作一个十分翔实的说明与宏观上、整体上的把握，包括高等教育财政项目制的历史脉络、类型学划分尤其是在高等教育学学科对这一问题关注不甚浓厚的学术氛围下，厘清这一基础性问题便能为其他相关学术意蕴铺平道路。财政是国家治理的基础和重要支柱，理解、研究国家治理，有必要从财政这一前提性、基础性制度出发。只有首先了解到项目制与国家财政拨款方式变革、国家财政体制改革等财政制度的历史与现实，才能进一步推进高等教育项目制内涵的深化与诠解，探视出高等教育项目制以不同的学科角色展现在学术场域世界中的可能性与多面性，包括政治学意蕴、社会学意义、文化价值以及哲学意涵。随之，便过渡至从国家治理这一政治学视域上来察看高等教育财政项目制所蕴涵的治理转型、制度逻辑等国家治理意义。

故而，本章的理论思路与任务便是：从宏观出发（即只涉及国家层面的高等教育项目），梳理高等教育财政项目制的主体内容，涵括高等教育财政项目制的历史学、高等教育财政项目制的类型学两个主要组成部分，最后再根据历史与类型及高等教育项目的部分要素对国家层面上的高等教育项目制进行初步的体系概括。

需加以说明的是，本章内容中所讲的高等教育项目包含两个方面：完全指向于高等教育的项目（以下简称"完全高等教育项目"），如"985 工程""211 工程""长江学者奖励计划"等都是因高等教育问题

而设计；不完全指向于高等教育的项目（以下简称"非完全高等教育项目"），如在国家自然科学基金、国家社会科学基金申报与立项主体中，虽然高等学校构成主要部分，但相关科研院所、党校等其他组织也在其中占有一席之地，也就是说，这类项目并非是完全针对高等教育领域而设立，故而可把这种情状下的高等教育项目称作非完全高等教育项目。

第一节　高等教育项目制的历史演进

从其他领域和其他学科来看（主要是社会学、经济学与政治学），学界主流一致认为项目制起源于1994年国家财政体制上的分税制改革所新生的一种制度形态。分税制改革的一个重要内容是关于中央政府与地方政府在财政收入上如何分成的问题。改革后，中央在财政收入分成中占比更高，但此时与之相对应的社会事务责任并未随财权上移而留给了地方政府。无论在哪一个层面，财力与事权并不匹配，而项目制就是在这种财力与事权不匹配的关系中孕育而出。从分税制改革开始，中央政府的转移支付项目日渐增多不断向地方政府、向社会各领域辐射，已是当前十分引人关注的财政制度与财政现象。因而，在经济社会领域可以看到诸如前文述及的文化发展、社区建设、扶贫开发、乡村治理等各色项目，同时已发展为高等教育中的一个重大事实。

虽然项目制是一个可以统括各领域的概念范畴，但在具体内涵、内容所指上却不尽一致，其在不同领域便会遭遇情境化的改变，从而在不同领域具有不同的表现形态。对于高等教育来说，项目制虽与分税制改革有关（这是从分税制改革后国家财政能力增强与高等教育项目规模扩增的角度而论的），但其诞生却未必与分税制改革直接关联。在后文中将会呈现，高等教育财政项目制的根本性变化（超大型高等教育项目的诞生与发展）就是在分税制改革后才出现的。但无论是哪一个领域中的项目制，其初始意义都是一种财政经费安排的制度设计，这是各领域项目制得以诞生与生长的前提。相对于其他领域，高等教育中的项目制是在20世纪80年代高等教育财政拨款制度变革过程中孕生而出。

项目作为一种制度安排表达的是国家对高等教育的拨款、资助等经费扶持，是一种财政拨款方式的变革，亦是一种资源分配方式的变革。无论是人力还是物力，项目制的出现便意味着高等教育资源得以重组与再分配。回顾历史，改革开放前，我国高等教育经费分配实行的是一种"基数加发展"的方式，由国家对高等教育经费实行统一计划安排。改革开放后，这种计划统一的分配方式很快得到扭转，按专项项目进行分配的方式开始在体制对市场元素吸纳的进程中渐渐萌生。由于高等教育项目制的初始含义直指财政资源的拨款模式，故追溯改革开放后我国高等教育经费分配方式的变迁是探寻高等教育项目制得以产生、发展的制度根源，亦即从国家财政支出（投入）的视角出发去追寻项目制何以成为一种有效的高等教育制度模式。

根据高等教育财政拨款方式、国家财政制度与财政能力等变革、变迁，可以将高等教育项目制历史划分为探索、发展与强化三个阶段。

一 非完全性主导：高等教育项目制的萌生与探索（20世纪80—90年代初）

在《中共中央关于教育体制改革的决定》（1985）、《高等教育财务管理改革实施办法》（1986）等政策文件及相关宏观制度改革推动下，高等教育财政拨款方式开始从"基数加发展"模式向"综合定额加专项补助"模式转变，由此萌发了部分高等教育项目，并主要在科学研究领域（即科研项目）与高校学科领域（即重点学科）试行。

（一）高等教育财政拨款方式变革：从"基数加发展"到"综合定额加专项补助"

自1949年至1985年，计划、统一控制的"基数加发展"模式成为国家高等教育拨款的唯一分配方式，即以各校前一年所得的事业经费份额为基础，考虑当年各项发展的需要和国家财力的可能，确定当年的事业经费分配额度。[①] 这是一种简单估算的拨款模式，是把上一财政年度

[①] 中国高等教育学会：《改革开放30年中国高等教育发展经验专题研究（1978—2008）》，教育科学出版社2008年版，第233页；查显友：《中国高校融资结构优化研究》，中国人民大学出版社2009年版，第112—113页。

的运行情况作为拨款基准,再人为地估算一个小额的增量。① 这种拨付方式将以往的支出结果作为依据,而非基于合理的成本考量,可能导致单位成本越高的高校,获得的经费越多,不利于高校节约成本、提高效益,也不利于高校之间形成公平竞争的机制②。改革开放后,自由、平等、竞争、市场调节和经济价值等市场经济基本原则与市场元素不仅促进了高等教育投资体制多元化的改革,同时也推动着政府拨款体制和政策的转变。③ 1986年,原国家教委、财政部联合颁发了《高等教育财务管理改革实施办法》,提出对高等学校教育事业费的拨款办法进行改革,把原来的"基数加发展"的拨款方式更定为"综合定额加专项补助"。"综合定额"中的"定额"采用管理学"工作定额原理"中"定额"的概念与意义,指根据条件确定完成某种业务的人员及相关活动等各种收支定额。这里的"综合定额"就是指财政部门或学校主管部门确立的每个学生教育经费的额定标准,并对不同层次、不同种类的学生分别规定不同的额定标准,还包括教职工人员经费、学生资助金、行政公务费、教学业务费、设备费、修缮费等。

"专项补助"作为"综合定额"的补充,是由财政部和教育主管部门根据国家的政策导向和学校特殊需要单独核定下达,如重点学科、专业和实验室建设等。专项补助可以分为专项人员经费和专项事业经费两部分。专项人员经费与该类人员数和教育部厘定的定额标准有关。而专项事业补助费通常采用定额管理和定向管理两种办法。前者指政府有关部门根据历史和实际情况每年核定一定数额的专项费用,拨付给学校自行管理;后者则由政府有关部门根据情况确定投资重点,按项目下达专项经费,这是专项补助的重点。④ 这种为了实现某种特定目标所遵循的专项逻辑、事本主义或称"一事一议"逻辑开始显现,实际上携带有管理学中对项目界定的意味。综合定额加专项拨款模式提高了高校经费拨

---

① 王雪峰:《高等教育资本运营》,知识产权出版社2002年版,第94页。
② 别敦荣、杨德广:《中国高等教育改革与发展30年》,上海教育出版社2009年版,第52页。
③ 王莉华:《中英高等教育绩效拨款研究》,浙江大学出版社2008年版,第75页。
④ 郭海:《大学内部财政分化》,北京大学出版社2007年版,第89页。

款的透明度，明确和细化了拨款的具体依据，有利于克服原来的"基数加发展"分配模式的随意性，增加了高等学校安排经费的主动性、自主性以及经费管理的责任，同时专项补助项目的设立也使高校拨款与政府的高等教育政策目标更加紧密地结合起来[①]，有利于发挥国家对高等教育的宏观调控作用。

自此拨款模式变革后，"专项"或"项目"（或如"计划""基金""工程"等）一词开始在高等教育领域日渐通行，在高等教育诸多构成元素上烙下深刻印记。也是从这个时期开始，项目制于实践中似乎构建起了一种较为独立的制度地位和制度身份在高等教育中发挥其作用，以其强大的制度能力与制度抱负对高等教育进行资金注入与建设，塑造一种"高等教育要成为一个项目设计中状态"的美好想象与期待，成为20世纪80年代以来高等教育改革与发展中的一个重大制度背景。

（二）项目表现

1. 科研方面，采用科研基金制

改革开放后，国家在高等教育事业费中恢复了科研事业费拨款。1985年科技体制改革后，中央及地方的一些部门对一部分科研经费实行了基金制管理，对一些重大科技计划和任务实行合同制管理，使高校可以通过竞争性招标、申请与评议，获得更多的科研经费。1985年，《中共中央关于科学技术体制改革的决定》对列入中央和地方计划的重大科学技术研究、开发项目和重点实验室、试验基地的建设项目，分别由中央财政和地方财政拨款。计划管理也要利用经济杠杆，尊重价值规律，并逐步试行面向社会公开招标和签订承包合同的管理方法。对基础研究和部分应用研究工作，逐步试行科学基金制，基金来源主要靠国家预算拨款。这一时期，设立了国家自然科学基金会和其他科学技术基金会，根据国家科学技术发展规划，面向社会，接受各方面申请，组织同行评议，择优支持。从1987年起，原国家教委改变了"科学事业费"简单切块由学校补贴给各课题组科研选题的使用办法，加强了对科研经费拨

[①] 张小萍：《公共财政体制下中国高等教育财政投入优化研究》，中国市场出版社2008年版，第107页。

款的审核。同时对"新产品试制""中间试验"和"重大项目补助"这三项经费，改变由原国家教委切块给所属院校自行安排的办法，将经费按合同制集中用于支持有重大效益的研究试验课题，对各校不保基数，统一申报，经同行专家评审论证，通过竞争性择优支持，签订合同检查验收。① 国家自然科学基金（1986）、国家社会科学基金（1986 年开始设立，1991 年成立全国哲学社会科学规划办公室）等是这一时期科研基金制的典型代表，相对于其他科研项目而言，这两种非完全高等教育项目与高等教育的联系更加紧密，并在随后高等教育实践的诸多层面发挥着重大作用（比如作为一种评价的工具）。以国家自然科学基金为例，1986—1989 年，高等学校在其自由申请项目中占比达到 61.8%②。

2. 重点学科建设项目

这一时期，国家实行有选择性的重点学科扶持。我国的重点学科评选工作酝酿于 20 世纪 80 年代中期，主要是"从高级专门人才立足于国内的战略方针，从高等学校内部要形成一部分科研优势考虑""选择一批有影响的学科，共同进行建设，来推动高等学校的学科建设"③。1985 年，《中共中央关于教育体制改革的决定》规定：根据同行评议、择优扶植的原则，有计划地建设一批重点学科。对于重点学科，国家实行有选择性的扶持，1987—1988 年，国家在文、理、工、农、医等主要学科领域，评选出了 416 个反映中国高等学校在相应领域中最高水平的重点学科点，涉及 107 所高等学校。④

重点学科建设项目是这一时期完全高等教育项目的典型代表，表明国家开始在高等教育领域以一种竞争的市场方式对高等教育进行专项投入与建设。

---

① 国家教委办公厅：《改革中的中国教育——中国教育发展改革的实践与经验（2）》，高等教育出版社 1993 年版，第 81 页。

② 中国管理科学学会科学基金专业委员会：《中国科学基金年鉴》，科学出版社 1991 年版，第 129 页。

③ 吴本厦：《进一步做好高等学校重点学科的评选工作》，《国务院学位委员会公报》1983 年第 3 期。

④ 范文曜、马陆亭：《国际视角下的高等教育质量评估与财政拨款》，教育科学出版社 2004 年版，第 243 页。

3. 其他项目简述

这一阶段，除国家自然科学基金、国家社会科学基金以及重点学科建设专项外，国家所设立的科研项目还包括高等学校博士学科点专项科研基金（1982）、国家科技攻关计划（1982）、国家高技术研究发展计划（1986）、火炬计划（1988）以及人才项目如跨世纪优秀人才计划（1993）等（参见表2-1）。试简述如下：

"高等学校博士学科点专项科研基金"与"跨世纪优秀人才计划"是两类完全高等教育项目。"高等学校博士学科点专项科研基金"的前身是国务院1982年批准对中央有关部门所属88所重点高等学校增拨的2000万元科研经费，按行业部门切块拨款。1985年，随着科技体制改革的深入，该项经费实行基金制管理，定名为"高等学校博士学科点专项科研基金"，并成立了基金办公室，该办公室设在国家教委[①]。该项基金资助范围限于中央有关部门所属重点高等学校，经国务院批准的博士学科点科学研究中的基础研究和应用基础研究工作。重点高等学校中在科研第一线工作，经有关部门正式批准具有指导博士生资格的教授，均可申请资助。为了加强国家重点学科点、国家重点实验室学术梯队建设，造就一批年轻的学术带头人和学术骨干，本基金使用少量经费资助国家重点学科、国家重点实验室中的年龄在45岁以下的正、副教授。教育部科技发展中心负责"博士点基金"项目的申请、评审及管理工作，工作方针为"限额申请、专家评审、择优资助"。"博士点基金"每年受理一次。科技发展中心基金处现已建成的专家库，收录了副教授以上专业技术职务的专家共计5.7万人，并依托该专家库和教育部科技委进行专家通信评审及会议评审，择优资助。

1993年，为促进新一代高水平学科带头人成长，国家教育委员会决定，在国家和各有关方面大力支持下，组织实施一项以培养造就年轻学科带头人为主要任务的"跨世纪优秀人才计划"，并设置基金。"跨世纪优秀人才计划"基金主要用于扶植在国家重点实验室、工程研究中心、

[①] 中国管理科学学会科学基金专业委员会：《中国科学基金年鉴》，科学出版社1991年版，第163页。

重点学科点和博士学科点从事教学科研工作，并已有突出成果的优秀年轻人才。

另外三类是非完全高等教育项目，主要是科研项目。1982年开始实施的国家科技攻关计划，是20世纪我国最大的科技计划。它面向国民经济建设主战场，解决国民经济和社会发展中带有方向性、关键性和综合性的问题，涉及农业、电子信息、能源、交通、材料、资源勘探、环境保护、医疗卫生等领域。该计划是迄今为止中国科技计划中累计投资最大、投入人员最多、在国民经济中影响最大的科技计划，有全国上千个科研院所的数万名科研工作者共同参与。于1986年11月启动实施的"高技术研究发展计划（863计划）"，旨在提高我国自主创新能力，坚持战略性、前沿性和前瞻性，以前沿技术研究发展为重点，统筹部署高技术的集成应用和产业化示范，充分发挥高技术引领未来发展的先导作用。火炬计划是于1988年8月经国务院批准，由科技部组织实施的一项发展中国高新技术产业的指导性计划，是我国重要的高新技术产业化计划，是国家高新技术产业发展的重要支柱，是国家经济、科技与社会发展总体规划的重要组成部分。

表2-1　　　　　　　　萌生与探索阶段的高等教育项目

（20世纪80—90年代初）

项目阶段	萌生与探索	
	完全高等教育项目	非完全高等教育项目
项目种类	高校博士点专项基金（1982） 重点学科（1987） 跨世纪优秀人才计划（1993）	国家科技攻关计划（1982） 国家高技术研究发展计划（1986） 国家自然科学基金（1986） 国家火炬计划（1988） 国家社会科学基金（1986）
政策文件	《1978—1985年全国科学技术发展纲要》（1978） 《中共中央关于科学技术体制改革的决定》（1985） 《中共中央关于教育体制改革的决定》（1985） 《高等教育财务管理改革实施办法》（1986）	

这一时期高等教育项目经费投入基本情况见表2-2：

表 2-2　　萌生与探索阶段的高等教育项目经费投入情况①

	项目种类	经费投入
完全高等教育项目	高校博士点专项基金	初始经费 2000 万
	重点学科	未获取
	跨世纪优秀人才计划	数万或十数万/年
非完全高等教育项目	国家科技攻关计划	379 亿（"六五"—"九五"）
	国家高技术研究发展计划	330 亿（1986—2005 年）
	国家自然科学基金	初始经费 8000 万，118.5 亿（2000—2005）
	国家火炬计划	初始经费 2 亿（面上项目与重大项目均不超过 1000 万）
	国家社会科学基金	初始经费 500 万（1986），1991—2012 年累计投入 43.65 亿元（1991 年 1300 万，2012 年 12 亿），此后以 2 亿/年的速度递增，2017 年达到 22 亿

从以上基金、计划的规章制度中可以看出，萌生与探索阶段高等教育项目制的特点主要体现在：专项逻辑与事本主义逻辑显现、竞争元素引入、择优扶持②、侧重对自然科学的投入。且这一时期，完全高等教育项目较少且"体积"小，非完全高等教育项目占据整个高等教育项目的主体部分，无论是在数量规模还是在经费规模上都可见一斑。非完全高等教育之所以占据主导的原因，则在于这些项目在短时段内解决国家重大战略需求上更具效率。这也表明国家对高等教育的拨款还未被纳入一个广阔的项目制视野中（或者说这一时期高等教育常规拨款还发挥着更大作用，项目制的制度能力也并未在很大程度上扩展），个中缘由则与当时国家宏观财政体制改革密切关联，拟在下文展开分析。从现实运作情况而言，这些高等教育项目中，国家自然科学基金、国家社会科学基金以及重点学科项目对高等教育影响的角度更加广泛，影响程度也更

---

① 这里的经费投入是指国家层面的经费投入。下同。
② 熊进：《科层制与项目制：高等教育治理"双轨制"的形成研究》，《江苏高教》2016 年第 6 期。

加深刻，它们往往成为高等教育评价的重要依据（后续章节会对此展开论析）。这种影响角度与影响程度既意味着高等教育项目制制度功能的扩增与高等教育项目制内涵的变迁，也表征着项目制对高等教育的影响从财政领域向外溢出。

二 "超大型项目"的诞生：高等教育项目制的结构性变迁（20世纪90年代中期—90年代末）

高等教育项目制于20世纪90年代中后期得到巨大发展，其首要特点是项目资金向高等教育的巨额注入（高等教育"超大型项目"的诞生）。而国家有能力对高等教育进行大规模的专项项目资助则与1994年国家财政体制改革的"分税制"模式直接相关。故而，在这里将1994年作为高等教育财政项目制发展历程的一个分水岭。要厘清这一时段国家对高等教育的项目投入政策，必须先对这一时期国家财政体制改革有一个整体上的认识与把握。虽然20世纪80年代至90年代初高等教育项目陆续推行，但由于完全高等教育项目少及"体积"小，而相对于20世纪90年代中期以来的完全高等教育项目即"211工程""985工程"，在经费投入以及所涉事项、目标上要"小型"很多。这一重大转变与国家财政体制改革、国家财政能力的变化有着不可分割的联系。

（一）从财政包干制到分税制：国家财政体制改革与国家能力的变迁

一般认为，从20世纪80年代至90年代以来，国家财政体制改革在总体上历经了两个阶段：财政包干制时期与分税制改革时期。

一般而言，国家财政体制改革主要指的是如何协调中央与地方之间的财政关系。1980年，国务院颁布了《关于实行"划分收支，分级包干"的财政管理体制的暂行规定》，标志着我国开始对传统的财政体制进行改革。国家预算管理由过去"统收统支"的"吃大锅饭"体制改为"划分收支，分级包干"的"分灶吃饭"体制，即由过去的中央政府统一管理国家全部财政收支的中央财政体制，迁变为中央和地方分级管理财政收入与支出的分级负责的新财政体制。"包干"的基本思路是：中央对各省级财政单位的财政收入和支出进行包干，地方增收的部分可以按一定比例留下自用，而中央不对地方的增收、减支的权利多加干预①。这一接近真正意义上的分权（而不是放权）改革对打破传统的统收统支、收支脱节的局面发挥着重大作用，它赋予了地方更多自主发展空间与自我发展能力。随着财政包干制的实行及其形式的多样化，财政包干制对地方政府的激励作用逐渐增强，各省纷纷加快经济发展速度，不断提升自身财政汲取能力。

与地方财政能力及其调控地方社会事务能力逐渐增强相反的是，国家财政能力及其调控国家事务的能力在这一时期却一直处于不断削弱的进程中。据统计，从1980年到1993年，"两个比重"②（参见表2-3）急速下降，中央财政深陷困境，财政赤字不断累加，于1992年时出现了重大资金缺口，这一年的预算外资金达到3854.92亿元③，占当年全国财政收入的110.67%。这样便形成了一个"弱中央、强地方"④的财政关系格局，中央财政捉襟见肘，必须依靠地方财政进行弥补，由地方对中央进行转移支付、地方给中央作贡献⑤。在这种情形下，中央既无法充分地对地方进行监督，更在对全国性国家事务的宏观调控能力上显得十分疲乏，比如在促进地区公平、抑制通货膨胀等方面的调控能力被大大弱化，国家宏观政策意图的落实难以得到充分的财力保证。所以，这便衍生出了一个王绍光所言的"分权的底线"问题，财政分权或许要适度。

表2-3　　　　　　　　1980—1993年的"两个比重"

年份	全国财政收入占GDP的比重（%）	中央财政收入占全国财政收入的比重（%）
1980	25.7	24.5
1981	24.2	26.5
1982	22.9	28.6

---

① 周飞舟：《以利为利：财政关系与地方政府行为》，上海三联书店2012年版，第13页。
② "两个比重"是指"财政收入占国内生产总值的比重"和"中央财政收入占全国财政收入的比重"。
③ 楼继伟：《中国政府间财政关系再思考》，中国财政经济出版社2013年版，第68页。
④ 王绍光、胡鞍钢：《中国国家能力报告》，辽宁人民出版社1993年版，第44—50页。
⑤ 刘克崮、贾康：《中国财税改革三十年：亲历与回顾》，经济科学出版社2008年版，第322—325页。

续表

年份	全国财政收入占 GDP 的比重（%）	中央财政收入占全国财政收入的比重（%）
1983	23.0	35.8
1984	22.9	40.5
1985	22.4	38.4
1986	20.8	36.7
1987	18.4	33.5
1988	15.8	32.9
1989	15.8	30.9
1990	15.8	33.8
1991	14.6	29.8
1992	13.1	28.1
1993	12.6	22.0

资料来源：参见楼继伟《中国政府间财政关系再思考》，中国财政经济出版社 2013 年版，第 69 页。

与国家财政体制改革"分级管理"相适应，高等学校拨款也根据学校隶属关系由中央和地方两级财政各自切块安排、分级负责，即中央部属院校经费由中央财政划拨，地方属院校经费由地方财政划拨，中央不再统一高等教育财政。这种不同层面政府间的财政管理分担体制既强化了地方政府在高等教育发展中的责任，也扩大了其在高等教育财政管理方面的自主权，在调动地方政府对高等教育的投入积极性、促进高等教育对区域社会经济发展的贡献性等方面具有显著的成效。[①] 如前所述，与高等教育财政体制变革随行的是，这一时期，高等教育拨款方式也发生了由"基数加发展"到"综合定额加专项补助"的变迁。由于高等教育"综合定额"是以高等学校日常性开支为计算对象，具有很强的确定性、稳定性及可计算性。因此，对于高等教育来说，其经费的多寡在很大程度上便由另一种拨款方式，即专项项目拨款来决定。而项目拨款能否大规模地进行则仰赖于国家财政能力的大小。这一时期中央财政收入

---

① 李慧勤：《期望与行动：边疆少数民族地区高等教育投入研究》，人民教育出版社 2009 年版，第 63 页。

的减少，其对包括高等教育在内的诸项事务的调控指导能力也随之下降。相关调查统计显示：1990年中央37个部委对所属高等学校的投资额与1986年相比较，平均下降了26.6%，有1/3的部委下降了50%以上。其中，1989年比1988年下降10%，1990年又比1989年下降30%[①]。这一时段内，中央对高等教育的拨款除日常开支外，专项拨款在经费额度上并不像"211工程""985工程"那样巨资，在项目种类设置上也并不多样，在项目所涉及领域上也并不那么宽广。在整个文教卫事业支出中，中央财政与地方财政在1990年出现了极大的差距，地方政府负担了文教卫事业的91.88%，而中央政府只承担了8.12%（参见表2-4），更遑论中央还有额外资金去设置更多高等教育项目以及针对地方高等教育的专项转移支付项目。一来，这一时期的高等教育项目制属于试点与摸索阶段；二来，不可否认的是这一时期高等教育项目种类及项目金额都很明显地受制于此时的国家财政能力，从而也可窥探出国家财政能力大小与国家治理能力强弱间的某种关联。

表2-4　　　1990年中国财政支出主要项目中各级政府所占比重　　　单位:%

项目	该项目财政总支出的比重	中央负担该项的比重	地方负担该项的比重
基本支出	21.02	75.66	24.34
企业挖潜改建资金	2.62	8.25	91.48
科技三项费用	1.84	73.91	26.09
支援农村生产支出	3.71	7.37	92.63
农林水利气象事业费	2.72	12.63	87.37
公交事业费	1.22	31.90	68.10
商业事业费	0.14	11.49	88.51
文教卫生事业费	16.59	8.12	91.88
科学事业费	1.29	56.68	43.32
抚恤和社会福利救济费	1.57	0	101.05

---

① 中国高等教育学会：《改革开放30年中国高等教育发展经验专题研究（1978—2008）》，教育科学出版社2008年版，第220页。

续表

项目	该项目财政总支出的比重	中央负担该项的比重	地方负担该项的比重
行政管理费	8.78	8.75	91.25
武警支出	0.88	100	0
价格补贴支出	11.03	10.52	89.48
国防支出	8.41	100	0
债务支出	5.52	100	0
地质勘探费	1.05	100	0
其他	11.61	—	—
总计	100.00	36.5	63.5

资料来源：参见王绍光《分权的底限》，中国计划出版社1997年版，第57页。

财政分权所带来的中央财力困难使得中央政府在提供公共物品与服务、在科教文卫事业等领域进行收入再分配、稳定宏观经济等方面[1]都面临诸多困境。为了缓解财政包干体制带来中央财力薄弱及其携带的诸多问题，中央政府不得不进行新一轮的财政体制改革。为此，中央政府于1994年推行的分税制改革开启了我国财政体制的新模式。

1994年的分税制改革，以税制改革、中央和地方财权与事权关系调整为核心，旨在提高中央财政收入分成比例进而保障其具备改善国家治理绩效的财力[2]。税制改革主要是指税种的重新划分和调整；财权与事权关系则涉及划分中央与地方的财政支出、收入范围以及中央对地方的税收返还与转移支付制度的建立。而社会学等学科研究中的项目一词则与这里的转移支付制度的建立密切相关，专项项目就是专项转移支付制度的产物。经过系列改革后，"两个比重"都发生了由递减到递增的变化，特别是中央财政收入的递增幅度非常巨大，仅1994年中央财政收入的数额就高达3089.7亿元，占当年全国财政收入的53.6%，而改革前

---

[1] 王绍光：《分权的底限》，中国计划出版社1997年版，第49—61页。
[2] 鲁建坤、李永友：《超越财税问题：从国家治理的角度看中国财政体制垂直不平衡》，《社会学研究》2018年第2期。

的 1993 年此比例才为 20% 多一点。[1]

分税制改革使中央集中了地方的财力，中央财政能力的提升，使国家具有了强大的调控全国性事务的能力与将自身战略意图贯彻到底的经济基础（分税制前后中央与地方的财政收入与支出情况参见附录1、附录2）。而与此同时，分税制改革并没有根据财权与事权相统一的原则对财政包干制下中央和地方分级负责制度进行调整，亦即财权的上移并没有伴随事权的上移，形成了财权与事权不对等的格局：中央层面的财权与事权结构关系是财权 > 事权，地方层面的财权与事权结构关系是事权 > 财权。此时，地方经济社会发展所需的财政基础则需依靠中央财政的大力支持。为了缓解财权与事权不对称的矛盾，中央财政便开始通过转移支付的方式对地方予以扶持。

总体上来看，中央对地方的转移支付体系由三大类构成：税收返还[2]、专项转移支付和财力性转移支付。税收返还是增值税和消费税的基数和增量的返还，2002 年之后又加上企业所得税和个人所得税的返还。专项转移支付是中央拨付给地方、指定专门用途的资金。财力性转移支付主要包括均衡性转移支付、民族自治地区转移支付、调整工资转移支付、农村税费改革转移支付、义务教育保障机制转移支付、"三奖一补"[3] 等。在这个转移支付体系中，专项转移支付所占比例逐年提升，到 1999 年时，其比例就已超过了整个转移支付体系的 1/3，2005 年时，则形成了"三分天下"的格局（参见表 2-5）。如果将 20 世纪 80 年代高等教育专项拨款模式纳入项目制整体框架中考虑，那么借助分税制改

---

[1] 周飞舟：《以利为利：财政关系与地方政府行为》，上海三联书店 2012 年版，第 55 页。

[2] 关于税收返还是否属于中央对地方转移支付体系还存有争论。有人认为，税收返还不属于转移支付，而真正的均衡性转移支付是从 1995 年开始的，当年中央财政预算编制 20 亿元对地方转移支付，试行按公式法分配，称过渡期转移支付。自此以后，规模愈来愈大，内容也不断丰富，目标从简单的平衡各地区财力，逐步发展为努力实现基本公共服务均等化。另有人把税收返还视为转移支付，并由此得出我国转移支付制度仍然是向东部地区倾斜的结论。参见楼继伟《中国政府间财政关系再思考》，中国财政经济出版社 2013 年版，第 79—80 页。本书采用后一种说法。

[3] "三奖一补"包括：对财政困难县乡增加乡税收收入，以及省市政府增加对财政困难县财力性转移支付给予奖励；对县乡政府精简机构和人员给予奖励；对产粮大县给予奖励；对以前缓解县乡财政困难工作做得好的地方给予补助。

革的东风,专项转移支付(项目制)于20世纪90年代中后期以后遂成为国家对待各领域事务的一种新的态度与思维。

表2-5　　　　　三类转移支付规模变化(1994—2005年)

年份	财力性转移支付		专项转移支付		税收返还		总计
	亿元	%	亿元	%	亿元	%	亿元
1994	99	4.4	361	16.0	1799	79.6	2259
1995	133	5.6	375	15.8	1867	78.6	2375
1996	161	6.2	489	18.8	1949	75.0	2599
1997	199	7.3	518	19.0	2012	73.7	2729
1998	210	6.6	878	27.7	2083	65.7	3171
1999	364	9.3	1424	36.4	2124	54.3	3912
2000	620	14.0	1613	36.3	2207	49.7	4440
2001	1176	20.7	2200	38.7	2309	40.6	5685
2002	1623	22.1	2401	32.7	3328	45.3	7352
2003	1914	23.2	2598	31.4	3749	45.4	8261
2004	2605	25.0	3423	32.9	4380	42.1	10408
2005	3812	33.2	3529	30.7	4143	36.1	11484

资料来源:参见周飞舟《以利为利:财政关系与地方政府行为》,上海三联书店2012年版,第66—67页。

(二) 国家财政能力增强与高等教育项目制的发展

很显然,20世纪80年代至90年代初完全高等教育项目并不多见,其资金数额、项目规模都受制于当时的中央财政能力。而到了90年代中期后,也即从"211工程"开始后,完全高等教育项目与非完全高等教育项目的种类、资金等不断增多,规模也随之扩大。这与分税制改革后中央财政能力增强有着紧密关联[1]。

---

[1] 有研究对比了1989年、1998年两年中央政府对高等教育的拨款,1989年中央政府对高等教育的拨款占中央地方合计的47.88%,而1998年就到了54.98%,而与此同时,中央直属院校从1989年的352所减少至1998年的120所。参见杨会良《当代中国教育财政发展史》,人民出版社2006年版,第209页。

第二章 高等教育项目制的历史、类型与建构

1."超大型"高等教育项目的诞生

1994年实施分税制改革后,伴随着中央财力的逐步好转,国家层面越来越大规模地设立各种专门项目引导和刺激高等学校为国家服务,逐步增大了高等教育的专项资金投入力度,并开始运用项目思维不断完善专项资金的管理办法。这一时期,"211工程""985工程"的启动可以说是20世纪90年代高等教育项目管理的最大成就。一方面是由于它们属于完全高等教育项目类型,另一方面则是由于这两个项目所携带的巨额资金量。在20世纪80年代专项基金经验的基础上,为了切实发挥教育专项资金的宏观调控功能,保证其效益,原国家教委和教育部对专项资金开始探索实行项目管理。通过项目的选择和立项、论证与评估、执行与监督、总结与评估的全过程跟踪与管理,充分发挥了专项资金的导向作用,有力地促进了资金效益目标的实现。[1]

第一个"超大型"高等教育建设项目是"211工程",旨在面向21世纪,集中力量,重点办好一批高校和学科。1994年国务院关于《中国教育改革和发展纲要》实施意见指出:实施"211工程",需要设立专项基金。1995年11月,经国务院批准,由中央政府拨出专项资金开始实施"211工程"建设。这项经费中央和地方、部门要作统筹安排。在《"211"总体建设规划》中规定:中央专项资金以1995年的3.5亿元为基础,到"九五"期末安排21亿—25亿元,中央专项资金中国家计委和财政部的分担比例为6.5∶3.5。此外,国家计委"九五"期间将继续安排重点大学建设专项投资3.8亿元,统筹用于"211工程"建设。"九五"期间,"211工程"建设资金总量为108.94亿元,其中中央专项资金27.55亿元。

"211工程"专项资金专款专用,单独核算。"211工程"管理的一个显著特点是实行项目法人责任制。《"211工程"建设实施管理办法》明确规定:"211工程"建设项目实行项目法人制、招投标制和工程监理制。[2]

---

[1] 中华人民共和国教育部:《邓小平理论指导下的中国教育二十年》,福建教育出版社1998年版,第72页。

[2] 中华人民共和国教育部:《关于印发〈"211工程"建设实施管理办法〉的通知》,http://www.moe.gov.cn/srcsite/A22/s7065/200308/t20030825_112420.html,2016年6月20日。

溢出高等教育财政内涵

所以，有研究总结了改革开放30年（1978—2008）期间我国高等教育发展经验，指出：在政府拨款模式转变为"综合定额加专项补助"以后，特别是20世纪90年代以后，中央政府开启了一些大型的高等教育专项资金项目。1995年国务院正式批准中央财政"九五"期间设立"211工程"专项资金。这不光被认为是在高等教育界开启了政府目标管理方式之先河，而且也是"综合定额"之外政府加大对高校，特别是重点高校专项投入的重要标志性事件。继此之后，一些重大的专项资助陆续启动，如"985工程"等，表明政府对高校投入的专项资金力度不断强化。[①]

继"211工程"后的高等教育第二个"超大型项目"是"985工程"。《面向21世纪教育振兴行动计划》提出：要相对集中国家有限财力，调动多方面积极性，从重点学科建设入手，加大投入力度，对于若干所高等学校和已经接近并有条件达到国际先进水平的学科进行重点建设。今后10—20年，争取若干所大学和一批重点学科进入世界一流水平。"985工程"正式启动。在"985工程"一期中，中央专项资金共投入140多亿元。2004年，"985工程"二期建设开始，中央的专项资金与一期基本持平。

除建立第二个"超大型高等教育项目"外，《面向21世纪教育振兴行动计划》还强化了第一个"超大型"项目，提出继续并加快进行"211工程"建设。该"计划"认为，1995年启动的"211工程"，重点建设一批高等学校和一批学科，已经为我国创新人才的培养和国家创新体系的建设奠定了重要基础。"九五"期间，进入实质性建设阶段，要保证2000年切实完成"211工程"首期计划并在此基础上启动二期计划，以进一步提高高校知识创新能力和科学研究水平。对于"211工程"，要加强项目管理，提高资金使用效益。"十五"期间，中央安排专项资金60亿元用于"211工程"建设。1995—2005年，"211工程"共投资368.26亿元，其中中央专项资金78.42亿元，部门配套资金60.49亿元。

[①] 中国高等教育学会：《改革开放30年中国高等教育发展经验专题研究（1978—2008）》，教育科学出版社2008年版，第234页。

由于"211工程""985工程"所涉经费投入巨大、目标高远以及学校整体发展,且此两大"工程"对高等教育整体格局影响也颇深,乃至整个中国高等教育国际影响力的提升都需借助于这两大"工程"等,因此,本书才把这两种项目称为高等教育领域中的"超大型项目",而且是两个完全的高等教育"超大型项目"。"超大型项目"是任剑涛用于描述国家治理现状时所采用的一个概念,主要是指以国家力量在某些领域制定倾斜性政策,不计代价地为之聚集资源,并着力体现国家行为能力、标杆性地展现国家迅速发展而布局和实施的项目[①]。这种项目存在于很多国家,已广泛地分布于政治、经济、社会中的各个领域,比如非洲国家的强制村庄化等;近十多年来,全球范围内展开激烈的知识创造竞争,通过这种"大型项目"大力发展高等教育[②]。在中国,高等教育中的两类"超大型"项目的诞生不仅标志着项目管理思维的确立,更奠定了整个高等教育发展的格局与态势及此后高等教育其他项目资源(主要是"微型项目")的分配状态,乃至高校与高校间的关系都受此影响。

2. "微型"高等教育项目的推进与扩增

相对于"985工程""211工程"这种"超大型项目",其他具体指向高等教育教学、科研等事务的项目就是一种"微型项目"了,包括20世纪80—90年代初的高等教育项目。这一时期,"微型高等教育项目"一方面表现为继续将前一阶段的项目向前推进,体现在项目资金的大幅增加。以国家自然科学基金为例,从1991年的17696万元增加到1999年的100401万元(详见表2-6),每年都以较快速度增长;"九五"期间,高等学校获得国家自然科学基金面上项目占全国比重高

---

① 任剑涛:《国家的均衡治理:超越举国体制下的超大型项目偏好》,《学术月刊》2014年第10期。

② Altbach, P, Empires of Knowledge and Development, in P. Altbach & J. Bala; n. *World Class Wo rldwide*: *Transforming Research Universities in Asia and Latin America*, Baltimore: Johns HopkinsUniversity Press, 2007, pp. 1 – 28; Salmi, J, *The Challenge of Establishing World-class Universities*, Washington, DC: The World Bank, 2009; Shin, J., & Harmon, G, "New Challenges for Higher Education: Global and Asia-Pacific Perspectives", *Asia Pacific Education Review*, No. 10, 2009, pp. 1 – 13.

达 70%[1]。而在国家社会科学基金的分配中，从 1993 年到 1998 年，高等学校占比达到 62%[2]。

表 2-6　国家自然科学基金支持的基础性研究计划项目经费

年度	投入经费（万元）
1991	17696
1992	26707
1993	31995
1994	37854
1995	47064
1996	61491
1997	78769
1998	98447
1999	100401

数据来源：国家统计局、科学技术部：《中国科技统计年鉴》，中国统计出版社 2000 年版，第 164 页。

另一方面，还增设了部分其他完全与非完全的"微型"高等教育项目。如在非完全高等教育上：1994 年设立的国家杰出青年科学基金是我国为促进青年科学和技术人才的成长，鼓励海外学者回国工作，加速培养造就一批进入世界科技前沿的优秀学术带头人而特别设立的科学基金。支持在基础研究方面已取得突出成绩的青年学者自主选择研究方向开展创新研究，促进青年科学技术人才的成长，吸引海外人才，培养造就一批进入世界科技前沿的优秀学术带头人。1994—1999 年，国家杰出青年科学基金每年度分别投入 2820 万、4710 万、4846 万、6360 万、5790 万、15450 万元[3]。国家重点基础研究发展计划（973 计划）是具有明确国家目标、对国家的发展和科学技术的进步具有全局性和带动性的基础

---

[1]　范文曜、马陆亭：《国际视角下的高等教育质量评估与财政拨款》，教育科学出版社 2004 年版，第 238 页。

[2]　程瑛：《社会转型期我国大学资源竞争研究》，博士学位论文，华中科技大学，2011 年，第 105 页。

[3]　国家统计局、科学技术部：《中国科技统计年鉴》，中国统计出版社 2000 年版，第 164 页。

研究发展计划，旨在解决国家战略需求中的重大科学问题，以及对人类认识世界将会起到重要作用的科学前沿问题，提升我国基础研究自主创新能力，为国民经济和社会可持续发展提供科学基础，为未来高新技术的形成提供源头创新。

完全高等教育项目上则以"长江学者奖励计划"为代表。1998 年，《面向 21 世纪教育振兴行动计划》[①] 中规定实施"高层次创造性人才工程"，包括从 1998 年起，在全国高等学校的重点学科中，设立一批特聘教授岗位，面向国内外公开招聘特别优秀的中青年学者进入岗位，设立专项奖金并鼓励地方政府和学校相应设岗奖励；以竞争选优方式分批精选万名骨干教师；高等学校优秀青年教师科研和教学奖励基金；国家重点实验室和开放实验室访问学者制。自 1998 年起，教育部与李嘉诚先生为提高中国高校学术地位，振兴中国高等教育，共同筹资设立长江学者奖励计划。李嘉诚先生及其领导的长江基建（集团）有限公司第一期投入港币 6000 万元，教育部筹集相应配套经费。这是直接针对高等学校教师而设立的一个"人才项目"，是教育部为配合"211 工程"的实施所推出的配套"人才项目"。

此外，为支持高等教育"超大型"与"微型"项目的顺利推进，《面向 21 世纪教育振兴行动计划》规定：逐步提高中央本级和省级财政支出中教育经费支出所占的比例。自 1998 年起，中央本级财政按同口径每年提高 1 个百分点，2000 年，将此比例提高 3 个百分点左右，除按原有政策保留目前每年由中央安排的教育专项外，上述增量部分主要用于振兴行动计划中中央财政支持和资助的项目。1998—2002 年，中央本级财政"1 个百分点"经费累计增加 489 亿元，有力地支持了高教发展与改革的一系列项目，安排教育部与地方政府和有关部委共建资金，加大了对有关高校的投入，实施"211 工程""高层次创造性人才工程""现代远程教育工程"

---

① 在《面向 21 世纪教育振兴行动计划》中，涉及高等教育建设的其他一些项目，如高校社科研究和"两课"建设（0.9 亿元）、高校高新技术产业化工程（0.5 亿元）。而在高校高层次创造性人才工程中还进一步包括了特聘教授岗位补贴（0.9 亿元）、高校骨干教师资助经费（2.00 亿元）、高校重点和开放实验室国内访问学者（1.5 亿元）、高校优秀青年教师支持资金（1.0 亿元）、优秀博士论文评选（1.5 亿元）、普通高校本科教学改革（0.4 亿元）等。参见范文曜、马陆亭《国际视角下的高等教育质量评估与财政拨款》，教育科学出版社 2004 年版，第 240—241 页。

"高校社科研究"和"高校高新技术产业化工程"等项目①。

这些都表明：国家一方面持续推进并扩大前一阶段的高等教育项目，另一方面又构建新的以"211工程""985工程"为代表的"超大型项目"，形成了"超大型"与"微型"相结合的高等教育项目制体系。从新增的"微型项目"（人才项目）上来看，需要提及的是，这一时期新增的"国家杰出青年科学基金"与"长江学者奖励计划"，在高等教育实践中其影响远远超过了此前的"跨世纪优秀人才培养计划"（高等教育项目制的制度能力越来越强），后文会对此作相关讨论。

表2-7 发展阶段的高等教育项目（20世纪90年代中期—20世纪末）

项目阶段	发展	
	完全高等教育项目	非完全高等教育项目
项目种类	"211工程"（1994） "985工程"（1998） 长江学者奖励计划（1998）	国家重点基础研究发展计划（1997） 国家杰出青年科学基金（1994）
政策文件	《关于实行分税制财政管理体制改革的决定》（1993） 《国务院关于〈中国教育改革和发展纲要〉实施意见》（1993） 《"211工程"总体建设规划》（1995） 《"211工程"建设实施管理暂行办法》（1998） 《面向21世纪教育振兴行动计划》（1998）	

这一时期高等教育项目经费投入基本情况见表2-8。

表2-8 发展阶段的高等教育项目经费投入情况

项目种类		经费投入
完全高等教育项目	"211工程"	27.55亿元（一期）、60多亿元（二期）、100亿元（三期）
	"985工程"	140多亿元（一期），第二期经费与第一期基本持平
	长江学者奖励计划	初始经费6000万元

---

① 李慧勤：《期望与行动：边疆少数民族地区高等教育投入研究》，人民教育出版社2009年版，第64—65页。

续表

	项目种类	经费投入
非完全高等教育项目	国家重点基础研究发展计划	45亿元（2000—2005）
	国家杰出青年科学基金	"十五"期间每人资助80万元—100万元（每年资助160名）
	中科院"百人计划"	200万/人
	春晖计划	未获取

虽然，从数量上看，此一阶段新增的高等教育项目不多，但由于"211工程"和"985工程"等两大"超大型项目"的诞生，所以这一时期的高等教育项目与前一阶段的高等教育项目有了根本性、本质性差别，这种本质性差别并非资金规模上的简单之异，而是深刻地体现在"超大型高等教育项目"诞生之后的高等教育实践中。自此以后，高等教育在多个层面、角度都发生了结构性变迁（即高等教育项目在国家眼中意味着什么，对高等学校组织与教师个体来说又暗指哪些内涵，"985工程"学校、"211工程"学校在资源分配以及其他高等教育事务中的优势地位等），后文将会对这种结构性变迁进行适当分析。

三 "超大型"与"微型"并举、完全与非完全共存：高等教育项目制的强化阶段（21世纪以来）

21世纪以来的发展历史可被看成是高等教育项目制的强化阶段。进入21世纪后，来自中央的高等教育专项项目快速膨胀，名目繁多、覆盖广阔，使项目制式的高等教育资金投入与建设模式得以迅速强化，俨然构造了一个强大的高等教育项目制体系见表2-9。从整体情况上看，有研究统计了21世纪一段时间内的高等教育项目拨款情况：

> 中央政府部门设立的，跟高等学校相关的项目就有6类147项。政府对直属高校的专项拨款从2000年的38亿元猛增到2012年的277亿元，增长了7倍；每年专项拨款在教育经费拨款中的比例都在20%以上，有5年都在30%以上，最高时占到近一半的比例

（2009年，47.7%）。对于直属高校来说，项目收入从2000年的94.5亿增长到2012年的715.1亿元，达7倍多；每年项目收入在教育事业经费收入中的比例都在28%以上，2010年占到最高的47.8%。以项目形式支出的经费从2003年的56亿增加到2012年的596.9亿元，十年间增加逾10倍。2007—2012年项目支出在教育事业经费支出的比例基本都维持在30%以上；项目支出在高等学校总支出的比例，除2008年外，也基本都在30%以上。①

当然，强化阶段的高等教育项目制也对前述两个阶段的项目在资金投入上不断向前推进。这一时期高等教育项目制的突出特点主要体现在"微型"项目的大幅扩增、又一"超大型项目"的诞生以及在政策文件的叙述中不断强化对项目话语的呈现与表达。

（一）"微型项目"的"突飞猛进"：项目吸纳高等学校内部诸项事务

进入21世纪后，高等教育项目制似乎已经被固定化。无论从项目经费额度还是从项目种类看，尤其是项目种类如雨后春笋般林立于高等教育领域中。与20世纪90年代中期以高等学校为项目建设单位（主要是"211工程"和"985工程"）的"超大型项目"不同，这一阶段新增项目以高等学校内部诸项事务为建设对象，如教师发展与学生成长，教学、科研与服务等各个方面均烙上了项目制的印痕，因而这一时期可以看成"微型高等教育项目"高歌猛进的阶段。并且，在这些新增"微型项目"中，以完全高等教育项目为主。这一时期，从宏观学校层面到微观学校内部事务，从普通教育到职业教育，从中央对地方的高等教育转移支付，从东部对西部的支持等，无不表征着高等教育项目规模的扩大，可以称得上是建构了一种在数量上的"超大规模"。因此，这一时期是完全高等教育项目的大发展时期。

总体上，高等教育项目制的萌生与探索、发展两个阶段可以概括为"211工程""985工程"+科学研究（国家自然科学基金、国家社会科

---

① 王雄：《从技术治理到治理现代化：政府治理高等教育的现实与未来》，清华大学教育研究院第五届博士生论坛2016年版，第332—333页。

学基金等)、教师发展(长江学者奖励计划、国家杰出青年科学基金等),并以"211工程""985工程"为主。由于"211工程""985工程"都是以建设高水平大学、一流大学为目标,其焦点在学校这个层面上,且它们是完全高等教育项目并伴随巨大的项目经费数额,所以本书将这段时期内的项目建设称为以学校为建设对象。如果说,20世纪90年代完全高等教育项目特征彰显的是以"211工程""985工程"为代表的高等教育的宏观架构,那么,21世纪以来的完全高等教育项目特征可以概括为对高等教育进行细致的微观建设,涉及高等学校的教学质量与教学改革、社会科学研究、不同年龄阶段与不同学科等领域的人才与教师发展、研究生教育创新等各个方面。试举几例来说明:

1. 教学质量提升项目

在《2003—2007教育振兴行动计划》[1]中规定:实施"高等学校教学质量与教学改革工程"。《国家中长期教育改革和发展规划纲要》也规定:全面实施"高等学校本科教学质量与教学改革工程"。2006年以后,中央政府在提高办学质量方面加大了支持力度,提高了专项资金的数额。2006年以来,中央财政为"高等学校本科教学质量与教学改革工程"的实施投入25亿元[2]。

2. 科学研究项目:人文社科重大专项与国家重点研发计划

在《2003—2007教育振兴行动计划》中规定:启动"高等学校科技创新计划",加大对重大科技项目的培植;实施"高等学校哲学社会科学繁荣计划"。《国家教育事业发展第十二个五年规划》规定:实施高等学校创新能力提升计划,组建一批国家协同创新中心,探索协同创新长效机制。《国家中长期科学和技术发展规划纲要(2006—2020年)》规定实施重大专项,在重点领域中确定一批优先主题的同时,围绕国家目标,进一步突出重点,筛选出若干重大战略产品、关键共性技术或重大工程作为重大专项,充分发挥社会主义制度集中力量办大事的优势和市

---

[1] 在《2003—2007教育振兴行动计划》中,涉及高等教育的项目投资预算总计约200亿元。参见范文曜、马陆亭《国际视角下的高等教育质量评估与财政拨款》,教育科学出版社2004年版,第243页。

[2] 马永霞等:《高校筹资多元化研究》,北京理工大学出版社2013年版,第94—95页。

场机制的作用,力争取得突破,努力实现以科技发展的局部跃升带动生产力的跨越发展,并填补国家战略空白。确定了核心电子器件等16个重大专项,涉及信息、生物等战略产业领域,能源资源环境和人民健康等重大紧迫问题,以及军民两用技术和国防技术。

与此同时,《国家教育事业发展第十二个五年规划》也规定:深入实施高等学校哲学社会科学繁荣计划,启动哲学社会科学基础研究中长期重大专项,加强人文社会科学重点研究基地建设;实施高等学校"数字人文"建设计划,加快哲学社会科学领域的学科体系、理论和方法创新;创新文化人才培养模式,实施高端紧缺文化人才培养计划,建设一批高等学校文化创新平台。实施学术文化工程、高等学校创新能力提升计划。

3. 教师发展与教师队伍建设项目

早在1998年时,为配合"211工程"的实施,教育部已推出了与其配套的"长江学者奖励计划",为"211工程"的实施和进一步发展奠定了人才基础。《2003—2007教育振兴行动计划》又规定:加大实施"高层次创造性人才计划"力度,以"长江学者奖励计划"和"高等学校创新团队计划"为重点,实施"高层次创造性人才计划",扶持创新团队的建设,加大对中青年学科带头人和学术骨干的培养力度;实施"高素质教师和管理队伍建设工程"。以此"行动计划"为指引,2004年,教育部启动了"高层次创造性人才计划",包括"长江学者和创新团队发展计划"、"新世纪优秀人才支持计划"和"青年骨干教师培养计划"。

同时,《国家中长期人才发展规划纲要》规定:实施重大人才工程,包括创新人才推进计划、青年英才开发计划、企业经营管理人才素质提升工程、高素质教育人才培养工程、文化名家工程、专业技术人才知识更新工程、国家高技能人才振兴计划、现代农业人才支撑计划等。

此外,这一时期设立的与高校人才队伍建设密切相关的"人才项目"还有高层次留学人才回国资助计划(2002)、高等学校学科创新引智计划(2006)、赤子计划(2009)、长江学者青年项目(2015)等。

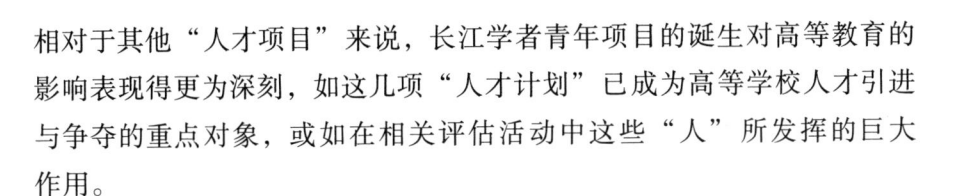

相对于其他"人才项目"来说,长江学者青年项目的诞生对高等教育的影响表现得更为深刻,如这几项"人才计划"已成为高等学校人才引进与争夺的重点对象,或如在相关评估活动中这些"人"所发挥的巨大作用。

4. 研究生教育项目

《2003—2007教育振兴行动计划》中规定:推进"研究生教育创新计划"。通过立项方式推动"研究生教育创新计划"活动。2003年和2004年我国分别投入1000万元启动"研究生教育创新计划"。2004年3月,"研究生教育创新计划"列入由国务院批准的教育部《2003—2007教育振兴行动计划》,此后"研究生教育创新计划"在更大的力度和更广的范围内开展。2005年投入2000万元,批准42个单位实施55个创新计划项目[①]。《国家教育事业发展第十二个五年规划》也规定:继续推进研究生教育创新计划。

(二)"双一流":第三个"超大型"高等教育项目

"双一流"("世界一流大学和一流学科"的简称)是我国高等教育领域继"211工程""985工程"后的又一"超大型"完全高等教育项目,它不是"985工程""211工程"的翻版,也不是升级版,更不是山寨版,它是一个有着全新内涵与意义的项目,是在"985工程""211工程"基础上,把建设世界一流大学的事业在新历史潮流下推向前进的宏观设计。其目标是到2020年,若干所大学和一批学科进入世界一流行列,若干学科进入世界一流学科前列;到2030年,更多的大学和学科进入世界一流行列,若干所大学进入世界一流大学前列,一批学科进入世界一流学科前列,高等教育整体实力显著提升;到本世纪中叶,一流大学和一流学科的数量和实力进入世界前列,基本建成高等教育强国。其经费支持方式是:中央高校开展世界一流大学和一流学科建设所需经费由中央财政支持;中央预算内投资对中央高校学科建设相关基础设施给予支持。纳入世界一流大学和一流学科建设范围的地方高校,所需资金

---

① 中国高等教育学会:《改革开放30年中国高等教育发展经验专题研究(1978—2008)》,教育科学出版社2008年版,第460页。

由地方财政统筹安排，中央财政予以引导支持。

"双一流"建设项目的特点诚如时任教育部部长陈宝生所言："'双一流'遴选范围中，部属高校和地方高校是平等的，都在这个范围之内，只要你认为有这个本事、条件，你就多一点自信。也就是说，我们同等对待部属高校和地方高校，建不了一流大学，可以建一流学科。两类遴选，一类叫大学，一类叫学科。"① 从这个角度而论，"双一流"是一个面向全体高校且具有竞争性的高等教育项目制度设计。

（三）项目转移：从普通教育到职业教育

为贯彻党中央、国务院关于高等职业教育发展要切实把重点放在提高质量上的战略部署和《国务院关于大力发展职业教育的决定》精神，在2002—2003年国家发展与改革委员会、财政部以专项经费方式支持67所学校建设示范性职业技术学院基础上，2006年，教育部和财政部联合推出"国家示范性高等职业院校建设计划"，决定在未来几年国家专门拿出一定数量的资金支持示范性高等职业院校建设，也称高职"211工程"。② 高等职业教育也由此开启被纳入项目制视野的进程中。

（四）项目扶助：地方与西部

1. 中央对地方的高等教育转移支付项目

如前所述，从1980年开始的财政体制改革后，中央财政与地方财政"分灶吃饭"，高等教育财政拨款也从此分属中央和地方两级。1980—1993年财政体制总体上保持划分收支、分级包干的模式。与此相适应，财政用于高等教育的支出，根据学校行政隶属关系，分别由中央财政和地方财政各自负担。而1994年的分税制改革，巩固了原有的中央与地方的两级政府财政分担机制，各级政府在教育投资方面的责任也由此得到了进一步的强化和明确③。1994年，旨在进一步调整政府间财政分配关

---

① 中华人民共和国教育部：《十二届全国人大五次会议举行记者会 陈宝生就"教育改革发展"答记者问》，http://www.moe.gov.cn/jybxwfb/gzdtgzdt/moe1485/201703/t20170313_299293.html，2018年1月26日。

② 中国高等教育学会：《改革开放30年中国高等教育发展经验专题研究（1978—2008）》，教育科学出版社2008年版，第553—571页。

③ 李慧勤：《期望与行动：边疆少数民族地区高等教育投入研究》，人民教育出版社2009年版，第64页。

系的分税制改革在调整了中央与地方之间事权与财力的同时，也对高等教育的财政性投资产生了重要影响和挑战。特别当20世纪90年代中后期许多中央部委所管辖的高等院校被逐步下放给了地方的时候，一些高校（特别是处于经济不发达地区的高校）面临着要靠紧缺的地方财政维持低水平运转的财政危机。高等教育大众化后，新建本科院校数量迅猛增加，地方政府的高等教育支出责任逐渐增大。在1978年到2008年间的30年高等教育体制改革历程中，中央政府通过一系列行政性法规，对中央与地方政府间高等教育事权和支出范围直接或间接作了几次大的调整。调整到现在的结果是，在高等教育的事权和支出责任层层下移的同时，财权财力的层层上移[1]。

财权上移使地方本级财政大为削弱，地方发展高等教育等各项事务所需财力必须依赖于中央财政的转移支付。《国家教育事业发展第十二个五年规划》规定：中央各项工程计划加大对办学有特色的地方高等学校的支持。2012年教育部发布的《高等教育专题规划》提出：中央建立支持地方高等教育发展的转移支付机制，促进区域协调发展。

中央对地方实施的资金规模较大的高等教育专项资助项目主要包括四个：

其一，按比例分担地方高校国家励志奖学金和国家助学金。

其二，省部共建地方高校。

其三，设置支持地方高校发展的专项资金。2010年，中央财政支持地方高校发展专项资金约40亿元，有653所地方高校申请到了资助金支持。

其四，设置"以奖代补"专项资金。为了促进地区间高等教育协调发展，激励各省加大对地方普通高校的资金投入，中央财政从2010年起设置"以奖代补"专项资金。[2]

---

[1] 中国高等教育学会：《改革开放30年中国高等教育发展经验专题研究（1978—2008）》，教育科学出版社2008年版，第252—254页。

[2] 赵永辉：《我国高等教育支出责任与财力保障的匹配研究》，中国社会科学出版社2016年版，第152—154页；罗荀：《"十一五"时期中央财政多方投入全力支持，教育事业改革发展留下深深足迹》，《中国财经报》2010年11月13日第1版。

2. 西部高等教育发展项目

21世纪以来,在国家的项目设置中开始考虑为西部高等教育的发展提供支持。在教育部2001年公布的《全国教育事业第十个五年计划》规定:中央设立专项经费支持西部每省(自治区、直辖市)重点办好一批中等职业学校和一所较高水平的大学。《国家中长期教育改革和发展规划纲要》规定:实施中西部高等教育振兴计划,加强中西部地方高校优势学科和师资队伍建设。实施东部高校对口支援西部高校计划。《国家教育事业发展第十二个五年规划》规定:实施中西部高等学校基础能力建设工程;教育扶贫工程;启动实施中西部高等教育振兴计划;民族教育发展工程;制定并严格执行教育重大工程项目规划制度,严格按照规划安排教育项目,避免重复建设和浪费现象。

中央对西部的支持除上述"工程"外,还包括在一些"人才项目"与"科研项目"等项目上的倾斜与扶持,如《中西部高等教育振兴计划(2012—2020年)》中规定:发挥高层次人才引领作用,建立优先支持政策机制。在"长江学者奖励计划""创新团队发展计划""新世纪优秀人才支持计划"等各项人才计划实施中,优先支持中西部高校。在推荐"青年拔尖人才支持计划"人选时向中西部高校倾斜。在"海外名师项目"中,重点支持中西部高校聘请一批具有国际一流水平的海外名师来校任教和合作科研。加强科研经费和项目支持——积极承担国家科研任务,有条件的中西部地区要逐步设立高校基本科研业务费专项资金。加大对中西部高校自然科学、哲学社会科学研究项目支持力度,重点支持中西部高校服务区域发展的基础研究和特色研究项目,继续实施西部和边疆地区项目以及新疆、西藏项目,逐步扩大中西部高校受益范围。"十二五"期间,重点支持100所左右有特色、高水平的地方普通本科高校加快发展。在没有教育部直属高校的省份,"十二五"期间重点支持每个省份建设1所地方高水平大学。扩大对口支援规模,使受援高校增加到100所。《中西部高等教育振兴计划(2012—2020年)》还规定:实施"西部之光"等访问学者项目,支持中西部高校骨干教师到东部高水平大学研修访学。在对口支援西部高校工作中,支持1万名西部受援高校教师和管理干部到支援高校进修锻炼。

表 2-9 　　　　　　　　　　强化阶段的高等教育项目

项目阶段	强化	
	完全高等教育项目	不完全高等教育项目
主要项目种类	对口支援西部地区高等学校计划（2001） 高等学校哲学社会科学繁荣计划（2003） 高等学校高层次创造性人才计划（2004） 研究生教育创新计划（2003） 高等学校本科教学质量与教学改革工程（2006） 高等学校学科创新引智计划（2006） 教育部人文社会科学研究项目（2006） 示范性高水平职业院校建设计划（2006） 高等学校创新能力提升计划（2012） 哲学社会科学基础研究中长期重大专项项目（2011） 高等学校人文社会科学重点研究基地建设计划（2011） 长江学者青年项目（2015） 世界一流大学和一流学科建设（2015） 中央高校教育教学改革专项（2016）	新世纪优秀人才支持计划（2004） 国家软科学研究计划项目（2008） 赤子计划（2009） 教育扶贫专项（2011）（包含了从基础教育到高等教育） 万人计划（2012） 国家重点研发计划（2016）
主要政策文件	《全国教育事业第十个五年计划》（2001） 《2003—2007 教育振兴行动计划》（2004） 《高等学校"高层次创造性人才计划"实施方案》（2004） 《"985 工程"专项资金管理办法》（2004） 《国家中长期科学和技术发展规划纲要（2006—2020）》（2006） 《国家教育事业发展"十一五"规划纲要》（2007） 《国家中长期教育改革和发展规划纲要（2010—2020）》（2010） 《国家中长期人才发展规划纲要》（2010） 《国家教育事业发展第十二个五年规划》（2012）	

续表

项目阶段	强化
主要政策文件	《"985工程"建设管理办法》(2004、2013) 《中西部高等教育振兴计划(2012—2020年)》(2013) 《统筹推进世界一流大学和一流学科建设总体方案》(2015) 《教育部关于中央部门所属高校深化教育教学改革的指导意见》(2016) 《国家教育事业发展"十三五"规划》(2017) 《统筹推进世界一流大学和一流学科建设实施办法(暂行)》(2017)

这一时期的高等教育项目经费投入情况见表2-10：

表2-10　　强化阶段的高等教育项目经费投入情况

	项目种类	经费投入
完全高等教育项目	对口支援西部地区高等学校计划(2001)	未获取
	高等学校哲学社会科学繁荣计划(2003)	4亿元/年
	研究生教育创新计划(2003)	8000万(2003—2007)
	高等学校本科教学质量与教学改革工程(2006)	25亿("十一五")
	高等学校学科创新引智计划(2006)	"十一五"期间不少于6亿元
	教育部人文社会科学研究项目(2006)	一般项目为8万元-10万元，重大攻关项目为60万元—80万元
	示范性高水平职业院校建设计划(2006)	100所示范性高等职业院校包含在"职业教育基础能力建设工程"中，这一工程中央投入专项资金100亿元
	赤子计划(2009)	特别资助(6项)每项25万元，重点资助(12项)每项20万元，一般资助(24项)每项15万元
	哲学社会科学基础研究中长期重大专项项目(2011)	未获取
	高等学校人文社会科学重点研究基地建设计划(2011)	未获取
	高等学校创新能力提升计划(2012)	5亿元(2013)
	长江学者青年项目(2015)	10万元/人(每年200名)
	世界一流大学和一流学科建设(2015)	每所学校各不相同

续表

	项目种类	经费投入
非完全高等教育项目	高层次留学人才回国资助计划（2002）	60万元/人（中央财政30万，地方配套30万）
	新世纪优秀人才支持计划（2004）	自然科学类50万元/人、人文社会科学类20万/人（每年共遴选1000名）
		100万元/人
		50万元/人
		100万元/人
	国家重点研发计划（2016）	未获取

（五）政策话语表达："继续"与"强化"

这一时期，国家政策文件中有关项目的共同点是都明确提出要强化项目制、目标管理，将其与绩效进行挂钩，试例举如下：

在《2003—2007教育振兴行动计划》中规定：今后五年要充分集成各方面资源，继续实施"985工程"和"211工程"，努力建设一批高水平大学和重点学科。对于中央本级财政资助的重点建设项目，要强化项目管理制度，建立行政、专家和社会中介机构相结合的项目评价系统。在逐年评价督查的基础上，实行与项目实效挂钩的滚动拨款制度和相应的激励机制。

2007年5月18日，国务院批转教育部制定的《国家教育事业发展"十一五"规划纲要》规定：进一步实施高层次创造性人才计划；继续实施"211工程"和"985工程"；改革拨款办法，建立激励和约束机制，完善公共教育经费绩效评价制度，进一步规范、改进各类学校的财务管理，加强项目管理。

《国家教育事业发展第十二个五年规划》规定：以重点学科建设为基础，继续实施"985工程"和优势学科创新平台建设，继续实施"211工程"和特色重点学科项目；加强高等学校重点学科、科研创新重点基地、重大科技基础设施建设和创新团队建设，实现科技创新和人才培养能力的跃升；制定并严格执行教育重大工程项目规划制度，严格按照规划安排教育项目，避免重复建设和浪费现象。

《国家中长期教育改革和发展规划纲要》规定：以重点学科建设为

基础，继续实施"985工程"和优势学科创新平台建设，继续实施"211工程"和启动特色重点学科项目。改进管理模式，引入竞争机制，实行绩效评估，进行动态管理。继续实施"高等学校本科教学质量与教学改革工程""研究生教育创新计划""高等学校哲学社会科学繁荣计划"和"高等学校高层次创新人才计划"。

《国家教育事业发展"十三五"规划》：创新建设机制，鼓励公平竞争，强化目标管理，增强建设实效。

这一切都表明国家对高等教育采用项目制目标管理方式的青睐，这也成为透析当前高等教育治理及相关问题的一个重要窗口。

于此，在高等教育领域中，便形成了"超大型项目"与"微型项目"（或者说"小型"项目，仅是一个相对的概念）的结合。整体性、"超大型"的项目如"985工程""211工程"，具体的、"微型"的项目如重点学科建设项目、各类教学改革和人才培养计划，包括教育部社科项目、自然科学项目在内的大量科研项目，包括教育部"长江学者""新世纪人才支持计划"等各类高层次人才项目等。这都引导和迫使高等学校将大量精力投入这些层出不穷的工程、项目、计划之中[①]。

一个简短小结：通过项目对高等教育进行资金投入与建设，既有可能缘起于高等教育实践中的问题，也有可能是国家战略需要的主动设计。在高等教育项目制发展历程中，或可总结出一些特点：

第一，高等教育项目在经费额度与数量规模上不断向前发展，最直接关联的因素是国家财政能力的提升。总体上，前一段的项目会在后一阶段的国家财政投入增加中得到强化，并与后一阶段新增项目一道塑造项目制对高等教育事务的全方位覆盖。

第二，高等教育项目制的发展历程事实上是一个从以非完全高等教育项目为主向以完全高等教育项目为主转变的过程。

第三，基于上述两个特点，高等教育项目制从探索到强化，意味着国家越来越习惯于通过项目的方式对高等教育诸项事务进行资金投入与

[①] 蒋达勇：《现代国家建构中的大学治理：基于中国经验的实证分析》，中国社会科学出版社2014年版，第160页。

建设（诸项事务被纳入项目制框架），从现实实践来看，项目制已成为一种有效的高等教育资源分配的制度设计，并伴有扩大化趋势，似乎要力图建构一种"项目化大学"的"高等教育形态"①。

第四，根据当前高等教育实践可以推出的是，在非完全高等教育项目中，对高等教育影响（表现在高等学校层面与大学教师个体层面）更为宽泛的是国家自然科学基金、国家社会科学基金等项目（后文将会呈现这种影响）。

第五，在高等教育项目制发展的三个历史阶段中，起核心作用并发挥本质差别作用的是发展阶段的高等教育项目，特别是"211 工程"和"985 工程"两个"超大型项目"的诞生不仅意味着高等教育领域中项目经费的大规模注入，而且基本决定了我国高等教育发展的整体格局，包括决定了强化阶段的"双一流"这一"超大型项目"在高等学校间的分配以及在各种"微型"项目资源分配中的优劣地位。可以概括为"超大型"决定"微型"，这也是从当前高等教育实践探视而出的特征。（后文也会对此加以说明）

第二节 高等教育项目制的类型学

为更加清楚地了解高等教育项目制，也为了使后续研究更加顺畅，本节尝试将上述高等教育项目按照不同标准进行分类，并试图结合高等教育项目制的发展历程对高等教育项目制进行体系概括，以便从整体上把握高等教育项目制。

一 建设层面：学校与学校内部事务

建设层面主要是指项目所要凸显的是学校整体还是学校内部某一具体事务，在高等教育项目制发展的强化阶段已对此略有陈述。总体上来看，学校层面的项目主要以"211 工程""985 工程""双一流"中的

---

① 熊进：《科层制与项目制：高等教育治理"双轨制"的形成研究》，《江苏高教》2016 年第 6 期。

溢出高等教育财政内涵

"世界一流大学"以及"2011计划"等为代表。"211工程""985工程""双一流"中的"世界一流大学"以学校为建设对象,其目标指向于世界高水平大学或世界一流大学;而"2011计划"以人才、学科、科研三位一体创新能力提升为核心任务,通过构建面向科学前沿、文化传承创新、行业产业以及区域发展重大需求的四类协同创新模式,深化高校的机制体制改革,转变高校创新方式,建立起能冲击世界一流的新优势。它们的共同特征是都注重高等学校的整体性变革、提升高等学校的创新能力,最终指向于国家战略急需与世界一流大学接轨。因此,这几大项目的建设层面是"学校整体"。

学校内部事务的项目则涉及高等学校内部的教学、科学研究、教师成长、学生发展等事务。比如,教学项目的典型代表就是"高等学校本科教学质量与教学改革工程"。而科研项目似乎毋庸置疑地在当前高等教育领域占据着重要的地位,无论是从其类别还是从其经费额度来看,在高等教育项目制发展的任一历史阶段,科研项目都表现出了强大的势力。从国家自然科学基金委、全国哲学社会科学办公室到科技部、教育部等各部委,所设置的科研项目都构成了当前高等学校科学研究的资源支撑与制度背景,典型的科研项目代表有国家自然科学基金、国家社会科学基金、"863"计划、"973"计划、教育部人文社会科学研究项目、国家重点研发计划等。有关大学教师成长与发展的项目(即"人才项目")在高等教育项目制进入发展阶段后逐渐显现,并自21世纪以来大幅扩增。从种类上来看,"人才项目"在高等学校内部事务中已和科研项目占据对等地位。典型的"人才项目"如长江学者奖励计划、国家杰出青年科学基金、万人计划、长江学者青年项目等。此外,类似于"研究生教育创新计划"等学生发展的项目也在纷纷设立。

当然,据此所作的二元区分并不意味着两者之间毫无关联,而是彼此间有着千丝万缕的联系。比如学校层面的"211工程""985工程"项目建设本身也包含着对"人才项目"的投入,"人才项目"的实行也是为"超大型高等教育项目"目标的实现配套而定。换而言之,"超大型高等教育项目"目标的实现必定离不开学校内部科研、人才等系列事务的建设;而科研、人才项目建设的最终目标也必须指向于学校迈向高水平与世界一流的伟大抱负中。

据此，有人对我国高等教育系统中的专项项目进行了概括性的总结：在中国高等教育系统中，庞大的专项拨款配置有三种基本方式：一是通过政府设计的专项计划（通常称为"工程"或"计划"），二是通过教学或科研基地（平台）建设，三是通过人才或项目奖励。也就是说，政府通过运用专项拨款直接推动高等教育的机构设置、人员、资金和空间的配置和组合。[①] 这三种基本方式也就是在"超大型高等教育项目"与"微型高等教育项目"的基础上分成了三种："211 工程"和"985 工程"、各种教学项目与科研项目以及各种人才项目。如今，在高等教育项目制实践中，三种类别的项目可以说形成了"三分天下"的局面，共同却又不同性质地主导着我国高等教育的发展格局。

二　专有性关系的强弱："特定"与"全体"

项目制不是单一形式的，也不是一成不变的，而是因地因时因事有着重要的差异。项目制虽然能统括一切，但终究只是一个笼统的制度称谓，因不同的制度要素特点而具有不同的表达形式。据此，周雪光提出了项目制的两个基本要素：专有性关系与参与选择权[②]。专有性关系指委托方和承包方之间围绕项目而产生的特定关联。简要而论，专有性关系是指项目的覆盖面问题，即项目是面向全体对象还是面向特定对象。专有性关系的强弱代表了项目覆盖面的宽窄：专有性关系越强，项目的覆盖面越窄；专有性关系越弱，项目的覆盖面则越宽。

以此来观照高等教育中的项目，可以将高等教育项目分成两类：

一类是面向特定对象的项目：指向特定高校的项目，如对口支援西部地区高等学校计划、示范性高水平职业院校建设计划、高校博士点专项基金、跨世纪优秀人才计划等；指向特定教师群体的项目，如国家社会科学基金青年项目、国家自然科学基金青年项目、长江学者青年项目等。

[①] 郭海：《大学内部财政分化》，北京大学出版社 2007 年版，第 92—95 页。
[②] 周雪光：《项目制：一个"控制权"理论视角》，《开放时代》2015 年第 2 期。

另一类是面向全体对象的项目，如国家社会科学基金、国家自然科学基金、长江学者奖励计划。这一类项目从文字表述上来看并没有明确的目标指向，所有高校、所有教师都可以加入进来。也就是说，这类项目并没有与哪一类高校或哪一类教师保持一种专有性关系，即项目并非为他们而安排，我们称这类高等教育项目的专有性较弱。

三 参与选择权的大小：自主与强制

周雪光将项目制中的参与选择权界定为下级单位参与或退出（不参与）某一项目的选择权[①]。参与选择权大，则表明相关组织与个人有权自主决定参与或不参与某一种项目的申报；参与选择权小，则意味着参与、不参与不能由自己决定，而是由相关部门指定。

在高等教育领域，根据参与选择权的大小，本节将高等教育项目分为两类：竞争性项目与强制性项目。总体来看，以前者居多。

在"参与选择权大"的这个意义上，人们通常说项目制引入了自由机制、竞争机制等市场性元素，有利于激发高校组织或高校教师争取项目的主动性与积极性。在这一点上，项目制有别于常规意义上的财政拨款制度：在后者中，高等教育经费拨款有着固定的公式、比较稳定，学校没有选择的余地、学校与学校之间也没有被腾留出竞争的空间。在这里，这种途径发包的项目并不存在普惠性或者均等性特征[②]，学校、教师必须以竞争的方式获取项目。高等学校、教师获得的项目经费并不像常规拨款制那样恒定，获取经费的多少完全取决于自身竞争能力的大小。这种类型的高等教育项目较为多见，无论是专有性关系强还是专有性关系弱的项目，如国家自然科学基金、国家社会科学基金及其他"人才项目"等都赋予了高校与教师极大的参与选择权，高校、教师在理论上可以自由决定是否参与项目竞争[③]。也正是在这个维度上，才可以认为项

[①] 周雪光：《项目制：一个"控制权"理论视角》，《开放时代》2015年第2期。
[②] 折晓叶、陈婴婴：《项目制的分级运作机制和治理逻辑——对"项目进村"案例的社会学分析》，《中国社会科学》2011年第4期。
[③] 这里的"自由决定"是排除了任何外在约束条件（如职称评定）的权力，是一种理想类型或者是理论上的权利。在当前高等教育实践中，这种自由决定是否参与的权利往往被裹挟在各种评价制度中，使得这种自由的参与选择权变成了"不得不参与"的制度约束。

目制相比于科层制、单位制所具备的进步性，或者说项目制作为一种"反科层制"[①]的制度架构。

在高等教育项目中，"参与选择权小"的项目在制度设计上就已有明确的规定，这种类型的项目也并不多见。仅有"对口支援西部地区高等学校计划"在这一点上表现得较为明显。"对口支援西部地区高等学校计划"，是教育部为落实西部大开发战略而采取的一项重要举措。2001年，根据西部地区重点建设高校（简称受援高校）的学科特点和意愿，北京大学、清华大学等13所高校（参见表2-11）被指定为首批支援高校，对受援高校在学科专业建设、师资队伍建设、学校管理制度与运行机制建设等方面予以扶持。教育部在教育事业发展、资金分配、教学科研项目、学科建设、人才培养基地建设、国际交流与合作等方面对"对口支援计划"的实施给予倾斜政策。

表2-11 "对口支援西部地区高等学校计划"方案（首批）

支援高校	主管部门	受援高校	主管部门
北京大学	教育部	石河子大学	新疆生产建设兵团
清华大学	教育部	青海大学	青海省
中国农业大学	教育部	内蒙古农业大学	内蒙古自治区
北京师范大学	教育部	西北师范大学	甘肃省
复旦大学	教育部	云南大学	云南省
上海交通大学	教育部	宁夏大学	宁夏回族自治区
南京大学	教育部	西北大学	陕西省
浙江大学	教育部	贵州大学	贵州省
中国科学技术大学	中国科学院	西南科技大学	四川省
华中科技大学	教育部	重庆医科大学	重庆市
华南理工大学	教育部	广西大学	广西壮族自治区
西南交通大学	教育部	西藏大学	西藏自治区
西安交通大学	教育部	新疆大学	新疆维吾尔自治区

[①] 李有学：《反科层治理：机制、效用及其演变》，《河南大学学报》（社会科学版）2014年第1期。

一方面，受援高校被限定在西部地区重点建设高校之中，即使后期受援高校有所扩增，但整个过程凸显的是：能否成为受援高校并非由自己决定也没有同其他高校参与竞争的机会与空间。另一方面，支援高校是被指定的，能否作为支援高校取决于教育部的决定。当然，必须是拥有足够实力的高校才能被指定。成为支援高校的过程无须竞争元素的引入，并非大面积的高校有条件参与到支援中。

概而言之，在两类项目中，一类项目表现得更加市场化一些，另一类项目则呈现出更加科层化的一些特征。在这里，我们无须也无法对两种风格的项目进行孰优孰劣的二元判别，在特定情况下，能符合任务性质、促进任务完成效果最优化是高等教育项目制所需考虑的因素。

实际上，根据专有性关系和参与选择权所进行的分类是从项目制的特点出发，是一种理想类型上的划分。在项目制中，这两个特点体现较为鲜明，也更具代表性。综合专有性关系和参与选择权两个要素发现，部分项目在两个要素之间有着不同的表现。据此，又可根据这两个基本要素的强弱、大小的组合划分出高等教育项目的四种基本类型：

第一种：专有性关系强，参与选择权小。这种项目较适用于所指数量规模较小的对象，如"对口支援计划"，有很强的专有性关系（专有性体现在"西部"），同时参与选择权很小，项目对象的选择都是由政府部门单方确定。在这两种因素的综合下，这类项目具有十分强的科层制特性。在这种项目中，国家与大学之间构成的是一种以科层化模式为主导的府学关系。

第二种：专有性关系强，参与选择权大。与第一种项目特征不同的是，第二种项目虽然也具有强大的专有性关系，但却没对项目参与方进行圈定，表现出在局部范围内的完全市场竞争。如青年人才项目（"青年长江学者"）、青年科研基金（国家社会科学基金青年项目）以及国家社会科学基金西部项目等，这些项目具有明确的指向——"青年""西部"，凸显的是这种项目的专有性关系。这些项目在实践运作过程中，只要是在青年、西部这一类范畴内都可自由参与、公开竞争，获批形式也公平。从这个角度而言，则可以看作是一种参与选择权较大的项目。综合考虑两种要素，这种项目下的高等教育竞争可以被认为是一种有限范围的项目竞争[①]。

第三种：专有性关系弱，参与选择权大。在所有项目类型中，这种类型的项目是最具市场特性的，也最符合我们对高等教育项目制的一般性理解与基本印象。对象指向全体，参与人员也没有被指定，比如国家自然科学基金、国家社会科学基金等。从这个意义上讲，这类项目竞争应该可以被称作完全的市场竞争。正是这两个基本制度要素的综合作用，才可以说项目制在理论上塑造了一个自由、平等、公正的高等教育资源竞争环境。

第四种：专有性关系弱，参与选择权小。这种项目的特点是对象虽然面向全体，但参与人员由国家指定。也就是说，所有高等教育组织、个人都在这种项目建设的可选范围内，但最终能否成为这种项目建设的对象则取决于国家的安排。这种类型的高等教育项目与第一种类型在本质上具有相似性，只是在形式上表现出"全体"与"局部"之别。

在三个"超大型高等教育项目"上，按照前述教育部部长陈宝生的解读，"双一流"建设项目中凸显的"部属高校和地方高校是平等的、动态筛选"等特征，可将其归属于第三种类型的高等教育项目；"211工程"大体上也可以归属于第三种类型；而"985工程"由于是以一种非公开竞争的方式遴选[②]，故可将其归于第四种类型。

还有一种情形是在一个项目中可能会有多种组合，例如《高等学校本科教学质量与教学改革工程》（简称"质量工程"）这一项目的申报共分为三种类型：第一种是面向全国各省（自治区、直辖市）和普通高校申报，这种情形是专有性关系弱、参与选择权大；第二种是面向"有基础、有条件"的高校定向申报，以部委属高校和"985工程"高校为主，这种情形是专有性关系强、参与选择权大；第三种是面向对口支援西部地区高等学校工作中的受援高校定向申报，这也属于专有性关系、参与选择权大的情形。与此同时，"质量工程"中涉及的"专业标准与专业认证""资助大学生竞

[①] 这里所言的有限竞争与完全竞争是指项目的有限竞争与项目的完全竞争。有一种说法是只要是具有竞争性的项目都是有限竞争，因为项目本身就是由政府提供的，哪些项目可以竞争、项目竞争的规则等都由政府厘定。在这里，我们首先不涉及这种观点，后文将会对此观点加以论述。

[②] 陈学飞：《理想导向型的政策制定——"985工程"政策过程分析》，《北京大学教育评论》2006年第1期。

赛活动"因为直接针对相关院校和项目，不采取申报竞标方式，直接立项，故这种情形属于专有性关系强、参与选择权小。其实，从整体上看，像国家社会科学基金中青年项目、西部项目的设置也属于这种混合类型。

通过上述分析，可以窥探出两个特点或可以得出两个结论：第一，项目的专有性关系与参与选择权之间没有必然的对应关系；第二，专有性关系更多指涉一种形式上的关系，而参与选择权则更能反映出高等教育项目制的实质，更能凸显或决定高等教育项目制中所蕴涵的本质关系。

小结：高等教育项目制体系的建构及其建构性

自20世纪80年代尤其是90年代中期以来，伴随高等教育财政拨款模式、国家财政体制等方面的巨大变革，项目制形式的制度形态逐渐生长起来而成为高等教育领域随时随处都可经验到的客观事实。三四十年来，我们一边对先前设立的高等教育项目向前推进，一边又建构着新的高等教育项目，共同强化着项目制式的高等教育建设模式，俨然构造了一个相对较为完备的高等教育项目制体系，成为高等学校组织层面、个体层面等无法躲逃的制度背景。

当前，在国家层面已形成了一个由"超大型项目"与"微型项目"组合而成的高等教育项目制体系。这一套体系将高等教育诸项事务均纳入其制度框架下，可以说是对高等教育进行了"细枝末节"的建设。其中，既有完全高等教育项目，又有非完全高等教育项目（完全高等教育项目是20世纪90年代中期后开始在数量上逐渐增多、在规模上逐步扩大）；既有竞争性高等教育项目，也有非竞争性高等教育项目（根据不同事务决定高等教育项目的参与选择权及竞争性质）；既有专有性关系强的高等教育项目，也有专有性关系弱的高等教育项目；既有学校建设层面的高等教育项目，也有针对学校某一具体事务（如学科、教学、队伍、课程、实验室等）建设层面的高等教育项目。

根据高等教育项目制的历史与类型学划分以及建设层面、专有性关系、参与选择权、型态是否属于完全高等教育项目等要素，本书尝试构建了一个国家层面上高等教育项目制体系的大概情况①（参见表2-12）。

表2-12　　　　　　国家层面上的高等教育项目制体系

项目名称	建设层面	专有性关系	参与选择权	型　态	完全与否
"211工程"	学校	强	小	超大型	完　全
"985工程"		强	小	超大型	完　全
"2011计划"		弱	大	大型	完　全
"双一流"		弱	大	超大型	完　全
对口支援西部地区高等学校计划		强	小	大型	完　全
国家示范性高等职业院校建设计划		强	小	大型	完　全
国家高技术研究发展计划	科学研究教学	弱	大	微型	非完全
国家自然科学基金		弱	大	微型	非完全
国家社会科学基金		弱	大	微型	非完全
国家重点基础研究发展计划		弱	大	微型	非完全
国家重点研发计划		弱	大	微型	非完全
教育部人文社会科学研究项目		弱	大	微型	完　全
高等学校哲学社会科学繁荣计划		弱	大	微型	完　全
哲学社会科学基础研究中长期重大专项项目		弱	大	微型	完　全
高等学校人文社会科学重点研究基地建设计划		弱	大	微型	完　全
国家科技攻关计划		弱	大	微型	非完全
国家火炬计划		弱	大	微型	非完全
高等学校本科教学质量与教学改革工程		弱	大	微型	完　全
中央高校教育教学改革专项	学校内部事务	强	小	微型	完　全
跨世纪优秀人才计划		弱	大	微型	完　全
国家杰出青年科学基金		弱	大	微型	非完全
中科院"百人计划"		弱	大	微型	非完全
长江学者奖励计划		弱	大	微型	完　全
春晖计划		弱	大	微型	完　全
高等学校学科创新引智计划	教师发展	强	小	微型	完　全
赤子计划		弱	大	微型	完　全
长江学者青年项目		弱	大	微型	完　全
		弱	大	微型	非完全
新世纪优秀人才支持计划		弱	大	微型	完　全
		弱	大	微型	非完全
		弱	大	微型	非完全
万人计划		弱	大	微型	非完全
重点学科	其他	弱	大	微型	完　全
高校博士点专项基金		强	大	微型	完　全
研究生教育创新计划		弱	大	微型	完　全

---

① 事实上并非只有这么多，还存在一些像《面向21世纪教育振兴行动计划》中涉及的各种细小项目。

以上是国家层面的高等教育项目制体系。事实上，在实践中，一个完整的高等教育项目制体系离不开国家、地方与高等学校三方行动者的共同建构。亦即，在科层制内部，国家的高等教育项目制设计也已被发展为地方政府的一种行为与制度安排，高等教育项目制体系也正是在这种自上而下的传导中不断被建构。不过，与国家层面高等教育项目发展相异（与国家财政能力的巨大变化相关），地方高等教育项目的发展不只是财政因素单方面在起作用（且地方财政在1994年分税制改革后被大幅度削弱），而是有着行政科层体制的根本因素。在科层体制内部，上级政府部门的行动往往能产生强大的示范效应。在国家设立高等教育项目后，各省、自治区、直辖市等相关部门以"条件反射"式的态度作出回应而向高等教育注入项目资源，构造了省级层面的高等教育项目制体系，例如"长江学者奖励计划"诞生后，各"山川、河流、湖泊"式的地方学者也纷纷登上"人才舞台"、进驻学术劳动力市场。各高等学校紧跟其后，在学校内部设计出与政府相呼应、完美对接的一大批项目，建立起了高等学校层面的高等教育项目制体系（如学校学者）[①]。可以认为，在完整的高等教育项目制建构进程中，高等学校成功地被纳入行政科层体制场域而成为一个"基层政府组织"，而完整的高等教育项目制体系就是在一个从国家到地方再到"基层"的科层体制的思维方式与组织行动中、在自上而下的政策建构中形成的。只不过在这个过程中，国家主导着高等教育项目制体系的建构进路与进程。

当前，这一体系的建立是否就意味着高等教育项目制体系是一个已经完成了的状态？即可以设问的是国家是否已经完成了高等教育项目制体系的建构？从高等教育项目制的历史学来看，其产生、发展与强化的过程往往伴随国家诸多宏观制度变革、国家战略需求以及时代发展等而不断变化，因而，高等教育项目制的建构一直处于发展中。从这个角度而论，高等教育项目制体系是一个具有包容性、开放性的体系，具有未完成性。在不同的时段内，随着国家战略需求的变化，它可以对已经被

[①] 如今，高等学校也已习惯将学校内部诸多事务进行项目化处理或是依赖项目来解决，通过察看某大学高等教育研究基金项目内容发现，该校在建设高水平大学、创新创业教育、通识教育、人才培养、大学生就业、师资队伍建设等诸多方面都予以项目化的解决方式。

项目化的高等教育继续强化，对还没有被项目化的事务予以项目化。当然，除了这种国家战略需求等变化外，还与高等教育项目制的制度绩效相关，这极有可能促使国家形成一个对项目制的路径依赖。因涉及高等教育项目制的他学科意义，在此不作展开，拟在后文分析。所以，高等教育项目制体系不仅是一个未完成的体系，而是一个具有建构性的体系，高等教育项目制的发展史实则是一部高等教育项目制的建构史，它将会随着时代的变化而不断走向更加完善、严密的制度境地。

正是有高等教育项目制体系及其建构性的存在，才决定了国家通过项目所呈现的高等教育治理面貌或者说一种宏观意义上的高等教育项目制治理体系。不同的高等教育项目表征着不同的国家高等教育治理逻辑，高等教育项目之间、高等教育项目内部都内含高等教育治理转型等多重意味，由此在多个维度上构成了高等教育项目制体系的国家治理意义。事实上，在高等教育项目制类型学分析时，已简要涉及对其国家治理意义的讨论，比如四种类型的高等教育项目中所蕴涵的府学关系以及高等教育市场体制与原有体制间的某种牵连等命题。这将是下一章所要进一步分析的内容，即高等教育项目制的财政溢出效应表现之国家维度——高等教育项目制治理的政治学意涵。

第三章

高等教育项目制的国家治理意涵

　　第二章从财政的角度（涉及国家财政体制改革、高等教育财政拨款方式、高等教育经费投入等）对高等教育项目制的历史进行了梳理：在20世纪80年代高等教育财政拨款方式的变革中，高等教育项目制开始登上历史舞台；而20世纪90年代的国家财政体制改革增强了国家治理包括高等教育在内诸项事务的能力，国家开始投入巨额资金建设一些"超大型"高等教育项目（"211工程""985工程"）使项目制在高等教育世界中不断发展；进入21世纪以来，高等教育财政拨款方式的变革尤其是国家通过频繁设立专项项目资金使连串项目（教师、教学、科研、研究生教育等项目）纷纷进驻高等教育。实际上，高等教育项目制的历史就是一部高等教育财政资源如何分配的历史。以此为基础，根据不同的要素进行了高等教育项目制的类型学划分。实际上，这一章的分析总体上呈现为一个明显的财政学分析进路。然而，财政不仅是一个关于政府收入与支出的简单的经济问题，也不是一个单纯的资源分配的技术问题（既涉及分配的效率问题又牵涉分配的公平问题），而且还是一个牵及国家能力、国家逻辑的重大政治问题。站在国家治理的政治学角度，财政必然关涉国家因资源占有的多寡、分配的方式与指向等不同而表现出国家能力上的大小之异，因此可以将财政纳入国家治理与国家能力的政治学学术谱系中展开论析。财政可以提升国家能力、自主性，使国家有按照自身逻辑进行社会治理的能力与自主性并体现出社会治理的多重制度逻辑。例如国家财力的提高有助于国家在城市基层社区里有力地推行政策，有助于运用再分配的手段缩小贫富差距①。这种情形不妨称其为财政的治理功能或财政的治理能力。

本章开始，将进入对"溢出高等教育财政内涵"的"是什么"与"为什么"两个问题的回答（其他学科建构）。以项目制对高等教育的影响为中心，"财政溢出效应"分析的重要主题包括两个层面：高等教育宏观治理方式与策略的变迁、高等学校内部治理的项目化表现等。在国家治理的角度上，从高等教育项目制的支出结构（历史与类型）中解读其中衍生的高等教育项目制治理的制度逻辑或者说国家通过项目制治理高等教育的逻辑及其他。

对高等教育项目制作财政学意义上的理解只是本书关注高等教育项目制问题的一个初步探寻，也是从一个较为表面的意义上而论。事实上，高等教育项目制实践使其自身早已从财政（学）领域溢出从而具备了不同领域的实践内涵与不同学科的理论内涵，无论是国家还是高等教育组织都有着不同意图的考量。从实践上讲，项目制作为改革开放后的制度创新尤其是20世纪90年代中期以来的制度铺展，其早已进入国家治理场域，成为国家治理高等教育的一种机制，也成为高等教育组织治理内部事务的方法，并烙上国家行动的逻辑与意图，由此构建了高等教育项目制实践的国家（宏观）场域；因而，在理论层面，可以进行多学科的学术审视。在此前提下，高等教育项目制便与国家治理勾连在一起而具备了别样韵味。因此，谈高等教育项目制的财政溢出效应就从国家治理这一政治学视角出发。只不过，在此之前，首先需涉及一个根本性的理论问题，即财政研究的范式转换及其带给本研究的启示，也就是从财政研究的范式转换中察看出财政与国家治理间的关联，进而再细致分析高等教育项目制中的国家治理意味。

第一节　财政与国家治理：财政研究范式转向的启发

绪论部分的理论基础已对财政学、财政社会学的基本观点作了相

---

①　谢岳、葛阳：《城市化、基础权力与政治稳定》，《政治学研究》2017年第3期。

关介绍，在此继续对其中的话题展开讨论，以导引出更贴切的阐释空间。

在财政研究的历史谱系中，主流的财政学范式是英美财政学传统及其国家观与欧洲大陆财政学的综合，其鲜明特征是毫无保留、无可置疑的借鉴经济学范式，尤其是其中的科学化、形式化和实证主义等，这种几乎不加选择的吸收与借鉴很自然的后果是一方面建构了财政学作为经济学分支学科的地位[①]，另一方面则使财政学演变为关于资源分配与利用、政府在资源配置中的角色、财政收入与支出等命题的学问。一直以来，我国财政学研究主流基本都遵循这种研究范式与框架。需保持警醒的是，主流财政学虽然形式规范，但在时代发展与学术变迁的脉搏中，这种范式所能建构出的研究主题、问题意识、研究对象等都显得十分狭窄，研究方法也难以适应人类财政行为的复杂性，应主张实现财政学的跨学科研究转向，反对因追求科学化和形式化而损害对人类复杂财政行为的实际认知[②]。因此，要实现研究范式的转换，必须厘清有关财政学研究的两个前提性设问：第一，财政研究的覆盖面问题，即主流研究所关注的"财政资源配置"等技术性问题是否构成财政研究所应关注的全部对象与问题？第二，当代主流财政学研究范式，是不是人们研究和认识财政学问题的唯一视角？

传统的财政研究侧重于经费分配、投入、支出等财政学、经济学的内涵，类似于"保证国家财政性教育经费支出占国内生产总值比例不低于4%"这种政策性表达以及如何将财政经费分配至不同的组织、群体与个人，如何调整政府间财政收支关系等。这种范式是一种以系列财政数字、财政技术等为中心的"金钱活动与运作"，算计与计算着"管理

---

① Feldstein, M, "The Transformation of Public Economics Research: 1970-2000", *Journal of Public Economics*, Vol. 86, No. 3, 2002, pp. 319-326; Rosen, H. S, "The Way We Were (and Are): Changes in Public Finance and Its Textbooks", *National Tax Journal*, Vol. 50, No. 4, 1997, pp. 719-730.

② 李俊生：《盎格鲁—萨克逊学派财政理论的破产与科学财政理论的重建——反思当代"主流"财政理论》，《经济学动态》2014年第4期；李炜光：《财政何以为国家治理的基础和重要支柱》，载高培勇、马珺《中国财政经济理论前沿（7）》，社会科学文献出版社2014年版；刘守刚、刘雪梅：《财政研究的政治学路径探索》，《江苏教育学院学报》（社会科学版）2010年第3期。

钱"这一中心任务。比如,当从财政学视域对政府税收行为展开研究时,就会面临传统财政理论在税收职能解释上的局限性。因为这种研究所依赖的是经济学(福利经济学)的一套方法与技术,税收的职能被定位于财政、经济等层面上(如财政收入职能、资源配置职能、收入分配职能和经济稳定职能)。以此理论为前提指导,在改革实践中很多国家都将税制改革视为一个技术性问题,重点关注如何以经济上更有效率的方式实现增加公共收入的目标。由于过度在乎技术化的职能定位,税收与国家治理间的关联(如税收对国家治理能力的提升作用)往往没有被留出足够的讨论空间。事实上,在组织(政府组织、社会组织)、群体、个体等多元主体之间通过协商、互动共同解决社会问题的现代国家治理过程中,税收的职能也在不断突破其经济的原初范畴。因此,在现代国家治理背景下,对税收职能的全方位分析或者说对税收职能的本质性理解不应仅限制在这样一个单一的解释空间,即社会资源如何在公共部门和私人部门之间进行配置及社会资源对经济活动各主体和国民经济总体产生的经济效应,还有必要从政治视角出发析出相关效应的形成机理和影响因素[1]。故而,财政学研究若想继续向前发展与突破,还应当关注更广义的"治理"视域与问题[2],这种从其他层面观测财政(财政与政治、社会、文化等制度性关联)也就是财政所具有的社会学意义(财政社会学)。总体说来,财政社会学超越财政乃至经济的范畴或领域[3],所研究的财政活动、财政政策的内涵并非仅具有经济学的唯一意义,更是对每一个财政行为与活动、每一项财政政策的社会效果与社会意义的考察,也就是外溢至其他领域与其他学科。简而言之,财政社会学就是要突破财政的经济学意义从而彰显其社会学意蕴;也就是从金钱之外去寻找金钱的其他社会意义或金钱与其他社会行动间的关系。个中逻辑如同在互联网研究中,传统的互联网研究更多关注的是互联网的技术方式和运营模式,表现的是一种纯技术化的经济学的解释进路,而在政治经济

---

[1] 谷成:《现代国家治理视阈下的税收职能》,《学术月刊》2017年第8期。
[2] 马珺:《财政学研究的不同范式及其方法论基础》,《财贸经济》2015年第7期。
[3] 杨发祥、刘楠:《"乡财县管":理论视角与经验反思——一个跨学科的探索性研究》,《华东理工大学学报》(社会科学版)2012年第4期。

学视域中，研究者不去解释互联网的运作结构和盈利模式等问题，而是去找寻互联网发展背后更深层次、更加本质性的制约因素[①]。或许，财政是表象，而隐匿于财政之后的治理等问题才是财政问题的本质性所在。

从财政社会学思想的传统来说，对政府的研究总是与对财政的研究联系在一起的[②]。从国家这一层面来讲，财政的社会学意义便涉及财政与国家治理间的关系，比如不同财政体制机制与国家治理模式、财政史与国家治理转型、财政活动内容（如收入与支出）与国家治理的结构和倾向、财政中的政府与市场等多重命题。财政社会学认为财政问题是社会、经济和政治等诸多问题的根源，这种财政与政治、经济、社会等高度关联模式可能会导致政府嵌入社会而使社会呈现出半政治、半经济的特征[③]。财政社会学研究从国家财政入手对国家与社会发展的理论和历史研究，包含并具体体现在对财政与社会、经济、政治和文化变化的驱动力、制度、机制、过程和结果的研究之中。[④] 就像预算法中的许多项目属于预算管理问题，同时又属于管理学或公共管理学，即国家治理问题[⑤]。于此，本章将财政与国家治理间的关系提列为以下几个命题（不限于此）：

第一，财政体制与国家治理。财政社会学注重解释在不同财政体制下国家的不同政治形态和不同政治形态的国家在财政制度变迁中的社会变化，从而使财政制度成为理解和分析国家形态—社会制度—政治制度三维制度间关系的重要支撑和基础[⑥]。简言之，财政体制强调的是政府间财政关系以及由此反映的国家治理模式与样态。譬如，20 世纪 80 年代到 90 年代，我国财政体制经历了从"财政包干制"到"分税制"的

---

① 陈世华：《数字资本主义：互联网政治经济学批判》，《南京社会科学》2017 年第 9 期。
② 刘志广：《新财政社会学研究：财政制度、分工与经济发展》，上海人民出版社 2012 年版，第 58—59 页。
③ Sultan, H, "Public Finance and National Economy Sociologically Considered", *Bulletin of the National Tax Association*, Vol. 21, No. 2, 1935, pp. 40–45.
④ 刘志广：《新财政社会学研究：财政制度、分工与经济发展》，上海人民出版社 2012 年版，第 42 页。
⑤ 陈共：《财政学对象的重新思考》，《财政研究》2015 年第 4 期。
⑥ 史锦华：《基于财政社会学中"中国困惑"的深度思考——兼论中国财政学的构建》，《地方财政研究》2016 年第 3 期。

变迁。"财政包干制"下，国家治理的总体样态表现出一种分权的特征，地方拥有较大的财权。国家财政汲取能力在这一制度模式下大幅度下降，国家对社会事务的治理表现得力不从心，已经触及"分权的底线"。而20世纪90年代中期后，国家与地方的财政关系呈现出与"财政包干制"框架下相对立的格局，国家将财权集中收回，地方缺乏足够的财力与积极性治理地方事务，此时的国家治理总体上表现得更加集权，其治理能力也更为强大。这一过程按照财政社会学的观点则意味着，国家收钱、分钱和花钱（亦即是国家财政收入与支出）的方式变了，这个国家的政治结构和活动方式就会跟着发生变化[1]。也就是说，当我们改变国家筹集、分配和使用资金的方式时，实质上就是在改变国家治理制度[2]；从某种意义上来说，财政制度转型可以在很大程度上引导国家治理制度转型[3]。

第二，财政史与国家治理。单纯对财政作历史学的梳理只是财政研究的初始阶段，而财政史的更大价值取向在于其"解释"功能的发挥。在有些历史时期，由财政需要和国家政策产生的对经济发展、所有生活方式及文化的所有方面的直接影响实际上可以解释各种事件的一切主要特征[4]。现代财政社会学认为，财政史提供了对政府财政活动和潜在社会结构和安排的理解[5]。对财政历史的研究能够使人们"洞悉社会存在和社会变化的规律，洞悉国家命运的推动力量，同时也能洞悉具体的条件，特别是组织形式发展和消失的方式……财政是进行社会调查的最好起点之一，从国家财政入手的这种研究方法，在用于研究社会发展的转折点或社会新纪元时，效果尤为显著[6]。在这一时期，现存的形式开始

---

[1] 李炜光、任晓兰：《财政社会学源流与我国当代财政学的发展》，《财政研究》2013年第7期。

[2] Khan, J, *Budgeting Democracy: State Building and Citizenship in America*, 1890 – 1928, New York: Cornell University Press, 1997, p. 2.

[3] 王绍光、马俊：《走向"预算国家"：财政转型与国家建设》，《公共行政评论》2008年第1期。

[4] 刘志广：《新财政社会学研究：财政制度、分工与经济发展》，上海人民出版社2012年版，第41页。

[5] 刘志广：《财政社会学研究述评》，《经济学动态》2005年第5期。

[6] Joseph A. Schumpeter, *The Crisis of the Tax State*, New York: Macmillan, 1958, pp. 17 – 19.

溢出高等教育财政内涵

殒灭,转变成新的形式,并且在这一时期往往包含着原有财政政策的危机。

第三,财政活动(收支)内容与国家治理。财政收入与支出是财政运行中的核心主题,而财政收支又不是简单的收支问题,无论是收入还是支出,其核心是蕴涵国家与社会等各个主体间的互动关系。在现代市场经济体制下,公共财政收支是政府参与经济分配、为社会提供公共品和公共服务以及调节经济秩序的主要工具,政府公共财政收支结构和规模的巨变,必然导致政府治理机制和行为逻辑的变化。[1] 因此,财政收支活动效应不止步于经济领域,社会关系、社会结构等均应被纳入其中加以考量。财政收入结构中,国家与地方、国家与个人两对关系在财政支出进程中也显然存在。公共预算(财政)不仅是配置政府资源的技术工具,它们也是塑造公共生活、国家制度以及两者之间关系的文化建构[2],而且是塑造某种特定的现代经济、社会文化与价值、公共官僚体制、特定的国家与社会关系的利器,与此同时也塑造着这个国家的人民[3]。从财政活动内容透视国家治理内容,我们认为财政行为是国家行为的最好表征,比如将预算资金用于 A 行为而非 B 行为不仅是一个预算问题,更是一个重要的政治问题[4],表现出了国家对某一领域、某一事务特定的关怀与重视,或者说,某一领域、某一事务在国家的制度框架体系中具有更大的合法性承载,所以才能在诸项事务中脱颖而出获得更多注意力分配。从这个角度来说,财政体制的财政社会学含义是:

> 财政体制是国家通过其收支结构和活动范围的划定对权力资源在政治、经济两大领域及各领域不同活动主体,包括中央与地方政府、不同阶级阶层的人群之间的分配,是对不同活动主体基本地位、

---

[1] 焦长权、焦玉平:《"大政府"的兴起:经济发展与政府转型——中国政府公共收入水平研究报告(1980—2014)》,《开放时代》2018 年第 3 期。

[2] Khan, J, *Budgeting Democracy: State Building and Citizenship in America, 1890—1928*, New York: Cornell University Press, 1997, p. 2.

[3] 李炜光:《财政何以为国家治理的基础和支柱》,《法学评论》2014 年第 2 期。

[4] Key, V. O, "The Lack of a Budgetary Theory", *American Political Science Review*, Vol. 34, No. 6, 1940, pp. 1137 – 1144.

第三章　高等教育项目制的国家治理意涵

权利、责任和义务的规定和认可，决定了不同主体活动的空间或"生活机会"。正是由于财政体制的这一内涵，使它对于国家的社会经济发展具有"立宪"层次上的意义。①

从公共财政体制变迁出发，对政府公共收入的结构和规模问题进行历时性考察，可对其中的政治经济意涵进行一定诠释。换而言之，国家、组织、个人等社会各行动主体以及社会领域中的各项事务与组成元素均可在财政制度框架中看到各自遭遇，我们也可以借助于此对其中各个行为主体及其相互间关系作出理论阐释。

第四，不完全财政与国家治理。不完全财政是学界用来概括国家财政制度安排的一种方式②，其基本内涵是在财政资源分配上，国家对地方、对社会领域所有事务、对所有社会成员等所提供的财政并不能为他们的经常性（常规性）开支提供充足的财力保障，进而转向以其他财政形式或赋予地方财政自主性进行财政制度安排。这一财政制度安排形式与国家治理的关联体现在两个层面：一是相对于国家的超大规模，国家财力总体上捉襟见肘，所以只能提供部分事务的常规性支出，其他事务的财政支出须以一种不完全财政的形式进行（例如项目制就是一种不完全财政制度空间中的代表），此种财政制度下的国家治理更多表征为一种非常规的治理方式；二是除了这种客观必然性之外，国家以不完全财政的形式所能带来的一个制度优势是调动地方政府、社会组织、个体成员等主体的行动积极性，积极参与到不完全财政框架中，一来可以改进完全财政下组织与个体行动效率低下等制度困境，二来有利于更好地将国家意图贯彻其中。

本章提出的这四个命题，彼此间并非毫无关联而是交缠在一起且赋予财政立体式的内涵与国家治理意蕴，比如财政体制变迁中必然蕴涵着

---

① 刘志广：《中央集权型财政体制与我国古代社会发展的停滞——对我国社会经济发展史的"财政社会学"分析》，《上海行政学院学报》2002年第2期。

② 何平：《清代赋税政策研究：1644—1840年》，中国社会科学出版社1998年版，第109页；[美]瞿同祖：《清代地方政府》，范忠信、晏锋译，法律出版社2003年版，第40—57页；黄仁宇：《十六世纪明代中国之财政税收》，生活·读书·新知三联书店2001年版；周雪光：《从"黄宗羲定律"到帝国的逻辑：中国国家治理的历史线索》，《开放时代》2014年第4期。

财政史的意义、财政内容的丰富性往往展现在财政史的脉络中，而不完全财政也在某种程度上与财政体制有着特定勾连。

在上述理论前提下，如若我们再将财政研究放置在技术化的处理构架中，既非财政本质的深刻揭露，也非财政研究的终极旨趣，如此也未免显得有些不合时宜，更是一种不完整的财政学研究进路。是故，本章有必要将以往主要作为经济范畴、在经济领域定义的财政转换至国家治理体系的总棋局上进行重新定位①。关注财政制度、财政史、财政活动内容等有关财政的国家治理含意，促进财政学研究具备更大包容性。当然，这种关注与转换不是理论上的单向诉求、自我臆想与刻意解读，而是确实在财政实践中衍生出更多可供讨论、诠释的理论空间，具备强大的现实基础。

第二节 项目制与国家治理：项目制的财政社会学意涵

项目制的起步身份与初始之义是一种财政学、经济学的理论与实践，是在财政学的学科关怀下存立于政策实践与学术理论之中。但依循财政社会学的理论旨趣与分析进路，如若将项目制框限在财政学这一单一的理论视域与学科空间中诠解，恐有窄化其学术与实践内涵、割裂其与其他领域、学科互动关系之嫌，也无法为相关治理实践提供更全面、更有价值的理论参考。在这样一种学术空间中，我们无法把对项目制内涵、历史、类型等内容的分析作为观测社会变革、发展与治理的重要工具，这便可能会导致在项目制的学术理论建树上不能有所新意与创见，妨碍对项目制的本质性认识，也有违学术理论研究之要旨；而更为关键的是，事实上在项目制实践运作中其早已超越财政这一唯一内涵而向外溢出。因此，有关项目制内涵、影响等内容的更为丰富、全面的分析，须进入至更宽阔的学科构境与理论设想中才能实现。对于学界来说，洞悉、省

---

① 高培勇：《论国家治理现代化框架下的财政基础理论建设》，《中国社会科学》2014年第12期。

第三章　高等教育项目制的国家治理意涵

察财政学项目制身后的理论与实践意蕴既是时代所赋予的一个新兴学术课题与任务，也是一次借以寻觅理论生发点的学术机遇。

20世纪90年代中期分税制改革后，国家财政收入与支出制度发生了根本性变革，这场财政制度变革重构着国家与地方的关系，孕育着国家治理在体制、机制、模式、方法等宏观结构层面上的深层次变迁。伴随财权的上移与事权的下沉，中央政府与地方政府间形成的一个显要矛盾是财权与事权的不对称，即中央政府层面表现为财权＞事权，地方政府层面表现为事权＞财权。为缓解地方财力薄弱与事权扩增的显著矛盾，中央政府凭借项目通道的形式向地方政府输入资源、辅以财政支持。伴随项目制规模的扩大及其对社会影响的拓深，项目制在社会各领域的实践早已使其表现出强大的财政溢出效应从而具备多重实践意蕴。对于国家而言，诚如周雪光教授所论：项目制作为一种自上而下资源配置形式与制度安排，自20世纪90年代中期分税制改革以来日渐凸显与崛起，并溢出财政领域的实践，成为国家治理和贯彻政策任务的一个重要制度机制，项目制不仅集中体现为财政领域中自上而下的资源分配机制与形式，而且已经溢出财政体制，成为自上而下工作部署、任务实施的一个重要形式[1]；或如渠敬东教授将项目制作为一种新国家治理体制而存在的论述：项目制不仅是一项财政制度安排，也是一种治理体制和一种能够促发体制积极有效运转起来的机制，同时，它更是一种思维模式以及由项目制思维所决定的国家、社会集团乃至具体的个人如何构建决策和行动的战略和策略[2]；抑或是类似于折晓叶、陈婴婴所认为的那样，项目制问题的关键不在于其中的数字，而在于系列数字背后所隐含的国家治理的制度逻辑和行动策略[3]；以及"项目下乡"的进程不仅体现了基层财税体系的变化，也反映出国家治理体制和治理技术的迁变[4]，从而形成了研究者眼中"项目治国"[5] 的理论概括与表述。

---

[1] 周雪光：《项目制：一个"控制权"理论视角》，《开放时代》2015年第2期。
[2] 渠敬东：《项目制：一种新的国家治理体制》，《中国社会科学》2012年第5期。
[3] 折晓叶、陈婴婴：《项目制的分级运作机制和治理逻辑——对"项目进村"案例的社会学分析》，《中国社会科学》2011年第4期。
[4] 桂华：《项目制与农村公共品供给体制分析》，《政治学研究》2014年第4期。
[5] 周飞舟：《财政资金的专项化及其问题：兼论"项目治国"》，《社会》2012年第1期。

溢出高等教育财政内涵

有鉴于此，近五年来，社会科学研究领域大多数研究者也纷纷跃出财政学、经济学的理论框架，转而倾向于将研究焦点放置于探求项目财政、项目数据背后的更为本质性的命题（如相关的控制动员手段、国家治理的合法性、政府内部治理、国家与社会关系、政府与市场关系、基层社会治理[1]，政府与知识界关系[2]等政治学、社会学、组织学命题），即项目制与社会诸领域的互动与互构，政府部门、社会组织、个体成员等都可在项目制中看见各自遭遇，因为项目不仅承载着巨大的资金量，而且承载着一整套经济的、政治的和社会的意图和责任[3]，这便是一种基于财政社会学的立场对项目制展开分析的学术理路，从而赋予了项目制更多的学科身份与理论价值。这一点，本研究在文献综述时已有较多总结，在此不再赘述。

第三节　高等教育项目制的多重国家治理意涵

将视野调回至高等教育领域，如果项目制仅仅以一种资源分配的制度形态存在于高等教育领域，那么本书的理论任务则会变成对如下论题的关注与解答：项目资金投入多少？项目资金的多寡如何确定？如何对这些项目基金在高等学校与个人间进行分配？项目资金如何管理等"金钱"上的系列问题。从财政学的视角研究高等教育项目制问题，虽然我们能够发现项目制与高等教育财政拨款的转型密切关联、项目制是推动我国高等教育迅猛发展的制度支撑，但是却忽略了项目制背后深厚的学科意蕴。况且，对高等教育项目制的历史演进与类型学划分已经足以让我们掌握了一个财政学意义上项目制的基本情况。然而，问题的核心可能不只在于我们对高等教育项目资金的多寡、项目种类的多少、项目的历史进程等系列数字、规模、类型等财政性指标与要素的关注，而应力

---

[1] 陈家建：《项目制与基层政府动员——对社会管理项目化运作的社会学考察》，《中国社会科学》2013年第2期。

[2] 陈家建等：《项目制与政府间权责关系演变：机制及其影响》，《社会》2015年第5期。

[3] 折晓叶、陈婴婴：《项目制的分级运作机制和治理逻辑——对"项目进村"案例的社会学分析》，《中国社会科学》2011年第4期。

图着眼于财政背后或超越于数字、规模、类型等财政意义的秘密与机制，窥探出高等教育财政项目制所暗含的国家治理高等教育的制度逻辑、行动策略甚或国家治理高等教育方式的变迁等更具隐匿性与更有价值意义的话题。根据财政社会学的理论推论，高等教育项目制不仅是资源分配的简单过程，而是暗藏、承载着国家对于高等教育治理的理想与想象，有其深刻的国家治理意义。作为财政的高等教育项目制提供了国家对高等教育安排的理解：高等教育财政项目制不单单是一个经济学问题，更是一个政治学问题；作为财政的高等教育项目制的转型推动了国家治理高等教育的转型，至少在某种意义上建构了国家治理高等教育方式的另一种呈现与表达；高等教育财政项目制不仅是高等教育资源的分配工具与技术，更是国家治理高等教育的工具与技术。

由于财政问题本质上并非是一个单纯的经济问题，而是一个政治问题，因此从财政学过渡至财政社会学，需要关注财政与社会间的相互勾连，即从财政支出的视角找寻财政的国家治理意义。高等教育项目制表面上是资源分配方式的重构，其背后却隐匿了高等教育中治理观、权力观、认识论、价值论、主体论等多重维度的深度变迁。对于高等教育研究或者高等教育项目制研究来说，这是一次建构自身理论的重要学术机会。或许，在理论层面上，与论述作为财政学的高等教育项目制相比，分析高等教育财政项目制的"溢出效应"是一个更为重要的理论任务或显得更具理论价值。可以说，在高等教育项目制治理问题研究中，更具吸引力、穿透力的研究进路是透过财政项目（包括财政收入史与结构、财政支出史与结构等，而本研究中我们只关心财政支出史与财政支出结构）观测、察觉高等教育项目制更为隐蔽性的存在。从财政史学（高等教育项目制的历史）与财政类型学（高等教育项目制的类型）出发管窥国家治理高等教育的制度逻辑，也就是从财政史学、财政类型学出发探寻财政社会学的相应呈现形式。比如从高等教育项目制历史、内容中可以看到国家对高等教育的态度、倾向；不同高校在国家治理格局中的地位、关注国家对高等教育事务注意力的变革与转向。

本章在检讨前述高等教育项目现象及其相关研究的基础上，着重勾画项目制与国家高等教育治理间的关联，尤其是要关注以下四个命题，以此从宏观上建立一个分析高等教育项目现象的整体性框架：

第一，项目制与国家治理高等教育转型之间的逻辑关联。
第二，项目制与国家高等教育治理逻辑。
第三，项目制与国家高等教育治理的合法性与有效性。
第四，项目制中的高等教育竞争市场、政府与高等教育市场的关系。

也就是说，从财政社会学视角解释，财政项目制通过以上四种主要形式作用于国家高等教育治理。

一 高等教育项目制与国家高等教育治理转型

对于国家来说，高等教育项目制首先意味着国家治理高等教育策略、方式的异轨与转型。作为改革开放后高等教育宏观制度供给的新形式，项目制的鲜明特征是市场元素的引入与吸纳，对竞争元素的吸纳也开启了高等教育发展的新动力，从而蕴涵了国家对高等教育的新态度与新策略。根据高等教育项目制的类型学分析，虽然存在科层制式的高等教育项目制（以指定为典型特征）与市场化（以竞争为典型特征）的高等教育项目制之别，但以"对口支援西部地区高等学校计划"为代表的高等教育项目在整个高等教育项目制体系中所占比例甚微，因此比较常态、占绝大多数的高等教育项目还是类似于以国家自然科学基金、国家社会科学基金等各种科研项目和长江学者奖励计划等各种人才项目为代表的具有竞争性的项目。所以，从整体上判断，我们才说项目制引入了竞争等市场元素。本研究的主要分析对象也集中于这些携带市场性特征的高等教育项目。

（一）"发包—抓包"互动与高等教育的"公司化治理"

当前，高等教育项目制的一个优势就在于其对市场要素（如激励、竞争、自由、公平等）的吸纳，在这一点上无论是相对于单位制还是科层制来说都是成立的，因为这两种制度模式下高等教育治理都显得十分僵化。正是由于这些市场元素的引入才得以使项目制具备重塑高等教育治理的能力。项目制凭借竞争等市场元素塑造了强大的制度抱负，开始为高等教育作出自己的贡献，并形塑着高等教育的竞争及其治理模式①。高等学校、高校教师若要获得项目，必须展开激烈的项目竞争，只不过，在这个过程中各主体申请自愿，获批形式公平，高等教育竞争在理论上实现了平等和自由。项目制对高等教育的最大贡献可以概括为打破僵化的单位制思维，总体而言，高等教育项目的实施并非以指令的方式进行资源的配置，而是以一种"强激励"的力量引导高等学校、科研单位、企业主体、金融机构等组织围绕政府提供的优质资源展开激烈的争夺。无论是单位还是个人都可以与不同类别的项目展开自由的互动，经过自由申报、绩效评价等竞争性方式"参赛"。整个过程形成了一个"发包—抓包"②互动机制。

首先是政府的"发包"行动。作为"发包"行动主体的政府包括中央政府和地方政府（一般指省级政府），他们是发包方，不断向高等教育组织与个人输送项目资源。一方面，中央政府根据国家需求、高等教育发展实践以及综合考量科技、经济、社会、文化等各相互关联因素生产出系列高等教育项目，并将项目委托给高等学校组织、高校教师个体（群体）以完成项目目标。另一方面，地方政府也会根据地方政府意图、地方高等教育发展实际以及社会发展诸要素，发展出地方性的高等教育项目。同样，地方政府也会将项目委托给高等学校组织、高校教师个体（群体）以完成相应层次的项目目标。而在地方政府的"发包"行动中，地方政府的项目行为并非完全根据自身意愿，而是在附和中央政府的项目行动中前进。这样，便形成了自上而下的高等教育项目的分级模式：国家级高等教育项目—省级高等教育项目。例如，在科研项目中，有国

---

① 游玉佩、熊进：《单位制与项目制：高等教育资源分配的制度逻辑及反思》，《江苏高教》2017年第2期。

② "发包—抓包"的互动机制不仅存在于政府与高校、教师之间，在高等学校内部也存在。高等学校作为一个组织，相对于教师来说，它是发包方，而教师则是抓包方。因此，在整个高等教育项目制的"发包—抓包"机制中，高等学校扮演多重角色，既可以发包也可以抓包。而按照社会学的观点，在"发包"与"抓包"过程中，还存在着一种"打包"机制。那么，这里的问题是，在高等教育项目制实践中，是否也存在着一种"打包"机制？如果存在，其体现在何处？在下一章节中再予以论述。

家社会科学基金—省级社会科学基金；在人才项目中，有长江学者—省级学者（如芙蓉学者）。如果将高校自身设立的项目置放于整个高等教育项目体系中审视的话，则构成了一条完整的高等教育项目链，或者说是构筑了一个从中央至高等学校的高等教育项目的"金字塔模型"。在这个意义上来说，高等教育项目制的分级模式区别于社会领域中项目制的分级机制。在比较常态的高等教育项目"发包"过程中（如年复一年的科研项目申报通知），政府以招标的方式发布项目指南书①，项目内容、范围、规则等都有明确、严格规定。

其次是高校、教师的"抓包"行动。政府的"发包"行动为高等教育组织（高校）、个人（教师）等行动者创造了诸多制度性、结构性机会，亦即为高校、教师的"抓包"行动提供了平台，从这个意义上讲恰如财政社会学里面所提及的财政为行动者提供的"生活空间"与"生活机会"。高校、教师的"抓包"行动是指高校、教师根据政府的项目要求向上获取项目资源的过程。"抓包"的行动过程呈现出鲜明的三个特征：竞争性、自主性、积极性。竞争性是指高等教育项目并非指定给某一高等教育组织或某一高校教师，而是作为抓包方的高校与高校之间、教师与教师之间都须展开激烈的竞争才能获取项目资源，特别是在年复一年的科研项目、人才项目申报以及如今的"双一流"建设中。自主性从理论上讲则是指高校、教师可根据自身意愿、条件决定是否参与项目竞争、参与哪一类项目竞争，比如教师是否可以不申请科研项目或只申报人才项目等都自主选择、自由决定。积极性则体现出项目制的强大制度能力，它能充分调动高校、教师积极行动起来，整齐划一地将他们导进项目的激烈争夺中（事实上，项目制也确实做到了这一点）。作为理性行动者，高等教育组织、个人希望能在与项目制度的互动、认同中获得体制性支持与认可。然而，积极性的成功是否意味着高校、教师的"抓包"行动在一定程度上消解了其理论上的自主性。项目制为何具有强大力量调动高等学校、教师在项目框架下运转以及为何能消解自主性？② 这一

---

① 郭琳琳、段钢：《项目制：一种新的公共治理逻辑》，《学海》2014 年第 5 期。
② 这里涉及两个基本问题：一是从高校、教师与政府关系的角度来看，高校与教师能否自主；二是从高等学校内部来看，教师能否自主。后一个问题将在后文论述中回答。

第三章　高等教育项目制的国家治理意涵

问题留待后续内容解答。

概言之，高等教育项目制构造的"发包、抓包"机制即上级政府部门发布项目与作为"下级"的高校、教师向上申请项目的互动过程。由于政府以竞争性的方式向下投放项目资源，高校、教师也可根据自身意愿竞争性地参与到项目实践中。因此，在作为财政的高等教育项目拨款进程中，隐含一些超越行政科层制的方式，打破了等级僵化的科层治理秩序，项目制在理论上和制度设计上实现了自主、自愿、竞争、自由等特性，也就是我们经常所说市场要素的引入彰显了项目制在制度上的创新与发展。

然而，这种"发包"与"抓包"的互动使得项目制下的高等教育治理显现出一种"公司化"（"企业化"）治理的价值取向与现实特征。在公司（企业）治理等经济学视野中，"发包制"成为企业领域一种普遍的制度方式，其中也包括"发包"（委托）与"抓包"（代理）两个过程。特定任务完成后，"发包方"与"抓包方"在这个任务上的关系就会终止。在整个过程中，"发包"公司有权对"抓包"公司的任务完成情况进行审查（一种"发包方"对"抓包方"的控制权），"抓包"公司必须承担起任务完成质量等职责。基于项目的高等教育治理主体关系中，国家作为"发包方"将项目（其中携带对时间、目标、责任等的规定）发包给高等学校和高校教师并辅以专项资金支持，高校和教师作为"抓包方"在抓包后必须承担起项目建设责任（承包方）。例如"985工程""211工程""双一流"发包给部分高等学校，这些高等学校就承担起建设一流（高水平）大学、一流学科的责任（这就是发包的内容，可称为承包型高等教育一流建设）；"高等学校本科教学质量与教学改革工程"发包给高等学校，由高等学校承担提高教学质量的责任（可称为承包型高等教育质量保障）等，最后由国家对这些项目完成情况进行检查。也许，在这个过程中，政府与大学的角色是：政府仅仅作为财政的供给方，大学则在财政资源的约束下承担起所有建设高等教育的责任。与其说这些高等教育责任所论及的对象是高等教育自身，毋宁说是一种基于完成国家项目中各种目标的行政责任。这种形式的互动所凸显的总体性特征类似于周黎安所提出的政府内部

"行政发包制"①（也是一种类公司化的发包制），作为"下级"的高等学校对作为"上级"的政府负责；抑或如国家在推动法治进程中，国家将法治任务发包给地方，由地方来承包国家法治建设的任务②。

也就是说，在这个过程中，国家将高等教育建设的任务以项目的形式发包给高等学校，其中发生的问题也相应地由高等学校承担，所以当政府对项目实施情况进行检查时，若出现问题则容易归因于高等学校自身，在研究与实践中可常见此类分析。这种基于项目、基于任务目标完成的高等教育治理成功地塑造了高等教育项目制的工具型组织学特征——项目制下的政府与高等学校关系表征为工具型样态，高等学校在多数场合成为高等教育项目制目标实现的载体与工具，是一种类似于张应强教授在论述高等教育质量建设问题时所提出的基于问责的高等教育质量建设模式③。意即，项目制下的高等教育治理更像是一种问责式的高等教育治理，而非一种基于信任与合作的高等教育治理模式；政府与高校之间确立的也是一种科层制系统内部上下级的等级制关系，而不是一种基于高等教育的协作关系。在实践中，高等学校对政府发出的"包"也乐此不疲，因为政府发出的高等教育项目包不仅携带大量的财政资金，更会牵及高等学校在高等教育场域中的地位，工具理性思维在此之中表露无遗，这构成了高等教育项目制具备强大激励功能的组织基础。然而，其中所需留出的一个思考空间是：无论是一流大学、一流学科建设还是教学质量提升等项目所构建的高等教育任务与责任，其中的责任主体究竟是否是高等学校？高等学校是否单方面地承担高等教育质量下滑的解释责任？高等学校的主体任务与责任是什么？在这一点上，其问题类似于"大学生就业的主体压力不应由高等学校承担"④。

（二）"治理术"的诞生与高等教育治理方式变迁

"治理术"是福柯用于描述国家治理时所采用的一个概念。在从前

---

① 周黎安：《行政发包制》，《社会》2014年第6期。
② 丁轶：《承包型法治：理解"地方法治"的新视角》，《法学家》2018年第1期。
③ 张应强：《高等教育质量建设：创新体制机制与培育质量文化》，《江苏高教》2017年第1期。
④ 钟秋明、郭园兰：《大学生就业压力主体与高校主体压力辨析》，《现代大学教育》2014年第3期。

第三章　高等教育项目制的国家治理意涵

现代社会到现代社会变迁过程中,国家治理方式所发生的一个重大变化是从直接统治到间接治理的演变。"治理术"就是这种间接治理的产物,它是指国家治理所依赖的系列程序、数字、报告、图表等技术性的东西。现代社会的"治理术"是一个由制度、程序、分析、反思、计算和策略所构成的总体①,它的一个突出特点是国家不再以直接统治为中心,而是在自由、平等等前提下,通过这些技术手段对社会进行引导,从而对社会进行治理。因此,我们也将这种国家治理方式称为"技术治理":

> 所谓技术治理,是指政府行政职能的发挥不仅依赖已获授权的权威,而且也依赖其不断改进的程序和技术。社会治理意义上的技术是一种追求治理效率的治理程式,是一组可以有效计算、复制推广并考核验证的治理流程。治理技术可以在某种程度上摆脱人格化特征,就事论事。②

也就是说,现代国家对于社会、对于高等教育的治理方式与权力关键实际上就隐秘地蕴涵在这些技术手段中。

任何一种权力都有其依托的力量与途径。从计划经济时代到改革开放以来,国家治理、社会结构确实发生了深刻变化,权力所凭借的途径与通道也随之改变。渠敬东等人对改革开放 30 年的中国社会改革经验进行分析后发现,改革前的国家权力表现为一种总体性支配权力,而改革后则表征为一种技术化的治理权力③,或者也可将这种变迁过程概括为从统制性权力到技术性权力的结构性迁变。现如今,技术化的治理模式已辐射于各级政府与组织的日常治理中。项目制的诞生既是这种技术治理的产物,又是这种技术治理的典型代表。项目制作为一种国家治理技

---

① [法]米歇尔·福柯:《安全、领土与人口》,钱翰、陈晓径译,上海人民出版社 2010 年版,第 91 页。
② 王雨磊:《农村精准扶贫中的技术动员》,《中国行政管理》2017 年第 2 期。
③ 渠敬东等:《从总体支配到技术治理——基于中国 30 年改革经验的社会学分析》,《中国社会科学》2009 年第 6 期。在理论界,在国家治理的研究中,技术治理研究已成为一个重要组成部分,有以技术治理作为主题探讨的,也有将技术分解为多种呈现形式如数字、地图等去探讨技术治理与国家治理逻辑间的关联。

术，可以说既有其偶然性又有其必然性，偶然性就是指其恰巧符合了技术治理的总体要求，同时其必然性又意味着它本身就是财政体制改革的产物。

在高等教育项目制框架内，囊括的行动主体主要包括政府、高校和教师。在"发包—抓包"的制度化秩序中，不同的行动主体面临着不同的行动空间与行动机会。但无法规避的一个基本前提是政府始终位于项目制权力的中心、占据有利位置，有着强大的控制权，从而供给着项目的数量、类型并决定着项目制的"游戏"规则。与学校相比，政府在制定游戏规则、掌握公共话语权方面处于垄断地位。因此政府的专项投资可以发挥"四两拨千斤"的功效，实现其导向功能①。在高等教育项目制向下发包与向上抓包的过程中，本质上体现着项目制运行的"技术化"，项目制规则是要求"技术治理"的。这里的技术治理，具体表现为目标管理（总目标、分目标）与指标化（要件化）治理。

目标管理是项目制的鲜明特色，在管理学意义上，项目本身便具有"一事一议"的特征，有着明确的问题与目标指向，然后据此将项目分解为各项指标。一般情况下，项目发包部门都会确定项目建设的总目标并规定项目具体内容（也就是项目指标），项目抓包学校必须在总目标与项目指标的框架中，根据自身实际确定项目建设内容（项目指标的微观化），最后项目发包部门再对项目抓包学校进行验收检查。这一过程便形成项目发包部门对项目抓包学校的多重指标的构建，构成了一个完整的项目考核体系。也就是，从项目立项、申报、审核、监管、考核、验收、评估等都形成了一套严密的技术系统。以"211工程"为例，在《"211工程"建设实施管理办法总则》中，很明确地规定了其建设的目标（如集中力量建设一批高等学校和重点学科，力争部分重点学科和少数高等学校接近或达到国际同类学科或学校的先进水平）、内容（主要包括重点学科、公共服务体系、师资队伍和与学科建设密切相关的配套基础设施建设），项目学校则在此框架下确定各自建设内容（以指标形

---

① 郭海：《大学内部财政分化》，北京大学出版社2007年版，第98页。

式呈现①），并接受由"211工程"部际协调小组办公室、国家发展改革委员会等部门组织的中期检查与总结验收。在这些指标任务完成后，项目目标也就完成了。

在其他一些"微型"高等教育项目中，也可以看到项目制的精细化治理，比如对于时间（时刻表）、类别、年龄、职称、结题成果等的细致规定，这些要素集合成了高等教育项目制的制度构件，也是高等教育项目制施展其约束能力的"小工具"。如果高校教师想要抓住一个科研项目包以及完成抓住的项目包，他就必须符合上述系列理性化的技术标准与理性化的技术要件。例如，对于项目完成时间的规定不仅是物理时间的简单呈现，而是时间一触及国家就注定会在"时间中的政治"②语境中构造时间的国家意义（对于实现项目目标的意图）。

对于高等教育的技术处理，塑造了一个精致的项目体系，是一种治理术，这种治理术的特征是不同于计划时代的单纯控制，而是在市场的外衣下，通过引入系列工具（任何要素可能都会被用作国家治理高等教育的手段，对任何条件的规定都是国家建构其在高等教育中权力的基础）进行本质上的治理。政府在高等教育中的权力或者说政府的主导作用由此通过项目加以转化。

这种技术化治理的好处是能够在有限时间内集中资源、倾斜投入所想要实现的目标，也能取得"立竿见影"的绩效（也就是项目绩效，下文将会论述高等教育项目制所取得的绩效）。同时，对高等教育进行精致化的项目治理，具有很强的规划性。很显然，在这种规划性中，高等教育具备可视化、清晰化与可计算性的技术特征，能让国家清楚、清晰地掌握高等教育发展的实然、实时状态，明确各个阶段高等教育发展的任务，为下一阶段高等教育的发展提供前提基础与经验参照。现代国家

---

① 如以下一些指标表述：某校"211工程"学科建设项目效益指标是：到2001年，力争2—3个学科达到国家重点学科水平，某些优势领域接近或达到国际先进水平；"十五""211工程"建设结束，力争新增两院院士1—2人，长江学者2—3人，其他各类杰出人才15—20人左右，学术带头人50人左右，建构20—30个创新团队，使50%以上的非优势学科都具备申报博士点或硕士点的人力资源条件等。

② ［美］保罗·皮尔逊：《时间中的政治：历史、制度与社会分析》，黎汉基、黄佩璇译，江苏人民出版社2014年版。

对于社会的治理如何进行？詹姆斯·斯科特认为：

> 度量衡的标准化、"社会象形文字"的理性化、语言和法律条文的标准化、城市规划的理性化，其目的都在于清晰化和简单化……通过一系列预先确定的目标——主要是物质的、可以度量的——体现出进步，这些目标可以通过储蓄、劳动力，同时还有投资实现。……这种活动的内在逻辑意味着对未来、对直接服务于目标的计算以及对所幻想的人类福利在某种程度上的确定性。[①]

不过，这种技术化治理的方式能否成功地表达它们所要描述的真实社会活动，并未可知；但唯一确定的是它们表达了国家所感兴趣的那些片段或者说是在复杂的高等教育事实面前只集中关注有限的一种或几种特征。伴随越来越多的项目安排，技术治理便会深深嵌入高等教育系列事务中而成为一种合法性。

二 高等教育项目制与国家高等教育治理逻辑

高等教育项目制之国家治理意蕴的第二个表现是，在高等教育项目制发展历史以及国家对高等教育注意力分配的时空转换中所体现出来的国家高等教育治理逻辑。从前述内容分析中可知，高等教育项目制的诞生意味着国家通过项目制实现了其治理高等教育策略的型变。而在高等教育项目制自身发展进程中（包括历史与类型），项目制本身便蕴涵着系列制度逻辑，从而表达着国家意志、新公共管理趋势以及管理主义特征[②]。因此，我们说高等教育项目制是国家治理逻辑在高等教育领域中的制度表征；在高等教育项目制场域中，国家这一主体可以看成是诸多高等教育项目规则的集合与产物；高等教育项目的存在即意味着高等教育中的"国家在场"，项目中的"国家在场"便蕴涵着国家的治理意图。

[①] [美] 詹姆斯·C. 斯科特：《国家的视角：那些试图改善人类状况的项目是如何失败的》，王晓毅译，社会科学文献出版社2012年修订版。

[②] Parker, L. D, "Contemporary University Strategising: The Financial Imperative", *Financial Accountability and Management*, Vol. 29, No. 1, 2013, pp. 1—25.

（一）国家注意力分配与国家高等教育治理逻辑

在财政制度体系中，项目是一种财政支出方式与制度安排。项目怎样支出、往哪儿支出都不是一个单纯的技术性问题，而是一个关涉组织治理的问题。"怎样支出"内含着如同前述的"发包"与"抓包"、技术治理等方式，而"往哪儿支出"实际上反映组织注意力分配的问题，项目对哪一事务有支出、支出多少都意味着项目发包方对某一事务的注意力及其程度。在此，引入"注意力分配"这一概念，从项目支出的角度去观察国家在高等教育事务上的注意力分配情况，进而窥探出国家治理高等教育的行为逻辑。

注意力分配是一个关涉心理学、经济学、管理学、组织学等颇具跨学科性的学术概念，本节拟从组织社会学视角予以分析。对于一个组织来说，其注意力的分配过程并非是一个技术性问题（如组织时间、计划安排等）[1]，而更多可能是指涉于其中的隐秘机制，如注意力分配背后的制度问题、社会问题及其符号意义等。从这个意义上讲，项目制中的注意力分配问题并非指项目资金分配多少的问题，而是呈现出国家治理高等教育的态度与逻辑。因此，我们可以聚焦政府体系的注意力是如何在高等教育项目制这个连续变动的治理谱系中分配的。

1. 注意力变迁：从"先富"到"后富""先富带动后富"

这一项目制度逻辑是从学校建设的层面来说的。其中，体现着双重逻辑：一是从"先富"到"后富"，二是从"先富"到"先富带动后富"。"先富"指重点建设，意味着国家通过项目的方式、集中各方资源让一部分学校"先富"起来，"政府的专项投入主要是扶优扶重，学校就必须向政府'交账'，千方百计'凝练'标志性成果"[2]；"后富"则意味着在"先富"的目标基本实现或者说"先富"政策已取得很大成效的基础上，再通过项目资源的扶持发展其他类型高校，也使他们"富裕"起来。从高等教育项目制的历史演变中可以看到，21世纪之前高等教育项目的总体特征是强调重点建设、择优、集中力量办大事，"211工

---

[1] 练宏：《注意力分配——基于跨学科视角的理论述评》，《社会学研究》2015年第4期。
[2] 郭海：《大学内部财政分化》，北京大学出版社2007年版，第98—99页。

程""985工程"的诞生是典型的经济领域的"先富"特征,而类似"示范性高水平职业院校建设计划"则可看成是一种"后富"的代表。不过,"后富"并不仅是这一种类型,还有一种方式是让"先富"起来的高校扶持其他高校,比如"对口支援西部地区高等学校计划"或者是在科研项目与人才项目中实施向中西部高校倾斜的政策(专设西部项目)。通过这种方式,既能保证效率又能关注高等教育整体实力的提升。这也可被认为是项目制塑造的高校与高校间关系的表现形式之一。

很显然,在这个过程中,"先富"意味着高等教育项目制发展的前期更加注重高等教育效率,而"后富""先富带动后富"则显现出一定的高等教育公平元素在发挥作用。即便如此,高等教育项目制治理的效率意识并未伴随公平元素的生长而消退,而是一直保持着强大的惯性与路径依赖。应该说,高等教育项目制历史发展的总体特征是注重效率与公平的平衡,但实践中更大的可能性是效率优先于公平这一事实,从"211工程""985工程"再到"双一流"以及其他各色项目都在凸显的是打造一个高等教育绩效(特别是在提升高等教育的国际影响力上)的制度印象,这是当前高等教育建设与发展的重要任务(从高等教育大国到高等教育强国)。是故,财政史的意义便在于其一定会表征着什么。"比偶然因素更为重要的是财政史的征兆意义。一个民族的精神,以及他的文化水平、社会结构和政策预示的行动等,所有这些甚至更多的事情都是由财政史所书写,都留下了财政的痕迹。"[1]

2. 注意力分层:教学与科研、自然科学与人文社会科学等

注意力的分配不仅反映着国家只对感兴趣的那些片段投放注意力,而且还必定会存在一个投放多少的问题。无论是从国家注意力分配的变迁还是国家注意力的内容,其中的一个根本问题是存在着一个"注意力分层"[2]的问题。注意力是一种稀缺资源,也是组织行为的重要影响因素[3]。国

---

[1] Joseph Alois Schumpeter, "The Crisis of the Tax State", *International Economic Paper*, No. 4, 1954.
[2] 练宏:《注意力分配——基于跨学科视角的理论述评》,《社会学研究》2015年第4期。
[3] 颜克高、林顺浩:《地方政府行政嵌入与社会组织发展》,《公共行政评论》2017年第5期。

家不可能面面俱到、均等分配或者对所有对象进行直接指定（只能采取竞争，在这个意义上竞争既是一种策略又是一种无奈选择）。因此，在科层制体系内部，上级政府组织的注意力是上级政府组织以下科层组织内部的一种稀缺资源（国家的注意力成为整个科层制体系中的稀缺资源），上级部门关注或推动的项目或议题，相对能获取更多的资源，事项也会得到更快推进。国家对某一事务注意力分配，则相应的财政支出会更多，因此财政支持在一定意义上就是国家注意力分配的体现，财政支出构成了国家注意力的物质表现。可以说，国家注意力是项目支出的指引，而项目支出又反映了国家注意力的指向，两者共同反映着国家的治理逻辑。

无论是从历时性还是从共时性角度来看，项目的支持都深刻地体现着一种国家对特定事务的倾向与偏爱。不论是高等教育重点建设，还是竞争性的项目发包，都表明国家并没有将项目资源平均分配给每一个组织与个人，从而也就形成了一个项目制中国家注意力分层的问题。以科研与教学、自然科学与人文社会科学为例，不管是从高等教育项目的整个发展历程来看，还是在其发展的某一个阶段，科研与教学、自然科学与人文社会科学间形成了很鲜明的区隔对比结构。在第二章所列高等教育项目制体系中，可以鲜明地看到有限的教学项目与连串的科研项目间的差异；而在科研项目中，人文社会科学也明显体现出一种较弱的注意力投放倾向。

除此之外，在项目制体系中，重大、重点、一般的区别就已证明了国家注意力分层的存在。

总而言之，国家财政资源投入越多，则表明国家对某一事务的注意力越集中，某一事务的合法性承载也就越高。合法性承载是一个重要变量，既可以说是注意力分配的结果也可认为是在注意力分配中起中介作用。另一方面，正是由于某一事务获得了较高的合法性承载，该事务才获得了较多的资源投入与注意力分配。因此，在高等教育项目制体系中，科研（相对于教学）、自然科学（相对于人文社会科学）、效率（相对于公平）在国家注意力分配系谱中并没有体现出鲜明的时空特性而一直具备高合法性承载、高资源投入、高注意力分配。也就是说，科研、自然科学、效率等并未体现出在高等教育项目制发展的某一历史阶段具备高合法性承载,在其他历史阶段则表现出相反的情形,而是一直都保持较高的态势。总之,在高等教育项目制体系中,国家注意力呈现出两个特征:国家注意力是变化的,比如从科研到教学、从效率到公平;但在总体上又表现出强大的稳定性,具备高合法性承载与高注意力分配、高资源投入,比如科研、一流大学建设等对高等教育效率的追逐。

因此,通过国家注意力的分配与投放,呈现出了一个高等教育项目制的分层逻辑。这种分层无论是在整个高等教育宏观系统还是在高等教育的微观事务中,都以一种结构化的效应存在,从而影响整个高等教育发展格局。

(二)制度勾连与累积叠加:"超大型项目"与"微型项目"之间

项目间的分层是论述项目间关系的一种方式,是从项目区别、差异的角度来说的,而项目间还存在一种关系,则是项目间的关联。在国家设置诸多高等教育项目后,各个项目并非独自发挥作用,而是彼此之间勾连在一起从而在实践中决定着整个高等教育发展态势。这种勾连主要体现在"超大型项目"("211工程""985工程")与"微型项目"之间。

1993—2009年的国家社会科学基金立项数据显示,其中两类"超大型项目"学校占所有立项总数的48%[①]。

因此,可以认为,在整个高等教育项目制体系中,起决定作用的是"超大型项目",它以一种结构化效应决定着在具有竞争性的"微型项目"中的获利程度。如何改变或缓解这种状况(尤其是西部高校的项目人才流失问题)成为政府与高等学校治理中的一大难题。这种结构化效应的消解,似乎只能依赖于国家增强项目的专有性关系或者减小项目参与选择权,比如在科研项目中专门设置西部项目、人才项目中针对西部适当降低条件或者倾斜政策(如鼓励东部地区优秀人才应聘中西部高校长江学者岗位;对中西部高校聘任的长江学者,实行倾斜政策)以及对

[①] 程瑛:《社会转型期大学资源竞争研究》,博士学位论文,华中科技大学,2011年,第104页。

口支援项目中的"先富"带动"后富"等。若非如此,在那种专有性关系弱、参与选择权大的高等教育项目资源竞争中,其他非项目高校寻觅一个大的生存空间会十分艰难。

这种"先富带动后富"或者设置专有性关系强的项目之策略在根本上并不能触动"马太效应"的结构化,只不过通过指定性的项目安排将这种结构化效应"减少一点是一点"。而且,在当前的学术劳动力市场竞争中,一些西部高校好不容易成长起来的"项目人才"又都"向东南飞",这更加弱化了上述策略的有效性。

三 有效性与合法性:项目绩效与高等教育项目制治理的合法性构建

改革开放以来,无论是在经济领域还是在高等教育领域,我们都取得了令人瞩目的治理奇迹与制度绩效,在诸多理论场合中均将这种奇迹与绩效指向于分权、转移支付项目的大力扶持与引导。项目制的诞生及其实践能很好地解决国家治理合法性的问题,通过目标管理、过程控制等手段加大项目资源的输入与产出,从而成就项目绩效与国家治理合法性的范式转换。换而言之,在项目制场景下,国家治理合法性建立在项目所获取的绩效之上,即国家治理的合法性是"在有效性中累积合法性"[1]。如果说合法性是一个自下而上认同的过程,那么有效性则是解决问题、实现目标的能力过程。在项目制取得的成就中获取了国家治理的合法性基础,而且伴随这种有效性的累积会加固项目制的合法性,从而使其成为一个客观化的制度"实体"。

的确,这种项目化的技术治理的一个重大好处就是容易获取绩效,这也与我们的现实相吻合。这种项目导向作用将中央政府、地方政府的人力、物力、财力等资源集中起来、提高资源利用率[2]以快速解决某一具体问题,起到了立竿见影的效果。高等教育项目制实施以来,无论是

---

[1] 林尚立:《在有效性中累积合法性:中国政治发展的路径选择》,《复旦学报》(社会科学版) 2009 年第 2 期。

[2] Laudel, G, "The 'quality myth': Promoting and Hindering Conditions for Acquiring Research Funds", *Higher Education*, Vol. 52, No. 3, 2006, pp. 375–403.

溢出高等教育财政内涵

在高等教育整体发展上还是对高等学校内部各要素成长以及管理制度变革方面,都取得了强大的制度绩效,试举几例来说明。

第一,"超大型项目"绩效。改革开放以来,我国高等教育取得的成就与奇迹很大程度上都可归因于"211工程""985工程"这种"超大型项目"的实施与推进,甚至还构建了一种高等教育建设的制度范例与他国镜鉴。

一是"211工程"项目绩效。"211工程"建设10年后:

> 相关学校的学科建设取得了重大成效,少数学科接近国家先进水平。一批重点学科实力明显增强,成为解决国家重大科技问题和培养高层次人才的基地。按国际可比指标SCI论文发表数统计,有40个学科已接近国际先进水平。其中,2005年,清华大学材料科学学科SCI论文发表数排在世界大学第2位,SCI论文被引用次数列世界大学第14位。
>
> 在师资队伍上,截至2006年,"211工程"院校累计共有2671名青年学者入选教育部"新世纪优秀人才计划";有915位高校教师获得"国家杰出青年科学基金"资助;967人入选教育部"长江学者奖励计划"特聘教授。
>
> 在科学研究上,"211工程"院校承担了大量国家级科研项目,已成为科学研究的主体。1995—2005年,"211工程"院校承担了29197项国家自然科学基金面上项目,占全国比例达到57%,占所有高校比例达到75%。
>
> 此外,在人才培养、科学研究、社会服务、国际交流等方面也取得丰硕成果。①

二是"985工程"项目绩效。教育部在总结"985工程"建设10年成效时指出,"985工程"从根本上提高了我国高等学校的整体水平和国

---

① 张应强:《精英与大众:中国高等教育60年》,浙江大学出版社2009年版,第49页;中国高等教育学会:《改革开放30年中国高等教育发展经验专题研究(1978—2008)》,教育科学出版社2008年版,第512—521页。

际竞争力，缩小了与世界一流大学的差距。这主要体现在：

师资队伍建设上，汇聚了一批国际水准的学术大师和中青年学者。通过"985工程"的10年建设，中国科学院院士共增选过五次，新当选的院士中"985工程"学校所占的比例持续提高，从1999年的20%上升到2007年的55%。十年中，"985工程"学校教师获得的"国家杰出青年科学基金"占全国总数的50%以上，聘任的"长江学者"特聘教授和讲座教授占全国的比例都在80%以上。

自主创新能力上，"985工程"学校作出了一批代表国家最高水平的重大科研成果，获得国家级科技奖励的数量和层次都显著提升。2004年，中南大学和西北工业大学分别获得了2004年度国家技术发明奖一等奖，打破了该奖项连续六年空缺的局面。1999—2008年颁发的5项国家技术发明奖一等奖（通用项目）中有4项由"985工程"学校获得。2006年，南京大学获得国家自然科学奖一等奖。1999—2008年授予的国家科学技术进步奖一等奖中，"985工程"学校作为第一完成单位的占20%。

哲学社会科学上，完成了一批有价值的政府咨询报告和政策建议。"985工程"学校聚集了全国70%以上的人文社科类国家重点学科和2/3的人文社科研究基地，产出一批具有重要影响的哲学社会科学创新成果，提供了一批高质量的咨询报告和政策建议。

学科建设加速实现新突破，形成了一批学术影响力进入世界百强的学科。论文被引次数是国际上公认的反映学术影响力的主要指标。能够进入美国ESI数据库的都是论文被引次数位居各学科世界前1%的机构。2001年，"985工程"学校仅有40个学科被选进ESI数据库，而到2008年，进入ESI数据库的学科数量就翻了近两番，已经有34所学校的140个学科被选进ESI数据库，主要集中在工程学、化学、材料科学、物理、临床医学等学科。其中按被引总次数统计，进入世界高校百强的有10所学校的26个学科。

重点建设模式日趋成熟，引领了众多国家和地区的重点建设计划。在综合国力竞争日益激烈的大背景下，我国率先提出并实施以建设世界一流大学为目标的"985工程",引起了许多国家和地区政府的广泛关注和高度重视。目前已有许多国家和地区投巨资支持实施建设高水平大学的专项计划。如日本的"21世纪卓越研究中心计划",德国的"精英大学"计划,我国台湾地区的"迈向顶尖大学"计划等。英国、法国、马来西亚、印度、俄罗斯等国也在酝酿类似的建设计划。①

第二,"微型项目"绩效。"微型项目"在很多情形下是为实现"超大型项目"的目标而配套设立(比如"长江学者奖励计划"就是为了配套"211工程",为其终极目标提供人才支撑)。

例如,"人才项目"绩效。教育部在总结"长江学者奖励计划"实施16年(1998—2014)所取得的成效时指出:

> 一批长江学者作为首席科学家承担了大量国家自然科学基金重大项目、"973"项目、"863"项目、国家科技攻关计划项目、社科基金项目和重大工程项目等;一批长江学者担任了国家重点实验室、985科技平台或创新集体负责人,国家工程(技术)研究中心主任;一批长江学者在国际学术组织担任重要职务,或在国际重要学术期刊担任编委。
>
> 十几年来,共有400多项由长江学者主持或作为主要完成人参加的科研成果获得了国家三大科技奖励,一些长江学者还荣获"国际量子分子科学院奖""第三世界科学院数学奖"等多项国际学术大奖。一批长江学者在《自然》《科学》等国际顶尖学术期刊发表论文数百篇。还有一批长江学者在基础前沿和战略高技术领域取得了许多世界级的标志性成果,部分科研领域已达到或接近国际先进水平。而且,按照国家教学和科研并重的要求,"长江学者奖励计划"注重引导长江学者教书育人,提携后学,支持长江学者组建创

---

① 中华人民共和国教育部:《"985工程"十年建设成效》,http://www.moe.gov.cn/was5/web/search? channelid=255182,2018年1月12日。

新团队、讲授核心课程、大力培养学术骨干和青年学生，实现了科学研究和人才培养的双赢；注重发挥长江学者在学科建设中的"突击队长"作用，发展优势学科，培育交叉学科和新兴学科，推动一批重点学科赶超国际先进水平。北京大学特聘教授陈十一回国工作后，作为北大工学院院长，带领学院创建了6个系和10余个研究中心，引进各类优秀人才60余人。①

这些"人才项目"甚至在促动高等学校人事制度改革方面也发挥了重大作用，例如，"长江学者奖励计划"驱动下的高校人事制度改革与过去形成了鲜明的对比：

> 曾经，我国高校面临教师队伍断层严重、高水平学科带头人青黄不接的紧迫局面。同时，"吃大锅饭"、搞平均主义的现象比较突出，教师收入普遍偏低。在"长江学者奖励计划"确立的"按需设岗、公开招聘、竞争上岗、合同管理"和"以岗定薪、优劳优酬"的制度影响下，高校突破了很多思想和观念的约束，一场静悄悄却具有历史性的改革正在进行。各高校相继采取有力措施，设置关键岗位，加大支持强度，通过校院两级管理体制改革，构建适应不同层次、不同类型的人才激励方式，努力营造有利于人才发挥作用的制度环境。②

改革开放以来，国家对高等教育等事务的态度总体上基于相互关联的两个维度：一是出于以何种方式重构一个高等教育治理的合法性基础，二是考虑到以何种方式提升高等教育治理的有效性。很显然，项目制的

---

① 教育部人事司：《教育部实施"长江学者奖励计划"十六年》，http://www.moe.gov.cn/publicfiles/business/htmlfiles/moe/s8133/201406/169991.html，2014年12月27日；教育部人事司：《长江学者打造科教兴国生力军》，http://www.moe.edu.cn/publicfiles/business/htmlfiles/moe/s8133/201406/169993.html，2014年12月27日。

② 教育部人事司：《出人才、出成果、出机制——教育部实施"长江学者奖励计划"成效显著》，http://www.moe.gov.cn/publicfiles/business/htmlfiles/moe/s8133/201406/169992.html，2014年12月27日。

实践恰巧符合国家对这两者的需求，并通过后者来论证前者。项目制以其强大的制度能力和前所未有的治理绩效巩固着国家治理高等教育的合法性基础，从而也使这一制度设计走向一个稳定化、惯习化的境地最终形成对高等教育项目制的依赖。正是因为各种项目、"工程"都取得了很大的绩效，所以相关政策文件中都会强调"继续""强化""进一步"等话语，都可看成对项目制的认可与依赖，也导致了项目制在高等教育中的不断扩张（既表现为在历时性上从20世纪80年代以来项目制的一直沿用，又体现在高等教育多项事务被项目化）或者说是高等教育项目制构建了一种"自我扩张"的制度效应，凸显了绩效对于国家通过项目进行高等教育治理的合法性建构（高等教育项目制治理的合法性）或者说国家治理合法性的再次建构。当然，这种"自我扩张"不仅体现在绩效上，还表现在地方政府与高等学校对项目制的广泛采用与接受，从而展现着该制度模式的强大生命力[①]。不过，这种绩效所象征着的进步并不一定代表事物（高等教育）的自然秩序，它实际上只不过是现代支配建制的意识形态的组成部分[②]，饱含一种国家对于高等教育的理性主义建构意图，也符合作为后发高等教育追赶型国家的实然状态。

可以判断的是，虽然自21世纪以来高等教育项目中掺入公平元素的考量，但是对于绩效、效率追求的总体性特征将会在"双一流"这一"超大型项目"中延续下去，"2020年""2030年""本世纪中叶"的时间规划尽显这一时代特征。可以说，项目制在构建高等教育绩效、建设高等教育强国的道路上将会一直扮演重大角色、承担重大责任。

四 高等教育项目制治理的"双轨制"

在项目制与高等教育治理转型中项目制的诞生意味着国家高等教育治理方式的变迁，即技术性治理的诞生。这种治理方式的一个重要特征就是市场元素的引入，从这一点上也可以说是项目制所体现出来的区别

---

① 陈家建：《项目制与基层政府动员——对社会管理项目化运作的社会学考察》，《中国社会科学》2013年第2期。

② [法]乔治·索雷尔：《进步的幻象》，吕文江译，上海人民出版社2003年版，第34页。

于科层制、单位制的一个制度优势。但需要思考的是，引入市场元素是否只是市场这一轨在发挥作用呢？或者说市场是如何在项目制中发挥作用的呢？又或者说项目制是不是独立运作的？

当然，根据前述类型学的分析，高等教育项目中存在那种指定的科层制式的类型，这种项目类型自然是没有市场元素发挥作用。

而在那种有市场元素（比如竞争、自由、平等等）起作用的高等教育项目中，"市场"的面貌又是如何呈现或者说居于何种地位？

第一，既然国家无法均衡分配项目资源或者国家无法确定每一所高校所需的项目资源，那么项目必然是也只能是竞争的；高校、教师是否申请项目由其自身决定，在理论上项目申报是自由的；任何高校组织与教师个人都可以申请项目，在形式上项目是平等的。总体来说，项目制确实在高等教育领域中造就了一种市场的氛围，高等教育项目"行政发包"中的"发包"便是在高等教育系统中对"市场"元素的吸纳。

第二，科层元素的嵌入与市场的工具化。首先，作为技术治理的项目制面临诸多条件的设定。20世纪80年代以来，高等教育项目的数量不断增多、类别逐渐丰富，这一切都引导着高校、教师加入系列项目的竞争中。但如前述分析所指出的那样，并非所有项目都可以竞争，能否竞争、怎样竞争都由政府确证；项目的数量、种类即有多少项目、哪种类别的项目可以竞争完全由政府决定。在这个意义上，就如张应强教授所论的"双重体制"[1]，即不论是从资源配置角度、高等教育管理角度还是从高等教育质量评价角度而言，既有政府元素也有市场元素在发挥作用，但是，怎样在高等教育事务中分配两者比例，本质上都由政府确认。所谓高等教育项目制的"行政发包"特征，实际上就是"行政+市场"的组合，并以行政约束发包[2]，在高等教育系统内部构造了一个在根本上不触及行政主导的治理方式，市场已被工具化为一种国家治理高等教育的"治理术"，政府利用市场为自己服务，实现行政与

---

[1] 张应强：《从完善大学制度来抓高等教育质量》，《大学教育科学》2012年第5期。
[2] 周黎安：《行政发包的组织边界：兼论"官吏分途"与"层级分流"现象》，《社会》2016年第1期。

市场的合谋①。

其次,项目制下的高等教育经费分配过程虽然在表面上看有利于打破指令、控制的分配方式,可以形成项目发包部门与抓包学校、抓包教师个体间的自由、灵活互动,但事实上整个分配过程还是与原有的官僚体制纠合在一起,并未从根本上改变层级控制特征②。如前所论,作为一种新的治理方式,项目制事实上通过技术手段的设定逐渐演变为一种分级控制的治理结构:项目发包部门拥有专项资金的分配权和管理权,通过一套严格的立项申请、项目评审、资金分配、项目验收等环节实施技术性治理,强化了"条条"与"块块"上更大的行政权力。因此,竞争性项目经费分配往往会在实践中异化为项目发包单位的一种"控制权";或者是随着政府项目资金的扩大,高等教育组织、高校教师在工作中面临一种"新官僚主义"③。事实上,不论是原有科层制还是现行项目制,一种强调上级控制的本质从未变过。

最后,高等教育项目制在实践中总是会衍生出一套等级逻辑,也就是形成了一个金字塔的等级模型。无论是"985 工程"高校、"211 工程"高校、其他高校之间的等级区隔,还是从国家级科研项目到省级科研项目、从国家级人才项目到省级人才项目间的多重分等,本质上都遵循的是先由项目吸纳高等教育与大学学术,然后再由科层逻辑吸纳项目,或者也可以说是高等教育与学术的项目化、高等教育项目的科层化。

在高等教育项目制实践的国家场域中,力图"超越政府行政科层思维的行动"从未占据主导地位,科层吸纳市场、市场服膺于政府致使项目制只不过是践行、复演了行政科层制情境④。从体制上说,项目制治

---

① 王春光:《城市化中的"撤并村庄"与行政社会的实践逻辑》,《社会学研究》2013 年第 3 期。

② 刘太刚、刘开君:《论我国竞争性科研项目经费配置模式的困境及优化路径——兼论竞争性和非竞争性科研经费协调投入机制》,《天津行政学院学报》2017 年第 5 期。

③ Hearn, J., & Lacy, T, Governmental Policy and the Organization of Postsecondary Education, in G. Sykes, B. Schneider, & D. Plank, *Handbook of Education Policy Research*, NY: Routledge, 2009, pp. 942 – 957; Tammi, T, "The Competitive Funding of University Research: The Case of Finnish Science Universities", *Higher Education*, Vol. 57, No. 5, 2009, pp. 657 – 679.

④ 熊进:《科层制与项目制:高等教育治理"双轨制"的形成研究》,《江苏高教》2016 年第 6 期。

理不可能突破政府主导的总体模式。在项目制所营造的高等教育市场背后，却是系列科层元素在发挥主导作用。与其说项目制吸纳了市场要素进而激化了高等教育的活力，不如说是市场契合了体制需求，成为新旧体制塑造高等教育治理的新方式。当市场遇上政府（科层）时，"双轨嵌套、政府主导""市场搭台、政府唱戏""政府本质、市场镜像"才是高等教育项目制治理的实质。因此，在政府主导的模式下，"自下而上"的市场化竞争机制只不过是配合了"自上而下"的分权原则[①]，形成的是一种新的国家治理高等教育的结构与方式，即一种"双轨制"的治理模式。"统治的逻辑从来没有终结的时候，它只是以一种新的景观再现甚至是强化。"[②]

总结之，当政府在高等教育领域中运用项目制时，所谓的技术治理改革只是触及行政科层体制中的工具、功能、技术层面，并未从根本上改变科层制思维的布局和运作机制，事实上也很难改变。换个角度而言，项目制虽然吸纳了市场元素但从来无法以唯一的市场身份独立运作，其背后的政府才是项目制有效、顺畅运行的关键；而政府主导下科层制的程序僵化等弊端也须依靠项目制中的市场要素弥补来构建起国家对高等教育所期冀的状态。彼此之间作为制度依靠，以"双轨制"形式重塑高等教育治理模式。

小结：高等教育项目制的政治学建构

这一章从国家治理的角度完成了高等教育项目制的政治学建构。国家治理高等教育的概念，可以有不同的解读方式，财政便是其中一种。在国家层面上，作为概念的"高等教育项目制治理"，可以从两重意义来理解：一是从高等教育财政拨款的角度，通俗地讲，就是国家对高等教育财政的治理（高等教育财政体制改革、高等教育财政拨款方式等），主要涉及高等教育项目资源的分配问题，关注的是高等教育项目的内容、

[①] 折晓叶、陈婴婴：《项目制的分级运作机制和治理逻辑——对"项目进村"案例的社会学分析》，《中国社会科学》2011年第4期。
[②] 莫斯可：《云端：动荡世界中的大数据》，中国人民大学出版社2017年版，第6页。

溢出高等教育财政内涵

对象等，这一意义的高等教育项目制治理在第二章便已呈现。二是通过项目（财政）进行治理，指国家凭借项目政策、项目资源等进行高等教育治理的实践，其中暗含国家对高等教育治理的态度、方式、倾向等溢出财政之外的性质，从而实现了高等教育项目制内涵、意义的根本转换。当前，学界主流研究更多集中于第一重意义，强调其对于高等教育改革、发展的重大作用，即项目制在高等教育各方面快速发展中的重大作用。相形之下，第二重意义却较少为人所关注，通过项目进行治理或者说国家对高等教育的治理吸纳了项目（简称"治理吸纳项目"）使其成为一种治理方式、手段。不可否认的是，改革开放尤其是 20 世纪 90 年代以来，在高等教育改革、建设、发展等宏观制度安排下，项目已不断地或已成一种惯性地被纳入国家高等教育治理序列中，成为国家进行高等教育宏观叙事、推进高等教育治理与改革的工具、手段与资源。这一宏观治理制度的形成与发展对宏观高等教育改革、发展与高等教育系统格局都产生了深远影响，站位是谁都无法躲闪的重大制度背景。而且，伴随高等教育项目制实践的发展，在国家治理高等教育进程中，项目制与其他治理制度相互嵌套发挥作用，共同构筑国家高等教育治理的制度体系。比如，在学科评估（在此可将学科评估看作国家治理高等教育的一种制度安排、一种方式）等制度中，项目已成为合格与否、水平高低的重要指标。

基于此，本章从国家高等教育治理方式、国家高等教育治理逻辑（处于国家高等教育治理转型中的高等教育项目制并不只是含有一种制度逻辑，而是效率逻辑、合法性逻辑、公平逻辑等多重逻辑交叉重叠）、项目制与国家高等教育治理的合法性、高等教育项目制中的新旧体制间关系等方面论述了高等教育项目制的国家治理意涵。当然，高等教育项目制的政治学建构并不限于文中所论的几个层面。事实上，让财政学走入政治学的学术语境中以实现财政学与政治学的关联，很大程度上是在"财政是国家治理的基础和重要支柱"这一政治话语与叙事后才得以全面铺展。无论哪一个领域的财政活动，最终都会刻画出国家治理的政治学内涵，这已经成为当前学界关注财政的一个焦点。

财政研究的社会学转向要求我们关注高等教育项目制的财政内涵之外的意义（既包括通过财政彰显的意义也包括财政本身内含的意义），

第三章　高等教育项目制的国家治理意涵

譬如财政政治学（高等教育项目制政治学）、财政组织学（高等教育项目制组织学）甚或财政哲学（高等教育项目制哲学）等此类跨学科内涵，据此更加全面深刻地透视、把脉高等教育项目制的真实存在与现实境遇。在高等教育项目制运作实践中，从财政（学）这一单一领域与单一学科渐次向其他领域、其他学科渗透、嵌入的现象，在理论上称之为高等教育项目制内涵的财政（学）"溢出效应"，即高等教育项目制已经超越于财政（学）的内涵而具备了多重意蕴。也正因如此，才可以将高等教育项目制进行内涵的重构与多次概念化。高等教育财政项目制意涵的"溢出效应"，本书首先是从其政治学开始论说的。对于国家而言：溢出财政内涵的高等教育项目制体现在哪些方面？项目制是如何最终转型为一个治理机制以及其深刻的政治经济学蕴涵？为何会出现内涵的溢出效应？本小结首先回答了前两个问题，厘清"项目制内涵溢出效应在国家这一维度上的表现"，有关其中的原因、机理将留在后续章节中予以阐释。

　　与此同时，这一治理制度在高等学校组织内部也以一种独特身份、角色存立于高等学校内部诸多规章制度与实践行动中，这一方面表明项目制对高等学校的深远影响，另一方面也传达出项目制在高等学校组织的诠释下极有可能被赋予新的内涵与身份，从而将项目制的审视视角从宏观国家层面下移至微观高等学校组织层面并使其再次溢出财政学的意义与内涵，也就是高等教育项目制在高等学校组织内部也不仅是资源分配等财政式内涵，而是具有别样意义。故而，高等教育项目制的财政溢出效应在此则表现为国家治理与组织治理的内涵，从而也形成了解构高等教育项目制内涵的两个基本思路：一是国家这一主体如何将其对高等教育的理想与期待嵌入于项目制中，二是从高等教育组织实践的角度如何看待高等教育项目[1]，项目对高等学校组织与个人而言究竟意味着什么。这种新的意义与内涵即高等教育项目制的组织学则是下一章节所要分析的重点。

---

[1] 从国家与高等学校组织的角度来解构高等教育项目制内涵是我们研究高等教育治理的新制度——项目制的一个基本框架，但这一框架对于我们研究其他宏观高等教育制度也同样具有借鉴意义，从而赋予宏观高等教育制度丰富的内涵，以便探讨宏观高等教育制度安排对高等教育的深远影响，无论在宏观层面还是在微观意义上。

第四章
项目进校、组织诠释与高等教育项目制的组织学

上一章节中,已论及高等教育项目制从财政领域溢出至具有国家治理的政治学意涵。从国家治理的维度来说,高等教育项目制从财政领域溢出意味着国家治理高等教育的机制、方式、态度、逻辑等各个层面开始发生显著性变迁。然而,在高等教育项目制的行动框架中,相关行动主体不仅有国家,还包括高等学校以及高校教师甚至学生等项目制末端的行动主体,由此构建了高等教育项目制实践的基层(微观、组织)场域。由国家、高等学校、高校教师等多元主体的行动也组合成了一个完整的高等教育项目制行动场域。高等学校的日常工作是高等教育项目制运行的微观基础;只有深入分析与理解高等学校的具体行为,才能恰当地解读出项目制在高等教育治理转型中的作用。所以,理解高等教育项目制的全貌及其对高等教育治理的影响,其理论视线不能仅停留于国家这一宏观制度生产主体上,而必须由上往下落实到对微观行动主体(高等学校组织)的分析上来。也就是说,制度如果不能落地,则将沦为一种虚设,而政策规则的"真正意义取决于诠释的过程及谁来诠释"[1]。将视野由宏观向下转移至微观,这是诠解高等教育项目制较为恰当的理论叙述方式,宏观分析与微观阐释相结合,从而在整体上把握高等教育项目制的实存样态。因而,本章标题中的"项目进校"是指国家层面的高

---

[1] [美]曼纽尔·卡斯特:《认同的力量》,曹荣湘译,社会科学文献出版社2003年版,第7页。

第四章 项目进校、组织诠释与高等教育项目制的组织学

等教育项目在高等学校的微观实践或者说高等学校对待国家层面高等教育项目的态度。

当我们将视野从上向下移时，即将项目制从国家场域移至高等学校这一"基层社会"与"微观场域"后，项目制内涵也发生了根本性的变革。"基层社会"（高等学校）中的人乃至整个"社会系统"（高等教育系统）都将承受来自高等教育项目制内涵突变后的影响与重构，亦即高等教育项目制在某种意义上改造与再造、解构与重构了高等教育系统与大学学术系统的局部性特征，特别是从整体上成功地实现了高等教育中有关"评价"的价值观、认识论、方法论上的根本变迁。亦即，在项目制落地的微观场域中，项目制的内涵遭遇不同主体、情境、结构、文化、乡俗的差异化理解与诠释而具备异质性内涵。

对于高等教育组织、个人来说，项目制并不仅是一种简单的财政经费上对高校发展、教师发展的资助与扶持，而是在高等教育组织、高等教育个体的行动内容、模式、方法等综合力量配合下孕生更多丰富内涵。因此，从国家到高等教育组织再到高等教育个人，高等教育项目制实践及其内涵都表现出强大的溢出效应；对于不同的行动主体，高等教育项目制所具备的价值、地位、意义等都呈现出重大差别。基于此，本章及下一章节的理论思路、理论设想或者说是理论任务即是从高等教育组织、高等教育个人的角度呈现高等教育项目制的财政溢出效应表现，即高等教育组织对高等教育项目制的诠释与理解或者说是高等教育项目制的组织学特征。以一种设问的形式表达则是：对于高等学校来说，高等教育项目制是否仅是一种财政上的意义？若非如此，高等学校又赋予了项目制什么样的内涵与价值？这种别样内涵的项目制对于学术世界中的高校教师来说又内含何种象征意义？当项目制进入高等学校这一"基层社会"后，其内涵究竟发生了哪些溢出性变化？

由于高等教育项目制是一个笼统的概念，论述时无法穷尽所有项目，因此选取代表性项目说明普遍性问题成为研究的一个关键任务。在这里，本研究的择选标准大体上遵循两种意义：第一，根据项目参与选择权的大小来确定，即选择那些参与选择权大的高等教育项目作为我们分析的对象。参与选择权大，意味着高等教育项目所囊括的高等学校主体范畴

更大、项目自身的竞争性更强,从整体上、制度设计上更符合项目制的原意,也更能揭示出一般性问题。第二,根据项目在进入高等学校组织后,其内涵是否发生变化或是否发生较大变化来确定,即选择那些内涵发生较大变化与重构的高等教育项目作为本书分析的对象。实践中,有些项目进入高等学校后,其财政学内涵并未或很少发生根本性变革,比如对口支援项目,其更多的意义还是在于一种财政扶持;而有些项目在进驻高等学校后,其财政经济内涵实现了根本性变迁,是一种学科到另几种学科的意义与价值嬗变,从而具有了多学科的学术内涵与身份,比如科学基金项目往往成为高等学校治理教师(如职称评定)、人才计划或系列"山川河流湖泊"学者成为高等学校治理教师(如人才聘任)的一种工具以及由此衍生的其他学科内涵。这种变革一方面在高等教育治理实践中带来了诸多问题,另一方面又为相关研究提供了诸多阐释空间。从这个角度上讲,才能更加体现项目制对高等教育的多层面影响,也更符合本研究的旨趣。参照以上两种择选标准考虑,研究认为,就当前高等教育组织的治理实践来说,以国家自然科学基金、国家社会科学基金及相应的省部级项目为代表的科研项目,以"长江学者"及相应的省级学者、计划为代表的人才项目符合两个意义上的标准,可以作为典型的项目案例进行分析。下文便主要以上述两类"微型项目"为代表对高等教育财政项目制在组织层面上的溢出效应进行释读,即作为项目制末端的高等学校对待这两类项目的态度。

  予以说明的是,根据第二章及相关研究的分析,当前高等教育项目制主要由"超大型"与"微型"两种构成。从内涵溢出角度而论,"211 工程""985 工程"以及"双一流"等"超大型项目"不仅有着巨额的资金投入,更是在国家政策倾斜与高等学校招生与就业、学术劳动力市场[①]等多重场域建构下具有了身份、地位等符号意义,这是其组织学特征。第三章论及项目制的分级模式、项目间关系时对此有所解释,在此不单独列出进行组织学分析,而是在适当时候将其整合进"微

---

  ① 在招生、就业、学术劳动力市场等多个场域,"超大型项目"都更具吸引力与竞争性,从而表现出溢出巨额资金投入的原初内涵。

型项目"的论述中。

第一节 科研项目及其组织学

自20世纪80年代以来，为推动科学技术发展、提升综合国力，中央诸多职能部门纷纷设立科学研究基金项目，相应的地方性科学研究基金项目也接踵而至。这些项目，纵横交织（纵向表现为从中央至地方设立的科研项目，横向表现为从科技职能部门如科技部、科技厅到其他各职能部门如教育部、教育厅等设立的科研项目）、内容丰富（从自然科学到人文社会科学），俨然构造了一个较为完善的科研项目制体系。中央层面的科研项目参见表4-1，地方政府层面，一般会形成与中央层面相对应的科研项目，在此不列出。

表4-1　　　　　　　　中央层面的科研项目体系

项目类别	设立年份	设立/管理部门
国家科技攻关计划	1982	科技部
国家高技术研究发展计划	1986	科技部
国家自然科学基金	1986	国家自然科学基金委员会
国家火炬计划	1988	科技部
国家社会科学基金	1991	全国哲学社会科学规划办公室
国家重点基础研究发展计划	1997	科技部
教育部人文社会科学研究项目	2006	教育部
国家软科学研究计划项目	2008	科技部
国家重点研发计划	2016	科技部

这里需要作一个前提性分析的是，在纵向这条线上，发展出了一条从中央到地方再到学校的项目链条，构成了一个科研项目的金字塔模型。这种金字塔模型的存在既是高等学校为何习惯重视高等级项目的基础，也是高等学校行动的结果。理论上，无论是哪一个层级的项目，其功能都体现在资助这一层面上。

上一章节中已述及，在这些科研项目中，有些项目是直指高等教育，有些项目既包含了高等教育也关涉其他领域与组织如企业、科研院所。虽然存在不同部门、不同学科的项目，但在高等学校的内部治理实践中，比较常态的、稳定的作为治理工具的科研项目则是国家自然科学基金、国家社会科学基金及相应的省级项目。在高等学校组织中，政府的科研项目是如何作为一种治理工具而存在的，表现在哪些方面？其对高等学校来说又形成了哪些与科研项目紧密关联的独特治理机制？以及由此衍生的科研项目制的多重意蕴体现在何处？总体上观察，当科研项目进入高等学校这个微观场域后，发展出了两种治理机制：一种是围绕科研项目本身或者说科研项目自身所蕴涵的治理机制；另一种是科研项目与其他工具合作与共谋后的治理机制。

首先论述科研项目本身所衍生、蕴涵的或与之相关的高等学校内部治理机制。在此，本书并不事先从逻辑与价值立场的角度去评析、批判，而是基于事实与现象的观察去考察高等学校内部治理过程中与科研项目紧密相关的某些日常化的环节、方式、做法（主要通过与科研项目相关高等学校的规章制度等），对高等学校内部的学术实践进行微观分析，从而尽可能地去发现科研项目在高等学校中的存在样态如逻辑、机制等相关问题以及于细微末节处所可能透露出的相遇于高等教育项目制场域中国家、学校、教师等不同主体间的关系，使习以为常的琐碎表象拥有深刻的学理意义。

一　科研项目与学术资格

通俗意义上讲，资格是从事某种工作或活动所应具备的在条件、身份等方面的要求。如此，学术资格是从事学术工作、学术活动所应具备的条件、身份等；高等教育中的学术资格则是在高等教育场域中所作出的学术规定性。在高等教育世界中，学术资格有多种类型，包括获得大学教师职称的资格、获取学位（博士学位、硕士学位）的资格、学科（学术）带头人的资格等。在学术资格的研究视域中，一种值得关注的研究思路是通过对学术资格史（历时性分析）与学术资格在不同组织之间的对比（共时性分析）从而窥探出学术发展的轨迹、特征及学术与社会环境间的互动，进而建构出一种学术资格的社会学分析理路。在研究

第四章 项目进校、组织诠释与高等教育项目制的组织学

性大学起源的研究中,威廉·克拉克所采用的一种分析进路颇有启发价值。他追溯了在学术体制的发展历程包括从中世纪学术形态到现代学术形态的形成过程中,国家、市场等要素是如何介入学术世界中,使学术资格、学者身份、学术声誉等学术场域中的元素发生了根本性变革,从而也就使整个学术体制历经沧桑。

威廉·克拉克在分析德国现代大学学术体制时指出,如果一位入职学者想得到任命,他就必须符合一系列官僚化或理性化的标准,包括发表作品的数量、勤勉的教学表现以及可接受的政治观点和生活作风。[①]在本研究中,基于与论题相关性的考虑,我们拟从大学教师聘任/学术聘任的角度去考察大学场域中的学术资格。在大学教师聘任中,存在入职时的资格条件与引入后职称评定的资格条件两种基本情形。当前,无论是入职还是入职后,大学教师的聘任都与时兴的高等教育项目制密切关联。有关入职时高等教育项目制与学术资格,拟在后文的人才项目与学术资格的讨论中进行分析。而在当前大学教师职称评定中,科研项目与其关系甚密,是高等学校内部治理实践中十分显著、常见的治理行动规则。考察职称评定条件、标准中哪些因素在其中起作用,这些因素在整个资格条件体系中占据何种身份和地位;其中,本章还会对科研项目作为一种资格条件进行历时性分析与共时性比对,有利于更加深刻地把握科研项目在大学学术内部治理中的作用机制,从而窥探出大学学术发展的轨迹与特征。

下面以具体的高校为例来说明以上问题。在此,本章选择三所不同层次的高校,即"985工程"高校、"211工程"高校和地方高校作为考察对象。下文将按照这样的分析思路:首先对每一所高校的教师职务任职资格评审条件的内容进行逐一解读并试图凝练出其中的治理机制,其次对各自内容进行比较从而力图发现不同层次高校治理机制的异同之处。

A高校是一所地方本科院校,不是高等教育"超大型项目"中的成员(既非"211工程"院校,也非"985工程"院校,在当前"双一

[①] [美]威廉·克拉克:《象牙塔的变迁:学术卡里斯玛与研究性大学的起源》,徐震宇译,商务印书馆2013年版,第2页。

流"建设项目中,也没能事实上确实没有足够实力入选),在高等学校等级体系中位于金字塔底端。A高校教师职务任职资格申报评审条件(见表4-2)所辖范围小、可选择空间较少,大体上围绕论文、科研项目、获奖三项内容作为评定的标准选择。其中,教授、副教授评价标准的呈现方式是:在论文+项目①、项目、获奖三种类别中进行选择。在这个评审条件框架下,可以明显地察觉到评价体系强调等级、等价、数字三个重要指标,也就意味着有三种治理机制在发挥作用,而这些治理机制都与科研项目联系十分紧要。

表4-2　　　　A高校教师职务任职资格申报评审条件

职务	要求
正高	具备以下条件之一: 1. 申报教授专业技术职务人员必须在三类期刊及以上(按学校期刊规定)公开发表论文2篇或在SCI、CSSCI、EI源刊上公开发表论文5篇,并主持完成省部级项目1项。艺术、体育、外语教师申报教授专业技术职务必须在SCI、CSSCI、EI源刊上公开发表论文2篇 2. 主持国家级(国家社科基金、国家自然科学基金)项目1项 3. 国家级奖项三等奖及以上的第一获奖者
副高	具备以下条件之一: 1. 申报副教授专业技术职务人员必须在三类期刊及以上(按学校科研期刊规定)公开发表论文1篇或在SCI、CSSCI、EI源刊上公开发表论文3篇,并主持省部级项目1项;艺术、体育、外语教师申报副教授专业技术职务必须在SCI、CSSCI、EI源刊上公开发表论文1篇 2. 获省级奖项三等奖及以上的第一获奖者 3. 主持国家自然科学基金,国家社科基金,教育部、科技部纵向项目1项
讲师	1. 申报讲师职务人员必须在核心期刊上公开发表论文1篇(以北京大学图书馆中文核心期刊目录为准) 2. 申报讲师职务人员必须提供任现职以来担任班主任一年以上证明,任现职以前的均视为无效

注:教师职务评审条件还包括基本素质要求(如良好的职业道德)、学位和资历、外语水平和计算机应用能力、继续教育、教学基本工作等要求,表中只列出了与科研项目相关的要求。这些职务要求是剔除了其他要素条件的一种"理想类型"。下同。

---

① 在诸多情形下,高等教育项目与期刊论文已捆绑在一起而发生作用,同时高等教育项目与期刊论文间也存在某种程度上的勾连,因此,根据研究需要,我们在后文分析高等教育项目制时也会附带对期刊论文的适当分析,以期能将高等教育项目制的分析向前推进。

第四章　项目进校、组织诠释与高等教育项目制的组织学

第一，等级机制。等级机制[①]是指对职称评价标准中的各种评价要素进行分等化处理，包括论文分等、项目分等、获奖分等。论文分等一般是在 SCI、SSCI、CSSCI、CSCD、EI、全国中文核心期刊所构成的论文索引框架下，各高校根据各自需求对以上索引中的期刊进行"权威期刊（非常重要期刊）、重要期刊、核心期刊"或者是"一级（Ⅰ类）期刊、二级（Ⅱ类）期刊、三级（Ⅲ类）期刊、四级（Ⅳ类）期刊、五级（Ⅴ类）期刊"抑或是"A、B、C、D、E"等类似的分等。科研项目的分等则完全按照从中央到地方的国家行政层级体系来设计与匹配。获奖的分等主要是指教师在科研成果、教学成果、参与竞赛等方面的获奖层级。在国家、地方设立科研项目之时，初始含意便是对高等学校的科学研究进行一定的财力支持，如果一定要谈论这种等级性，那也只能从行政科层体制的角度看待，从这个意义上来说，科研项目具备行政等级性；而高等学校组织通过其治理实践成功地将国家项目与地方项目勾连成一个学术等级体制，从而使科研项目具备了行政与学术的双重意味，这便是高等学校组织赋予高等教育项目制的独特内涵。对 CSSCI 等索引期刊来说，因高等学校组织给其作出了自身的理解、阐释与运用，从而也使其等级性凸显。项目"等级"而非项目、论文"等级"而非论文似乎成了一种真实的大学学术生态场景。所以，无论是从科研项目还是从论文的角度，等级机制在当前高等学校的学术体制中都发挥着重大作用。

第二，等价机制。等价机制[②]是指在评价要素之间可进行等值转换或换算的一种机制。这种等值转换蕴涵四种意义：第一种是每一项评价条件内部的等价转化，如 2 篇三类期刊及以上期刊论文等于 5 篇 C 刊（SCI、SSCI、EI、CA、CSSCI）。第二种是由于评审时并非要求所有条件都具备，那么在各项条件之间可进行转换，如 2 篇三类期刊及以上期刊论文或 5 篇 C 刊（SCI、SSCI、EI、CA、CSSCI）加 1 项省部级项目等于

[①]　有研究在分析不同省份高校职称评定条件时，提出了科研业绩条件的弹性设置的四种类型：基于等级选择模式的弹性设置、基于多样分类模式的弹性设置、基于等值替换模式的弹性设置、基于量化转换模式的弹性设置。本研究中的等级机制与基于等级选择模式的弹性设置在本质上是一致的。

[②]　等价机制与上述研究中所提的等值替换有异曲同工之处。

溢出高等教育财政内涵

1项国家级项目等于国家级三等奖中排名第一的获奖者。第三种是项目与论文间的转换关系，在这个评价体系中，项目等级与论文呈相反的方向，即如果教师拿到了最高级项目，则可以不用论文；若申请、完成低等级项目，则需要论文的支撑。如在A高校教授的评审要求中，若教师主持了一项国家级项目，则意味着可以不用发表论文就满足了评审条件，而如果主持完成的是省部级项目则需发表足够数量或等级的论文。在这里，项目的等级机制发挥了决定性作用。换而言之，1项国家级项目等于1项省部级项目加论文（数量、等级）。不过，这里的等价机制是单向发挥作用，即只能用国家级别的项目替换论文，但论文的级别再高也不能换算成任一级别的项目。第四种是不同职务之间的等价转换，如副教授评审的论文要求等于教授评审论文要求的1/2或3/5。

第三，数字符号机制。数字符号机制是指通过数字、指标、符号等工具对教师职务评审进行核定与判准。与国家的宏观治理对数字[①]、符号等治理技术青睐一样，组织也惯于采用这些工具手段。这种机制在评审条件中体现鲜明，"1""2""3""5""A""B""C""D""E""第一""国家级""省部级"等，或者将科研项目进行计分与换算（如一个国家级项目可以计10分等）。此时，科研项目中的国家、部委、省政府、市政府等早已不是实体意义上的行政单位，而是日渐演化为一种符号性的存在，也就是从实到虚的根本性变化，这也是在研究过程中可以重新理解高等教育场域中各相关实体单位的一个新切入点。

第四，合作捆绑机制。合作捆绑机制是指多种评审条件元素捆绑在一起共同发挥作用的机制，其中尤以科研项目与论文的捆绑最为紧密。比如，A高校所列条件中教授职务评审的第一项，则是论文与省部级项目的合作。由于国家级项目在其中可发挥等价转换的作用（如等价机制中所描述的那样），因此，从高等教育项目制整体意义上而言（项目制

---

① 有研究指出，21世纪以来，数字化管理越来越兴盛，不仅是扶贫开发领域，其他治理领域都有越来越重视量化的倾向，甚至以数字指标作为考核、评价的核心要件，比如学术研究和职称评定越来越重视科研成果所发表的期刊的等级与排名，很多高校、科研院所将发表刊物的等级与刊发数量换算为分数，以此对研究者的科研绩效进行评定、排序。参见王雨磊《数字下乡：农村精准扶贫中的技术治理》，《社会学研究》2016年第6期。

第四章 项目进校、组织诠释与高等教育项目制的组织学

既包括国家级项目又包括省部级项目甚至还有厅局级项目），项目制与其他制度的合作治理机制并非完全的，我们可以将这种情形视为科研项目的非完全合作治理机制。

因此，对于 A 高校来说，科研项目的作用便通过以上四种机制来表达，也可以说是围绕科研项目形成了四种科研治理或学术治理的机制。

依循上述理论思路展开论述。B 高校是一所"211 工程"院校，在当前"双一流"建设项目中属于"一流学科"建设高校。相比于 A 高校，B 高校的教师职务评审条件见表 4-3 在选择空间或者说是弹性设置上具有鲜明的制度优势。这种优势体现在 B 高校增设了 A 高校所没有规定的条件，比如 A 高校只强调纵向项目而 B 高校则增加了横向项目（横向项目并不是本书考察的对象，但从 B 高校的实际情况而言，似乎也具有一定意义上的"溢出效应"）、B 高校还考察了科研成果被政府部门采纳应用的情况，如此可为教师提供更多选择空间。此外，其他多项条件多是获奖情况的规定。在获奖条件上与 A 高校不同的是，B 高校对获奖的级别、类型、排名有更多划分，既提升了弹性又更具指向性。归纳起来，B 高校教师职务评审条件围绕论文、项目、获奖、科研成果的应用四种条件组合为几种标准：论文＋纵向项目（适用于正高、副高）、论文＋其他三种条件中的两种（适用于正高）、论文＋其他三种条件中的一种（适用于副高）。由此，论文是一种"硬通货"。

表 4-3　　　B 高校教师职务任职资格申报条件暂行规定

职务	要求
正高	1. 发表 7 篇以上（含 7 篇）CSSCI 来源期刊或 CSCD 来源期刊论文，其中文科至少 3 篇为重要刊物论文（含在 SSCI、A&HCI 源期刊发表的学术论文）并出版学术专著，理工科至少 4 篇为 SCI 或 EI 收录论文且其中 1 篇为 SCI 二区收录论文或 2 篇为 SCI 三区收录论文 2. 满足下列条件中的任一项： （1）主持国家社会科学基金项目、国家自然科学基金项目、国家级教改项目，或主持且完成教育部人文社会科学研究项目 （2）符合下列条件中的任两项： ①主持横向项目或科技成果转化或科技咨询服务项目文科累计入账可支配经费 100 万元以上且单项入账可支配 50 万元以上，理工科累计入账可支配经费 200 万元以上且单项入账可支配经费 100 万元以上

续表

职务	要求
正高	②获国家（国际）授权发明专利（新药、新产品证书）（排名第一）至少2项 ③研究成果被省级以上政府或国家级政府部门采纳、应用并产生良好效益 ④获国家级教学、科研奖励（有获奖证书） ⑤获省部级教学成果一等奖排名前三、二等奖排名前二、三等奖排名第一 ⑥获省部级科研成果一等奖排名前四、二等奖排名前三、三等奖排名前二 ⑦获国家级专业（学科）比赛（展览）三等奖及以上奖励排名第一或美术作品被国家美术馆、博物馆收藏 ⑧以指导老师身份（排名第一）指导学生参加国家级专业（学科）比赛（国家各部委主办）获特等奖1项，或获得2项以上（含2项）奖励且至少1项为一等奖
副高	1. 发表5篇以上（含5篇）CSSCI来源期刊或CSCD来源期刊论文，其中文科至少2篇为重要刊物论文（或学术专著加1篇重要刊物论文），理工科至少2篇为SCI或EI收录论文 2. 满足下列条件中的任一项： （1）主持国家社会科学基金项目、国家自然科学基金项目、国家级教改项目，或教育部人文社会科学研究项目，或全国教育科学规划项目，或省级重点（重大）科研、教改项目，或主持省级科研、教改项目2项其中1项已完成 （2）主持横向项目或科技成果转化或科技咨询服务项目文科累计入账可支配经费50万元以上且单项入账可支配25万元以上，理工科累计入账可支配经费100万元以上且单项入账可支配经费50万元以上 （3）获国家（国际）授权发明专利（新药、新产品证书）1项排名第一或2项排名前二 （4）研究成果被地市级以上政府或厅局级以上政府部门采纳、应用并产生良好效益 （5）获国家级教学、科研奖励（有获奖证书） （6）获省部级教学成果一等奖排名前四、二等奖排名前三、三等奖排名前二，或获省部级科研奖励一等奖排名前六、二等奖排名前四、三等奖排名前二 （7）获省部级专业（学科）比赛（展览）二等奖及以上奖励排名第一或美术作品被省部级美术馆、博物馆收藏 （8）以指导老师身份（排名第一）指导学生参加国家级专业（学科）比赛（国家各部委主办）获一等奖1项或二等奖2项
讲师	符合下列条件任一条： 1. 发表两篇以上（含2篇）中文核心期刊论文或1篇CSSCI来源期刊或CSCD来源期刊论文 2. 以下两项须同时具备： （1）发表1篇中文核心期刊论文 （2）满足下列条件中的任一项： ①主持厅局级及以上科研项目 ②参与省部级及以上科研、教改项目（排名前三） ③主持校级及以上教改项目，或获校级及以上教学奖励 ④获厅局级教学、科研奖励排名前二 ⑤指导学生参加省部级专业（学科）比赛获二等奖及以上奖励任指导教师排名第一

第四章　项目进校、组织诠释与高等教育项目制的组织学

续表

职务	要求
教授破格	条件 A：（仅限学位、继续教育要求破格：即担任副教授职务五年及以上，同时满足以下 1、2 两项要求时，学位、继续教育要求可适当放宽） 1. 文科发表 5 篇以上（含 5 篇）重要刊物论文，其中至少 1 篇为权威刊物论文（含在 SSCI、A&HCI 源期刊发表，被 SSCI、A&HCI 收录，且经学校学术委员会认定的学术论文，下同），且出版学术专著；理工科发表 6 篇以上（含 6 篇）SCI、EI 收录论文，其中至少 1 篇为 SCI 一区收录论文或 2 篇为 SCI 二区收录论文 2. 主持且完成国家社会科学基金项目、国家自然科学基金项目、国家级教改项目，或主持教育部人文社会科学研究项目 2 项且其中 1 项已完成
教授破格	条件 B：[仅限资历破格：即具备博士学位且担任副教授职务三年以上（含三年），在符合其他条件的基础上，教学科研成果同时满足以下 1、2 两项要求] 1. 文科发表 5 篇以上（含 5 篇）重要刊物论文，其中至少 2 篇为权威期刊论文，且出版学术专著；理工科发表 6 篇以上（含 6 篇）SCI 或 EI 收录论文，其中至少 1 篇为 SCI 一区收录论文和 1 篇为 SCI 二区收录论文，或 3 篇为 SCI 二区收录论文 2. 主持且完成国家社会科学基金项目、国家自然科学基金项目、国家级教改项目，或主持教育部人文社会科学研究项目 2 项且其中 1 项已完成 条件 C：（教学科研业绩满足以下条件之一者，学位、资历、继续教育要求可不受限制） 1. 文科发表 5 篇以上（含 5 篇）重要刊物论文，其中至少 3 篇为权威期刊论文并出版学术专著，且主持国家社会科学基金项目或国家级教改项目；理工科发表 6 篇以上（含 6 篇）SCI 或 EI 收录论文，其中至少 1 篇为 SCI－TOP 期刊论文或 3 篇为 SCI 一区收录论文，且主持国家自然科学基金项目或国家级教改项目 2. 文科发表 5 篇以上（含 5 篇）重要刊物论文且出版学术专著；理工科发表 6 篇以上（含 6 篇）SCI 一区收录论文且至少 1 篇为 SCI－TOP 期刊论文或 ESI 高被引论文；或发表 2 篇以上（含 2 篇）SCI－TOP 期刊论文 3. 在 Science、Nature 及影响因子 20 以上刊物发表论文或在《中国社会科学》发表论文 4. 获国家级科研成果一等奖及以上排名前三、二等奖排名前二，或获国家级教学成果一等奖及以上排名前二、二等奖排名第一，或省部级科研教学成果一等奖及以上排名第一 5. 入选国家级人才项目（如"国家高层次人才特殊支持计划"青年拔尖人才项目、"青年长江"及以上项目及以上项目、国家自然科学基金优秀青年基金及以上项目）；或入选省"××学者计划"特聘教授或省特聘专家

一个与科研项目相关的设问是：A 高校存在的机制在 B 高校是否也存在？如果存在，是多与少的问题？还是表现形式的问题？抑或从本质上有无根本性变化？

通过表中数字可以发现，A 高校存在的机制在 B 高校也存在，等级、等价转换、数字符号、合作等机制亦在发挥作用，只是表现形式不一样，

尤其是在等价机制与合作机制上。比如，在项目与论文的关系上，并不存在 A 高校中所谓的拿到了一个国家级项目就可以不用发表论文也满足教授职务评定条件的情形，也就是说此时，项目与论文不发生任何关系，而是项目与专利、获奖、成果应用等其他条件发生等价关系。在 B 高校教授职务评审条件中，由于论文与纵向项目彼此独立存在、各自发挥作用，因此这里形成的是一种完全意义上的项目与论文的合作与共谋、是项目与论文完全合作共同治理高等学校科学研究的机制。

从文本上看，B 高校与 A 高校的一个根本差别是 B 高校存在项目与职称破格申报间的关系，我们将这种情形视为项目的非常规/超常规机制。其含义是指在规定范围内的项目、论文、获奖等不同工具作用下，教师职称评定可以通过非常规途径进行，比如那些在学位、资历等方面缺乏文件中规定条件的教师，可用项目级别及其实施情况、论文等级等进行等价与替换。比如，在 B 高校教授职称破格进程中，拿到并完成规定的科研项目构成一个必要条件（如条件 A 和条件 B），抑或科研项目在破格中占有重要地位（如条件 C）。言下之意是，高等级科研项目的实施情况能赋予那些在学位、资历、继续教育等方面存在缺陷的教师一个上升机会。此外，还需注意的是，在 B 高校教授职称资格破格中，人才项目在其中也发挥重大作用，拥有规定范围内的国家级、省级人才项目头衔也不需要走常规职称评定路径而直接聘为教授。有关人才项目中的非常规机制在后文中将会详述。

我们还是按照上述逻辑理路对 C 高校教师职务评审条件见表 4-4 进行适当解读。C 高校既是一所"211 工程"院校、也是一所"985 工程"院校，在当前"双一流"超大型项目中属于"一流大学"与"一流学科"建设高校。相比于 A、B 两所高校，C 高校在教师职务评审时将学科分类考虑进来，但在评审条件灵活性、弹性上表现不佳，教师选择空间少（限定在论文与项目间）。C 高校教师评审条件看起来十分简洁，即根据不同学科在论文、项目级别、项目经费三者间进行组合。工科要求最高，必须是论文 + 项目 + 经费数额的硬性组合，文理科对经费数额不作硬性规定。

表4-4　　　　C高校教师高级职务基本申报条件

职务	工学类要求	理学类要求	人文社科类要求
正高	论文要求：任现职以来原则上以主要作者在相关学科SCI三区或相当水平期刊发表过论文 项目要求：任现职以来主持过国家级科研项目 经费要求：任现职以来或近五年年均到校纵向经费达到所在学科教授年均值左右	论文要求：任现职以来以主要作者在相关学科SCI二区及以上期刊发表过论文2篇 项目要求：任现职以来主持过国家级科研项目	论文要求：任现职以来原则上以主要作者在相关学科权威期刊或在SSCI、A&HCI和SCI期刊发表过论文，或以第一作者出版过有重要影响的专著、译著 项目要求：任现职以来原则上主持过国家级科研项目或省部级基金类重大项目
副高	论文要求：任现职以来原则上以主要作者在相关学科有重要学术影响力的SCI或相当水平期刊发表过论文 项目要求：任现职以来原则上主持过国家自然科学基金青年基金及以上科研项目 经费要求：任现职以来或近五年年均到校纵向经费达到所在学科副教授年均值左右	论文要求：任现职以来以主要作者在相关学科SCI三区及以上期刊发表过论文2篇 项目要求：任现职以来原则上主持过国家自然科学基金青年基金及以上科研项目	论文要求：任现职以来原则上以主要作者在相关学科重要期刊或在SSCI、A&HCI和SCI期刊发表过论文，或以第一作者出版过有重要影响的专著、译著 项目要求：任现职以来原则上主持过省部级项目
研究员	论文要求：任现职以来原则上以主要作者在相关学科SCI三区或相当水平期刊发表过论文 项目要求：任现职以来主持2项国家级科研项目 经费要求：任现职以来或近五年年均到校纵向经费达到所在学科教授年均值的2倍左右	论文要求：任现职以来以主要作者在相关学科SCI二区及以上期刊发表过论文2篇 项目要求：任现职以来主持过2项国家级科研项目	论文要求：任现职以来原则上以主要作者在相关学科权威期刊或在SSCI、A&HCI和SCI期刊发表过论文，或以第一作者出版过有重要影响的专著、译著 项目要求：任现职以来原则上主持过2项国家级科研项目或省部级基金类重大项目

续表

职务	工学类要求	理学类要求	人文社科类要求
副研究员	论文要求：任现职以来原则上以主要作者在相关学科有重要学术影响力的 SCI 或相当水平期刊发表过论文 项目要求：任现职以来原则上主持过国家自然科学基金青年基金及以上科研项目 经费要求：任现职以来或近五年年均到校纵向经费达到所在学科副教授年均值的 2 倍左右	论文要求：任现职以来以主要作者在相关学科 SCI 三区及以上期刊发表过论文 2 篇 项目要求：任现职以来原则上主持过国家自然科学基金青年基金及以上科研项目	论文要求：任现职以来原则上以主要作者在相关学科重要期刊或在 SSCI、A&HCI 和 SCI 期刊发表过论文，或以第一作者出版过有重要影响的专著、译著 项目要求：任现职以来原则上主持过 2 项省部级科研项目或 1 项国家级科研项目

那么，在 A、B 两所高校所存在的五种机制中，C 高校又表现如何？

由于 C 高校的评审条件较为简明，故我们可以鲜明地看到科研项目的等级机制、数字符号机制。在等价机制意义上，C 高校表现得不那么明显，项目并不能与其他条件要素间发生等价关系。由于不存在这种等价机制，所以，最终形成的是科研项目与论文、经费额度共同治理的机制，即合作机制。

经过上述考察与分析，可以发现：

第一，从 A 高校到 C 高校，科研项目的等价机制作用由强变弱，即科研项目与其他评审条件要素之间可以替换的可能性逐渐降低。从科研项目的可选择性到科研项目作为一种"硬通货"，这一变化过程在很大程度上契合了由地方高校、"211 工程"高校、"985 工程"高校从下至上组合而成的高等教育项目制的金字塔模型，从而也说明好学校对科研项目的要求更高，具有不可替代性。科研项目是否完全必不可少，与学校在高等教育项目制体系中的位置密切关系。

第二，等级机制可分两种情况理解：一种是在"不同的职务评审对应不同级别的科研项目要求"意义上，等级机制并未发生根本变化；另一种是由于等价机制等因素所发挥作用的不同，科研项目等级机制的影响力也不同。比如，同样是国家级科研项目，在 A 高校的影响力则比其他两所高校的影响力大。在这个意义上，科研项目的等级机制伴随学校层级越高，其影响则越小。这是等价机制与等级机制相一致的地方。

第三，数字符号机制并未有实质性变化。无论哪一层次高校，都明确了科研项目的数字化以及科研项目作为一种符号的存在。这种数字符号机制的存在往往与等级机制、等价机制有关，比如 1 项国家级科研项目可等于 2 项省部级科研项目。

第四，与等价机制相反的是，合作机制从 A 高校到 C 高校表现出由弱变强的趋势。在学校层次越来越高的高等教育系统中，由于科研项目越来越不具有可替换性，这样便形成了科研项目与其他工具共同治理科研的机制。

因此，科研项目的四种治理机制之间彼此渗透、相互交融，共同对高等学校的科学研究产生影响。此外，还可以进一步看到，科研项目四种机制作用的发挥与学校在高等教育项目制体系中的地位有关，与学校的定位即学校是教学型、教学研究型还是研究型有关。这样，将所有高等教育项目考虑进来则可以发现，各个项目并非独立运作，而是某两个或某几个项目之间建构着深厚的关系[1]并共同作用于高等教育整体。

二 科研项目与奖惩机制

教师能否抓到科研项目甚至是高级别的科研项目决定了教师在学校中的地位，对于高等学校组织来说则形成了两种治理态度与机制：一种是成功抓包后的配套奖励机制；另一种是抓包失败后的惩罚机制。

（一）配套奖励机制

在项目制运作的诸领域，似乎都存在一种配套机制，但将其提升为一个学术问题展开研究并不多见。在社会学研究视野中，项目制的配套

---

[1] 关于高等教育中项目与项目之间的关系，除了文中所论述的项目间合作共同治理高等教育的情形外，还存在一种项目与项目间的"叠加效应"。举例来说，"985 工程""211 工程"作为象征高等教育地位的项目，决定了这些高校在高等教育系统的各项事务竞争中具有先天结构性优势，从而使其在科研项目、人才项目竞争中占据有利位置。整体上看，科研项目、人才项目等这些具有决定性的高等教育项目的分配状态是与"985 工程"高校、"211 工程"高校、其他高校的层级位置——对应的。相关研究参见游玉佩、熊进《单位制与项目制：高等教育资源分配的制度逻辑及反思》，《江苏高教》2017 年第 2 期；程瑛《社会转型期我国大学资源竞争研究》，博士学位论文，华中科技大学，2011 年。不过，这种形式的项目与项目间关系已在第三章有所论述，故在此不再展开分析。

机制更多与对组织的约束与激励机制有关。在现有文献框架内，狄金华[①]将项目制的配套机制提上研究议程，对其相关情况进行了细致描绘。项目配套政策通常是中央部委（或上级部门）要求地方政府（或下级政府）对其划拨的项目资金予以一定量的配给，也就是说，地方政府或下级政府只有在对特定项目给予相应的配套资金时，才能有更大机会获取上级项目（其中隐含的一个前提条件是，那些具备雄厚财政实力的地方政府在配套能力上更为强大，在项目争取上也更有机会）。分税制改革后，中央财政相当一部分资金以项目的方式来进行转移支付，而项目应该投放在哪里？中央政府所释放出的一个有效信号是从财政能力的角度区分地方政府间的能力和绩效，地方政府是否可以配套以及可以配套多少。意即，地方政府的抓包行动有着相应的约束条件。如此，一方面通过配套机制调动地方政府的积极性，另一方面又能将地方财政资金纳入实现国家总体规划与建设中。因此，项目制的配套机制是一种政府组织间财政关系、权力关系的机制，资金配套成为中央转移支付时重要的信息甄别、控制权分配与激励设置的机制。对于地方政府而言，项目制的配套机制是被动生成的。

而在高等教育项目制的国家场域中，也可以总结出其中的配套机制。例如，"211工程""985工程"等项目制度规定地方必须予以配套。这种配套机制与前述配套机制一样，都由国家主导，是国家用来调控财政关系、权力关系的一种方式，是一种被动的配套机制。但在高等学校这个微观场域层面，项目制的配套机制则表现为一种组织上的主动性，即自主设立配套机制，如国家社会科学基金、国家自然科学基金等（国家社会科学基金、国家自然科学基金项目资金管理办法中并未规定要求地方社科基金或自科基金以及高等学校予以资金配套，可参见《国家社会科学基金项目资金管理办法》《国家自然科学基金资助项目资金管理办法》）。作为一种主动机制，高等学校组织通过配套机制的建立，一方面激励教师积极参与项目申报，另一方面引导教师的学术从而实现对教师在学术事务上的治理。

---

① 狄金华：《项目制中的配套机制及其实践逻辑》，《开放时代》2016年第5期。

我们以 A、D、C（未能获取 B 高校的相关规章制度）三所高校为例分析不同高校在科研项目配套机制上的差异，尤其是从配套力度窥探项目制在不同学校间的存在样态。一般来说，高等学校的科研项目配套政策表现在两个方面：一种是直接奖励给教师个体；另一种是需要教师通过报销的方式获取。

首先来看 A 高校的科研项目配套奖励机制。

A 高校的科研项目配套机制分为两种类型：一种是科研课题立项和结项类；另一种是高水平课题申报与获批立项奖励类。详见表 4-5、表 4-6。

表 4-5　A 高校科研项目配套奖励办法（科研课题立项和结项类）

课题类别	立项资助课题	立项不资助课题
国家级纵向科研课题	一般课题按到账经费的 100% 奖励，其中重点、重大课题分别按到账经费的 150%、200% 奖励	5 万元/项
教育部、科技部纵向科研课题	一般课题按到账经费的 80% 奖励，其中重点、重大课题分别按到账经费 100%、120% 奖励	3 万元/项
其他省部级纵向科研课题	一般课题按到账经费的 60% 奖励，其中重点、重大课题分别按到账经费的 80%、100% 奖励。课题批文有规定配套标准的，按照批文执行奖励	1 万元/项
省教育厅课题	按批文规定配套比例进行奖励	0.5 万元/项
横向课题	按到账经费总额的 20% 奖励	

注：（1）各类纵向一般课题的奖励金额每项最多不超过 60 万元，国家级重点、重大项目和教育部重大项目不设上限。各类横向课题的奖励金额每项最多不超过 30 万元。

（2）各类课题的配套奖励只有在结项后方可进行。

（3）各类课题在研究经费不足的情况下，应向学校提出申请，可将奖金改成配套经费用于课题研究。

表4-6 A 高校科研项目配套奖励办法
（高水平课题申报与获批立项奖励类）

课题类别		申报奖励/每项	获批立项奖励/每项
国家级	一般项目	0.3 万元	1 万元
	重点项目	1 万元	3 万元
	重大招标	4 万元	6 万元
教育部	重点项目	0.5 万元	2 万元
	重大招标	1 万元	4 万元

总体上看，A 高校在科研项目的配套机制方面主要表现为奖励的私人拥有，这种奖励按照相应的比例给予个人，无须通过报账的形式。配套机制可在报销与非报销之间自由转换。奖励的幅度与科研项目的级别有关，总体上来说，奖励幅度较大。

由于 B 高校在科研奖励制度上的信息无法获取，故我们选取一个与 B 高校属于同一层级的 D 高校作为分析对象，且 B 高校与 D 高校所处的经济社会环境相当，都位于中西部地区。那么，D 高校的科研项目配套机制又呈现何种状态？

D 大学在其教学科研成果津贴分配办法中规定：

（1）津贴以项目为单位核算，每个纵向项目的津贴最高不超过实际在校经费的 30%；纵向项目以立项时的在校经费计分，立项时发放津贴的 50%，剩余津贴在结题后按实际在校经费进行核算发放。

（2）横向项目按当年实际到校经费计算津贴，次年按新增到校经费加入上次计算公式中计算总额后，再扣除上年发放的金额后作为次年的津贴发放。

（3）科研经费 1000 万及以上的纵向项目，该项目的首席科学家享受津贴最高额度为 20 万元，单项重大课题津贴最高额度为 10 万元；该项目的首席科学家且是课题负责人的，就高发放津贴。

（4）项目的子课题以立项申请并由相关部门立项批准为准，课题组自行计划的子课题不享受津贴。

很明显，D大学在科研项目奖励方面的做法与A大学的不同之处体现在：D大学的科研项目奖励以科研项目的经费数额为参照标准。虽然D大学强调经费额度，但事实上纵向项目经费额度往往与项目等级间存在关联，故可以据此大致推断出D大学对哪一种级别项目的青睐。

与A、D大学不同的是，C大学按照学科类别进行奖励，即按照自然科学与人文社会科学两种分法进行。首先，C大学科技奖励办法在科研项目上的规定是分两种情况进行奖励：

（1）立项奖

C大学作为牵头单位，获准国家"973"计划项目、国家科技重大专项主题项目、国家自然基金重大项目等，每项奖励项目负责人及项目组5万元。

C大学作为牵头单位或召集人，获准国家杰出青年基金、国家自然基金重点项目，"863"计划、科技支撑计划项目等，每项奖励项目负责人及项目组2万元。

获准其他国家级重点、重大项目的课题，每项奖励课题负责人及课题组1万元。

（2）结题奖

C大学承担的国家自然科学基金重点及以上结题评优的项目，每项奖励1万元。

同样，C大学人文社科科研奖励办法在科研项目上也分立项奖与结题奖两种类型：

（1）立项奖

C大学作为牵头单位，获准国家社科基金重大招标项目、教育部人文社会科学研究重大课题招标项目等，每项奖励项目负责人及项目组2万元。

C大学作为牵头单位，获准国家社科基金重点项目、教育部人文社会科学研究基地重大项目，每项奖励项目负责人及项目组1万元。

（2）结题奖

C大学承担的国家社科基金结题评优的项目，每项奖励1万元。

由此可以看出，C大学对科研项目的奖励有两个特征：一是注重项目的等级，主要凸显国家级项目，即使对部级项目有奖励，也只将其奖励范围规定在重大项目上，且只针对文科项目。二是注重学科差异，很明显，自然科学的奖励幅度大于人文社会科学，虽然奖励数额上差别，但由此可以观察到C大学的学术治理倾向与态度。

（二）惩罚约束机制

如果说奖励机制是一种对教师积极申报项目并成功申报后的激励，那么惩罚机制则构成了一种事前约束。这种惩罚机制表现在如果在合同期内拿不到项目，则要求教师退回学校已发报酬。例如，某高校在人才引进政策中对引进博士在聘期内的主要职责作出了相应规定，其中科研任务基本要求是：

新增主持国家级项目1项；或新增主持省部级项目2项（含教育厅科学研究重点项目、优秀青年项目）。横向课题累计进校经费，自然科学类达到100万元，社会科学类达到30万元可视同1项省部级课题。

发表论文达到以下要求：

自科类：在本学科SCI收录期刊、自科类权威期刊、EI收录期刊发表论文3篇以上（其中至少在本学科SCI收录期刊、自科类权威期刊发表2篇论文）；

社科类：在本学科SSCI、A&HCI收录期刊、社科类权威期刊、CSSCI来源期刊发表论文3篇以上（其中至少在本学科SSCI、A&HCI收录期刊、社科类权威期刊发表1篇论文）。

与此同时，该校人才引进政策中又规定：

未完成新增主持项目任务的，缺 1 项省部级项目，须退还已下拨安家费及购房补贴的 25%；缺 2 项省部级或 1 项国家级项目，须退还已下拨安家费及购房补贴的 50%。

未完成发表论文任务的，自然科学类每缺 1 篇 SCI 收录期刊或自科类权威期刊论文，须退还已下拨安家费及购房补贴的 20%，每缺 1 篇 EI 期刊论文，须退还安家费及购房补贴的 10%；社会科学类每缺 1 篇 SSCI、A&HCI 收录期刊或社科类权威期刊论文，须退还下拨安家费及购房补贴的 20%，每缺 1 篇 CSSCI 来源期刊论文，须退还安家费及购房补贴的 15%。

从中可以看出，对项目的约束比对论文的约束要大。将上述约束条件进行排列组合则可以获得以下四种情形：

第一种情形是能全部完成任务。

第二种情形是完成论文任务，但项目任务没完成，此时的退还比例是：25%（成功申报一项省部级）、50%（省部级项目和国家级项目都没有）。

第三种情形是完成项目任务，但论文没完成，此时的退还比例是：

自科类分三种情况：10%（只发表两篇 SCI、自科类权威期刊）、20%（只发表一篇 SCI、自科类权威期刊和一篇 EI 收录期刊）、40%（只发表一篇 EI 收录期刊）。社科类分三种情况：20%（只发了两篇 CSSCI 论文）、30%（只发了一篇 SSCI、A&HCI 收录期刊或社科类权威期刊论文）、15%（只发了一篇 SSCI、A&HCI 收录期刊或社科类权威期刊论文，一篇 CSSCI）。

第四种情形是根据第二、第三种情形进行匹配，则可以根据学科获得多种可能：

自然科学：25%（成功申报一项省部级）+10%（只发表两篇 SCI、自科类权威期刊）、25%（成功申报一项省部级）+20%（只发表一篇 SCI、自科类权威期刊和一篇 EI 收录期刊）、25%（成功申报一项省部级）+40%（只发表一篇 EI 收录期刊）。

　　社会科学：25%（成功申报一项省部级）+20%（只发了两篇 CSSCI 论文）、25%（成功申报一项省部级）+30%（只发了一篇 SSCI、A&HCI 收录期刊或社科类权威期刊论文）、25%（成功申报一项省部级）+15%（只发了一篇 SSCI、A&HCI 收录期刊或社科类权威期刊论文，一篇 CSSCI）。

　　这是一项专门针对引进博士时的学术任务约束。这种情形在其他高校的引才政策中也会有相应规定，会根据引进人才的不同层次作出相应规定，并对完不成任务的作出"退还一定比例"的规定。

（三）比较与总结

对比三所高校，可以发现：

　　从配套奖励幅度上看，随着学校在高等教育项目制体系中的层次越高，奖励额度越小；从配套奖励类型上看，随着学校层次越高，奖励类型也越少。这不仅意味着在高层次学校对教师的要求更高，更表明越是在层次高的学校，对于拿到一个项目所携带的效应可能显得更为平静，也就是说，拿到一个高等级项目对于一个高等级学校来说更为平常不过；而在低层次高校里面，拿到一个高等级项目则可能会带来连带效应，从而才会形成从学校到学院多个部门发来祝贺、从校领导到院领导前来看望以及掀起纷纷向"中举者"学习高潮的校园景象（如在第一章中所提及的大学内部的"项目现象"）。

　　那么，是什么主导了科研项目的配套奖励机制力量的发挥？很显然，是等级机制。科研项目的等级机制与学校是否属于项目学校以及处于何种项目级别共同控制着配套激励机制的发挥。总而言之，等级机制似乎成了项目制的核心机制，决定着项目等价、配套、激励等机制的能力与作用。与此同时，项目制在高等学校内部塑造了一个奖惩、赏罚结构，任何教师都被纳入这个结构中，从而根据自身能否拿到项目以及拿到何种层次的项目来决定是"赏"还是"罚"。不管奖励机制还是惩罚机制，其宗旨就是要让教师一定要成功抓住"项目包"。

三 科研项目"抓包"与动员机制

面对政府发出的"项目包",高等学校的应对行为便是积极行动,让高校教师争取抓住各种级别的"项目包"。为此,高等学校的行动是年复一年地在特定时间对教师们进行动员,从而形成了一种围绕科研项目的动员机制。科研项目的动员机制由以下几个部分组成。

(一)动员大会的召开:组织合法性的建构

科研项目申报的动员样态。

动员时间:国家级科研项目申报动员大会一般在每年年底召开,无论哪一层次的高校基本都会高度重视并积极组织这场活动。

动员人员:学校领导高度重视。一般情况下,科研项目申报动员都会有一位副校长参与(有些学校校长也参与进来),从学校副校长到职能部门负责人如科技处处长(副处长)、社科处处长(副处长)再到二级学院科研副院长、教师,基本上是全员参与。

动员程序:召开流程基本都一致。副校长发表讲话——职能部门(科技处、社科处)汇报前一年度科研项目申报情况,并对下一年度科研项目申报作出安排与部署——邀请专家进行科研项目申报辅导或申报成功的教师分享经验。

动员话语:举全校之力、上下一心、同心协力、集中资源、树立榜样,从而促成了"举校体制"的诞生——举全校之力突破"国家级科研项目"。同时,"举全校之力""上下一心""同心协力"的动员话语使"举国体制"的内涵在高等学校组织里面具有了新的生机与新的内涵,项目治理实践在高等学校内部引发了关于申报项目的动员大会、培训大会等独特的高等教育系统内部治理景观,我们可以将这种与举国性的运动式治理相对的治理模式称作"基层运动式治理",境遇为一种"举校体制"或"举院体制"。以"社科基金申报动员大会"在百度进行检索,发现无论是"985 工程"大学、"211 工程"大学还是一般院校都展开了轰轰烈烈的基金项目申报动员、再动员大会,并体现出"年年加码"的治理态度,所谓"一年更比一年好"便是这种态度的形象表达。

与其说年复一年的科研项目申报动员大会是一次学校高度重视、教师"全员参与"的重要会议，不如说是在高等学校组织内部科研项目申报的合法性逐渐确证的过程。在动员理论的视野下，其观点之一是强调领导的高度重视与推动，从而使组织中某一具体事务获得高度的合法性承载。"合法性承载"是一个用于政府组织内部运动式治理的概念，表达的是政府部门内部某一事务或议题获取关注度的大小，其有三个重要命题或三个重要特征：在组织内部，合法性承载越高，所投放的注意力及其他资源就越多；政府层级越高，所提出的治理行动的合法性承载往往也越高；合法性承载与议题特性——有些议题具备很高的合法性承载，例如"维稳"，有些议题的合法性承载度不强，例如垃圾治理[①]。以此作为本书思考的启示是，在常态化的科研项目申报动员大会上所呈现出的学校领导高度重视及职能部门的后勤服务赋予科学研究、科学研究中的科研项目、科研项目申报行动具备更强的组织合法性或者称为行政合法性，为教师申报科研项目提供了组织、制度保障，力图使动员效率达到较好状态。与此同时，由于领导的高度重视，无论是在动员大会期间还是在动员大会后，学校将会邀请相关专家作经验分享与辅导培训，从而为教师科研项目及其申报提供了学术合法性、技术合法性等多重合法性保障。也就是说，科研项目申报动员大会及其"日常化"便意味着科学研究、科研项目在高等学校组织任务中具有很高的合法性承载。合法性承载越高，意味着在学校组织层面投放了更多注意力在科研与科研项目上，由此也能获得更多的资源投入。在合法性获取过程中，行政合法性先于学术合法性得以在学校组织内部成功建构。从这个意义上讲，这也是一个将科学研究作为学术问题逐渐转化为组织问题、行政问题的过程。

（二）项目申报的技术化：技术合法性的生成

从学校的角度来说，其动员的目的并不仅仅在于让更多教师参与到国家级科研项目的"抓包"行动中来，更在于要能让更多教师抓住国家级"项目包"。故为了使"抓包"成功的概率增大，如上所论，学校会组织专家对教师进行辅导、培训。在辅导、培训过程中，专家们的思维

[①] 徐岩等：《合法性承载：对运动式治理及其转变的新解释——以A市18年创卫历程为例》，《公共行政评论》2015年第2期。

第四章 项目进校、组织诠释与高等教育项目制的组织学

体现为将科研项目进行技术化与技巧性的解读处理,即他们会根据自身经验、从不同角度对科研项目申报的流程进行肢解,对各个细节予以充分解读,包括细读通知、钻研指南、标书调整;项目名称、中英文摘要、立项依据、研究目标、研究内容、研究方案、实验方法技术路线、可行性分析等部分的书写技巧及注意事项。"计划书的写作是一门手艺,需要一系列独特的技巧,其中绝大部分要从实践中学习。写计划书设计提炼和修正研究想法,以适应目标资助机构提供的指南和申请过程的要求。研究者必须根据指南来修改计划书,而不是让指南来适应计划书。"[1] 此外,学校的科研行政人员还会帮青年基金的申请者们印发课题申报辅导资料;收集资料、修改错别字,财务处专门帮忙审核基金申请书的经费预算等。

在社会学项目制理论中,项目制将专家学者纳入项目评价的过程中被认为是他们为项目制体系提供了技术合法性[2]。这种技术合法性从治理意义上契合了政府通过项目治理社会的需求,拓展了项目制治理模式的合法性基础。在高等学校组织内部,亦如是。一方面为教师提供服务,另一方面则是突出组织学的实践意义,即从组织角度而言科研项目申报绝非一个单纯的学术性事务、教师个体的事情,其突出的是学校在追求项目效率过程中所彰显的一种治理态度、治理方式,即技术治理,抑或是学校通过技术治理的通道与途径实现在科研项目上的绩效。这种组织合法性与技术合法性的合作造成的一种感觉是如果教师还不积极、倾力申请,恐怕有辜负学校的一片心意之嫌。科学研究变成一个学术性问题与技术性问题的组合,至少是技术性与学术性杂糅在一起而无法辨别真假。学术工作变成一个技术性工作,无论从国家层面还是在学校层面,高等教育项目制都呈现为一种技术性状态。

---

[1] [美]朱莉安娜·奇克:《未言说的故事:做受资助的定性研究》,载诺曼·邓津、伊冯娜·林肯《定性研究:策略与艺术》(第2卷),风笑天等译,重庆大学出版社2007年版,第434—435页。

[2] 渠敬东等:《从总体支配到技术治理——基于中国30年改革经验的社会学分析》,《中国社会科学》2009年第6期。

第二节　人才项目及其组织学

20世纪90年代以来，围绕着提高中国高等学校学术地位、建设高等教育强国，抢占人才与科技发展制高点、实现建设创新型国家发展目标等重大国家战略意图，国家先后在高等学校、国家重点创新项目、学科、实验室以及中央企业和国有商业金融机构、以高新技术产业开发区为主的各类园区等领域实施了系列"人才项目"（见表4-7）。高等学校作为人才、科技发展的集中地，在创新型国家建设等重大国家战略目标实现进程中发挥着举足轻重的作用，因此，无论是完全人才项目还是非完全人才项目，最终都会深深地嵌入在高等学校组织中而不断被诠释。

表4-7　　　　　　　　　　　国家层面人才项目体系

项目类别	设立年份	设立/管理部门	相关信息
国家杰出青年科学基金	1994	国家自然科学基金委员会	自然科学基础研究
春晖计划	1997	教育部	瞄准中国经济社会发展中的重大课题，开展了一系列有效的活动。如：针对中国区域经济发展非均衡问题实施的"留法学者支持西部建设项目"；针对中国老工业基地改造发展问题实施的"留学人员为辽宁大中企业技术改造服务项目"；为培养适应国际金融市场的发展、能以工程方式解决复杂金融问题高级人才而实施的"培养金融工程博士项目"等
长江学者奖励计划	1998	教育部	重点学科
长江学者青年项目	2015	教育部	
新世纪优秀人才支持计划	2004	教育部	国家重大科技和工程、哲学社会科学问题等

续表

项目类别	设立年份	设立/管理部门	相关信息
百千万人才工程	2004	人事部等	造就数百名具有世界科技前沿水平的杰出科学家、工程技术专家和理论家；数千名具有国内领先水平，在各学科、各技术领域有较高学术技术造诣的带头人；数万名在各学科领域里成绩显著、起骨干作用、具有发展潜能的优秀年轻人才
高等学校学科创新引智计划	2006	教育部	重点建设一批具有创新能力的学科，提升高等学校的科技创新能力和综合竞争力
万人计划	2012	中组部等	自然科学、工程技术、哲学社会科学等领域

在国家人才项目的示范效应下，各地方相继实施了省级人才项目（见附录3），从而实现了与国家人才项目的对接。经过国家与省级政府的上下建构，再加上高等学校内部实施的人才项目（如华东师范大学的"紫江学者"、中南大学的"升华学者"、武汉大学的"珞珈学者"等），形成了一个十分严密、具有较强区分度的人才项目制体系。

对人才项目与高等学校内部治理关联的分析，采取与科研项目论述一致的理论思路铺开，任务也是为了回答人才项目的组织学特征。即：在高等学校组织中，政府的人才项目是如何作为一种治理工具抑或以何种形态存在，表现在哪些方面？其存在样态对高等学校来说又蕴涵哪些与之紧密关联的独特治理机制？

在高等学校的行为实践中，与人才项目密切关联的是高校教师招聘或人才引进政策实践。因此，人才项目与高等学校内部治理间的关系很大程度上可以通过教师招聘或人才引进政策实践来体现。在分析科研项目与学术资格时已提到，学术资格分为教师引入时与引入后两种情况。总体来说，科研项目与引入后的学术资格更为紧密，而人才项目则在引入时便与学术资格发生关联。下文便以不同层级高校人才引进政策分析政府的人才项目在高等学校内的境遇。

溢出高等教育财政内涵

在当前高校人才引进政策中，主要包含人才类型、相关待遇两种主要信息。正是这两种信息内容透露出了人才项目在高等学校组织及整个高等教育系统中的丰富内涵。

首先是 E 高校的高层次人才引进政策，见表 4-8。

表 4-8　　　　　　　　　E 大学高层次人才引进办法

类别	人才称号	住房待遇	安家费（含税）	科研启动费	薪酬（含税）
第一类	两院院士、中国社科院学部委员、国家"特支计划"杰出人才	除××给予的引进待遇之外，学校提供一套200平方米以上的住房，在我校实际工作满五年后，住房产权归个人所有	面议	面议	面议
第二类	创新人才、国家"特支计划"领军人才、长江学者特聘教授、国家"百千万人才工程"人选、国家有突出贡献的中青年专家、国家杰出青年基金获得者、中国青年科技奖获得者	学校提供一套120平方米以上的房源	除××给予的引进待遇之外，学校支付不低于100万元（面议）	除××给予的引进待遇之外，学校配套理工科100万元，文科50万元	80万元/年（含工资、人才津贴等）
第三类	国家创新人才推进计划中青年科技领军人才、中科院"百人计划"人选、国家自然科学基金优秀青年科学基金获得者、教育部国家教学名师、国家"特支计划"青年拔尖人才、"教育部创新团队发展计划"带头人	学校提供一套120平方米以上的房源	80万元	理工科80万元，文科40万元	50万元/年（含工资、人才津贴等）

续表

类别	人才称号	住房待遇	安家费（含税）	科研启动费	薪酬（含税）
第四类	A类××学者	学校视当年住房状况提供房源；如无过渡房，可发放3年租房补贴［1500元/月（税前）］	60万元（到校工作后一次性先支付30万元安家费，余下的30万元分八年按月发放）	理工科40万元，文科20万元	工资、福利、绩效等按国家、××、学校的相关规定执行
第五类	B类××学者、××高等学校卓越学者计划人选	学校视当年住房状况提供房源；如无过渡房，可发放3年租房补贴［1500元/月（税前）］	40万元（到校工作后一次性先支付20万元安家费，余下的20万元分八年按月发放）	理工科30万元，文科15万元	工资、福利、绩效等按国家、××、学校的相关规定执行
第六类	紧缺专业教授、海外名校博士	学校视当年住房状况提供房源；如无过渡房，可发放3年租房补贴［1500元/月（税前）］	25万—30万元	理工科20万元，文科10万元	工资、福利、绩效等按国家、××、学校的相关规定执行
第七类	博士、博士后	学校视当年住房状况提供房源；如无过渡房，可发放3年租房补贴［1500元/月（税前）］	20万—25万元	理工科10万元，文科5万元	工资、福利、绩效等按国家、××、学校的相关规定执行

注："××"表示省一级别。

E高校是一所地方院校。既非"211工程"院校，也非"985工程"院校，又没能在当前"双一流"建设项目中占据一席之地，毫无疑问在高等学校等级体系中位于最底层。E高校的人才引进政策基本情况包括类别、人才称号、住房待遇、安家费、科研启动费、薪酬六个方面。作为一个想在该校任教的教师（此处教师仅指从事教学科研的教师，而不包括行政管理人员）来说，必须满足该校对"人才"的定义，同时享受相关人才待遇。在学校的定义下，人才项目蕴涵着多重治理机制。人才项目在高等学校组织中的实践所呈现出的机制与科研项目所蕴涵的治理机制既有相似之处，也有所区别。

第一，等级性机制。面对中央各部门、省级政府实施的人才项目组合而成的人才项目体系，高校的人才概念及其引进政策也发生了根本变化。政府的人才项目经由 E 校的组织转化与阐释也就是通过人才引进政策行动的形式进行了等级性的建构，编织了一个自上而下的等级化、精致化的学校人才网络。这种等级化、精致化表现为两个方面：一是中央部门人才项目与地方政府部门人才项目的等级性建构，即第一类、第二类、第三类与第四类、第五类[①]间的差别，这种等级性不单纯意指中央与地方的行政等级性关联，而是将国家级项目、地方级项目进行了学术上的勾连，即一种学术等级性；也就是在大家的认知中，国家级人才项目中的人才在学术上是高于地方级人才项目中的人才。即使是在国家级与地方级人才项目内部，也作了精致化的等级性处理，如国家级层面的一、二、三类区分，地方层面的 A、B 类区别。二是等级性建构的表现是，将国家级人才项目、地方级人才项目与学校中常规性人才（教授、副教授、教师、助教）串联起来，将人才项目置于常规性人才之上，没有任何人才项目头衔的讲师、副教授、教授位于人才体系序列中的底端，从而建构了学术人才的等级性。各类人才标准实行就近归靠的原则，往往选取在不同层次、不同学科领域有重要参考价值的称谓等作为判定标准，如将"长江学者"等支持计划获得者作为人才层次判定的基本依据[②]。

如果以上七类人才在 E 高校同时存在的话，那么在 E 高校这样一个"微型学术劳动力市场"中，由于人才项目的等级性机制的作用，学术

[①] 不同学校对人才的诠释、称谓不尽一致，有大师级人才、第一层次、第二层次、第三层次……，有领军、杰出、带头人……各种表述。

[②] 别荣海：《财务绩效视角下高校管理制度创新研究》，中国社会科学出版社 2012 年版，第 123 页。

第四章 项目进校、组织诠释与高等教育项目制的组织学

劳动力市场便被解构与重构,形成了项目人才与常规性人才相区隔的主要学术劳动力市场与次要学术劳动力市场。与这种情形相呼应的是,在高等学校的简介中,经常看到的是学校拥有院士××名、长江学者××名、国家杰出青年科学基金获得者××名……此类话语的叙述与表达。

第二,非常规/常态机制。非常规机制(非常态机制)是一种不按照常规机制行事、出牌,是一种对常规机制的超越或替换,所以又将其称为超常规机制。了解什么是非常规机制,事先需对常规机制进行说明。就像学界在研究政府组织治理机制时所指出的那样,也存在常态机制与非常态机制之分。在高校人才政策中,常规机制是指教师或人才在工资、福利、津贴、绩效等方面的待遇明确按照国家、地方、学校的文件规定执行,其中起核心作用的是教师的职称,不同的职称对应不同的工资等。而超常规机制是指学校对待项目人才特别是国家级项目人才时,都超出了文件中的相应规定而给予特殊政策,或者说采取一种非常规的政策态度。这种非常规性体现在这些人才的待遇并未按照国家、省、学校对待常规性教师的方式,而是以"一人一议"的方式或超出常规性教师待遇的方式另行定价。以 E 高校为例,在国家级的三类人才项目中,第一类在住房、科研经费、安家费、薪酬四个方面都是按照"一人一议"的方式,另两类要么面议要么学校以超出常规的方式给定。而从第四类到第七类中,工资、福利、绩效等都按照国家、省、学校的文件执行。个中道理就像安徽省在"皖江学者"实施办法中的规定一样,其目的是采取一系列超常规的举措吸纳海内外学者精英,为安徽高等教育发展助力。此外,项目人才在职称评定、导师遴选等方面也会给予非常规的政策,如项目人才的引进无须经过各种规定的条件与程序而直接被聘为副教授、教授。

第三,配套机制。与科研项目一样,人才项目也同样存在配套机制。人才项目的配套机制主要体现在科研经费的配套上,如在 E 高校中,根据学校划分的人才级别类型与学科类别给予不同数额的科研配套经费。只不过,科研项目的配套机制强调的是一种对学校内部教师的激励,是一种事后的组织行为,教师只有在成功抓到项目后才能享受这种配套,从而激发教师科研与申报科研项目的积极性,为学校带来物质上与荣誉

上的回馈，其中涉及的是教师与教师之间的竞争；而人才项目中的配套机制面向的是整个学术劳动力市场，突出的是对人才入职后的物质保障，是一种事前的组织行为，是高等学校吸引人才的一种策略，其中涉及的是学校与学校之间的竞争。

第四，价格机制。价格机制就是对不同项目人才进行"明码标价"的过程，且这个过程以一种非常态的方式进行。在E高校的政策视域中，每一类人才都有很明确的价格规定。人才项目的诞生很快与学术劳动力的价格关联起来，但每一个学校的"标价"并不一样。一方面跟学校的财力与所处地区经济水平有关，另一方面则与整个学术劳动力市场有关。在整个学术劳动力市场中，政府主导了整个项目人才的数量指标，虽然长江学者等人才项目实施已持续多年，但对于整个高等学校市场来说，则是供给小于需求，因此项目人才在学术劳动力市场上始终属于一种稀缺资源。对于高校来说，对于稀缺资源给予非常规的待遇也就顺理成章了。可以说，通过价格呈现、调控着项目人才的地位与等级。但是在这种价格机制起作用、以项目人才为主要竞争对象的学术劳动力市场中，市场并非有序的。

第五，数字符号机制。与科研项目中的数字符号机制一样，人才项目中强调的价格数字、以行政级别为基础的人才等级划分早已演变成一种符号。在此，不再赘述。

其次是F高校的人才引进政策（见表4-9）。

表4-9　　　　　　　　F大学高层次人才引进办法

高层次人才层次	高层次人才范围	待遇
领军人才	1. 中国科学院院士； 2. 中国工程院院士； 3. "国家特支计划"杰出人才	1. 专项科研经费500万元（5年，每年100万元），根据科研计划和相关规定使用； 2. 科研平台建设费1000万元（5年，每年200万元），根据经评审的创新团队建设发展计划和相关规定使用； 3. 首聘期年薪120万元

第四章 项目进校、组织诠释与高等教育项目制的组织学

续表

高层次人才层次	高层次人才范围	待遇
杰出人才	1. 教育部"长江学者奖励计划"特聘教授； 2. 国家杰出青年科学基金获得者； 3. "国家特支计划"领军人才	1. 购房补贴（含安家费）80 万元，在××市购买住房的一次性发放50%的购房补贴（含安家费），剩余50%在8年内按年度等额发放。未购买住房的在8年内按年度等额发放购房补贴（含安家费）； 2. 专项科研经费300万元（5年，每年60万元），根据科研计划和相关规定使用； 3. 科研平台建设费500万元（5年，每年100万元），根据经评审的创新团队建设发展计划和相关规定使用； 4. 首聘期年薪100万元
学术学科带头人	1. "四青人才"："长江学者奖励计划"青年学者项目获得者、国家优秀青年科学基金获得者、"国家特支计划"青年拔尖人才获得者； 2. 中科院"百人计划"入选者； 3. "新世纪百千万人才工程"国家级人选； 4. 国家哲学社会科学成果文库入选者； 5. 国家"五个一"工程项目主持者； 6. 国家自然科学基金重大、重点项目负责人，国家重点研发计划、国家科技重大专项项目负责人，国家基地和人才专项负责人； 7. 教育部创新团队负责人； 8. 国家级教学名师奖获得者； 9. 国家社科基金重大招标项目、教育部哲学社会科学重大课题攻关项目首席专家	1. 购房补贴（含安家费）50 万元，在××市购买住房的一次性发放50%的购房补贴（含安家费），剩余50%在8年内按年度等额发放。未购买住房的在8年内按年度等额发放购房补贴（含安家费）； 2. 专项科研经费（自然科学类）150万元（5年，每年30万元），专项科研经费（哲学社会科学类）100万元（5年，每年20万元），根据科研计划和相关规定使用； 3. 科研平台建设费250万元（5年，每年50万元），根据经评审的创新团队建设发展计划和相关规定使用； 4. 首聘期年薪50万元

续表

高层次人才层次	高层次人才范围	待遇
新锐学者	1. 国家三大奖二等奖以上（含二等奖）获得者（排名第一）； 2. 高等学校科学研究优秀成果奖（人文社会科学）一等奖获得者（排名前三）、二等奖获得者（排名第一）； 3. 主持或完成国家重点研发计划、国家科技重大专项、国家科技支撑计划、"973"计划、"863"计划的课题负责人、国家社科基金重大招标项目、教育部哲学社会科学研究重大课题攻关项目二级子课题以上（含二级子课题）负责人； 4. 国家自然科学基金优秀青年基金获得者	1. 一次性购房补贴（含安家费）20万元； 2. 专项科研经费（自然科学类）100万元（5年，每年20万元），专项科研经费（哲学社会科学类）50万元（5年，每年10万元），根据科研计划和相关规定使用； 3. 首聘期年薪30万元
优秀博士	紧缺、急需专业（学科）的博士研究生	1. 一次性购房补贴（含安家费）15万元； 2. 进校前三年享受专业技术七级岗工资待遇

F 高校是一所"211 工程"院校，在当前"双一流"建设项目中未能占据一席之地。首先需设问的是：在 F 高校中，人才又具备何种内涵？通过表 4-9 的文本呈现，总体上来说，F 高校眼中的人才被定义在国家级层面与框架之中。在这点上与 E 高校稍有不同。凸显 F 高校人才概念特色之处在于其扩大了人才的范围，将国家级获奖者、部分科研项目主持者、首席专家、负责人作为人才引进的范畴。科研项目与人才项目共同作为 F 高校的人才类型。在待遇上，增加了时间上的约束条件。

在 F 高校的人才政策实践中，人才项目所蕴涵的机制有哪些？与 E 高校存在哪些异同之处？

依据对 E 高校的分析理路，我们发现 F 高校在人才项目上同样存在等级机制、非常规机制、配套机制、价格机制和数字符号机制五种机制类型。只是在个别机制的表现上略有不同，比如在配套机制、价格机制上，两所高校在数额上便有高低之分，同是第二层次的长江学者，F 高校给出了合计近1000万的待遇。从项目制的角度而言，两所高校之间根本性差异在于F高校的人才项目等级机制与科研项目等级机制一道共同作为其治理人才的策略。事实上，人才项目还与其他"国家级"（如获奖）共同作用于高校教师队伍以及整个学术劳动力市场。

最后是G高校的人才引进政策（见表4-10）。

表4-10　　　　　　　　G大学人才引进办法

应聘条件	聘用方式	薪酬	其他待遇
国家级人才 国家两院院士、"长江学者"特聘教授、杰青、创新人才长期项目等国家级人才	合同聘用 （或编制内）	年薪：院士120万元；长江特聘、杰青、千人80万元	学校安家费、可购人才房 市安家费、每月津贴 科研经费 社保
国家级青年人才 "长江学者"青年学者、青年拔尖人才、"优秀青年基金"获得者等国家级优秀青年人才	合同聘用 （或编制内）	年薪：45万元	学校安家费、可购人才房 申请认定为××市高层次人才后可享受××市安家费、每月津贴 科研经费 社保
海内外高校教授 海外知名研究型大学终身正教授或副教授；国内知名大学教授；具备丰富的学术经验和担任学术带头人的能力	合同聘用 （或编制内）	年薪不低于30万元（或编制内工资+岗酬模式）	学校安家费、可购人才房 申请认定为××市高层次人才后可享受××市安家费、每月津贴 科研经费 社保
青年教师（讲师/副教授） 学风严谨，国内"985"高校或海外知名大学博士； 具有良好教师素质和学术发展潜力； 年龄一般不超过35周岁，身体健康	首聘期3年，1—2个聘期后通过校内考核可转为事业编制	校内同等人员的工资+岗酬模式	租房补贴2000元/月×3年 博士津贴1.2万元/年×3年 一次性安家费10万 科研启动费 社保

G高校是一所"211工程""985工程"院校，也是当前"双一流"

建设项目中的高校。以G高校为代表的此类高校能占据高等教育项目体系中的三类大型项目的席位，毫无疑问是位于我国高等教育金字塔系统的顶端。

在G高校的人才政策框架中，人才存在于国家级人才项目与知名大学、"985工程"大学的教授、博士之中。相比于E、F两所高校，其对人才的要求更高。与F高校相同的是，G高校的项目人才只锁定在国家级层面；但国家级获奖、部分国家级科研项目的首席专家等并未被纳入其对人才的定义中。

与人才项目在前两所高校中的蕴涵一样，人才项目在F高校同样被化为五种机制，只是在聘用方式、薪酬等待遇上表现不同。由于并不存在本质性差别，所以在此并不对相关的机制展开论述。

经过上述对三所高校的考察与分析发现：

第一，人才项目具有高度的流通性。高等学校的人才是一个被严格界定的概念与范畴，一个主要被限制在国家级人才项目体系与其他"国家级"以及省级人才项目体系中的概念。同时，人才在不同学校有不同定义与实践内涵，这与学校在高等教育项目体系中的层次有关，从而面临重新被概念化的可能。虽然不同高校对于人才的定义不同，但在项目人才上具有高度共识性——项目人才始终位于他们人才系统的顶端，这些人才可以在任何一类高等学校中自由流通，即这些人才并不像其他人才那样有着特定的约束条件（如教授必须是知名大学、博士必须是"985工程"大学毕业）。

第二，人才项目中所蕴涵的五种机制在不同类型、不同层次高校都存在，由于其具有很强的可流通性，因此五种机制并未随学校层次的变化表现出强弱之隔，而是都呈现出强大的影响力。例如，虽然在价格机制的表现上存在差别，但这主要与学校及学校所在地区经济发展状况等有关，价格的多少与价格机制本身无根本性关联。

第三，五种机制中，等级机制决定着价格机制、配套机制与数字符号机制及其作用的发挥。譬如，不同级别的人才项目意味着在科研经费的配套、相关待遇的享受等方面将会存在重大差别。但是非常规机制并非由于等级机制决定，而只与其是否与国家级有关，只要是国家级人才项目都会蕴涵非常规机制、只要是非常规人才都能享受非常规待遇。虽然在国家级人才项目中存在等级的划分，但在这一点上并无根本性影响。

第三节 迈向更为普遍的"高等教育项目"：一个扩展性的案例讨论

很显然，这一章的研究方法是采用案例研究的方式，以两类高等教育项目案例为代表，对其在某几个高等学校中的实践形态提供了政策文本与事实材料的呈现，并作了初步分析。既然是案例分析，就注定会面临"代表性""适用性""解释性"等问题质疑的遭遇。这里，显然存在两个需要解释的空间：第一个问题是高等教育项目案例的选择问题，因为其数量和种类太多、太广，如何选择也是本研究所要关注的一个要点，因此也需要对选择缘由进行必要说明，这一点在本章开篇已说明，在此不再赘述。而需加以解释的是第二个问题：学校的选择问题，即如何说明这些学校的选择是合适的，以足够支撑起本书的研究。

由于高等学校数量多，在理论上，在无法穷尽全部学校时，必须通过科学的抽样方法进行案例学校的选择，以满足理论上的自洽，如此也更符合研究规范。显然，这里的案例学校选择没有经过科学的抽样，在理论上不能解决"代表性"问题。文中选择的这几所学校，是根据各所学校的政策文本与相关事件活动，对其中显现的元素进行概括、提炼与总结。研究根据不同学校提出的各种机制，都仅仅体现了不同学校的特色，从而也体现了高等教育项目制在不同学校组织的遭遇及其不同内涵。

因此，为了能够说明高等教育项目制治理中的一般性问题，在此必须作一个扩展性的案例讨论，以解决学校案例的"代表性"问题。我们的解决办法是随机寻找一些高校的相关政策文本以及发生的项目事件、举办的项目活动等，发现上述个案中所作的分析在其他高校都存在，只是表现形式稍有不同，如同文中在对"985工程"高校、"211工程"高校、地方高校三种类型高校进行分析时指出的情形。也就是说，在当前高等教育的各种实践中，总体上在上述分析所提出的几个机制层面，高等教育项目制在各个学校的呈现都保持着相似的状态。

溢出高等教育财政内涵

在此前提下，可以说，高等教育项目制迈向了一种普遍的状态，成为所有高等学校、教师的"集体行动"与"日常生活"，主要表现在两种意义上：

第一，项目制是一种普遍的高等教育现象而不是某一（几）个学校、教师所独有或者某一（几）个学校、教师需要做的事。从学校组织层面到教师个体层面、从资金资助到评估，须臾离不开项目了。

第二，项目制在高等学校所呈现的实践机制也是一种普遍性现象，并非某一所学校独有。各个学校都在自己的组织场域内开展"轰轰烈烈"的项目活动，都经历了高相似度的过程。

总体上来说，项目制之所以在所有高等教育组织中走向普遍性与日常化，根本性原因则在于制度合法性的约束，恰如绪论中的论述——中国高等教育改革、发展是镶嵌于国家治理及其转型的总体脉络之中，任何高等教育组织与个人在这个总体脉络中都在某种意义上表现出高度一致性。故而，由于有这种原因（制度合法性）的总体性约束，从根本上说不存在重大的"代表性"困惑，个案本身就具有"代表性"。比如，研究梳理了其他高校的相关政策发现，在项目制所蕴涵的机制中，并没有表现出本质的区别，只是不同学校在运用项目制时所采用的方法不一样，如项目计分与数字化，本质上都是技术治理的逻辑。当然，仅仅作为一种"普遍性"的高等教育项目还不足以把研究向前推进，必须加上一个前提基础：项目案例中蕴藏的各种机制是需要且值得去关注的学术话题。换而言之，这种"普遍性"的存在及其蕴涵的相关机制，足以支撑起研究者站在整体的高度对高等教育项目制的深刻影响作进一步的理论抽象与观点提炼，从而讨论高等教育项目制中存在的普遍性问题。

也正因如此，我们才说项目制构成了一个颇具"特色"的语汇，一个通行于中国经济、政治、学术等各个领域的普遍社会治理机制，而用它来解释中国高等教育治理实践也更加符合现实、突出本土实践，从而有利于走出西方主体论、治理理论视域下结构主义式的高等教育治理研究的叙事霸权。

前述案例分析只是一个初步呈现与分析,其目的是为后续深入研究特别是为其中反映出来的普遍性问题的理论阐述做好铺垫。例如,文中提到的等价机制、交换机制、非常态机制、等级机制等,当它们成为一种普遍性的高等教育项目机制时,它们就会突破个别学校的层面而给整个高等教育系统带来深刻变化,从而又可能面临内涵再次溢出与再次概念化的理论效应。下一章节的任务便是据此几个机制所体现出的普遍性进行理论抽象与讨论。

小结:高等教育项目制的组织学生成

以科研项目、人才项目等为代表的高等教育项目进入高等学校后,经由组织的中介作用后呈现出鲜明的组织学特征,高等教育项目的财政属性与特征渐渐转换为组织属性与特征。在项目进校过程中,或者说在项目向外发包进程中,高等学校为了抓住这些项目包,高等学校开始在日常的组织工作与政策实践中不断采取各种措施,从而使高等教育项目制在学校的实践行为中产生多重与之相关的治理机制,正是在这些治理机制中,项目制内涵不断得以丰富。上文择取高等学校中的部分项目行动(与项目相关的治理实践与政策行动)对科研项目、人才项目在不同类别高等学校的境遇作了现象层面的描述与解读,并归纳出了与两类项目相关的学校治理机制。总体来看,在高等学校将项目与职称评定、人才引进等关联后,高等教育项目蕴涵了如下机制。正是这些机制的存在建构、生成着高等教育项目制的丰富意蕴,使其与高等学校的主体事务、内部治理紧密关联,与原有治理手段合作共同作用于高等学校的主体事务。

第一,等级机制。无论是科研项目还是人才项目,等级性是所有高校所凸显的一个项目特征,这种等级性的共性是高等学校将行政系统中的等级特征进行了成功的转移,与学术等级、人(教师)等级勾连起来,将学术进行了行政化处理,以此决定学术水平、学术人员地位、学术资格、待遇享受的判断标准。从行政意义上来说,两种国家级项目在大学学术体系中置于顶端地位，地方级次之，其他级或无行政级则位于学术底层。在40年的高等教育改革和发展中，等级化的组织模式和激励模式无处不在，从"211工程""985工程"到"双一流"建设；从教师的职称系列到国家级、省部级和校级重点实验室、科研项目、教学科研基地、精品课程、教学名师再到百千万人才称号，评价、比较和竞争比比皆是，不同的等级意味着不同的文化资源、不同的政治经济利益回报①。

第二，非常规机制。非常规机制亦辐射于社会诸领域，已成为各级、各类组织进行治理的重要方式，相关实践与研究常见于政治学、社会学等学科的解释中。在学校的学术与人才认定框架中，国家级、地方级项目才是真正代表着整个高等教育系统的最高水平，这些项目是一种稀缺资源，从而使高等学校在职称评定、工资福利、导师遴选等方面都采取异于遵循常规制度的普通教师的非常规方式对待。

第三，赏罚机制。从作用上看，科研项目的配套是为了激励教师、人才项目的配套是为了吸引，而不论是激励还是吸引，高校间的共同目标是希望能在高等教育项目制体系中占据更多席位，无论是为了从项目中直接获得财政资源还是能在高等教育评价等活动中获得荣誉制高点。从两种项目配套机制的差别上看，科研项目的配套经费大小与学校在项目体系中的地位有关（项目地位越高，配套越小，激励也越小），而人才项目在不同学校的配套数量上都以高价的方式呈现。这是高等教育项目制建立起来的"赏"功能。"罚"功能最显性的表现就是在前述"报酬退还"这种形式上（其他形式如"在一个聘期内拿不到项目便考核通不过"等规定）。对于一项制度而言，其赏罚功能有显性与隐性之别②，显性赏罚功能就是指在制度规则中有明文规定的赏与罚，隐性功能虽然没有直接的言语表述，但却能传达出赏与罚的信息。例如，前述形式的配套奖励与报酬退还都是一种显性的赏罚；而学校组织、教师个体有无项目以及由此确立的在高等教育场域内的地位高低则是一种隐性的赏罚

---

① 李奇：《从符号到信念：大学文化建设的概念框架》，《高等教育研究》2017年第6期。
② 韩东屏：《是的，历史就是被决定的——答孙、樊二位先生的商榷》，《湖北社会科学》2017年第6期。

功能。在高等教育项目制的赏罚结构中，赏与罚是"你有我无"的关系，有项目即为"赏"，没有项目即为"罚"。

第四，数字符号机制。不管是人才、学科、项目、论文，还是课程、教学、薪酬等都以一种符号的形式存在。与两类项目相伴随的是系列数字的产生，在等级机制的作用下，无论是项目带来的数字上的收益（比如上百万的年薪、上百万的经费等）还是项目与其他工具（如论文）间的数字转换抑或是项目之间的数字等价等，都可以通过数字来构建项目在高等学校中的存在样态。再加上项目存在等级性特征与流通性功能，在这个意义上，项目具备一种能够畅行于高等教育世界中的符号机制。

第五，等价机制。等价机制似乎只存在于科研项目，即国家级项目与地方级项目间的数量转换、项目与论文的等价转换，而人才项目中不存在这种等价转换机制，即两个地方级人才项目不能等价于一个国家级人才项目，人才项目之间彼此独立，各自独立发挥作用，在高等学校中各自占据不同位置。科研项目中的等价机制具有不确定性，不是每一所高校都参照同一标准进行等价转换，这主要随高校在项目体系中地位的变化而变化。

第六，动员机制。动员机制在科研项目中表现较为突出。年复一年的动员大会的召开使得一种非常态下的动员机制成为了高等学校中的常态景观。动员机制的存在意味着高校教师的科学研究并非教师个体的事情，学校通过动员、配套激励机制以及评价约束机制成功地将教师的学术纳入学校组织意图中。在组织学意义上，基于个人好奇心、兴趣的无序科研成功转型为组织化的有序科学研究。

而在这些系列机制中，起主导作用的是等级机制。因为等级机制的存在，其他机制的存在才具有充分合法性，并决定着其他机制作用力的大小。在高等学校组织内部，高等教育项目制能顺畅运行，其现实支撑或者说动力机制便是通过其确立的赏罚结构以及这种结构所具备的强大功能将教师行为引导至项目制场域中，从而使动员机制等似乎都拥有了一个不证自明的合理性。

与此同时，这些机制的存在意味着经过高等学校组织诠释与转译后的高等教育项目早已跳出其财政学意义上资源分配、资金支持的内涵，

溢出高等教育财政内涵

而具备鲜明的组织特征,这种特征概而言之则表现为学校将之作为一种新的内部治理工具。同时,这些项目内涵的深刻变化也意味着高等教育项目"打包"机制的存在。在社会学项目制的理论论述中,项目制的"打包"机制是针对政府与政府间关系而论的,即当中央政府自上而下"发包"时,地方政府(一般指省级)会将自身意图掺杂在项目中,从而使项目的内容溢出原有项目的制度设计与安排。同理,对于高等学校组织来说,面对国家发出来的"项目包",他们并不会单纯地将其作为一种科研经费的问题,而是会与教师评价等组织行动勾连,从而赋予高等教育项目别样的内涵,这便是高等教育项目"打包"机制的存在形式。这是共性。但是,经验事实总是复杂的,组织行动实践也有其自身逻辑,不同类型的高等学校对每一个项目都有不同的诠释与理解,因此高等教育项目被"打包"成何种状态、如何被"打包"都表现出较强的灵活性。这是"打包"机制的差异性所在。

第五章

内涵再溢出：高等教育项目制的组织学效应

第四章以个别高校中的个别现象与事实叙述了高等学校组织如何对待、诠释高等教育项目，从而在国家治理意义基础上将高等教育项目制内涵更进一步向前拓展，使其从财政学意义逐步过渡到组织学的内涵，完成了组织学意义上的经验建构。被组织建构后的高等教育项目制，因其中蕴藏的诸种机制的综合力量及其常态化、普遍化作用（如同第四章对高等教育项目的普遍性进行的扩展性案例讨论），已成为整个高等教育系统的"日常生活"，引发了高等教育系统在学术生态、学术治理等方面的系列变化。也就是说，高等教育项目制的组织学内涵所产生的连带效应，或者高等教育项目制经由组织的转换后又开始溢出组织学内涵，将高等教育项目制内涵向纵深处推进，从而在更多层面与更多意义上彰显出项目制对高等教育的深刻影响。

本章的理论任务是：主要根据第四章中高等学校内部的现象与事实、提出的与高等教育项目制相关的机制，试图去分析高等教育项目制的组织学内涵所产生的效应。基于此，本章提炼出以下几个理论议题：项目制与学术场域变迁、项目制与学术"一般等价物"、项目制与符号哲学、项目制与技术治理、项目制与学术商品化逻辑等。这几个理论主题既牵涉高等教育项目制实践能力的发挥也包括高等教育项目制学术内涵的延展。在本章分析中，对科研项目、人才项目并没有独立展开分析而是相互交叉在一起去观察二者对于高等教育的影响能力，很多时候两类项目在高等学校的实践中具有很高的相关性与相似性，比如对大学学术场域的影响等。当然，本章所论及的这几个议题并非高等教育项目制发挥影响的一个"完成状态"，而是仅作为分析的部分对象或者说只是所有理论议题中的"案例"。在此作两点说明：第一，下述论题仅仅是研究者在结合自己的理论兴趣与所掌握的理论知识的前提下提出的，也就是说并非只体现在文中所提及的这几个方面；第二，提出这些论题的目的也仅仅是希望能够引出更多相关讨论，保持这一话题的开放性。

第一节 改造与重组：项目制的组织阐释与学术场域变迁

经过高等学校组织诠释后的科研项目、人才项目携带鲜明的组织意图，这种意图通过学术评价、教师聘任以及高等学校内部日常生活等组织实践与治理行动加以呈现，从而诱发出与科研项目、人才项目有关的诸种治理机制。当项目制及其内含的诸种治理机制不再是高等教育中的一个现象片段而是作为一个总体性系统特征与社会事实存在时，那么项目制的组织运作与利用则会使大学学术场域发生根本性改造与重构，无论是场域中的"人"，还是场域中的其他"存在"（包括资本、规则、惯习等）。亦即，当项目制场域与学术场域相遇时，项目吸纳学术成为项目制嵌入下大学学术生态的典型特征。在论述进程中，韦伯的"卡里斯玛"概念、皮埃尔·布迪厄的场域理论提供了诸多有益启发，但本研究不对场域理论作全方位的介绍与解读，而只在特定情形下借用部分概念如资本作为文章分析的重要工具与切入视角。

一 新型"学术卡里斯玛"的诞生

"卡里斯玛"是马克斯·韦伯使用的一个概念，其见于韦伯关于宗教、政治经济等著作的论述中。在其宗教的意义上，"卡里斯玛"是巫术的标志，"卡里斯玛"式的宗教人物是术士、祭司、先知等角色。在政治经济领域，最初的"卡里斯玛"式的人物是武士，后来是将军或国王。概而言之，一个人之所以表现出"卡里斯玛"，是因为他（或她）在宗教、军事或其他领域成功地成为了一位领袖、英雄或至高无上的统

第五章 内涵再溢出：高等教育项目制的组织学效应

治者。当我们把这一概念推及其他领域时，"卡里斯玛"是一种在特定群体、特定领域中极具权威、可以称得上是领袖的人或"人化"的物。比如，在人类知识谱系上，不同时期占主导地位的知识及知识人群体都可以称得上是"巫师"，都带有"卡里斯玛"的迹痕。从最初的人文知识到现代自然科学知识，知识的"卡里斯玛"的构成形式与表现形态都发生了革命性的变化。中世纪以来的很长一段时间，人文知识占据知识体系中的顶端，在大学中表现为哲学作为母体学科地位（即使是自然科学也是从哲学中孕育而出），而哲学与哲学家很显然是那时学术与学人的"领袖"。随着自然科学从哲学母体中分化出来后，历经人类社会的反复实践与主观建构，自然科学知识、方法、价值已发展为知识体系中的"将军"或"国王"，其他知识体系便对自然科学的范式顶礼膜拜，自然科学知识体系中的专家、学者也似乎被认为是一个更具"权威性"的知识群体。因此，自然科学知识体系及其中的人被建构为一种带有"卡里斯玛"特征的知识印象与学人印象。所以，在这个意义上，我们说在知识领域也存在"卡里斯玛"的印痕。

在大学场域中，学术也被赋予类似特征与相近意义的"领袖"角色，即学术的"领袖"，这种学术的"领袖"被马克斯·韦伯、威廉·克拉克称为"学术卡里斯玛"。在大学系统中，"学术卡里斯玛"的来源与表现则是部分教师被视为"宗教领袖"，并且这种构成会随社会变迁而变化，比如在宗教主导下的"学术卡里斯玛"与在世俗政府主导下的"学术卡里斯玛"便有着不同的结构表现。因此，"学术卡里斯玛"也可被认为是一个"移动"的概念。在大学的历史谱系中，"学术卡里斯玛"历经从传统大学到现代大学的变迁，建构了"学术卡里斯玛"的系谱学。

威廉·克拉克论道：

> 在传统的大学中，教授就代表了传统权威，而教授职位的获得很大程度上要归功于某些委员会和选举团体的投票。投票不是一种理性的过程，而只是在某些社会中为了取得某一集团的同意并表达其意志的传统性过程。选举所体现的，更多是委员会和选举团体而

非被选者的意志。而被选中者则会延续团体并恪守传统。①

这种情况在德国研究性大学诞生后则发生了实质变化：

  在作为研究性大学发端形态的德国大学中，教授代表了理性权威。教授的任命由政府决定。政府采用的是一种"确认"的过程：由政府就相关职位确认"适当的人选"。这种确认适当人选的概念在学术任命中基本上是个新概念。这样，教授所延续的就不是某一个团体，而首先是一种体制。②

  由此可以看出，从传统大学到现代德国研究性大学，教授作为一种"学术卡里斯玛"的地位没有根本变化，但其确证方式与过程却有着本质性差别（从传统权威到政府理性权威）。这一结构性变迁过程是在伴随世俗政府取代宗教而成为社会权力中心的时空背景下发生的，政府开始通过各种"小工具"治理大学学术事务。这种千差万别蕴涵着"学术卡里斯玛"内涵的本质性变化，形式上似乎还是具有"学术卡里斯玛"，但内涵已构成了新的"学术卡里斯玛"。学者若想要得到任命，必须符合系列政府制定的标准；学者若要成为"学术卡里斯玛"，必须满足政府理性化条件的设计。新型"学术卡里斯玛"确证的过程便也孕育着新的大学学术体制的建构与诞生。

  回到高等教育项目制场域。被项目制场域吸纳后的学术场域，高校中的"人才"（高级别人才）是一个被重新定义的概念，人才项目体系的嵌入使得高校教师群体更加鲜明地呈现出一个有着更多、更严格区分制度的教师队伍构成结构。经由高等学校组织的实践建构而成的高等级人才——人才项目/项目人才——已被共识为大学教师群体中的"学术领袖"，这是20世纪90年代以来我国高等教育场域与学术劳动力市场中发

---

① ［美］威廉·克拉克：《象牙塔的变迁：学术卡里斯玛与研究性大学的起源》，徐震宇译，商务印书馆2013年版，第18—19页。
② ［美］威廉·克拉克：《象牙塔的变迁：学术卡里斯玛与研究性大学的起源》，徐震宇译，商务印书馆2013年版，第18—19页。

第五章　内涵再溢出：高等教育项目制的组织学效应

生的巨大变革之一。很明显的感受是，在当前激烈高等学校"人才大战"中，无论是"孔雀东南飞"还是东北人才的流失，无一不是在以人才项目为中心的制度导引下激情上演。以非常规形式支出的上百万"高价""巨资"足以支撑、建构起项目人才作为新"学术领袖"的物质基础与场域形象。这样，人才项目很自然地经过高等学校组织实践将学术劳动力市场割分为非常规人才行动的主要学术劳动力市场与常规人才行动的次要学术劳动力市场，诞生于人才项目中的人才快速崛起显然已位居主要学术劳动力市场并在高等学校组织间、学术场域中自由流通。循依威廉·克拉克的分析理路，项目人才的制度出场及其高等学校组织实践可解读为两重涵蕴：一是"学术卡里斯玛"群体从常规性教授转移至项目人才，纯粹的教授即无人才项目头衔的教授已不再是学术劳动力市场上的"学术卡里斯玛"，新的"学术卡里斯玛"在从上而下各级政府的人才项目中诞生；二是政府的确认是新"学术卡里斯玛"诞生的核心。故而，在高等教育项目制场域，与在现代德国大学体制中一样，"学术卡里斯玛"的确证方式没有发生变化（还是国家），国家可以为大学教师提供新的身份以区别于常规的学术劳动力（教授、副教授、讲师）[1]。但由于"学术卡里斯玛"不再是常规教授而是各种项目人才，此时的"学术卡里斯玛"在形式和内涵上都发生了结构性变化。

　　这些新兴的"学术卡里斯玛"是20世纪90年代中期以来在高等教育项目体制中不断诞生与崛起的"学术新贵"。中国政法大学社会学院院长应星教授认为：自20世纪90年代中期尤其是自21世纪以来，随着中央财政能力的大大增强，国家通过各种专项项目资金来有意识地引导学界，这一引导过程诞生了一批名利双收的学术新贵，他们头上顶满了各种头衔[2]。他们成为新的学术带头人，这是人的"学术卡里斯玛"，是在雄厚项目资金中孕育而出的"学术卡里斯玛"。在高等学校各自简介与宣传中，这些新型"学术卡里斯玛"成为每所高校论证其师资队伍力

---

[1] 熊进：《科层制嵌入项目制：大学学术治理的制度审思》，《现代大学教育》2016年第3期。
[2] 应星：《学术断层与学界新贵的崛起》，http://www.aisixiang.com/data/85274.html，2017年11月7日。

量强弱大小的最大合法性。

以上是从学人的角度论述"学术卡里斯玛"。当把主要指向人的"卡里斯玛"扩充至指向所有事物时，科研项目尤其是国家级科研项目便以另一种方式充当着"学术卡里斯玛"，即在所有科学研究中，拿到项目资助的科学研究是主要的、权威的。高等学校组织内部年复一年的动员机制、配套激励机制、对学术资格的约束能力等把国家级科研项目推向了科学研究的前台与最高点，为国家级科研项目作为科研的"学术卡里斯玛"奠定了组织合法性基础、技术合法性保障与坚实物质支持。在高等学校组织观念及其实践场域中，无国家级项目的科学研究不再是科学研究的主流，无国家级科研项目的研究者不再是"厉害"的研究者，无国家级科研项目的科学研究者也很难在学术职业道路上行走顺畅、通行于学术场域中。在这种情况下，资助本身而不是研究被高度评价。对于大学管理者来说，变得重要的是获得项目资助的级别与总额，而不是研究和伴生其出现的学术成就对解决问题和催生新知识的贡献；大学和学者们关注的是所获项目资源的级别、种类而非真正的对大学长期成功、持久发展的期待。在这种气候下，面对收入等各方面压力，学者们内心也发生了微妙变化，即把资助研究看得比非资助研究更有价值。[1]由此构造了资助研究与非资助研究的二元对立格局：

> 任何概念在语言上的正表述，例如"资助研究"，依赖于它的"对立方"的反表述——这里是"非资助研究"。在一个二元对立中，总有一个占优势的或者优先的术语，而且，相应地，也总是有一个从属的、次要的术语。在每个例子里，第一个术语被给予了对第二个的优先性，第二个术语常被定义为"非"主要的。（这种）二元对立是由世界观构成的，而并不是自然赋予的产物。[2]

---

[1] ［美］朱莉安娜·奇克：《未言说的故事：做受资助的定性研究》，载诺曼·邓津、伊冯娜·林肯《定性研究：策略与艺术》（第2卷），风笑天等译，重庆大学出版社2007年版，第443—444页；Liefner, I, "Funding, Resource Allocation, and Performance in Higher Education Systems", *Higher Education*, No. 46, 2003, pp. 469–489.

[2] Derrida, J, *Of Grammatology*, Trans. G. C. Spivak, Baltimore: Johns Hopkins University Press, 1976.

或者说，这种二元对立不是自然演化的结果，而是高等学校等组织的主观建构。事实上，我们似乎也总是习惯于在高等教育场域与学术场域中通过各种制度建构着各种"二元对立"（如学术论文的二元对立）。高等学校组织及其科研实力、教师及其科研水平通过科研项目来确证，并经此证明各自在场域中的身份和地位。就像拉霍指出的：一个成功的研究者有时候被其吸引资助的能力所定义①。这也是从雄厚项目资金中孕生且似乎已被人化了的"学术卡里斯玛"。

二 资本重组与规则重构

资本是布迪厄场域理论中的一个重要概念与分析工具。在他看来：

> 资本是以物化的形式或"具体化"的、"肉身化"的形式存在、积累与占有，它是一种铭写（铭刻）在客体或主体结构中的力量。在特定时刻，资本的不同类型和亚型的分布结构，在时间上体现了社会世界的内在结构，即铭写在这个世界的现实中的整套强制性因素，这种强制性因素以一种持久的方式控制了它所产生的作用，并决定了实践成功的可能性。②

这一简要的资本话语可解读为三重意义：一是资本既可以是有形的，也可以是无形的，又可以共存于主客体世界并作用于主客体实践中；二是通过资本类型、资本结构等资本的内涵与外延可以窥视整个社会结构样态、治理形态等宏观命题与内隐机制，这是资本溢出其自身内涵后所呈现的社会学学术效应；三是资本与实践的关系——什么样的资本（如量的多少、地位高低、类型多寡）在实践中的作用表现如何（如在场域中的流通、等价、交换等价值的大小），即资本的类型、结构等影响行动者实践的能力与何以可能的机制。比如，有些资本在场域中具有更大

---

① Parahoo, K, "Politics and Ethics in Nursing Research", *Nursing Standard*, Vol. 6, No. 1, 1991, pp. 35–39.
② ［法］皮埃尔·布迪厄：《文化资本与社会炼金术》，包亚明译，上海人民出版社1997年版，第189—190页。

的等价能力与交换价值，或者说是某类资本通行于场域中的能力更强，此类资本对于主体实践影响颇深且稀有，顺理成章地成为场域中行动者"斗争"的对象。

资本以三种形式存在：文化资本——与行动者性情倾向系统相关、与看得见的文化产品相关、与体制性赋予相关；经济资本——与金钱相关，可与金钱之间直接或间接进行等价、等值转换；社会资本——与社会联系、社会网络相关，比如场域中对行动者的认可、行动者的场域印象。三类资本之间可在实践中进行不同程度、不同方式的转化与兑换。

在项目制场域中，人才项目与科研项目以学术资格的形式获得了一种体制性文化资本的客观存在与身份。通过学术资格的认定使文化资本成为一个客观化的实体并作用于主体实践，这种项目化的文化资本很快便与经济资本、社会资本乃至符号资本相结合，由此使这两类项目占有者的场域地位与形象得以明朗化与权威化甚或"卡里斯玛"化。因此，科研项目与人才项目在实践中就演变为一个集多项资本于一身的制度性存在。在高校教师的学术职业道路上，占有人才项目、科研项目是一种能通过文化资本在学术场域中起决定作用的资本机制，这种决定作用体现在这种文化资本决定着教师的学术轨迹变迁、经济资本与社会资本的获取。所以，布迪厄才指出：

> 正是学术资格使得资格拥有者之间的相互比较成为可能，甚至使得这些资格拥有者的相互替代也成为可能（用一个人在次序上替代另一个人）。更进一步的是，学术资格能够在文化资本和经济资本之间设定转换率，这是通过保证特定的学术资本的金钱价值来完成的。这一产品也确立了那种可以在劳动力市场用来交换的金钱价值。学术资格所保证的物质利润和象征利润，是建立在"物以稀为贵"的基础上的。[1]

---

[1] ［法］皮埃尔·布迪厄：《文化资本与社会炼金术》，包亚明译，上海人民出版社1997年版，第201页。

第五章　内涵再溢出：高等教育项目制的组织学效应

科研项目与人才项目初始状态便蕴涵雄厚的经济资本（因为各自都有雄厚经费支持）。而在人才项目、科研项目发挥作用的组织实践场域中，通过等级机制、等价交换机制、价格机制的实践呈现，又确定了文化资本、经济资本、社会资本的属性与意义及彼此间兑换关系。通过组织机制确立了项目"物以稀为贵"的社会资本属性与符号资本意义，无论是科研项目还是人才项目，在高等学校管理者及其他行动者的观念与行动中均镌刻下了"学术卡里斯玛"的印象；通过等价交换机制确立了项目的通约性与通行能力，人才项目可以在学术劳动力市场上自由行走，科研项目可与论文、教学等高等教育学术资格认可中的其他元素进行等值替换；通过价格机制确立了其与经济资本间的交换关系，比如人才项目所获得的待遇及相关资金配套，科研项目与奖励挂钩。这里面发生了资本的多重叠加。而且，两种项目都可以以非常规形式获取经济资本，超出常规的文化资本与经济资本之间的兑换比率，也许科研项目会被设立一个固定的兑换比率，但人才项目却没有被设定，而是这些教师可以与高等学校组织间进行待遇（经济资本）谈判。

这是在高等教育项目制体系内部人才项目、科研项目所具有的资本属性与价值，其中文化资本起决定性作用，是文化资本决定着社会资本与经济资本，社会资本与经济资本彼此间相互证明，资本含量都处于较高的位置。经由经济资本转换与定价后的文化资本（科研项目与人才项目）就确立了资格拥有者的价值与地位（社会资本），也正是社会资本的作用方能证明经济资本含量的大小。

从另一个角度上来看，人才项目、科研项目作为文化资本的制度性优势是通过在与其他常规性文化资本的对比、竞争中彰显的。也就是说：

> 资本的真正功效依赖于某种呈现手段的分布形式，即对积累的和客观存在的资源的呈现手段，行动者与客观存在的资本之间存在的呈现关系，以及由这一关系所产生的利润，都受到在行动者与资本的其他占有者之间的竞争关系的调解，这种竞争是由于生产的商品的雷同而产生的，因此在这些商品中物以稀为贵的特性就被产生

了出来。场域的结构,即资本的不平等分布,是资本之所以能产生特殊效果的根源。①

第四章的描述已清楚表明,无论是人才项目还是科研项目都有一个等级机制在其中起作用,从而决定其与高等学校组织内部其他要素的等级区隔。同样是作为文化资本的其他要素或者说是其他资本主体(常规性教师),在场域内的资本价值远不如人才项目作为文化资本的实践呈现(比如收入)。人才项目、科研项目通过经济资本、社会资本的实践呈现与相互证成从而导致高等教育项目在高等教育场域内的地位再生产。这也就是文化资本的分层机制所带来的效应。

与此相关的一个问题是,如果一个组织拥有大量经济资本或提供大量经济资本,组织能否获得文化资本?也就是组织在经济资本与文化资本间转换的问题。在项目制这个意义上,意味着一所高校是否以雄厚的经济资本作为条件,是否能吸引到作为文化资本的人才项目。这个答案在地方本科院校的组织场域中或许是否定的,地方本科院校的高价引才行动极少能有一个比较良性的结果,即使他们花高价引进的项目人才,在合同周期结束后也极有可能面临流失的风险。

一个与资本密切相关的概念与实践是场域中的规则。这里需要考虑两者间的关系:究竟是谁导致了谁?其中存在两重蕴涵:一是场域中资本的重组与变革导致场域规则的变迁。随着游戏的变化而变化的不同战斗力,不同种类资本之间的等级次序也随着场域的不同而不同,如经济资本、社会资本、文化资本、符号资本等。它们可以在各个场域都发挥自身效能,但其能否作为一种王牌及其作为王牌的相对价值的大小,是由每个具体的场域决定的;甚至在同一个场域内的这种价值关系,也可以由场域内的前后不同阶段所决定。② 以高校教师职称评定为例,虽然 2012 年《教育部关于做好高等学校副教授评审权授予工作的通知》依然适用 1986 年 3 月出台的《高等学校教师职务试行条例》(参见附录 4)

---

① [法]皮埃尔·布迪厄:《文化资本与社会炼金术》,包亚明译,上海人民出版社 1997 年版,第 197 页。
② 孙琳:《重构场域——出场学场域十论》,人民日报出版社 2013 年版,第 101 页。

中的规定：承担五年以上讲师职务工作或获得博士学位且已承担两年以上讲师职务工作，但在地方政府和高等学校的实践中将项目、论文、获奖等悉数纳入，不断将资格条件扩充与升级、年年加码。广东省职称改革办公室1999年12月颁布的《关于印发广东省高等学校教学、科研人员高、中级专业技术资格条件的通知》中已将科研项目及其级别高低作为职称评定的专业技术工作经历（能力）条件。在高等学校，这些资格规定具有强大的不确定性，升级与加码显得更为日常。而在人才项目诞生初期，其很少与薪酬制度关联（如1994年的杰出青年基金设立之初仅仅是科研项目，并未与薪酬待遇挂钩），从20世纪末开始，高等学校教师薪酬制度在人才项目嵌入下发生改变，项目、论文等成为决定高校教师薪酬待遇的重要因素，如今更是愈演愈烈[①]。因此，科研项目、人才项目的诞生至少从20世纪90年代就开始渐次地改变着相关的学术运作规则与薪酬分配规则，在当前更是深深扎根于高等教育评价的诸项规则中。二是资本必须在一个场域规则中才能体现其作用、发挥其功能，规则扩展或强化了资本的意义，恰如学界所述制度落地的过程。如布迪厄所说：

> 只有在与一个场域的关系中，一种资本才得以存在并且发挥作用。这种资本赋予了某种支配场域的权力，赋予了某种支配那些体现在物质或身体上的生产或再生产工具（这些工具的分配就构成了场域结构本身）的权力，并赋予了某种支配那些确定场域日常运作的常规和规则以及从中产生的利润的权力。[②]

由于项目作为资本的强大作用，因此在科研、学术场域中，在学校发展、教师发展的评价中，项目嵌植入组织规则，解构原有学术规则又开始建构新的学术规则，或者说项目本身就是规则。教师与教师间、学

[①] 《广西大学校长：扶正人才"帽子"必须从薪酬制度着手》，https://www.sogou.com/link？url＝B7ss7T7Ay4nZF1qjWdh＿uN0DRJdnKmRMssLC2cIneEqA5CBMX1oWVnnjLYuW-XFqtsCnpVGpPpA，2018年5月9日。

[②] ［法］皮埃尔·布迪厄、华康德：《实践与反思——反思社会学导引》，李猛、李康译，中央编译出版社1998年版，第139页。

校与学校间都要在项目规则下或加入项目游戏,除非改变这种规则。"在每一具体的场域游戏中,游戏者可以通过参与游戏来增加或维持他们的资本,也可以部分或彻底地改变游戏的固有规则。"① 无论是个体还是组织,都必须加入到项目所确立的游戏规则中,否则在发展空间上必受限制。

所以说,一方面,资本重构着场域的运作规则;另一方面,场域规则的运作又确立了资本的场域价值:

> 一种资本的价值,取决于某种游戏的存在,某种使这项技能得以发挥作用的场域的存在:一种资本总是在既定的具体场域中灵验有效,既是斗争的武器,又是争夺的关键,使它的所有者能够在所考察的场域中对他人施加权力,运用影响,从而被视为实实在在的力量,而不是无关轻重的东西。②

与其说当前学术规则是以学术为中心,还不如准确地概括为是以项目及其符号与论文及其符号为中心。正是高等学校组织的日常实践行为(系列规则、"游戏")使得项目式的文化资本确立了其场域价值。无论是在常规的组织行动中还是组织以非常规的规则进行,项目以资本的形式存在并始终是高等学校组织场域乃至整个高等教育系统中的"将牌"。

第二节 项目通行与学术的"一般等价物"

在实践中早已不可能是经济学、财政学的意义,而是在高等学校组织运作后超越了国家治理高等教育、高等学校组织治理内部事务等简单性、技术性、程序性工作的宏观治理方式与组织学内涵。所谓的政治学、

---

① [法] 皮埃尔·布迪厄、华康德:《实践与反思——反思社会学导引》,李猛、李康译,中央编译出版社 1998 年版,第 137 页。
② [法] 皮埃尔·布迪厄、华康德:《实践与反思——反思社会学导引》,李猛、李康译,中央编译出版社 1998 年版,第 135—136 页。

第五章 内涵再溢出：高等教育项目制的组织学效应

组织学视域已不能全方位地解读高等教育项目制的全部意涵。当项目制所赋予的"生活空间"与"生活机会"成为当前高等学校、教师最大的"空间"与"机会"，当项目制成为一种高等教育评价、学术评价的"举国体制"时，项目制已深深镌刻在高等教育组织与高等教育人的世界中，它便以一种哲学姿态（或如渠敬东所说的体制性的精神内涵）存立于高等教育场域中，演绎着我们的高等教育与学术生活，具有了一种财政社会学中所言的"立宪"的地位，我们可称为项目对于高等教育、大学学术的"立宪"地位。高等学校组织内部等级机制、等价机制、符号机制的出现及其扩散与强化使高等教育项目制内涵的溢出进程在高等教育场域中表现出更为深刻的哲学内涵，或明或暗地反映出几个基本哲学概念（我们这里主要借用马克思及西方马克思主义中的几个哲学概念）：一般等价物、辩证法、异化、物化、技术、资本逻辑、商品/商品化等概念范畴，从而引发多个重要的哲学分析主题：项目制下学术的辩证法（"什么是真学术，什么是假学术"或者说"什么是好学术，什么是差学术"很可能变得没有了鲜明界限与判定标准）、项目制中的数字与技术、项目制与商品化、项目制时代中科学劳动的异化等彰显更为深刻的理论命题。显然，这里发生了从项目制组织学到项目制哲学的意义嬗变，这种哲学意义的诞生更加彰显出项目制对高等教育的影响已远非财政资助这么简单，当然也不仅仅是政治学与组织学。另外，可以解释说明的是，虽然这些主题的论述主要集中于高等教育项目制，但同样具有对其他高等教育现象与实践的一般解释力与理论启发性[①]。

接下来的几个小节将循依上述提及的几个概念进入哲学语境中进行高等教育项目制内涵再次溢出的综合分析，以求将高等教育项目制研究向纵深推进，展现高等教育项目制更为丰富的实践内涵与理论命题。首先是高等教育项目制与学术"一般等价物"的某种关联。

---

① 比如将期刊分等与学术评价进行关联的理论分析，期刊等级与学术水平之间究竟存在何种关联？如何关联？这里存在一个事实与逻辑或者说规范理性与逻辑理性关系的问题，与本书所要探究的项目等级与学术水平间的关联有着同样的理论与逻辑困惑，可以作为一个思考的出发点。

一　一般等价物的功能

在最初意义上，一般等价物是一个经济学的理论与实践范畴，是与货币缠结在一起出场而获取学术与实践的内涵与身份，也就是在常说"货币充当一般等价物的功能"这个命题中的话语呈现。在此，本书概括性地从商品交换、货币的形态发展历程出发理解一般等价物及其功能，继而为本研究的解释提供相关灵感源泉。原始社会的交换活动往往是直接通过物物交换实现的，无须任何中介物，也无任何中介意识及相应中介制度与中介体系的建构行动。伴随商品数量的增多、交往规模的扩大与交往活动的复杂等历史实践的推进，直接面对面的物物交换已不可能，必须找寻能搭建交换桥梁的物来完成人类的交换活动。在所有商品中，货币恰逢其时脱颖而出，其不再是普通商品，而是作为物与物的中介，物—物直接交换演变成了物—货币—物间接交换。事实上，当人类需要凭借某种物作为中介来完成整个交换活动时，一般等价物这一概念便有了广阔的实践基础，只不过这个任务恰巧由货币来承担。很显然，在这里，物的价值不再通过物而是借用货币来体现，货币为物提供了价值自我证明的中介依据，货币也成为一种特殊的物。

实践中，一方面一般等价物因货币在物、物与物之间发挥的功能而有了具体所指与实践表征，另一方面货币则借由一般等价物的身躯及其所赋予的合法性开始行走于更宽广的人类实践领域，而有了更多的意义指涉。在随后人类文明发展进程中，货币与文明的紧密融合与深度关联及其在"现代性祛魅"中的作用，使其作为一般等价物的功能与能力已不再止步于经济领域中的实践价值，而是日渐侵浸所有社会空间与人的世界，成为一种具有强大渗透力、总体性统摄能力、西美尔眼中"货币哲学"[1]的实践身份与理论地位。在货币发展的很长一段时间内，学界对于货币的了解主要被经济学知识所控制，"货币被看作完全属于经济的范畴的、一种用于间接交换的商品"[2]。而在实践演化

---

[1] [德]西美尔：《货币哲学》，于沛沛等译，中国社会科学出版社2007年版。
[2] [英]卡尔·波兰尼：《大转型：我们时代的政治与经济起源》，冯钢等译，浙江人民出版社2007年版，第50页。

中货币的实质更多植根于特定的社会关系，从属于特定生产关系、社会关系[1]、主观建构的范畴。作为一种哲学内涵的货币，其最大的实践能力或者说结构化能力体现在所有事物都需在此框架下寻找价值空间与合法性身份。

简论之，一般等价物是一种中介机制，是在特定场域中具有衡量其他事物价值的机制，可用来与其他事物进行交换、评价确认其他事物，这既是其基本含义也展现了其基本功能。可以说，什么充当了一般等价物，什么便具有了化约一切的能力，其他事物需在一般等价物中获取更多意义、价值与身份；谁掌握了一般等价物，谁便拥有了控制的权力。所以，对于掌权者或者拥有权力的人来说，他们越来越习惯制造或借用一些一般等价物或中介手段来治理权力对象。现代社会的一个典型特征就是中介体系的剧烈扩张与膨胀，中介是一种具有精神性指引能力的存在，任何有生命、无生命事物的存在价值都凭借一定的中介物进行自我论证；任何组织机构都可以凭借一定的中介物对事物进行抽象、计量与化约，由此更加便利、有效率地实现组织意图与治理目标。

二 项目作为学术"一般等价物"的建构

货币作为一般等价物是人类行为在经济学与经济实践中的建构，但货币作为一般等价物远远超出了人类行为的原初建构，可以看成人类行为的意外后果。在此，本书并没有对一般等价物作更为精致化的解读，而只是借用这个隐喻所带来的启发去观察高等教育中的学术生态，这一概念对于把握高等教育现象具有重大借鉴意义。随着项目制实践的发展及其在高等教育诸方面的运用（尤其是各种评价都需以项目作为一个重要依据），项目制逐渐从财政制度、国家治理、组织制度的客观存在中衍生、分离出一种带有哲学意味的普遍抽象性与精神性。无论从哪个角度而言，高等教育场域中都存在一种等价机制或替换机制，如同第四章中呈现的那样，大学教师评审等事务中各元素间可以进行等值、等价替

---

[1] 李振：《货币文明及其批判——马克思货币文明思想研究》，人民出版社2009年版，第86页。

换。在这个过程中，只有高等教育项目和论文由等值替换演变成为一种学术的"硬通货"。虽然两者都是"硬通货"，但高等教育项目却在实践中表现得更加灵活（即高等教育项目与其他元素间的互动关系更加多元）。一方面，高等教育项目是一种学术"硬通货"，已成为学术与学人进行自我论证的凭介；另一方面，高等教育项目可以与其他学术与非学术元素进行等价交换。所以，在所有元素中，组织和制度建构了高等教育项目的如下功能：科研项目与科研项目之间的等值换算、国家级科研项目与论文之间的等值、科研项目与教学间的等值、科研项目与获奖的等值、科研项目作为评审的必不可少的条件等都力图勾连、证明科研项目与学术水平之间存在的某种必然对应关系，即拿到级别高的科研项目便对应着高超的学术水平，从而使科研项目在学术世界中具有很强的通约性。而人才项目以高昂的价格在学校评估中的地位等，足以使其具有在学界通行的能力，从而同样具备很强的通约性。布迪厄的论述十分精辟地指出：学衔以及其他方式的"信用证""通行证"（这里指人才项目）与货币一样，具有一种约定的、形式的地位，是摆脱了地区限制和时间变化的价值[1]。高等教育项目制以各种形式在高等教育中确证了合法性、合理性与日常性，成为判别学术的基准与参照，其在学术场域中的中介、流通、通行诞生了其作为学术"一般等价物"的哲学功能与宰制能力，从而引发出几个关于高等教育项目作为学术"一般等价物"的理论反思。

（一）物化与异化

"物化"是马克思及西方马克思主义等学术流派借以批判现代社会诸领域运作逻辑的一个概念范畴。在以物的依赖性为基础的人类社会发展形态下，"活动和产品的普遍交换已成为每一单个人的生存条件，这种普遍交换，他们的互相联系表现为对他们本身来说是异己的、无关的东西，表现为一种物。在交换价值上人的社会关系转化为物的社会关系，人的能力转化为物的能力"[2]。这一深刻的理论洞见在人自身以及人与人之间关系等方面所给予的启发是：人或人的精神性活动越来越需凭借物

---

[1] ［法］皮埃尔·布迪厄：《实践感》，蒋梓骅译，译林出版社2012年版，第192页。
[2] 《马克思恩格斯全集》（第46卷上），人民出版社1979年版，第103—104页。

第五章 内涵再溢出：高等教育项目制的组织学效应

或物的形式呈现，人的能力大小、水平高低取决于物的能力大小、地位高低；人在特定社会场域中的身份、地位（相当于人与人之间的关系）也取决于物。在学术项目化、高等教育项目化——项目成为"一般等价物"的进程中，学术的交换价值便在项目的中介机制下孕生，它首先是表现一切交换价值的平等关系的东西：一切学术等相关评价在项目上都是同名的、对等的。高等教育与大学学术的物化既是项目作为"一般等价物"的前提也是项目作为"一般等价物"的结果。在项目制风行的高等教育评价场域中，比如对于教师学术评价可以不考虑学术的具体内容、学科特征、学科差别、真实需求，项目变成了一个可以进行学术交换与衡量的抽象单位，无论是谁都需在此中介中辨识能力、水平、地位等。布迪厄说："教育系统赋予所有持相同学衔者以相同的价值，使他们因此而可以互相取代""它能把所有的学衔持有者（反过来也把所有的无学衔者）与一个标准联系起来，从而建立起一个容纳一切文化能力的统一市场，并确保用一定的时间和劳动换来的文化资本转换成货币。"[①] 项目制诞生及其演化的一个基本逻辑是高等教育、高等教育中的人、大学学术等系列生命性、精神性存在在这一中介物之上证实自身价值与地位、获取社会价值的过程。因此，可以说，高等教育项目制的社会属性就在于：它能够成为不同学术、不同研究者之间的共同语言言说工具（我们习惯于言说"你拿了什么级别的项目""你承担了多少课题"，据此判断此人的学术，由此产生此人学术厉害与否的心理判断），能向高等教育场域中的所有人、所有组织提供证实与表征功能。

在项目制这一逻辑体系中，项目对学术世界的各个方面进行通约，将异质的学术和个体生命进行量化、评级和分等，转换为同质的学术商品和学术劳动力，在学术劳动力市场体系中流动和交换。所有神圣的、情境的、个体的、生命的等不能用经济价值化约的成分都被主流制度、主流观念抛却。在项目体制中被化约为学术劳动力的人不再是自在与自为的存在，而是受到项目的引导与制约，这为科学研究的物化和异化的形成提供了可行性。在项目制框架中，项目生产（政府）与项目消费

[①] [法]皮埃尔·布迪厄：《实践感》，蒋梓骅译，译林出版社2012年版，第192页。

("基层消费者"——学校与教师)的关系使学术可能走向异化的境地。

(二)"物之抽象"与"人之剩余"

高等教育项目制所具有的迷人之处不仅在于它的制度或治理的绩效合法性,甚至也不仅在于其作为"财政资助之原初意涵"的物质载体,更具隐蔽性也更为关键的是项目在学术世界内部充当了"一般等价物"的功能,塑造出一种普遍性的评价标准与行为模式。项目可以在物质支持、资助的外衣之下,将大部分学术事务进行抽象与化约,学术元素在项目抽象下具备了可交换性:学术水平由项目等级来判准,学者地位高低由项目等级来证成,论文发表可与项目勾连。正是这种抽象,项目便以一种"符号"的身份自立于高等教育场域内并开始进行符号统治,使高等学校、大学教师对于高级别项目充满迷恋。原本项目并不能构成学术的充分条件也并非项目设计的原初旨意,现在却成为评价学术的重要标准。在这种结构下,项目符号的存在通常较教师本人更具合法性,在各种场合(比如教师招聘、教师简介、论文发表、期刊约稿、学术会议、学校简介等)下,这种符号的合法性必然超越于教师本体抑或其学术能力,从而成为期刊、学校、会议竞相争抢的符号化了的"人"。而大学教师作为一个"人"的存在成为一种在项目符号光芒之下的"剩余之物"。恰如简单制度主义观点的论说:个人行动者在知识论上被降到了一个极为次要的地位,而社会制度则被理论化一种真实的实体,成为具有自身生命的集体物[1];在以项目制为核心的评价实践中,学术被降格至一种次要的地位,而项目等级等被上升为一种具有不可动摇地位的、客观化的实体。项目成为一种实体,学术与人的真实本体被掩藏,成为一种被符号、制度掩盖下的"剩余范畴"。

因此,项目本身不仅意味着一种物质资源,更秘密的机制是它隐藏着支配人的智识的符号暴力。人与学术需要共存于这一抽象逻辑体系之下寻找身份合法性。任何高等学校组织、大学教师个体只要与项目发生关联,其符号效应立即生效,从而替代学术成为一种具有强大交换价值

---

[1] 刘志广:《新财政社会学研究:财政制度、分工与经济发展》,上海人民出版社2012年版,第69页。

的资本，并且畅行于整个高等教育系统。一旦哪一个高等教育组织与高等教育个体获得了项目尤其是高等级项目，其在高等教育场域中的地位、身份、资格、资源、关系、生涯等都会随之发生结构性改变。可以认为，大学教师学术职业被项目塑造的"权力力学"重新编排和分类为多重等级并存的学术劳动力市场，使大学教师能够按照后者预定的方式，不仅在"做什么"（申报人才项目）、而且在"怎么做"（从讲师到最高级别的人才项目）的问题上都符合项目权力的愿望。

项目制对高等教育场域、学术场域局部性特征的改造，成就了一个最大公约数。当把千差万别、不同学科、不同逻辑的学术都还原到项目这一"最大公约数"时，学术自身的特有价值与逻辑受到了破损，学术难以具有丰富的体现。就像"当千差万别的因素都还原到金钱这一最低要素时，事物自身的特有价值受到了损害"[1]。在项目制的逻辑体系中，项目制对学术生活的各个方面进行通约，将异质的学术和个人进行量化和评级，转换为一种同质的类商品和劳动力，在同一体系中流动和交换。正如布迪厄所言："名誉问题属于纯政治范畴。它倾向于积累物质财富，但这些物质财富'本身'，即其'经济'或'技术'职能，并不能证明它们的合法性。"[2] 这种逻辑与事实间的矛盾需要我们认识到学术的不可通约性，事实上也无法通约。

在项目治理逻辑之下，绵延数千年来的志在求真的学术也在项目理性制约下面临肢解。项目化的学术治理逻辑要求学术生产的符号化，从而使项目制在学术世界中发挥了"一般等价物"的功能。项目制度框架下学术的本真逻辑极有可能被遮掩，从而同质化于项目制所建构的高等教育评价、大学学术评价等话语体系与认知模式。当然，也只有在高等教育项目具有学术通约功能的时候（而不仅是资源支持的手段），其才能够实现自我价值的不断增长，塑造其在当今高等教育系统中的强大生命力与实践能力。

---

[1] 陈飞：《货币与自由的辩证关系探微——从马克思经济哲学的观点看》，《南京社会科学》2017年第8期。

[2] [法]皮埃尔·布迪厄：《实践感》，蒋梓骅译，译林出版社2012年版，第190页。

溢出高等教育财政内涵

第三节 "符号的崛起"与"学术真与假的辩证法"

符号及其崛起即是现代社会发展进程中显现出的一个典型特征,在学理意义上也促就了现代社会批判理论的社会学、哲学等学术转向,旋即引诱出了消费社会学、符号政治经济学等学术建构。现代社会发展从工业机器化时代向后工业化时代的过渡,在鲍德里亚眼中便意味着我们的时代与社会从生产社会跨进消费社会、从物的时代跨入符号的时代、从生产之境进入至符号之境。前者构成马克思政治经济学批判及西方马克思主义哲学批判的重要现实基础,即前文叙述中以物化为基础的总体性批判;后者是鲍德里亚符号政治经济学批判的现实依据,即社会批判的焦点不再以物化为出发点而是集中在附着于物体之上的符号,从而实现了现代社会批判以符号为中心的学术转向。由符号标志和专家系统所构成的抽象系统的产生使现代性对人类社会的影响无孔不入[1]。在现代社会发展中,符号不仅表征着社会个体行动者的行为倾向与惯习,更加被政府部门、社会组织等借以进行社会治理、组织治理的方式、手段与工具,所以才会形成一种关于符号的政治经济学与布迪厄眼中的"符号暴力"等符号的实然性存在。

一 项目符号的崛起

早些年,已有相关研究便指明高等教育项目制早已作为符号的存在,尤其关注了以"985 工程""211 工程"为代表的高等教育大型项目所具备的符号意义并进行了深刻的哲学反思[2]。"985 工程""211 工程"诞生以后,高等教育的"差序格局"似乎就此厘定,并以一种符号结构效应的能力框住高等教育场域中的多重命题,无论是宏观层面高等教育资源投入、高等学校自主权限以及整个高等教育发展,还是高等教育组织、个体行动者似乎都须在此项目框架下找寻实践空间与自我认同,甚至包

---

[1] 张云鹏:《试论吉登斯结构化理论》,《社会科学战线》2005 年第 4 期。
[2] 李涛:《教育发展的符码政治哲学批判——"超真实"构境中的草根浪漫主义公正与自由》,《社会科学论坛》2010 年第 6 期。

第五章 内涵再溢出：高等教育项目制的组织学效应

括高等教育公平正义等颇具哲学、人学内涵的命题也受此制度之波及。概言之，高等教育场域中的系列元素与命题无法逃躲于这一制度构架。如马克·波斯特所说：所有符号的整体构建了符码，主体被嵌入符码之中，无处逃逸[1]。在实践中，我们可能无法精确作为符号的高等教育项目制何时被意识、被感知进而运作、发挥作用，或许在诞生之时便已孕育，又或许在年复一年的项目制实践中成长、崛起。现今作为符号身份的高等教育项目制已是不可逃避也应进入学术议题的重要话题。在此，本章将以前述分析中的项目样本为对象进一步释析作为符号的高等教育项目制，将项目符号的哲思向前推进。

当项目在高等教育制度、机构、个人之间循环，当项目级别成为各种利益关系、组织关系、物质关系、象征关系、学术关系、个人关系的体现者时，项目便发展为当前高等教育事务合法性的顶点符号与所有符号中的顶点。如前所论，被用作交换媒介的高等教育项目，实际上逐渐地转化为"一般等价物"，转化为一个象征；而在发生这样的情况后，高等教育项目本身就可能被它自己的象征所代替。高等教育项目制在实践中是具有更高价值与内涵的制度存在，携带有构筑新的高等教育、学术关系和塑造高等教育整体的能力。将符号哲学蕴意考虑进来，高等教育项目制便建构了其二重性的存在样态：作为一种对高等教育组织、个人资助的财政资源；另一种充当交换媒介的符号价值。在这个过程中，充当交换媒介的高等教育项目制获取了一个与物质意义上的高等教育项目制分离的存在，也就是高等教育项目制的符号价值从高等教育项目制的资源支持工具分离出来，取得了一个独立的、"实体化"的地位，并以符号的身份发挥着区隔等独立的、新式的高等教育治理功能。

于是，高等教育项目之"符号意义"便显得尤为突出：项目从"资源支撑"异化为某种"身份""地位"和"权势"的象征；在价值层面，项目从"使用价值"过渡至交换价值、符号价值。高等学校的配套奖励与惩罚机制更是把作为符号的高等教育项目制推向前台，为符号的存在

---

[1] ［美］马克·波斯特：《福柯、马克思主义与历史：生产方式与信息方式》，张金鹏译，南京大学出版社2015年版，第25—26页。

及其功能的发挥奠定了组织上的物质基础。在符号意义上，项目的运作过程实际上就是高等教育组织与个人被项目符号的意指体系所吸引与建构的过程，高等教育中关键元素（人与事）的"存在"只有被建构成某种项目"符号"，才能在高等教育等级序列中获得价值和意义，才能证明自身身份。高等教育组织与个人、高等教育与大学学术想方设法地通过各种途径进入项目体系，通过项目体系论证、构建自身存在的合法性与合理性，并构造一种自以为是的"真实性"（好）。然而，这种真实性会面临"假"（差）的挑战，从而构建一种"真"（好）与"假"（差）的辩证法。

二 学术"真"与"假"的"辩证法"

学术"真"（好）与"假"（差）[①]的辩证法强调的是一种真与假之间的交缠，两者间已无清晰界限或者很难去辨明何为真、何为假以及何时是真、何时是假的学术状态，正所谓"真亦假时假亦真，假亦真时真亦假"。当评价学术性事务以诸如项目级别、论文级别作为主导性标准时，这些等级符号建构了其对于学术的优先性地位，学术自身的内容、品质便被忽视了，似乎等级符号替代学术而成为学术本身（也就是能指狂欢与所指缺失的巨大反差）。在学术评价实践中，在交换价值与学术交换制度的掩饰下，由于不再去关注学术的具体内容与真实所指，我们不知道也很难有能力去作出一个精确的判断：学人们的学术究竟是真还是假、是好还是坏，因为这个时候真假、好坏已经无法有效区分。也就是说，我们虽然在主观上建构了项目的权威性，但事实上我们并没有找到一个界限或标准认为孰优孰劣（项目学术好还是没有被项目化的学术好，或者说项目学术也有可能不好）。于是，在项目通行的学术世界中，诞生了学术真实与学术虚假的辩证法。这便形成了鲍德里亚所言的"超级真实"[②]，我们把这种并非真实（仅仅只是像真实）的学术看成了真实的学术。就像有人以"0"和"1"为例来讲述真实与虚假的关系时那样：

[①] 在这里，学术的"真"与"假"并非是说项目学术的真与假，而是一个隐喻概念，恰如我们讲学术的"好"与"差"。也就是说，我们很难区分"好"与"差"的学术。

[②] ［法］让·鲍德里亚：《象征交换与死亡》，车槿山译，译林出版社2012年版，第96页。

第五章 内涵再溢出：高等教育项目制的组织学效应

所有的事物都可以转化为"0"和"1"的二元编码，更重要的是：不是事物转化成"0"和"1"的二元编码，而是"0"和"1"的二元编码创造了任何事物（的信息），现实的事物是"虚假的"，要不断地根据"0"和"1"造就的事物来调整、修正甚至否定，即不是由现实走向编码，而是由编码走向现实，假的比真的还真，超现实的比现实的还现实。[①]

由于符号本质上是一个没有实质内容所指的能指概念与空虚之物，而当高等教育项目被纳入学术制度、学术生活中的时候，高等教育项目符号便有了"真实"的意义与功能，但也可能存在虚假取代真实而成为了真实、项目及其等级符号取代学术而成为了学术的情形。就像所谓"一流"是一个没有所指的空洞概念，如同索绪尔符号学意义上的能指，并没有确定不变的意义或质量内容，是按照一个体系内的原则在与同类的类比中获得意义，而能够类比的是数量、指标、效益，至于质量、意义、价值的内容则在所谓科学化管理的各种图表上再也没有可置放的栏目了。……雷丁斯认为，所谓"一流"理念是"解指涉化""解政治化"甚至"解意识形态化"的，因为它就像货币关系，并不以实质的东西为统一价值标准，而是以一个流通体系内的可计算性、可类比性和可交换性为标准来操作，由此"一流"管理也就变成了一种会计学[②]。而此时，大学学术被项目制的符号哲学功能所掩盖，真实的学术被高等教育项目制的符码效应所掩藏，从而也无法辨明项目制的原初旨意究竟为何以及何为真实的学术。所以，当我们看到一位教师获得了一个项目尤其是高级别项目时，我们便很快形成了"学术很厉害"的认知与判断。而项目与学术之间的差别究竟在哪里并没有予以足够思考。在当前评价制度体系中，我们虽然极少认定一个没拿项目的人学术水平高，但同时也没有相应的规章制度与衡量标准去证明，这些没拿项目的人就一定处于学术金字塔的底层。

[①] 张天勇：《社会符号化——马克思主义视域中的鲍德里亚后期思想研究》，人民出版社2008年版，第6页。

[②] 郭军：《"废墟"之上，怎建大学》，《中国社会科学报》2009年7月7日第10版。

溢出高等教育财政内涵

当然，这里存在一种情况或者说一种认知，那就是：我们的项目已经过评审、我们发表的论文已经过审稿，其结果自然就能说明、代表学术能力与水平。然而，其中存在的一个十分明显的理论困境与逻辑困境是：一方面如前所述的项目场域与期刊场域的逻辑与规则不能与高等教育场域、学术场域的逻辑与规则等同与化约，虽然有交叉但终究不是一回事；另一方面则是在实践中一些项目在研究主题、内容设计等方面面临质疑。由于存在诸多不确定性因素，人们很难去认定获得了项目比没获得项目的学术水平就高、获得了高级别项目比获得低级别项目的学术水平高（本身也不具有可比性）。此时，学术便身陷真与假的矛盾体中而无法证明自身存在的真实身份。而理论上真与假的辩证法，在实践中我们却都当成了是真的，真的也是真的、假的也是真的。也就是说，在高等教育组织、个体等行动实践中，获得项目便意味着真的学术、好的学术，项目比真的学术还要真、比好的学术还要好，即一种"超真实"。即便其中存在假的学术，我们也会习惯性地将其当作为真，并在各种学术场合、制度文本、组织实践、人际交往中赋予假的、不好的学术以真实性与合法性，此时便会出现假比真还要真的学术样态。

还有一种情况是：高等教育项目以符号的形式排列于高等教育的等级文化秩序之中，当人们越来越共识于符号及符号所塑造的精致体系中时，这个秩序导致学术产生巨大的意识幻觉，使得高等教育中的人越来越将高等教育项目的获取误识为学术的全部或者说是误认为学术水平高低的象征，越来越容易满足于项目所制造出来的符号的幻象所带来的快感。学术在符号的运作逻辑中以资助的名义消失了，这就是符号对于学术的暴力。所谓的符号暴力的实质就是人们将施于自身的原本不具有客观合理性的符号建构误以为是理所当然的事实，受害者之所以参与了这一暴力的实施，就在于暴力没有被视为暴力，在误识或错觉（Illusion）的欺骗中，人们反而将幻象视为真实，将偏见视为真理，将压迫视为法则[①]。理论上，项目制与学术并不同一，而在实践中却表现出学术与项

[①] 郑震：《当代西方消费社会学的主要命题》，《人文杂志》2017年第2期。

第五章　内涵再溢出：高等教育项目制的组织学效应

目体制的强大亲和力。

无论是"物之抽象",还是此处"符号之崛起",最终不过是如前所述的人与学术本身的剩余。在这个过程中,产生了剩余与不足的悖论:一方面,高等教育项目资源在现实性上是有限的、是匮乏的,不是每个人想要就能如愿得到,需通过竞争而得;另一方面,高等教育项目在哲学意义上又是多余的,因为它占据甚或替换了学术的本体与高等教育的本体,使学术与人成为一种剩余之物。因此,在哲学意义上：

> 符号的存在经常较本体更具有合法性,在各种需"验明正身"的场合,身份证或相应符号的合法性一定是优越于身体本身的,身体倒经常成为剩余物。符号看起来不占有物质资源,但它却占有并支配人的智识与管理系统,而且,只要同某种稀有资源与资本发生关联,符号本身也会成为资本,有时还会成为高昂的资本。[1]

前面我们所论及在学校师资队伍简介、高校人才引进、期刊约稿、学术会议、论文发表等不同场合下,是否拥有项目符号以及拥有何种级别的项目符号通常比教师本人及其学术更具合法性,例如,高等级科研项目与论文发表间的关联可能比教师本人与论文间的关联更大。项目与学术被置于一个理所当然的因果逻辑构架中。同时,这种合法性符号不只是单纯地荣誉性存在,而是不断与社会资本、经济资本发生勾连进而绑缚在一起,并成为一种高昂的资本。由于项目符号具有很强的资本转化能力,所以,高等学校组织、高校教师个体才会不断去追逐、争夺希冀能成为被项目体制承认的"学术俊杰"。然而,其中所可能生发出的一个陷阱是：我们生活在由自己所创造的符号世界之中,却反过来又深受符号的宰制,心甘情愿地做自己创造的符号的奴隶,并在受符号控制的情况下,自我陶醉和自我目眩心撩。人们自愿地在同符号的游戏中,享受物质诱惑的魅力[2]。因此,便也铸成一种无奈之感：在符号、人类理性、政治经济

---

[1] 邹诗鹏:《现代性与剩余》,《学术月刊》2016年第8期。
[2] 冯俊等:《后现代主义哲学讲演录》,陈西贵等译,商务印书馆2003年版,第554页。

编制的精致之网中，符号已经彻底主宰了社会，我们是无法走出去的，我们似乎唯有处在符号的铁笼中①。高等教育组织、学人们的需要与生存为了符号并通过符号得以实现，而与此同时又被符号遮掩了真实。

另一个绕不开的议题是，在或潜或显的一些组织制度中，很明显地能感受到项目与论文间的"联姻"，无论是期刊论文发表对项目的青睐还是论文级别与项目结题间的关联。其中，起核心作用的机制便是等级符号。项目等级与论文等级不断穿梭于学术交换、学术评价的网络并在实践中被普遍化地当作"符号拜物教"的存在，成为统摄学术的"物"，项目符号与论文符号共同建构着大学的学术生态。这些空洞无物的符号能指使人们陷入一种等级、数量崇拜的情绪之境；若非如此，当我们在欣赏甚至想去学习这些符号顶点中的学术抑或我们先在地认为符号顶点中的学术相当厉害时，为何总会生发出一种逻辑困顿：如此样态的学术品质似乎与其所拥有的顶点符号并不匹配。那些位居符号顶点（项目、高级别刊物）中的学术也有可能是一种低劣的学术（并不一定都是最好的）。也就是说，学术一旦与符号遭遇，符号的辩证法就开始发挥其辩证功能，从而有可能颠倒学术中真、假之间的关系。

概而言之，高等教育项目作为显现在社会制度中的"物"，它的实然性质是标志（理论上则极有可能面临一种学术的误识与错认）学术基本性质的主要因素。从这个意义出发，离开了对项目本质的这种社会含义和制度性存在的考察，是不可能对高等教育项目制的实践过程与本质内涵作出全面审视的，这也是本书对高等教育项目制研究所希冀的一种学术追逐状态。

第四节 技术治理与"高等教育表演"

西方自然科学的兴起和工业化的进程铸就了实践观的转向：将工具理性纳入实践之中②并超越道德实践、价值实践而成为实践的中心；"技

---

① 张天勇：《社会符号化——马克思主义视域中的鲍德里亚后期思想研究》，人民出版社 2008 年版，第 4 页。

② 冯向东：《实践观的演变与当下的教育实践》，《高等教育研究》2013 年第 9 期。

第五章　内涵再溢出：高等教育项目制的组织学效应

术概念就取代了实践概念"①，技术成为实践活动的主宰。这里的技术，既可以指先进的科学技术，也可以是以其他面貌形式呈现的技术（工具、手段、方法），比如社会规划、地图、数字、程序、户籍制度、统计、度量、表格、清单、比例、图表、目录、问卷、调查、报告②等，这些系列技术工具往往与国家治理、组织治理密切相关。现代社会以来，这些技术治理实践（通过这些技术进行治理而不是对这些技术进行治理）越来越广泛、熟练地被组织用作包括学术在内的各项社会事务治理的工具，也成为谈论治理的工具理性时的代名词。数字技术恰如西美尔所谓的"货币"——一个现代社会关系的载体与表征符号，作为现代社会治理关系的沟通媒介、实践工具③。

　　在项目进校过程中所裹挟的技术治理逻辑不仅体现在国家层面（第三章已述），在高等学校组织层面也有生动呈现。随着高等学校组织的"要求"及高等教育项目作为学术"一般等价物"的抽象特征、统摄能力、符号功能的诞生与强化，科研项目申报已成为不可逃逸的组织与个人行动，此时围绕高等教育项目诞生了大批的"知识、技术与专家"。"项目科学""项目技术学""项目申报学""项目申报攻略"的知识体系孕育而出并逐步发展与完善，诸多专家、学者被纳入这一项目申报的各项程序中，为这一体系的有效运作提供学术合法性论证。包括出版项目申报专著、开设项目申报讲座等各种技术性工作，为高等教育项目制建构了不同学科眼中的知识与技术，这套知识体系与申报讲座是专门用来指导相关行动者如何得以成功申报项目的，因此便诞生了一批项目申报的权威专家。《如何写好科研项目申报书》式的"知识著作"成为高等教育世界中的流通物而颇受欢迎，"如何成功申报项目"的"讲座报告"上演着培训专家、普通教师的激情。在某种意义上，项目申报培训专家比其他学术专家更具合法性；项目申报成功教师比其他教师更具认

---

① ［德］伽达默尔：《真理与方法》，洪汉鼎译，上海译文出版社 2004 年版，第 752 页。
② 相关研究参见［美］詹姆斯·斯科特《国家的视角：那些试图改善人类状况的项目是如何失败的》，王晓毅译，社会科学文献出版社 2004 年版；［美］威廉·克拉克《象牙塔的变迁：学术卡里斯玛与研究性大学的起源》，徐震宇译，商务印书馆 2013 年版；杜月《制图术：国家治理研究的一个新视角》，《社会学研究》2017 年第 5 期。
③ 参见王雨磊《数字下乡：农村精准扶贫中的技术治理》，《社会学研究》2016 年第 6 期。

溢出高等教育财政内涵

可度。大学与学术的"内在法则通过技术正在逐渐占有支配地位"①。实际上,大学学术资格就这样被严格限定在这种技术规范理性中。学术资格需要在这种图表、表格的框架下寻找能与这些数字、等级等系列符号相匹配的自身条件,规范化的技术理性为高校教师的学术行动提供了一种似乎具有普遍意义的行为规则。高等学校组织完美地将等级制嵌植进学术世界中并大有逐渐将其无限扩大的趋势。因此,组织的理性更多地呈现为一种工具理性至少是工具理性超越于价值理性之上,通过技术规范等手段来实现。组织使用数字等技术工具,既是一种激励手段,也是一种强调自身话语影响力、作用与地位的策略工具。由此在评价标准中诞生了所谓的"尺度政治"与尺度理论。在项目制机制的作用下,学术问题变成了一个既可以量化又可以灵活处理的技术性事务与概念。各种机制组合构造了一个学术资格治理的机制之网,其中既有激励也有约束。这种以数字等技术手段为中心的评价体系几乎成为高等学校中的日常生活,成为一种学术的尺度并在教师自主或被动的认同过程中得以成为日常生活的制度化存在。因而,随着项目数字、等级在现代学术评价中的建构,国家便实现了以不同方式存在于日常生活当中与教师个体和高等学校发生同构。高等学校可以说是国家的一个微空间与实践表达场所。渠敬东教授说:现在,学术研究变成了链条,决定学术的是资本及其权力。例如学者在申请课题的时候,总是会考虑别人的思维来要求自己的成果,进而形成所有人都要走进这种模式才能进行学术研究,也就是学术的项目制。而项目制的根本就是,谁分配资源我就为谁服务。② 这就会造成一种局面,就是标准化的研究技术和标准化的评价体系。

与这种技术治理、规范理性相伴而生的是高等教育场域内部"学术表演"的风行,在与高等教育项目制相关的高等教育日常生活与学术日常生活中,充斥着应付等各种形式化行动。

学术表演,即一种迎合项目条件、需求及其他评价条件的表演,往往变成了研究者所称的行政责任与负担,真正的学术没有被留出足

---

① [德]齐奥尔格·西美尔:《时尚的哲学》,费勇、吴蓓译,文化艺术出版社2001年版,第94页。
② 渠敬东:《社会科学越来越美国化的危机》,《文汇报》2014年12月12日第T03版。

第五章 内涵再溢出：高等教育项目制的组织学效应

够时间[1]；竭尽所能做事情的其他更真切的理由不存在了，剩下的就仅仅是为了满足制度构件或为了获得丰厚报酬[2]。当然不仅是学术在表演，事实上整个高等教育都存在表演的可能，都围绕着项目确定的目标或者在把项目本身作为一个目标的前提下进行表演。由此，学术等高等教育中"存在的内容就被安置在一个庞大的目的论关联中"[3]。在这种关联中，项目成为了客观性的衡量准则，学术的目标变成了为了项目的目标。在项目的主导下诞生了学术的计量学，项目所包含的计量技术不仅可以折算学术的产出，而且还可以折算成学术成就的大小、地位等级的高低。这样就将项目与学术之间画上了精确建立的等号。这种计量技术可以将学术生活原本应有的千差万别的生态化约为可以度量、测算的项目学术。根据项目的层次等要素，不仅计算了大小、高低，还据此计算了大学教师所应得到的报酬及其他资源。

而高等教育项目中的造假更是一种低劣的"表演"态度。为了能走进顶点符号体系中，从伪造学历、职称的"常规造假"到"移花接木"冒用数人履历和论文的行为，正不断挑战着长江学者等顶点符号的权威性、真实性。

因此，在学术项目化体制中，学术的味蕾、学术的时间、学术的进程、学术的标准、学术的结果、学术的认可等被项目"所有"了，尽管具体控制形式不同。"客观学术"就更多地落入到技术层面，变成了应用性和工具化[4]。技术指标论成为了高等教育项目制必须严守的准则，然而，这种借助于自己的理性设计出一整套技术规范体系，极有可能引发逻辑与事实间的矛盾与冲突：

---

[1] Eigi, J., Pille, P., Endla, L., Katrin, V, "Supervision and Early Career Work Experiences of Estonian Humanities Researchers Under the Conditions of Project-based Funding", *Higher Education Policy*, Vol. 27, No. 4, 2014, pp. 453–468.

[2] [美] 埃尔菲·艾恩：《奖励的惩罚》，程寅、艾斐译，上海三联书店2006年版，第15页。

[3] [德] 齐奥尔格·西美尔：《金钱、性别、现代生活风格》，顾仁明译，学林出版社2000年版，第21页。

[4] 赖岳山：《互为体用的"隐微政治"与"客观学术"——论"民族主义"情绪如何引导了"民国教育部'著作发明及美术奖励'（1941—1949）"中"著作类"的评审》，《学术月刊》2017年第11期。

人所面临的更大的危险是深陷在手段的迷宫之中而不得出,并因此忘记了终极目标为何物。于是,生活所有领域的技术越是人工化,越是有结构,越是相互交织——这根本上意味着单纯手段与工具的系统——它就越来越强烈地被认作是在本质上令人满足的终极目的,而人们不再有能力去探寻超乎其上的东西。[1]

组织依赖于技术,便是因为通过这些技术,有利于组织进行治理,也更能实现组织绩效目标的纯客观性,从而使高等教育组织在实践中更加凸显为一种纯粹技术性特质的组织,教育、学术也被裹挟在技术关系的架构中而缺乏一种可持续的发展能力[2]。把项目作为手段演化成为把项目作为目标,形成一种对方法主义的迷信建构:似乎越能够寻得一种精巧的方法,就越有信心把握住我们全部的生活经验。常规方法最容易标准化,因而也最容易与科层制的学术体制相结合,成为衡量和评价学问的尺度和准则,由此再形成一套对学问的技术治理标准。[3]

第五节 学术商品化与资本的逻辑

第四章提及在"项目进校"过程中,经由高等学校诠释后的高等教育项目存在一个机制就是等价机制,即通过计分的方式赋予项目不同的价格,以此论证学术的优劣好坏。在货币化与大科学时代,大学的学术事务很容易与金钱缠结在一起,一是由于货币从一个商品到作为整个社会抽象体系的一个尺度所具有的统摄能力,二是因为如今的科学早已不

---

[1] [德]齐奥尔格·西美尔:《时尚的哲学》,费勇、吴蓉译,文化艺术出版社2001年版,第104页。

[2] Marginson, S., & van der Wende, M, "To Rank or To be ranked: The Impact of Global Rankings in Higher Education", *Journal of Studies in International Education*, Vol. 11, No. 3, 2007, pp. 306 – 329; Rauhvargers, A, *Global University Rankings and Their Impact*, Brussels: European University Association, 2011.

[3] 渠敬东:《破除"方法主义"迷信:中国学术自立的出路》,《文化纵横》2016年第2期。

第五章　内涵再溢出：高等教育项目制的组织学效应

再是学院时代的小科学。从国家到高等学校组织，货币的巨大"诱惑"正塑造着一种别致的高等教育生态。对于高等学校来说，综合定额加专项补助的政府拨款中，综合定额、事业收入中的学杂费作为最稳定的收入来源，其变动取决于政府的投入和学费政策，与单个学校的努力有关系，但并不突出。因此学校组织收入的主要领域在于竞争性的专项经费等。虽然这些收入对高校整体收入来讲没有构成主要部分，但它们在边际意义上决定着大学竞争的优势，并对大学内部教师收入分配和系科及教职工行为、价值观念产生重要影响[①]。第四章的分析所呈现的诸种机制及其迈向一种普遍性，高等学校中存在如下政策规定：只要教师取得了丰硕的科研成果，比如成功申报国家级项目、发表学校划定的高级别刊物（还包括获奖级别、专利、著作等），经过计量换算等方式（每所学校都会建构一个计算公式用来计算科研、教学等事务，所有教师的成果都在这个公式的计算下衡量自己的物质回报与精神回报，每一个人的学术能力都必须在项目体系中获得证成）化约后，便能获得丰厚的金钱回报，而这种回报甚至远远超出了常规工资水平，一次性奖励便超越了一年的常规性工资。比如上一章中，A 高校的科研配套奖励办法，假设一个教师拿到国家社会科学基金一般项目（经费为 20 万元），那么他（她）就可以获得 20 万的金钱报酬。这 20 万的资金奖励已远远超出了该校讲师、副教授的工资水平，甚至超过了教授的常规性待遇。更不用说理工科拿到国家级项目经费所获得的科研奖励了。研究者曾对 A 高校教师的工资情况进行了初步调研，发现一个副教授（文科）的月工资大概 1 万左右（不到 1 万），其中包含了岗位津贴、课时费、五险一金等在内的"点点滴滴"，显然，这一年的工资收入不及一个国家级项目的奖励。在这种情况下（常规工资水平低的情况下），教师很多时候只能向学校"卖"成果而生活。这种教师收入分配方式与政策机制正引导着教师该做什么或者说该努力做什么。

因此，这种收入分配方式极有可能促使学术不得不走向商品化的境地，而这种学术的商品化可以有两种理解：一种理解是将这种情况当作

[①] 郭海：《大学内部财政分化》，北京大学出版社 2007 年版，第 128—129 页。

学术成果可以换取金钱；另一种理解是学术成了一种可以在学术系统中自由流动、自由交换的物、商品，依托项目等级的中介作用关系的连接而具有可交换性的物。通过职称晋升与收入分配的约束，更加强化了资助与非资助（项目与非项目间的二元对立）。

经由国家与组织政策机制的双重作用，学者、学术都被理性化（工具理性）为一个商品存在的物。威廉·克拉克论道：

> 经过官僚制和资本家精密机器的理性化改造，学术生活的面貌大为改观。而理性化的两个强大引擎也相应地由政府和市场来充当——其现代形式就是国家官僚行政体制和管理资本主义（Managerial Capitalism）。政府这只有形的手在诸多学术体制改革计划中的影子。政府旨在用自己的安排和推定的理性权威取代学者团体的传统性权威。现代研究机构的产生，很大程度上取决于这一政府主导下的改革。而这种官僚制人格扩展进入其他国家性语境则又是另一个问题。[1]

在这里，学术至少是部分地被定义为能够被测量的东西，而且这种测量与学人们的经济收入回报及其他报酬紧密相关，很显然便不自觉地陷入"商品拜物教"的境地。

同样，在大学持续上演的所谓人才争夺大战中，学术的价值已经转化成商品的价格[2]。威廉·克拉克更是认为，学术商品化已经导致挖人的价格快速攀升，已经超过了凭资历所能达到的顶点[3]。上千万的年薪、上百万的诸种补贴，已经看不到各种人才所应享受的待遇了（一个合理的究竟如何）。这种引进超出了一个教师年常规工资的很多倍。如此高昂的价格让部分获得项目称号的教师再也忍耐不住了，他们在几所学校

---

[1] [美]威廉·克拉克：《象牙塔的变迁：学术卡里斯玛与研究性大学的起源》，徐震宇译，商务印书馆2013年版，第9页。
[2] 董云川等：《当大学成为江湖·大咖与青椒》，《高教发展与评估》2017年第3期。
[3] [美]威廉·克拉克：《象牙塔的变迁：学术卡里斯玛与研究性大学的起源》，徐震宇译，商务印书馆2013年版，第460页。

第五章　内涵再溢出：高等教育项目制的组织学效应

之间来回穿梭，很惬意地享受着高昂的金钱诱惑所带来的快感，由此催生了所谓"职业跳槽教授"的"新型教师"。有新闻报道：

> 这种跳槽显然在钻制度空隙，让国家资源流入自己腰包。其中还存在两种类型的"职业跳槽教授"：第一类是"蜻蜓点水"型，这种类型的特点是一个聘期换一个单位，每所学校待三五年。"蜻蜓点水"型的教授最让人头疼。此类教授往往资历较深、学术水平不错，有广泛的社会关系，会趁着五年聘期期满、商量续约时开出天价条件，不满足就跳槽。"这些人很聪明，跳到一个单位可以迅速适应，拿项目、出论文。但是他们的科研成果往往是重复性、短期性的，自己履历漂亮了，学校的学科建设、人才梯队培养似乎都和他们无关。"学校如今已经被"跳怕了"。第二类是"狡兔三窟"型，其特点是兼职东家一大堆，科研成果没几件。一所高校的青年学者成功申请到一个国家社科项目，并成为项目主持人。靠着国家社科项目主持人的身份，他先后到好几所普通院校任教。"先到一个地方，拿了安家费，弄到了房子，然后又到另一所学校再来一次。"而无论是"蜻蜓点水"型还是"狡兔三窟"型，目的无外乎两种：逐利和谋官。"40 岁开始跳，65 岁退休，聘期一次五年，至少可以跳个三四轮，每一轮都赚一笔安家费，几次倒手收入可不少。"[①]

占据一所高校绝大多数的其余教师在这种疯狂的人才"价格战"以及在整个薪酬体系中似乎被映衬得不那么"值钱"或更显得像是一类"剩余"的教师群体。这些"剩余教师"只有倾尽心力通过拿高等级项目、发高等级论文、获高等级奖励等才能让自己更加"有钱"。当然，他们也是积极的。应星教授论道：面对大量可以用学术成果去争取的资源，他们再也按捺不住了，十分积极地投入了这场持久的资源争夺战。在这个过程中，诞生了一批名利双收的学术新贵[②]。

[①] 袁汝婷、闫睿：《高校"挖人大战"下的"职业跳槽教授"》，http://news.xinhuanet.com/mrdx/2017-03/31/c_136172592.htm，2018 年 1 月 20 日。

[②] 应星：《且看今日学界"新父"之朽败》，《文化纵横》2009 年第 4 期。

而即便抛出如此高昂的价格，对地方高校来说还是很难引进一个全职项目人才，充其量"客座"一下，就如上述报道中所言的"一个聘期"。聘期结束后，这些人才也走了，一方面难以维持地方院校学科的持久发展，另一方面如此高昂的价格易产生对其他教师不公平的感觉（事实上，这些项目人才已拥有大量的社会资本、符号资本以及经济资本，现在的情形是使他们的资本总量层层叠加，而其他常规性教师并未得到足够的激励，也就是说本应更需大力激励的常规性教师却没有受到激励，产生了激励错位的激励格局。因此，在人才项目的实践过程中可以发现，其有意或无意地正在不断制造学术中的"马太效应"）。调查显示：西部一些省属高校，在人才数量考评指标的压力下，一方面无法拿出大量经费提高教师队伍待遇，另一方面又不得不花有限的经费吸引拔尖人才"冲指标"，导致教师薪酬天平严重倾斜，教师队伍心态受到冲击[1]。

小结：作为尺度的高等教育项目制

以上根据第四章的项目现象进行了理论升华与抽象，提出了可供讨论的几个学术议题。在财政社会学的视域中，行动者的"生活机会"是指由权力资源的分配状况所决定的个人或组织自我生存、自我发展的空间。决定生活机会大小的权力资源在国家中如何分配、它们在什么样的制度安排中得到最为根本的规定以及这种分配结构与长期社会经济发展绩效的关系也成为构建财政社会学分析框架的重点之一[2]。而在符号政治经济视角来看，拥有符号统治权的一方可以通过对测量、评价、比较和奖励等符号的控制，达到控制组织行为与个人行为的目的，院校评估、学科评估、大学质量年度报告、大学排行榜等符号都属于此列[3]。就像

---

[1] 袁汝婷、闫睿：《高校"挖人大战"下的"职业跳槽教授"》，http://news.xinhuanet.com/mrdx/2017-03/31/c_136172592.htm，2018年1月20日。

[2] 刘志广：《中央集权型财政体制与我国古代社会发展的停滞——对我国社会经济发展史的"财政社会学"分析》，《上海行政学院学报》2002年第2期。

[3] 李奇：《从符号到信念：大学文化建设的概念框架》，《高等教育研究》2017年第6期。

第五章　内涵再溢出：高等教育项目制的组织学效应

货币将所有事物联结起来而具有普遍的标准与统一的尺度一样，代表着文化最为巨幅的变更与进步之一①。项目制将高等教育主体事务统一起来后所具有的功能，也成为了高等教育中的重大变革，最终形成了一个作为尺度的高等教育项目制，职称、收入、身份、地位、资格、"生活机会"等都在这个尺度下被衡量。虽然很难以确认其到底能在多大程度上说明真实的学术水平，但它确实构成了一种"统一"与"尺度"。正因为存在这个"统一"与"尺度"，所以才会形成前述六个问题。那么在这之下需要提出的几个设问是：能否二元对立？能否通约？能否计算？

虽然新型"学术卡里斯玛"在国家的建构下具备了强大的合法性基础，但如此"二元对立"的学术建构是否就是不证自明呢？或者说，是否具备天然的正当性？其中，至少有三个问题没有真正被腾留出足够的检审空间来作一个前提性解答：第一，学术能否区分高下？第二，在何种程度与何种意义上可以区分高下？尤其是如何区分资助与非资助两种学术的高低？第三，此种区分的本质性意义或者说学术性、教育性意义在哪？换而言之：

> 一方面，对于任何一种具有独立价值、独创精神的作品，在程序上如何折中为竞争性的高下判比？另一方面，在高下判比中，到底是学术的还是非学术的因素最终导致了天平的倾斜？②

至少在理论与逻辑上难以寻觅到充分的证据。如果这种二元划分与对立没有逻辑上的理由支撑与合理性解释，那么显然，这种区分就是相关部门与组织的主观建构，是金钱（资本）与政府政治—经济体制一道使这种二元对立成为一种客观化的学术事实。其中所蕴涵的真正的危险

---

① ［德］齐奥尔格·西美尔：《时尚的哲学》，费勇、吴蓇译，文化艺术出版社2001年版，第97页。
② 赖岳山：《互为体用的"隐微政治"与"客观学术"——论"民族主义"情绪如何引导了"民国教育部'著作发明及美术奖励'（1941—1949）"中"著作类"的评审》，《学术月刊》2017年第11期。

在于：用资助的金额与级别来衡量它本来不能衡量的东西，例如学术表现，会使获取追求资助本身成为目的，而不只是一个方法[①]。

一般来说，计算是科学行为，算计是商业行为，计算正在蜕变成算计，市场化、功利化、去伦理化正在使得"真理"的求索之路变得崎岖[②]。被尺度化后的高等教育项目制实际上携带有一种简化学术的治理倾向，最终形成了一种技术性的学术，这种技术化的学术很显然是为国家、为组织服务的，以塑造一种学术与组织、大学与国家间的"手段—目的"的抽象关系。

作为高等教育的一个尺度，项目嵌入必然会引发高等教育系统内部诸多行为反应以及高等教育自身运作规则的变化。从组织社会学视角来看，高等教育组织（大学）、高等教育个体（教师）不仅表现出一定程度上的制度遵从行为（比如在第一章现象描述中提及的学校、学院层面都积极参与到项目中），因为制度遵从能给大学与教师提供物质层面上的资源支撑与符号意义上的身份象征，获取生存的制度合法性并通过项目来构建在高等教育系统中的地位；同时大学与教师的行为还呈现出一种与制度相悖或在制度意料之外的情形（如在人才项目申报过程中所诱发的"造假行为"以及各种形式的应付等），他们力图在制度空隙中找寻利益的获取机制。总归，不同层次、类别的大学与教师都会在项目制框架下建立一套各自的生存哲学。无论是遵从还是悖逆，利益（主要是物质资源与身份资源）是其中起核心作用的运作机制，这也是市场经济下的时代表征。正如汤姆·伯恩斯（Tom R. Burns）所述：规则系统不能被简单地看成是一种达成某个目标的技术手段，它们已经成了社会互动和社会生活的战略结构形成的资源和本钱。它们构成一种权力资源，社会行动者可以利用它们来争夺和协商新的结构形式和形成社会系统，为自己的利益服务。[③] 项目俨然成为一个高等教育世界中不同行动主体

---

① [美]朱莉安娜·奇克：《未言说的故事：做受资助的定性研究》，载诺曼·邓津、伊冯娜·林肯《定性研究：策略与艺术》（第2卷），风笑天等译，重庆大学出版社2007年版，第445页。

② 江晓原、刘兵：《科学的算计》，华东师范大学出版社2009年版，第1页。

③ Burns, T. R, *Actors, Transactiuons and Social Structures*, London: Sage, 1986, pp. 8-37.

进行利益分割的制度场域，也正是通过利益机制的运转使项目在高等教育中确立了牢不可破的地位。

　　故而，在系列过程与规则运作下，高等教育项目制成功地建立起了一个边界，一个确认声望、收入、福利、关系的边界；这似乎也促成了不论是高校组织（单位）还是学术、学人，也都建立起了各自的项目属性①，一旦脱离了项目属性，组织、学术与学人都很难拥有一个优越的场域形象，所赖以享受的一切附带之物都会随之发生巨变。在这一点上，项目制较好地继承了单位制对社会成员身份、资源、关系等进行划分的特征，或者说项目制已替代单位制（事实上高等学校这一"单位"也已被项目化，亦即通过项目来确认高等学校"单位"的级别）塑造着高等教育中的"二元对立""等级"与"边界"。

---

①　这种项目属性的表达方式经常见诸于如下场合：学校简介中——学校是"211 工程"建设高校、"985 工程"建设高校、"2011 计划"牵头高校、"985 工程优势学科创新平台"建设高校、"双一流"建设高校等国家"万人计划"领军人才××人，"973 计划"项目首席科学家××人，"长江学者奖励计划"特聘、讲座教授××人等；在高校二级学院、学术会议（论坛）报告等对教师的简介中——××（表示人名）是教育部"长江学者"特聘教授等。

第六章

高等教育项目制内涵的财政溢出效应何以可能

第三章、第四章以及第五章，分别从项目制与国家高等教育治理的政治学维度、高等教育项目制基层实践的组织学视域及其哲学意涵三个层面对高等教育项目制内涵从财政领域外溢的效应作出了"是什么"的解答，也就是高等教育财政项目制溢出效应的表现及其影响。这是本书在当前研究框架中可提出的几个学科视角。在高等教育项目制实践的国家场域，从高等教育财政体制的变革、高等教育财政拨款方式的变迁、高等教育财政项目制的历史与类型到项目制度下国家高等教育治理的方式、态度、逻辑、倾向等；在高等教育项目制实践的高等学校组织场域，从对学校、教师的资金资助、资源扶持到作为评价等学校治理的政策工具，使高等教育项目以多重制度样态身存于整个高等教育系统，从而发展出了政治学、组织学、哲学等跨学科的内涵与意蕴。这种跨学科内涵的存在潜隐着项目制对高等教育多个层面、不同程度的影响，这也构成本书分析的一条暗线。

将"是什么"的问题探究明白是本书的一个重大主题也是本书及后续研究得以铺开的基础，而在此之后很自然过渡到的一个问题也是有待更深入回答的是"为什么"即"何以可能"的设问，也就是必须拷问为何会有其他意义的诞生，"去看看它究竟通过一种什么样的逻辑转化到另一种逻辑那里去，或从哪个点出发逐步过渡到其他的方向上去"[①]。根据前

[①] 渠敬东：《坚持结构分析和机制分析相结合的学科视角，处理现代中国社会转型中的大问题》，《社会学研究》2007年第2期。

述"是什么"的论述,为了很好地完成"为什么"这一理论任务,本章的理论思路是从多个子问题出发,对高等教育项目制内涵的外溢机理从政治学的国家治理总体性、权力重建、国家能力视角,以及组织行为合法性、组织能动性等视角出发,从而使这部分的研究囊括了以下两个与前文相对照的议题。

第一,在国家层面,从高等教育财政内涵到国家高等教育治理内涵的发生何以可能?更为直接地说,高等教育项目制何以蕴涵着国家治理高等教育的方式、手段、逻辑等变迁?具体说来,则需观照以下几个关联要点:国家治理的总体性、国家治理惯性(行政动员思维)、国家治理高等教育的合法性变迁、国家财政能力与国家治理及国家自主性相关等。

第二,在高等学校组织层面,从财政资源到组织学内涵、哲学意义的发生又何以可能?也就是说,高等教育项目制为何成为高等学校组织治理的工具以及为何具备一种"普适性"的哲学功能?项目遵循的是自上而下的程序,但由于竞争性的存在而呈现出了自下而上的过程。在上下互动进程中,起作用的核心机制是什么?在从财政学内涵到社会学等学科内涵转变过程中,是什么机制在发挥作用?其中,便涉及多个命题:高等教育项目制治理的常态化、组织合法性、组织自主性、组织对制度的解释等。

以下分而述之。理论上,本章的研究应基于国家、高校两个层面独立展开,以分析各自层面上高等教育财政项目制内涵的外溢何以可能的问题。但实际上,国家、高等学校组织等主体很多时候绑缚在一起而使高等教育项目制发生"溢出效应",所以本章的分析又会根据情况或对各自层面独立分析、或交织在一起而进行。分析时,本章将借鉴相关理论如吉登斯的结构化理论、组织学中组织自主性理论等作为叙述的理论基础。

第一节 项目制作为国家治理的"新总体性"及其理论价值

从国家角度而言,项目制不单单是国家在财政拨款体制、机制、方式等方面进行系列变革的产物（财政项目制），而是于财政实践中构建了一种"项目制作为国家治理的总体性"的制度本质，这是项目制最为宏观的存在与意义。也因如此，在国家这一层面上的项目制内涵开始由财政向外伸展至国家治理与总体性的政治学视域。

在国家治理层面上来说，"项目"并非起源于高等教育领域，更不用说是高等教育的独有。而项目之所以能全方位介入并能治理高等教育便与国家总体性的管理思维紧密关联。虽然总体性社会向后总体性社会转变已成为事实，但国家总体性的管理思维惯习并未发生结构性变迁，从而框定了社会诸领域的生活样态，高等教育亦在其内。

谁能充当国家治理的"总体性"？或者说，什么可以促成国家治理的总体性？简而言之，作为国家治理"总体性"的一种存在是指一个能在一定程度上概括、统揽国家治理实践的概念、语词，且这一治理实践上的"总体性"话语也能勾连起相关学术命题或者说一些理论议题可以统摄于这一概念的框架中去诠释，即一种所谓理论上的"总体性"功能。一般情况下，在每一个社会中或者在某一特定历史阶段的社会结构中，无论从哪个意义上来说（如从制度设计、行动主体、客观存在物等角度），都可以找寻到颇具总体性意义与总体性概括能力的名词。比如单位制，它能确立所有社会要素所依赖的路径，从国家行政意图到组织的科层等级再到组织成员间关系和人们的生活与伦理等[①]；与此同时，单位的变迁往往与人格、身份、等级、资源的变迁绑缚在一起从而构建起了其总体性支配能力。现今，在新的时代背景下，项目制则可以充当这一角色也具备了此能力。财政项目制内涵的外溢首先与国家治理的总体性重建密切相关，这似乎成为了一个根本性前提。甚至可以确切地说，在国家治理的总体性重建过程中，项目制在其中发挥了重大作用，已构成一种新的总体性。

有研究提出中国计划经济时代的社会到改革开放后的社会呈现一个从总体性社会到后总体社会的变迁轨迹。两个社会阶段的不同特征在于：

---

① 李汉林、李路路：《资源与交换——中国单位组织中的依赖性结构》，《社会学研究》1999年第4期。

第六章　高等教育项目制内涵的财政溢出效应何以可能

计划经济时代，国家奉行全能主义的治理思维与态度、所形成的社会是一个总体性社会，而改革开放后自由、竞争、平等等系列市场性元素不断被体制所吸纳与生长，中国社会由此才发生了由总体性向后总体性的变迁。在后总体社会，国家治理方式发生了变化，是在政府吸纳了诸多市场要素后所生成的一种国家治理机制。这构成了一种新的总体性，是权力与市场交互的建构。孙立平教授论道，新的总体性是权力中引入了市场，权力与市场相结合。比如在奖励上，以前是政治性的，而新总体性中是既有政治的也有市场的。新总体性社会的整合原则是利益。[1] 项目制便是这种新总体性社会的典型制度代表。如果说在计划经济时代，城市单位制与农村公社制是总体性社会的制度设计，是国家治理的总体性的制度安排（也就是单位制与公社制作为国家治理的总体性），那么在后总体性社会中生长起来的项目制全覆了城市与农村，构建了一种国家治理的新总体性。项目制不是一个静态的事物，而是一个牵一发而策动全身的实践范畴。不论是在城市还是在农村，无论是自上而下的资源分配机制还是国家政策传达与落实的治理机制，无论是经济发展、社会推进、精准扶贫还是文化建设、教育发展，无论是政府企业部门还是教育文化单位，无论是组织还是个人，项目制都以特定方式在各自场域中发挥重要作用与扮演重大角色，项目开始进驻诸领域并作为一种新的治理机制对全社会进行全方位的深度改造与治理，从而引发社会各领域运作的规则重构与制度变革。从市场要素的引入与项目的全方位、多角度、多层次的覆盖而言，项目制所塑造的总体性是新总体性，项目制是一种国家治理新总体性的制度设计。

1949 年以来，无论是计划经济时代的重点建设，还是市场经济时代的"一流"建设，高等教育的变迁一直都表现出国家主导的鲜明特征，这是中国高等教育的最大现实。只是如今国家在高等教育实践中确立了项目制作为一个总体性的地位。这种总体性在高等教育实践中表现为对高等教育诸项事务的介入，以及在高等教育项目制治理中所衍生出来的

---

[1] 孙立平：《关于新总体性社会特征的探讨》，http://sun-liping.blog.sohu.com/213940652.html，2017 年 12 月 11 日。

有关国家治理高等教育技术、高等教育市场、高等教育中的荣誉（地位与身份）等诸多要素。高等教育组织与人的发展也都需在此框架下找到生存与发展依据。质言之，国家的项目制度安排在整体上不会考虑不同领域的特殊性（即项目适不适合某一领域）从而表现出一种总体性控制的特点，所以高等教育的特殊性不会被特殊考虑从而被纳入国家的项目治理体制中。也正因如此，高等教育的内外部治理离不开国家制度安排这一宏大的制度背景，对中国高等教育改革和发展的理解似乎只有在国家的构境中才能找到最核心要素。作为改革开放后的制度设计，项目制在市场元素的辅助下间接调控高等教育，通过项目资金、项目申报、项目符号荣誉（比如各种人才项目）等方式诱导高等学校组织、个人加入到项目行动中，由此建构了一套基于项目制的治理技术（或称"治理术"）。

自20世纪90年代中期尤其是自21世纪以来，国家调整了对学界的治理技术，一方面加大了对学界的资源投入，另一方面通过"数目字的管理"增强了大学的行政化，以包括各类各级课题、基地、学位点、奖项等在内的各种专项资金来有意识地引导学界[①]。因此，当高等学校组织、高校教师等主体都被纳入项目制框架中且无法离开项目制时，国家在项目制的实践中实现了权力的重构与重建，也实现了国家治理的总体性重建。正如陈家建的论述："技术性治理"在中国社会中出现增长趋势，但"总体性支配"却似乎并没有式微；今天的中国治理，还大量延续着"总体性"的模式。项目制就是总体性与技术性的结合，是一种以专业化、技术化、高效化为特征的治理模式，其大规模深入政治、市场、学术、文化等各个领域，不断激发出各种"项目运动"；总体性支配配备了技术化渠道，多方面影响着中国社会的运作[②]。"改革以来，总体支配逐渐向技术治理转型，从某种程度上，总体权力在试图将权力转形为技术样态，以技术的面向实现总体支配的目标。"[③]

[①] 应星：《且看今日学界"新父"之朽败》，《文化纵横》2009年第4期。
[②] 陈家建：《项目制与基层政府动员——对社会管理项目化运作的社会学考察》，《中国社会科学》2013年第2期。
[③] 王雨磊：《村干部与实践权力——精准扶贫中的国家基层治理秩序》，《公共行政评论》2017年第3期。

第六章 高等教育项目制内涵的财政溢出效应何以可能

财政改革是一项牵一发而动全身的国家行动，也是一个能促动相关理论生发、发展的实践范畴。在高等教育领域，项目制不仅是一个牵一发而动全身的实践范畴——高等教育资源、高等教育评价、高等教育发展等事务都会因其发生变革，并重新塑造着国家、大学、教师等相关者及彼此间的关系，同时也是一个具有"一石激起千层浪"功能的理论概念，从而使得这种总体性在理论上表现为透过项目制可以看到诸多高等教育中的经典理论命题与当下实践的政策命题：国家与大学权力关系、高等教育治理模式的变迁、大学学术场域的变迁、国家政策的需求（如"双一流"）、政府与教师的关系、大学与教师的关系、国家的角色、大学的角色、教师的角色等。例如，虽然总体上国家与大学权力关系没有结构性变化，但如果从细致的技术层面出发、在具体的制度框架中观察出国家与大学的互动，或许有利于发现权力关系的更多可能性，这也是文献述评中高等教育治理研究规则论范式的主旨。

这里为何要提及一个理论上的总体性？一个是为后文作铺垫，另一个更为充分的理由是来自经典研究的启发。理论上，一个概念的总体性，恰如：马克思不再满足于英国古典政治经济学的逻辑来分析资本主义社会，而是从商品中看到了市场、企业和国家的本质，乃至人的物化本质[1]，在此商品便是一个具有总体统摄能力的概念。此外，像货币在西美尔眼中、符号在鲍德里亚的眼中都是一个具有类似功能的概念。在这里，也可将项目制作为一个可以统摄国家、高等学校（组织）、教师（个人）等高等教育中相关行动主体及其相关命题与高等教育相关事务的概念。也就是说，在高等教育项目制框架中，可以去寻找国家、高等学校、教师等主体及其相互关系的解释空间，并可看到高等教育事务（教学、科研）在其中的遭遇。例如，近些年来，在政治学、社会学研究的微观层面上，关于国家权力对基层农村的作用效果与机制方面的研究成果颇丰。学者们经由对情境、事件或象征

---

[1] 渠敬东：《坚持结构分析和机制分析相结合的学科视角，处理现代中国社会转型中的大问题》，《社会学研究》2007年第2期。

符号等要素的调查分析，洞察国家与农民之间的权力关系与权力行使方式。① 从总体性理论的视角出发，也要求我们不仅要关注高等教育项目资源分配中的技术问题，更应该关注项目制历史、类型、数量等折射出的国家对高等教育的基本治理逻辑与线索、项目彼此之间的相互作用关系以及其他命题的引出与统整。

第二节 国家财政、国家能力与高等教育治理逻辑

本章第一节的叙述从项目制作为一种新的治理方式而成为国家总体性重建途径的角度讨论了项目制从财政制度安排演绎为一种国家治理的总体设计，以回应项目制与高等教育治理转型的关联。

由于高等教育项目制携带国家的战略意图与国家治理逻辑而溢出高等教育财政内涵，换而言之，这一内涵的溢出意味着国家通过高等教育财政项目将自身的意志烙印在项目中，通过项目传达给高等教育组织与个人，进而实现高等教育项目中的国家目标。概而言之，则意味着国家通过财政项目拥有了贯彻自身意志的能力。故而，其中涉及的一个话题便是国家财政与国家能力的关系问题，有了"财政是国家治理的基础"这层关系，财政让我们看到了项目制中的国家治理逻辑与国家理由，进而丰富了高等教育项目制的内涵。

每一个历史阶段都有其财政安排，但是不同的财政制度设计，却代表着不同的国家治理能力与治理水平。不同的财政制度通常与不同的国家治理制度相联系，并意味着不同的国家治理水平②与治理逻辑。财政制度的不断演变，亦越发凸显国家治理理念③。本书之所以说透过财政可以看到国家治理的各种呈现方式，其中一个根本性前提是财政是国家

---

① 王为径、叶敬忠：《"以国之名"：农村征地策略中的国家在场分析》，《南京农业大学学报》（社会科学版）2013年第1期。
② 李一花：《财政在国家治理中基础和支柱地位的理论分析》，《公共财政研究》2015年第1期；[美]玛格利特·利瓦伊：《统治与岁入》，周军华译，格致出版社、上海人民出版社2010年版，第2页。
③ 杨志勇：《现代财政制度：基本原则与主要特征》，《地方财政研究》2014年第6期。

第六章 高等教育项目制内涵的财政溢出效应何以可能

治理的基础，没有"财"，便没有"政"①。如果中央政府的收入水平连自身都难以维持，那么根本就不会有精力治理国家②，也不可能有效地将其意图通过财政向下传递。

从资源依赖理论的角度来看，谁掌握了资源谁就掌握了权力，谁就能凭借资源贯彻自己的意志。财政行为是国家行为的最好表征，从政府的工具箱来看，财政支出是其掌握的重要资源，其怎么花、花在什么地方、如何在不同政府层级间分配，理应对治理水平有明显的作用③。回顾高等教育项目制的发展历程，只有具备了一定的财政基础，国家才能设置诸多的高等教育项目，才能将国家意图通过项目传递到高等教育实践中，进而体现国家高等教育治理逻辑。无论是"超大型项目"还是"微型项目"，都需仰赖于国家财力的增长。正是国家财政的不断提升，才使得国家具有通过项目将自身意志贯彻到底的能力，财政能力的增强有利于国家建立起自身权威，这也是权力重建与总体性社会形成的物质基础，由项目制具有强大财政激励能力成为国家治理高等教育的重要保证。无论是工程、计划、项目，还是基地建设、平台建设，或是评估、奖励，人们都明白，在优美的计划书、评估意见下面隐含着预算表格，或者隐含着在下一轮的评估中取得竞争优势的关键因素。一所大学在国家组织的各种各样的评审中的位置既具有政治价值，也具有经济价值。

对于高等教育来说，项目设计越来越多，越意味着高等学校、教师越来越依赖项目，那么政府通过项目治理大学的作用机制越来越被强化。财政不仅有助于政府的诞生，而且有助于其发展，政府借助财政可以日益扩大其管辖权，并将其意志渗透到社会经济活动当中去。一定财政制度下产权界定和配置格局及产权交易规定决定了社会经济的发展路径，同时也决定了国家秩序的发展进程④。故而，项目支出不仅是一个技术性问题，还是国家用于实现其治理目标的一项重要工具。由于高等教育

---

① 赵树凯：《乡镇治理与政府制度化》，商务印书馆2010年版，第105页。
② 付敏杰：《分税制二十年：演进脉络与改革方向》，《社会学研究》2016年第5期。
③ 游宇等：《次国家财政结构与地方治理：一项实证研究》，《公共行政评论》2016年第5期。
④ 刘志广：《新财政社会学研究：财政制度、分工与经济发展》，上海人民出版社2012年版，第177页。

溢出高等教育财政内涵

事务或者高等教育中的元素都按照项目的方式进行处理,高等教育被严格区分、独立在各色项目中发展而被肢解为各种片段。实际上,也就是高等教育被功能化了,有项目支持的比没有项目支持的更具合法性。

另外,需予以解释的问题是,即使财力提升了,但为何还是要采取重点建设或者是注意力分配倾斜政策?一是因为高等教育规模巨大,无法让所有高等教育组织与个人都能均等地享受大量财政资源。虽然20世纪90年代后国家财政能力有了质的飞跃,但相对于高等教育的大规模,财政资源始终表现得十分有限,这是从1949年至今都面临的一个资源瓶颈。坚持重点建设之路,是党和政府根据中国国情一贯坚持的战略方针,也是社会主义制度能够集中力量办大事的优越性的体现。对我国高等教育来说,中华人民共和国成立之初,就开始确定少数高校为重点高校,进行重点建设。这样做,在教育资源紧缺的年代里不仅从整体上保证了我国高等教育的基本质量与水平,并为以后的发展打下了一个比较好的基础。改革开放后,这一方针得到进一步重视并在实践中不断发展。[①]事实上,在一个超大规模的国家中,面对庞大、复杂的管理系统和社会事务与有限的治理(财政)资源的限制,用吉登斯的话来说就是国家的"配置性资源"[②]总量在过去乃至未来很长一段时间内都处于一个结构性贫弱的状态,高等教育财政资源供给与需求间的矛盾也会在很长时间内存在。故而,从财政资源的角度来看,坚持集中投入、重点建设是一种客观的无奈选择。

在项目制时代,即使分税制改革后,国家财力大幅提升并向高等教育等领域输入大量项目资源,但同样也面临资源不够的问题(一方面体现为高等学校规模之大,另一方面项目所涉及的高等教育事务也颇多,基本上面面俱到,实际上这也反映了国家希望高等教育发展的所有事务与目标任务都能通过项目来解决,项目制于其中承载了太多的高等教育发展责任)。"在中国,有限的社会资源总量与超大规模社会对国家治理

[①] 中国高等教育学会:《改革开放30年中国高等教育发展经验专题研究(1978—2008)》,教育科学出版社2008年版,第19页。

[②] Anthony Giddens, *Central Problems in Social Theory: Action, Structure and Contradiction in Social Anaalysis*, London: The Macmillan Press LTD, 1979, pp. 100 – 101.

资源的大规模需求的矛盾将长期存在。对于一个国家治理资源长期匮乏的社会来说，国家体制根本不可能调动足够的资源来实现全面的社会监控。"[1] 在高等教育常规性拨款之余，为了实现高等教育的国家战略目标，这些项目资源不可能进行均等分配，只能指向于国家所关注或重点关注的那些事务（从"211 工程"到"双一流"、对科研与自然科学的重视等注意力分层），当然也会适度兼顾其他事务，但在整体上表现为重点与倾斜，这是在高等教育资源贫弱条件下的无奈选择。

二是因为采取重点建设更易突出国家通过高等教育项目制治理的绩效合法性。自高等教育重点建设政策实施以来，无论是在高等学校的微观层面（科研等），还是在整体高等教育实力增长上，重点政策都取得了巨大成就。而除了高等教育项目中的重点建设外，其他项目也取得了重大成就，因此通过这两者彰显了高等教育项目制的制度优势，从这个角度来看，项目制又成为了一种足以延续与坚持的高等教育治理经验。

无论从国家财政能力的哪个角度而论，项目制都与国家治理保持着紧密关联，不同财政能力背景下有着不同的项目设计。国家财政能力增强，意味着国家可以设置更多高等教育项目，而在庞大高等教育规模的映衬下国家财政能力又显得较为不足，无法给所有高等教育组织提供同等大量的财政支持，故而有选择性的、重点建设的高等教育项目便会存在。

第三节　项目制治理的渐进性诞生与"双轨制"高等教育治理模式

在论及项目制与高等教育治理"双轨制"的关联上，须放置在一个"长时段"的历史环境中考察，所牵涉的一个问题是有关制度变迁的路径。在制度变迁的解释上，一般认为存在两种制度变迁路径：激进性变迁与渐进性变迁。所谓激进性变迁是指跳跃性的、不连续的制度变迁，或者说新制度替换旧制度的过程是激烈的，较少受先前制度的影响与控

---

[1] 唐皇凤：《常态社会与运动式治理——中国社会治安治理中的"严打"政策研究》，《开放时代》2007 年第 3 期。

制，变迁后新制度的指导观念、运作机制等都是独立的，因而在整体上新制度能获取一个独立的身份和地位。而渐进性变迁则是一个与激进性制度变迁相对立的一种变迁路径，指具有保持信息和知识存量连续性的制度变迁[1]。这种制度变迁的特点是：新制度是在不触动原有制度的前提下产生的，从根本上无法脱离原有制度中某些要素的影响，因此新制度的指导理念与运作机制都会在与原来制度的交织中生长，在实践中并没有获得完全独立的地位。在国内，这种渐进性改革（变迁、变革）往往被经济学家们定义成为一种称作"增量改革"的过程。如盛洪认为，增量改革是指在体制内，即原有的计划经济系统内的一种改革方式。它是指国有企业或农民在完成他们对政府承担的义务以后的产量增量部分，可以按照市场经济的规则进行安排，包括在定价、销售方式和收益分配方面的安排。当然这仍然以政府规定的计划指标在一个时点后不再增大为条件，即传统计划经济的制度在时间上被冻结了。在这以后，由于增量部分的不断增长，计划经济的存量部分的比重会越来越小。[2]

据此可重新对渐进性改革下定义：所谓"渐进性改革"，是一种"增量改革"，是在坚持原有的体制内部不动的前提下，在原有的体制外进行改革，发展、建立新体制的过程。随着增量改革的进行，新体制成分逐渐增加，新体制部分占据的数量比例逐渐增大，旧体制占的部分比例逐渐减少[3]。所要注意的一个问题是：虽然在渐进性制度变迁中可能会看到增量部分的内容与元素不断增加，存量部分内容与元素在逐渐减少，但能否从根本上改变新制度的运行本质并不必然与此"增加—减少"趋势一一对应，也就是说增量元素的增加并不必然导致新制度运作本质的生成，除非存量元素全部被增量元素取代或者增量元素在新制度中起主导作用。由于存量元素并未完全消失，而增量元素又不断被引入，所以形成了一个存量与增量并存的新体制，而且两者间还保持着某种关联如存量元素主导增量元素、增

---

[1] 张军：《"双轨制"经济学：中国的经济改革（1978—1992）》，上海人民出版社2006年版，第92页。
[2] 盛洪：《关于中国市场化改革的过渡过程的研究》，《经济研究》1996年第1期。
[3] 杨会良：《当代中国教育财政发展史》，人民出版社2006年版，第210页。

量元素主导存量元素。两者中，谁主导谁则决定了新制度的本质及其实践表现，而究竟谁主导谁则取决于在不同事务中两者能力的发挥。

以此来观照中国改革开放 40 多年的体制变迁路径发现，改革在理论和实践上的本质含义就是遵循着上述路径，即在一定程度上守持体制存量的情况下，培育和发展原有体制之外的增量，再通过增量的积累而形成结构性的变迁动力，促发原有体制发生应激性反应，从而实现社会结构逐步转型。"保护存量，培育增量"的关系是通过保护存量来控制增量的过快扩充，避免增量因偏离路径依赖的逻辑而产生系统风险，同时又通过增量的扩充来实现存量的演变效应，使存量部分可以循序渐进地发生变化，而不致因为结构突变而出现社会动荡。本质上而论，改革所遵循的是一种"双轨制"逻辑[1]，即一种"存量"与"增量"并行的"双轨制"。确切地说，在渐进性改革中，在很长一段时间内，存量元素会一直起主导作用，所以这种"双轨制"是一种"存量主导增量的双轨制"，这一点更加符合当前国家治理现实。

这种理论与实践对于理解国家与市场关系、国家与社会关系具有重大意义。虽然市场元素、社会元素不断生长，但一直以来的局面都是在国家主导下获取成长空间，两者并未获得一个独立地位。因此，也可以说，市场与社会是一种并未发育完全的制度存在。在这里，国家主导则是一种体制存量，而市场、社会则是改革开放以来的增量元素。

这一结构性约束也成为在宏观上透视项目制（高等教育项目制）本质的前提。虽然高等教育项目制是一种新的制度设计，但其本身的运作无法脱离于历史等其他因素的影响而保持独立。一方面，在论及高等教育项目制时，在更为积极的意义上是从其引入市场元素的角度出发的，正是因为有了市场才能彰显高等教育项目制自身的制度特色。但由于作为增量元素的市场本身并未获得一个独立的地位，所以高等教育项目制虽然引入了市场元素，但市场能否发挥作用、能在多大程度上发挥作用，全仰赖于国家主导或国家介入市场的程度（也就是"行政"与"发包"间的关系程度），才出现了第二章所论及的哪些项目被指定、哪些项目

---

[1] 渠敬东:《项目制：一种新的国家治理体制》，《中国社会科学》2012 年第 5 期。

可以竞争的情形。虽然自20世纪90年代中期以来,高等教育项目不断增多,相应的携带有市场元素的项目也在不断增加,但在整体上高等教育中的市场元素并没有随着项目的增多而成比例的增多,政府与市场、科层与市场所处的结构性位置始终未有变动。

另外,站在路径依赖与制度惯性的角度,高等教育项目制也并未获得独立身份。从高等教育项目制的历史发展来看,其中所展现的如项目重点建设、对科研的偏爱等很显然是计划经济时代重点建设的延续。重点建设的机理的一个很重要的方面来自惯常采用的"先进带动落后"[1]。从这个意义上来说,项目制不是一个纯粹的替换式的制度设计,而是在蕴涵旧有制度元素的过程中被原有制度、思维裹挟着向前发展。

如果说,改革开放以前的高等教育管理体制是一种完全行政主导/完全国家控制(比如高等教育拨款就是由国家计划统一的基数拨款模式)模式,那么高等教育项目制的诞生确实给高等教育体制注入了新的活力,它能给僵化的科层制治理带来绩效,所以有时会将项目制看作是科层制的一种替代。但是,这种替代并不是整体性的变革,而是只在具体事务、特定目标中的替换,比如项目制在实现高等教育绩效的目标上要比科层制表现得更加有力,这在第三章中高等教育项目制绩效的论述中可以看出,而且改革开放以来相关主体在论及高等教育绩效时也都将其归功于系列高等教育项目的支持。因此,项目制对科层制的替换呈现的仅仅是功能上、技术上的替换,是在具体情境下为实现特定目标的替代,而非全部替换。从科层制到项目制的转换,并非以一种革命性、颠覆性路径实现项目制对科层制的完全替代,而是以一种缓慢的、演化性的路径来完成整体制度变迁过程。项目制有意将自身塑造成为一种新双轨制的增量部分,通过财政上的转移支付,将民生性的公共事业尽可能辐射到广泛的社会领域之中,通过强化国家再分配体制来凸显政府在治理社会各项事务上的合法职能[2]。在财政上,无论是"超大型高等教育项目",还是"微型高等教育项目",都是在体制内动员建设资源,比如"211工

---

[1] 折晓叶、陈婴婴:《项目制的分级运作机制和治理逻辑——对"项目进村"案例的社会学分析》,《中国社会科学》2011年第4期。

[2] 渠敬东:《项目制:一种新的国家治理体制》,《中国社会科学》2012年第5期。

程""985 工程"以及"双一流",其主体建设资金都是由中央、地方以及高等学校共同筹集,"微型高等教育项目"更是由中央财政全部承担,比如"长江学者奖励计划"实施经费由中央财政专项支持。只不过,原来的直接控制变成了通过资金等的间接引导。

因此,也可以说,项目制的产生并非是一种激进性变革的结果,而是一种在原有体制、机制中孕生而出的制度模式。项目制的鲜明特色是引入了市场元素,但同时政府权力在其中起主导作用,形成了政府权力主导与市场辅助的双轨制治理样态。也就是说,在项目制的实践中,其并未在本质上建立起自身制度特质,竞争、自由等元素只不过符应或者说强化了政府主导的治理模式,这些市场元素并不能促动制度的结构性变迁从而使项目制获得一个完全独立的制度身份,新体制被烙上了旧体制的深刻印记。如同经济转型并没有彻底改变政府支配经济资源的方式和手段,虽然计划手段基本被取消了,但政府对重要的经济资源(如资金、土地和产业政策)的支配力量和影响力仍然巨大。[①] 项目制并非在颠覆性制度变迁中生成,而是在"保护体制存量,培育体制增量"的演进性制度变迁中"出场",形成了在体制内生发的"双轨制"国家高等教育治理模式。高等教育项目制无法独立运作,而是在与科层制相互嵌套并受科层制控制中有效、顺畅运行。在国家宏观治理"双轨制"模式及高等教育项目的实践机制作用下,高等教育治理的"双轨制"模式得以形成。这种"双轨制"更准确地来说就是"科层为体,项目为用"的治理状态,这是项目制的本质特征。由于在很多方面都继承了计划经济时代的痕迹(作为后总体性社会的一种制度设计,项目制事实上承袭了总体性社会的行政主导惯习),所以实际上项目制的诞生是一种旧制度吸纳新制度过程或者说项目制是在科层制或市场是在政府主导等原有体制所敞开的缝隙中缓慢生长起来的。正是由于这种"双轨制"模式的形成,才使得项目制成为一个通过财政以及财政意义之外等诸多内涵全面形塑高等教育的各种存在方式、全方位影响高等教育的制度设计,尤其是在大学学术治理上重构了学术运作规则等。

[①] 周黎安:《转型中的地方政府:官员激励与治理》,上海人民出版社 2008 年版,第 96 页。

溢出高等教育财政内涵

第四节 结构化理论下高等教育财政项目制内涵的外溢

这里的外溢主要是指高等教育项目制内涵的组织学、哲学意蕴，即从财政学到组织学、哲学等含义的诞生。作为财政与政治学意义上的高等教育项目制，其确定的主体毫无疑问是国家。而组织学内涵的诞生尤其是哲学意义的孕生与成长，则不仅只是国家单方行动的结果。经过前文分析，一个完整的高等教育项目制，其内涵必须涵括财政学、组织学、哲学等多重意义。也就是说，财政学、组织学、哲学构成了高等教育项目制内涵的完整构架。而需要思考的是：这个完整的制度架构是如何完成的？特别是其组织学、哲学特征是如何诞生的？其中，绝非国家单方的结构性力量，而是通过与作为行动者的高等学校组织、教师等合作行动下的上下建构，促使高等教育项目制治理成为了一种常态化的治理模式。而在这个常态化进程中，既实现了高等教育财政项目制内涵向外溢出，也促成了高等教育项目制的完整构架，最终成为一种稳定的制度形态。所以，在高等教育项目制治理成为常态化、高等教育财政项目制内涵外溢、高等教育项目制的完整构架的进程中，并非单方行动者（国家、高等学校、教师其中任意一种）的力量可以塑造，而是在多个主体互动中构建。为了很好地解释其中的机理，本节将吉登斯的结构化理论作为分析的基础。这一理论将结构（制度）与行动者纳入分析框架，在结构与行动者的二重性中塑造出了一个稳定、常态的高等教育项目制治理制度与治理模式及其中孕育的内涵转向与溢出。

一 结构化理论诠解

结构化理论是英国社会学家安东尼·吉登斯（Anthony Giddens）试图超越西方社会学史上主观与客观、主体与结构、宏观与微观、社会与个人等此类二元对立关系与思维方式而提出的社会学理论与分析框架。传统上，结构主义强调结构、制度的至高无上地位，主体须在结构制度框架中行事或主体在结构制度世界中才能获得更大价值，主体无任何主动权而处于一种剩余状态。与此相反,以解释学或解释社会学为代表的主体主义认为主体可以脱离于结构制度,可根据自身意志行事,表现出一种唯意志论的基调。这种各执一端的理论思路面临着实践复杂性的挑战,无法全面解释某一事件、某一制度、某一规则等实践的形成过程与其中机理,必须对其进行必要的批判与检省。

基于此种缺憾,吉登斯的努力或者说突破是不再把主体和客体、个人与社会、行动与结构等社会学基本范畴看作是相互排斥、二元对立的存在,而是在一种综合二元关系的立场中提出结构化理论。在结构化理论中,他强调主体行动既受结构制度的制约,同时也能反作用于结构制度,从而使得结构制度得以再生产并赋予结构制度新的意义,也就是通过行动者的日常行为,它们被有机地联结在了一起。故而,社会学研究中的一个重要转向是必须注重研究结构制度是如何经由行动而形成、再生产和被赋予新意义的,认为离开了主体这个向度,客体也就无由谈起[1],从而表现出一种"结构二重性":一方面,社会结构本身即是由人类的行动建构起来的,因此,它应当受制于人的活动;另一方面,经过人的实践活动建构起来的结构又是行动得以建立起来的桥梁和中介[2]。大致而言,结构化理论的分析思路是从结构与行动者两个角度出发。

(一) 结构:资源与规则

结构以何种形式对行动者实践发挥作用?吉登斯主要提及两个要素:规则与资源。结构化理论中的"结构"可以概念化为行动者在跨越"空间"和"时间"的"互动情景"(context)中利用或者是在社会再生产过程中反复涉及到的规则(rules)和资源(resources),正是使用这些规则和资源,行动者在空间和时间中维持和生产了结构[3]。我们可以抽象地把"结构"概念理解为规则的两种性质,即规范性要素和表意性符码[4]。

---

[1] 郭忠华:《主客体关系的对立与融通——诠释吉登斯的"结构化理论"》,《东方论坛》2008年第2期。

[2] 刘少杰:《后现代西方社会学理论》,社会科学文献出版社2002年版,第338—347页。

[3] [美]乔纳森·特纳:《社会学理论的结构(下)》,邱泽奇译,华夏出版社2001年版,第170页。

[4] [英]安东尼·吉登斯:《社会的构成:结构化理论大纲》,李康、李猛译,生活·读书·新知三联书店1998年版,第52—53页。

具体而言，则是指国家通过系列制度规则、象征符号的建立对社会事务进行干预。在这里，国家这一主体概念在吉登斯眼中已经发生了变化（从一个实体组织变为技术型、规则型组织——国家就是各种治理规则的产物）。他从权力角度区分了传统国家形态与现代国家形态之异，指出国家权力嬗变的根本特征是从暴力型转变为弥散型[①]（从统制型到技术型），弥散型权力或如福柯的以"权力之眼"的方式渗透社会各个角落，或者是如威廉·克拉克所讲的各种治理的小工具。不仅如此，在符号的生产及其治理功能的塑造上，国家也功不可没。

其中，资源包括配置性资源（经济）和权威性资源（政治）。配置性资源主要体现在经济制度中，表达的是在对物的控制和支配中所形成的组织与组织、人与人、组织与人之间的经济关系；权威性资源蕴藏在政治制度中，其约束力体现在对物的控制和支配中所形成的组织与组织、人与人、组织与人之间的政治关系。同样，规则也包括两个方面：规范性要素与表意性符码。规范性要素所体现的是运用一定的程序、技术等规范来决定组织与人的服从与否并在此过程中形成组织与组织、人与人、组织与人的关系；表意性符码是一种符号秩序，它所体现的是在运用解释性框架来相互沟通的过程中形成的思想关系，本质上是人在意识活动中结成的模式化的意义关系，并且构成了社会生活中的符号领域[②]。

（二）行动者日常生活实践：利用规则与资源

由规则与资源组合而成的结构、制度，其作用的发挥体现在行动者日常生活实践中。行动者的日常行动对于制度可形成两种解释：一是结构、制度通过规则与资源构筑其对于行动者行动的约束力；二是虽然行动者不是在"制度真空"中行动的，但是，制度也不可能存在于"行动真空"中，而是在行动者的日常行动中被建构、解构与重构。在日常生活实践中，行动者通过反复利用结构、制度所提供的规则和资源，一方面使结构、制度的约束能力得以实现，另一方面则能促使制度的形成（建构）或者使现存制度不断被赋予丰富内涵（解构与重构）。所以，吉

[①] Giddens, A, *The Nation-State and Violence*, Cambridge: Polity Press, 1985.
[②] 李红专：《当代西方社会历史观的重建——吉登斯结构化理论述评》，《教学与研究》2004年第4期。

登斯认为:"我们在日常生活中所做的一切,有很大一部分是由我所说的'实践意识'来指导的,这就是'不断地'重复社会生活的规则与惯例。"[1]

而行动者的行动为何会是一种日常化、例行化或者是区域化的行动?结构化理论中提出了一个导致行动日常化的重要因素——出于本体论安全感的无意识需要(减少焦虑、确保安全的信任感)。亦即,在实践中,为了减少行动的风险性、不确定性,行动者会在结构、制度所确定的框架中行动,使行动保持连续性、稳定性。也就是说,行动者会将各种规则与资源作为自己行动的保障,以确定一种本体论安全。在行动反复利用规则和资源为自己生存提供本体论安全保障的过程中,所谓的结构、制度会得以再生产或再制度化,从而走向一种常态化的境地。当然,行动者的反复利用行动不只是有一种出于本体论安全感的行动,还有一种在资源与规则之下可以充分发挥自身主观能动性寻求利益的行动考量。

(三)"结构与行动者"分析及其学理价值

综上所论,社会系统中的结构与制度是作为常规化的社会实践活动得以组织起来,在散布于时空之中的日常接触里得以维续的[2]。经过结构、制度与行动者的努力共同塑造了结构化理论的两个基本面向:结构、制度在实践中不断发挥作用,规范性要素与符号化元素等规则以及配置性等资源提供结构、制度约束作用的规范基础与物质基础;行动者从自身利益出发,反复利用诸种规则和资源(或遵从规则,或从资源与规则中获取利益),其结果是结构、制度的建构、解构与重释。行动者利用结构预先赋予的资源与行动者微观层面的活动,带来了行动者与社会结构之间的交互作用,也同时再造了宏观的社会结构与社会制度[3]。

结构化理论所带来的学理启发在于:对于结构与制度的分析,不仅要从宏观社会结构与宏观制度本身出发来研究宏观结构,也要通过微观

---

[1] [英]安东尼·吉登斯、克里斯多弗·皮尔森:《现代性——吉登斯访谈录》,尹宏毅译,新华出版社2000年版,第53页。

[2] [英]安东尼·吉登斯:《社会的构成:结构化理论大纲》,李康、李猛译,生活·读书·新知三联书店1998年版,第161页。

[3] 黄建新:《农民工返乡创业行动研究——结构化理论的视角》,《华中农业大学学报》(社会科学版)2008年第5期。

社会行动分析来透视宏观的社会结构和社会制度。从制度与行动者分别考察制度是如何在日常的环境条件下被结构化，行动又是如何通过本身的作用将这种结构化的特征不断地再生产出来[1]，并同时通过对行动者日常行动的分析能考察出社会发展、变迁的历史线索与未来走向。基于此，下文将对高等教育项目制进行结构与行动者的二重性阐释，以窥探出其内涵向外溢出的可能。

二 高等教育项目制的"结构"分析：规则与资源

首先进行结构、制度分析。所谓制度分析，是暂时悬置行动者的技能与自觉意识，集中考察社会系统中的时空"束集"在一起的、作为反复不断地再生产出的规则与资源的制度（或结构）[2]。正是这些特性，使得千差万别的时空跨度中存在着相当类似的社会实践，并赋予它们以系统性的形式[3]。在高等教育项目制中，其"结构"功能的发挥主要体现在配置性资源、表意性符码与规范性要素三个方面。

（一）配置性资源：总体性能力建构的物质基础

配置性资源强调的是一种经济学意义上国家所拥有的人力资源、物力资源等内涵，往往通过经济财政制度的安排来实现一种约束能力，可形成国家与社会组织、个人间的某种经济关系。对于高等教育项目制而言，国家所提供的赖以支撑这一制度的就是一种经济的、财政的表现形式，这也是高等教育项目制的初始内涵。改革开放以来，高等教育资源分配方式（高等教育财政拨款方式）的变迁，各种项目、工程、计划等开始作为一种新的高等教育资源分配方式而被国家采用，此时国家通过项目的方式重构了国家与高等学校之间的财政关系。高等教育财政拨款方式变革后，高等教育项目不仅为高等学校发展提供了雄厚的物质支撑，换而言之，高等学校的长远发展必须仰赖于国家项目资源的扶持，而且也正是基于国家所拥有的财政资源与财政能力，才能更多地塑造出各种

---

[1] 杨善华：《当代西方社会学理论》，北京大学出版社1999年版，第222页。
[2] 杨善华：《当代西方社会学理论》，北京大学出版社1999年版，第221页。
[3] [英]安东尼·吉登斯：《社会的构成：结构化理论大纲》，李康、李猛译，生活·读书·新知三联书店1998年版，第79页。

国家项目对高等教育建设远大目标的期待（无论是建设一流大学、一流学科还是提高科研、教学质量等，这一切都由项目来承担）。因此，从资源角度而论，在资源依赖愈加强化的时代，项目制对高等学校的约束能力更加鲜明地体现在配置性资源的约束上，展演着资本在高等教育中的力量及其所塑造的新的权力路径，这也是项目制发挥其总体性支配能力的物质基础。

（二）表意性符码：符号秩序的生成

在结构化理论中，符号或符码是结构、制度要素中的另一种规则，与规范性要素一道既是结构性规则，又体现着国家治理所惯用的工具。在当前高等教育系统中，项目制作为一种高等教育中的符号在两个层面塑造着符号秩序：一个是学校层面的"'985'—'211'—其他"的符号秩序；另一个是学术、学人层面上"国家—省—市""项目—常规"的符号秩序。有人指出：在中国，荣誉出于国家[1]。自高等教育项目制诞生及其实践的30多年历程中，通过符号的形式建构了其统一的认知基础，几乎成为所有高等学校与高校教师学术行动的理由与合法性依据。由于"科层为体，项目为用"的本质性存在，项目制实际上是将政府、高等学校、高校教师等行政组织与非完全行政组织与行政人员纳入科层（官僚）制场域中并在这个场域中确定各自的身份与地位，亦即在项目制实践中确立的是政府对于高等学校、高校教师的上级身份。很显然，在科层制场域而非学术场域中，国家生产的项目符号资本很容易获取一种优先地位，并以项目符号资本决定其他资本（如学术资本）的地位及能力。项目制将高等学校、高校教师纳入科层制场域，则是因为科层场域具有的独特功能——能使国家生产的资本获得认可，能够通过各种程序在场域内流通，或如布迪厄所言的为争夺资本的各方提供共享的认知范畴、知识工具以及正当理由[2]，从而确立一种客体化的符号资本身份[3]。

---

[1] 郭海：《大学内部财政分化》，北京大学出版社2007年版，第95页。
[2] Pierre Bourdieu, *Language and Symbolic Power*, Cambridge: Harvard University Press, 1999.
[3] Pierre Bourdieu, "Rethinking the State: On the Genesis and Function of the Bureaucratic Field", *Social Theory*, No.12, 1994, p.2.

事实上，当国家符号资本诞生并在整个社会流通时，其所塑造的不仅只有国家与其他主体间的关系，其他主体之间的关系也会在国家符号资本的作用下重新被建构。在这个过程中，"权力和依附关系不再直接建立在人与人之间，而是客观地建立在制度之间，也就是说建立在得到社会保证的头衔和由社会规定的职位之间，并通过这些头衔和职位，建立在生产并保证头衔、职位之社会价值的社会机制和这些社会特征在生物学个人中的分配之间"[1]。

（三）规范性要素：方法论的程序

规则作为例行化日常活动中的"虚拟秩序"和"方法论程序"，强调的是主体能动活动中的约束性和规范性[2]。高等教育项目制虽然引入了市场要素，但如前文所述，市场并未获取一个独立的身份，而是必须在政府所塑造的项目规则中发挥作用，所谓的项目自由、竞争、公平都需在政府所确定的项目中才能获取意义。在高等教育项目制中，规范性要素主要表现为两个方面：一是程序上严格而完备的项目申请、批复、实施、考核和审计制度；二是内容上对"时刻表"、总目标到分目标、参与人员、结项条件等多种要件的规定。因而，高等教育项目制治理实际上是一整套治理程序与治理内容的集合，事实上也就是项目制为高等学校组织、个人提供了行动的"方法论"与具体方法的指导。这套程序主义的技术手段，使得高等教育治理能够被操作化和流程化。政府通过项目化的一整套流程与系列内容规定，在"做什么"以及"怎么做"上都被固定下来。

概括之，高等教育项目制以规则、符号、资源的形式构成了其对于高等学校组织的结构、制度要素。在配置性资源以及符号资本等结构性约束下，作为行动者的高等学校、教师都围绕它展开各种日常行动，塑造了高等教育项目制的"基层实践"。

三 高等教育项目制的"行动者"：日常性制度实践与本体性安全

如果把解释全部推到结构层面，也就是只关注制度环境对高等学校

---

[1] [法]皮埃尔·布迪厄：《实践感》，蒋梓骅译，译林出版社2012年版，第192页。
[2] 陆春萍、邓伟志：《社会实践：能动与结构的中介——吉登斯结构化理论阐释》，《学习与实践》2006年第2期。

第六章 高等教育项目制内涵的财政溢出效应何以可能

的影响,第一个问题是忽视了结构中主体的能动性(agency),也过度假定了结构的稳定性和决定性。行动主体尽管只有有限理性,也极大受制于结构提供的机会,但结构必须由主体来不断重构。无论是组织还是个体(包括精英和普通民众)有机会在不同结构中获取资源,转译并延展到不同的情境,从而获得相当的行动空间[1]。事实上,行动者的实际存在方式包含着两种逻辑:一是外部性、总体性安排所施加的支配性逻辑;二是体现行动自主性、能动性的行动者逻辑[2]。对于高等学校来说,虽然其所遭遇的是自上而下的高等教育项目输入过程,国家设立哪些项目、项目的内容、项目的规则等,高校没有干涉权,但当项目进入高等学校后亦即学校怎么运用项目则是高等学校自己的事情。例如,不同的学校对教师的考核中,对项目级别、项目数量、项目经费等都有着不同的要求,从而建构着项目在不同学校中的身存样态。所以,在高等教育项目制内涵的整体建构中,须臾不可缺少的另一个主体便是高等学校组织。高等教育项目资源的大量输入及其微观实践都在促动着高等学校组织和人的思维方式、行动方式和利益获取方式等方面发生改变;也正是在高等学校组织、教师的思维、行动、利益获取等方面的影响,才使得高等教育项目制具备多重意蕴。因此,当分析"高等教育项目制内涵外溢的机理"时,也就是要着重追寻高等教育项目制为何能够从一种财政制度演变成一种常规化的治理机制、何以能够从一种国家行为变成从国家到地方到高等学校再到高校教师的共同行为,以及探讨在这个过程中高等学校组织、高校教师围绕项目所产生的思维方式、行动方式和利益获取方式等问题。实际上,个体行动与社会结构是有机结合在一起的,并在实践中实现互动,正是通过这种结构化的过程,社会的宏大结构才能于人的日常生活中得以建构;正是在高等学校、高校教师与项目制的互动中才使项目制在高等教育中得以根深蒂固从而确立起多重意蕴的存在可能。

---

[1] 郦菁:《历史比较视野中的国家建构——找回结构、多元性并兼评〈儒法国家:中国历史的新理论〉》,《开放时代》2016 年第 5 期。

[2] 刘威:《"行动者"的缺席抑或复归——街区邻里政治研究的日常生活转向与方法论自觉》,《南京社会科学》2010 年第 7 期。

第一，制度合法性的约束。无论从世界大学发展的历程来看，还是从部分国家大学发展的进程来看，现代大学的治理无不深深地嵌入进现代国家的治理框架中。尤其是在国家主导下的我国高等教育场景中，其发展处于时代与空间的多元化的制度性压力之下，使得大学不得不加入、接受、认同并改造原有的组织形态与治理方式，形成了一系列与组织治理相关的理念、规则、机制与活动等，将新的标准融入自身的组织结构中来展示其存在与发展的合法性。[①] 根据前述分析，项目作为一种总体性制度环境，其合法性机制通过强意义与弱意义上来实现。一是强意义上的项目约束：在项目已成为一种主要的高等教育资源分配方式的前提下，高等教育组织要获取生存资源必须通过项目形式，并按照项目所规定的系列程序进行申报。二是弱意义上项目诱惑与项目符号。表现为两个方面：一方面，项目理论上提供了一种自由、平等、竞争、激励等具有市场特征的制度环境，高等教育组织与个人可以自由选择申报或不申报，而实际上若不申报，则面临生存与发展困境。另一方面，不论是在高等教育组织评价、评估还是判别高等教育个体在场域内地位时，都习惯于将获得项目的多寡、项目的级别等作为衡量标准。此时，项目已隐秘地演变为一种能够为高等教育组织和个人提供符号—认知图式或文化—认知图式的"意识形态"，高等教育组织与个体也自觉、不自觉地将项目作为其水平、地位、身份、能力的认知图式。从总体上来说，虽然项目制提供了与计划经济时代（如单位制）下不同的制度背景，释放了更多的自主空间，但高等教育组织与个人不得不参与项目行动而在本质上并不能真正自由行动，项目制完全将高等教育组织与个人纳入其中。项目制不仅为高等教育组织与个人提供了物质资源支持，更塑造了一种新的高等教育生存哲学与生存法则。新制度主义认为，组织与个人不得不去吸收广为流行的组织运作的理性观念和社会的制度化所定义的做法和程序。这样做，组织就可以提高合法性和生存的可能性，而不管习得的做法和程序的直接效果如何。如果组织在一个详细规定的制度性环境中，并成功地适应所处的环境，那么组织就获得了生存所需的合法性和

---

① 李立国：《大学发展逻辑、组织形态与治理模式的变迁》，《高等教育研究》2017年第6期。

资源。在这种背景下,组织的机构、功能和程序都仪式性地反映了制度环境。① 行动者为了获取一种对自己更加有益的由社会和历史建构的感知与评价范畴体系,会去积极主动地决定践行着的获得那个决定他们情境的决定权的规定。② 所以说,项目表面上提供一种弱意义上的合法性机制,但实际上是具有一种强意义上的"强制性"能力。为何所有高校都采用项目作为学术评价的标准、为何所有高校都会表现出动员申报的行为、为何高校之间会为了引进一个"项目人才"而恶性竞争等高等教育组织的行为都可以在此理论框架内找寻到解释基础。

第二,制度合法性约束下的高等学校组织行动。在制度合法性这个前提下,高等学校组织利用项目来构建各种激励与约束机制,从而表现出项目制的学校组织逻辑。对于高等教育组织、个人及相关群体而言,项目制已是一种具有高度熟悉性和重复性的实践活动。由于竞争性资金的获得成为极强的诱因,所以对各大学来说,争取获得研究课题成为极为重要的目标③。面对竞争性的项目,大学的日常化行为之一是积极参与项目或课题的竞争过程。他们会重视政府和其他委托单位组织的验收、评估活动,支持本校的专家参与评估和论证等同行评议活动,吸收校外专家参与本校学术事务(评审评议等)。这表明大学对竞争性资金持有方所制定的"游戏规则"的遵从和融入。④ 所以,才会看到高等学校内部年复一年的项目申报动员大会的召开以及在此基础上所提供的其他项目服务(如第四章中提到的培训、沙龙、评审、资源集中支持等)。而除此之外的例如日常化的学术评价(职称评定)、高校间的"项目人才大战"等都使项目制的组织日常实践不断向多方面拓展。当项目制成为高等教育世界中最为熟知的治理机制时,它对人们的思维方式、行动方式和获利方式等各方面的影响便悄然发生了。无论是对于学校还是教师来说,围绕项目而进行的一种日常性活动的目的是保障其"本体性安

---

① [美]约翰·迈耶、布莱恩·罗恩:《制度化的组织:作为神话和仪式的正式结构》,载张永宏《组织社会学的新制度主义学派》,上海人民出版社2007年版,第3—21页。
② 孙琳:《重构场域——出场学场域十论》,人民日报出版社2013年版,第93页。
③ [日]金子元九:《高等教育财政与管理》,刘文君编译,华东师范大学出版社2010年版,第75页。
④ 郭海:《大学内部财政分化》,北京大学出版社2007年版,第132页。

全",或者是财政社会学中所启发的项目为高等学校、高校教师提供了一种生活机会与一个生活空间。在项目制的场域结构内,国家是主导者,新项目的出台与项目指南的发布意味着国家正在年复一年地生产着制度性文化资本,为各行动者提供了诸多制度性机会。也只有在项目制所创造的制度机会与空间中,组织与个人才能寻找到自身的生活机会与生活空间。在这种机会与空间中,项目制成功地成为了一种利益机制。组织与个人都希望从中获取利益,或者说利益机制主导了组织与个人行动。这种利益机制一方面表现为丰厚的物质回报,另一方面则表征为较高的高等教育场域地位。这种情况所形成的思维方式便是一种"项目为尊"的态度,或如第五章所讲的易形成一种项目即学术认知判断与思维惯习。虽然,常规化(routinization)的项目行动有助于增强高等学校与高校教师生存的本体性安全,但他们为了本体性安全所展开的活动事实上又在巩固着高等教育项目制的常规化及其塑造的思维方式等内容。

无论是被动接受项目还是主动争取项目,其中的认知与行动都使项目思维潜移默化地扩展到人们的意识形态、思维图式和生活方式之中,并由此获取了共同的认知与理解,促使项目制被广泛接受,进而逐渐具备合法性[①]。可以说,项目制在高等学校组织中的实践也是其不断获取合法性的过程。在年复一年的项目申报、评审、竞争等高等学校组织实践与高校教师个体行动过程中,当项目思维的合法性得到进一步延伸时,它将会进一步固化项目制并逐步形成以此为基础的项目价值观。或许在往后的高等教育实践中,高等教育项目制还可能以层出不穷的实践形态与方式在高等教育组织中进一步拓展下去,使高等学校组织、教师个人越来越习惯于以项目的思维方式来评判自己和他人的学术和工作,并由此形成一种普遍性的"项目风俗",影响着高等教育场域中各行动者的行动与意识。从这个角度来说,也可以认为高等教育项目制是一个不断进行着的、远未完成的结构化的总体。

事实上,对于项目的认知不仅停留在围绕项目所产生的行为中(申报到结题),而是日益体现在大家对其的认可,认为项目等价于学术,

---

① 蒋梓莹:《项目制的常规化何以可能?》,《社会发展研究》2016年第4期。

因为项目确实在高等教育场域中通行无阻。日复一日、年复一年，大学、学人们以复制的形式构造了项目学术的日常生活。对于国家来说，项目制似乎意味着国家回应了关于大学、学术上自主、自治的呼求；对于大学来说，则可以从项目中获取更多资源。项目为大学提供了依附性发展的契机，使其获取更大、更远的利益空间。

因此，借助于结构化理论来诠解高等教育项目制的日常化或者是常规化，主要意指对高等学校与高校教师而言，作为国家层面的高等教育项目，是如何一步步走入他们的制度、规则、生活中并作用于这些制度、规则、生活的内在化机制及其过程。在高等教育项目日常化的机制过程中，现如今真正对学术行为发挥影响力的绝不全然是学术的本真逻辑（如前所述的至少存在一种学术真实与学术虚假的辩证法的可能），而是以项目为尊的意识已经内嵌于高等教育的学术生活。在这种情势下，学校与学人们都能明白，如果不去遵循项目逻辑或者不去为了获取项目而努力奋斗便很难立足于高等教育与学术世界，这是高等教育项目日常化的效果。于是，在此日常化机制下，每一个高等教育组织、每一个高等教育个体都会自觉遵循着项目逻辑。尽管高等学校作为行动者没有出于再生产项目规则的目的而进行系列高等教育活动与学术活动，但他们在日常的组织实践中却不可避免地会产生这种结果。在吉登斯眼中，这便是行动的"意外后果"。

四　结构/制度、行动者与高等教育项目制内涵的外溢

"高等教育项目制内涵外溢"依靠日复一日的例行化行动或惯习与结构之间的相互建构和形塑。高等教育项目制治理常态化的形成并非仅仅是宏观制度的约束，也是大学行动日常化的建构。其中，宏观制度约束表征为项目对高等教育事务的全方位介入、项目中的规范性规则与表意性符码以及项目作为一种配置性资源和另种权威性资源的存在等，而大学学术评价中项目充当学术"一般等价物"的功能、大学内部的常态行动、大学人才竞争的"项目化"以及例行化的项目申报等作为大学与教师的日常行动，两者共同形塑了"大学生活的项目化"与"项目在大学中的生活化"两种高等教育系统内部景观，使高等教育项目制治理的

常态化变成一个不可辩驳也无法阻逆的高等教育事实。

对于国家来说,其正是借助于在大学中的生活场景,阐释项目的逻辑,使得项目一步步成为大学及大学人日常生活的内容,最终实现了项目的日常化转变。而大学人也借助于项目,自觉或不自觉地将自己的生活慢慢向项目靠拢,一种新的项目化的大学学术生活方式也开始形成。对于当今高等教育来说,项目已经成为重要的日常生活。吉登斯认为"日常生活"是具有重复特征的持续性,因而,在日复一日的平常之中,国家通过各种项目形式反复出现在高等教育世界中,使之成为常态。原本国家设计的项目制就因其巨大的资金含量而具备强大的制度激励功能,加上高等学校组织层面的制度设计与制度实践,再通过大学教师们的个体实践等,三个不同主体的不同实践却共同构造了高等教育项目制的日常生活。正是这些参与主体在参与过程中的诉求和行动,强化了高等教育项目制的使用,使其获得了合法性;同时也推动了基于项目制运作而产生的项目思维向整个高等教育系统弥漫与渗透,进而使高等教育项目制常规化变得可能。

小结:上下建构中的高等教育项目制

从作为一种高等教育财政拨款方式或高等教育资源分配方式的财政学内涵到作为一种政治学、社会学视域中治理意义的建构,项目制已构成一种对于高等教育的新总体性,意味着高等教育项目制治理的诞生及其作为一种新常态治理方式而存在。然而,宏观上的制度安排并不足以使高等教育项目制成为常态、成为一种具有总体性约束能力的制度,也不可能促成高等教育项目制内涵的完整建构,其常态化与内涵丰富性形成还需借助于项目制的微观实践,也就是高等学校组织内部的项目行动。项目制若要发挥其总体性功能,必须凭借其内涵的丰富性建构。正是在微观意义上高等学校组织实践场域的存在才论证了项目对于高等教育的总体性与日常性支配成为可能,从而也就论证了项目制内涵的丰富性。从高等学校组织及相关个体以复制项目的形式来开展实践活动到我们习惯于在高等教育场域中的多种场合下逐渐运用项目思维来考虑问题、评价学术和布局学术职业生涯时，可见其对学术场域中人们的行动方式、获利方式的改变与思维的变革也产生了深刻影响。渐渐地，项目制演变成一种微观的权力机制，作用于高等学校这一"基层社会"及其中的人们的众多生活场景之中。由此也可以看到，在结构—行动上下互动的进程中，高等教育项目制运作得以稳固与常态化，而更为重要的是，在这一过程中，高等教育项目制内涵向着更加宽泛的方向发展，由此也从各个层面产生了对高等教育的深远影响。

事实上，高等教育项目制诞生时，国家并未明确规定其作为一种大学内部治理的机制或大学教师的评价机制。在高等教育项目制内涵由高等教育财政学向外溢出进程中，高等学校组织在其中发挥了重大作用，通过高等学校的治理实践对项目制进行了重新诠释进而实现了项目制的再制度化。在组织学理论中，组织不只是一个静态、完全受约制的行动者，而是一个有着一定主观能动性的主体。所以，高等教育项目制的再制度化便可以表述为：当国家设计的项目自上而下进入高等学校这一"基层社会"后，经由高等学校的运作对项目制进行重新定义与诠释的过程。从解决资源和需求之现实矛盾中诞生的规则，有的可能是一方强加给他方的，有的则是各方妥协的结果，但无论规则的最初来源如何，当人类在实践中发展出确保规则实施的机制时，规则就具有了自身的生命力。[①]

身处"结构"中的高等学校组织虽然面临制度环境的强大约束，但是高等学校组织在项目制的总体结构格局之下却可根据组织需求提供与项目制有关的政策实践、治理实践，这些政策与实践就赋予了项目制的生动内涵。面对多种竞争性项目，大学的行为是把科研项目和经费的数量作为二级单位和教师评估的重要指标。将项目、经费的获取列入二级单位和教师的评估指标体系，就会进一步强化其地位，调整大学内部的价值体系，改变教师的行为结构[②]。对国家或有关部委而言，高等教育项目是国家对科研等高等教育事业的投入、资助；对高校来说则不仅是科研收入，还与科研实力、综合实力及其在国家科学发展中的地位和作

[①] 谢海定：《学术自由的法理阐释》，中国民主法制出版社2016年版，第18页。
[②] 郭海：《大学内部财政分化》，北京大学出版社2007年版，第133页。

用紧密关联。项目的获得能力对一个高校的影响是全方位的,如名誉、地位、知名度、可持续发展能力等。当纵向科研项目级别与科研人才的职称评审、绩效考核等现实利益挂钩时,科研项目的级别就成了科研人才的生命线,竞争性科研项目经费分配异化为项目发包单位的一种"控制权"。因此,科研项目申请中的同行评议和专家评审形式化、关系项目、"戴帽"项目等权力寻租行为便无法根绝,科研资源配置效率自然也无法达到帕累托最优[1]。虽然政府越来越愿意通过专项拨款的形式增加财政资金的竞争性,但并不意味着大学转而从企业或其他结构获得资金。因为政府是竞争性拨款的最大提供者,而且在研究声誉体系中处于核心地位。无论是个人和集体,教师和系科的声誉都依赖于其在科学研究项目或经费市场上成功获得支持的能力。对国家项目的竞争,对高等学校这样的非专职社会科学研究机构,不仅涉及研究的物质基础和个人收益,更涉及系科和单位的地位和荣誉。因此,在社会科学研究中,项目导向日益明显。[2] 获取竞争性的资金与项目,既是增加大学运行经费的经济行为,也是增强大学显示度的政治行为。

在这个意义上,高等教育项目制内涵的外溢很大一部分任务是由高等学校组织来完成的,而项目制的再制度化则完全由高等学校来完成。总而言之,经过自上而下的多重主体建构,高等教育项目制内涵的财政溢出效应之组织学、哲学特征不可避免。

---

[1] 刘太刚、刘开君:《论我国竞争性科研项目经费配置模式的困境及优化路径——兼论竞争性和非竞争性科研经费协调投入机制》,《天津行政学院学报》2017年第5期。

[2] 郭海:《大学内部财政分化》,北京大学出版社2007年版,第218页。

第七章

高等教育项目制跨学科内涵的建构与综合分析

前述章节从国家与高等学校组织两个角度对高等教育项目制从财政学内涵外溢至其他学科内涵进行了论析，从而在现有研究视角与框架内完成了高等教育项目制内涵的跨学科建构。高等教育项目制跨学科内涵的建构体现着高等教育项目制治理的多重实践逻辑。以国家财政能力与国家在高等教育领域的财政支出为主要内容的高等教育项目制是理解宏观高等教育治理演进逻辑的基本线索；而高等学校中的"项目现象"则是窥视高等教育项目制微观治理逻辑的依据。这些内涵的建构或者说高等教育项目制的治理逻辑并非是项目设计时的理性安排，亦非单一主体的单一行动所致，而是在项目制实践过程中，在不同场景、不同高等教育组织的组成元素中，经国家意图、高等学校组织意图及其制度实践、教师行动的相互配合中而发展起来的。国家治理的总体性背景、权力的意志与表达、治理惯性、路径依赖、绩效合法性以及组织的规则阐释等诸多因素都在塑造、建构着高等教育项目制内涵跨学科进程的速度和方向，进而也框定着项目制对高等教育系统的影响程度和方向。

然而，在上下建构的高等教育项目制中，跨学科内涵间的关联是什么？其内涵状态如何？是否是一个已经完成了的状态？其内涵状态与其治理能力间的关联是什么？这种跨学科内涵的建构是否合适？或者说，项目制通过跨学科内涵的建构实现对高等教育的全方位影响，其逻辑能否自洽？其中，可能存在的限度有哪些？我们又该如何对待这种跨学科内涵的建构？对这些设问的展开思考构成了本章的主要分析任务。

溢出高等教育财政内涵

第一节 高等教育项目制跨学科内涵的建构

实践表明，高等教育项目制已经突破（而且有可能会不断突破）财政拨款、财政支持的原初思路，开始在国家、高等学校组织治理领域中建构实践逻辑与实践场域，并通过不同高等学校的运作解释积累实践类型与丰富意蕴。实践中高等教育项目制含义及其特征远比经济学、财政学的探究范围宽泛得多，从高等教育项目制的诞生及其发展历程就可以清晰地看到这一点。高等教育项目制诞生及其内容、功能演变的内在逻辑并非取决于项目资金的扶持性，而是蕴涵了国家与大学、学校组织与教师等有关高等教育内外部治理的内在机理，是相关政府、组织以项目化的方式以及项目化理念参与到高等教育过程的重要体现与结果。

对于高等教育项目制内涵的讨论，本书并未局限于从传统财政学、经济学视角进行诠释，即不仅阐述财政学意义上的高等教育资源分配的财政过程，而且重在强调根据高等教育项目制的历史、类型与实践等诸个层面从政治学、组织学、哲学等学科意义上将之理解为一个具有丰富面向的概念存在，这种理解也成为一种新的叙述高等教育项目制治理的进路。国家、高等教育组织、教师等不同行动者共同塑造着高等教育项目制的内涵与外延，共同建构了高等教育项目制的跨学科内涵，本书分别称为高等教育项目制财政学、高等教育项目制政治学、高等教育项目制组织学、高等教育项目制哲学。

作为初始之意的高等教育项目制财政学，是一种新型的制度化的高等教育财政资源分配手段，表达着在时代发展中国家财政体制变迁、高等教育拨款方式的变革、国家财政能力提升与重新确立的中央政府与地方政府在高等教育中的财政关系以及各级政府与高等学校间的财政关系，从财政的角度重新建立起政府与高校之间的某种关联。在强大的国家财政能力支持的背后，实际上是国家以雄厚的经济资本来引导高等教育的发展方向并决定着大学的学术生态。以经济资本为物质依托的高等教育项目制将资本与权力进行合谋又将其推进至国家治理的政治学学科境遇中。

第七章　高等教育项目制跨学科内涵的建构与综合分析

作为国家治理的高等教育项目制政治学，反映的是引导和控制着国家和地方财力在高等教育上的投入方向，它不仅承载着资金，而且承载着一整套经济的、政治的和社会的意图和责任（如"超大型高等教育项目"对于高等教育效率的追求）。改革开放后，在计划经济时代所形成的高等教育系统一些典型特征，如行政隶属关系并未因法律确认了高校的法人地位而消失，政府依然以资源配置者、标准和规则设定者、绩效和声誉评定者的身份，通过多种管制策略细致入微地"调控"高校的办学行为和内部资源配置结构[①]。这种管制策略是通过弥漫在高等教育各个角落的项目来实现，经此建构着高等教育治理方式转型、塑造高等教育治理逻辑与高等教育治理合法性的建构等多重国家高等教育治理命题。简而言之，则是国家资本与权力的合谋共同打造着高等教育项目制的政治学内涵。

作为组织治理的高等教育项目制组织学，意味着项目制不仅为高等学校全面发展提供了资源支持，而且还为高校内部治理、高等教育学术场域等提供了运作规则。学术资格、利益分配、学术评价、地位区隔等成为高等教育项目制组织学诞生所凭借的工具。譬如，项目制对高等教育学术生活发挥着全面建构性作用，主要体现在对学术、学人们社会存在的建构性作用上。项目直接建构了学人们的学术生活、场域地位与交往关系，构造了学术与学术之间和学人与学人之间的多种"二元对立"。可以说，项目已作为一种日常学术生活的"意识形态"，在大学、教师日常的学术生活中展现着项目的微政治逻辑；与此同时，通过高等学校的中介作用放大了项目制的功能，使国家能够通过学校组织介入大学学术系统之中；因此，国家的在场往往是通过学校这一组织来体现。由于项目资金规模的不断扩增以及在以金钱为核心的实践机制作用下，项目制所呈现的制度优势对整个高等教育产生了跨学科之总体扩散影响的效应，以致支撑出了项目的"举校体制"与项目的"举国体制"的时代现象，并孕育着项目制的哲学意义。

作为具有通约价值的高等教育项目制哲学，对于高等学校组织、教

[①] 郭海：《大学内部财政分化》，北京大学出版社2007年版，第106页。

师而言，项目制的核心问题不单单是"谁得到了项目资金"的问题，而是必须包含项目制对高等学校组织、教师在场域中地位的认同等问题。在这里，很明显实现了金钱与符号的合谋，实现了项目制的使用价值（财政学内涵）到交换价值的变迁。在国家层面来说，高等教育项目制是使用价值与治理价值的意义；在学校层面来说，高等教育项目制是使用价值、治理价值与交换价值的意义；对教师个体而言，高等教育项目制实现了使用价值与交换价值的统一。项目制的诸种价值同时存立于高等教育场域中，并借此发挥其影响能力。当前，项目制作为通约学术关系的内在的、基础的一种制度实在，其通约的机理在项目制作为财政实践的产物，经由多重主体的建构，肩负着实践介质的使命，具备通约学术世界主客体关系的"行为资格"和"行为能力"。

正是在跨学科的意义上，才说项目制对高等教育的影响更广、更深。那么，这些跨学科内涵的高等教育项目制之间有着何种关系？可以这样认为：在跨学科内涵关系中，起核心作用的是高等教育项目制的财政学。如布迪厄所言："实践活动即使摆脱了'经济'利益逻辑并转向非物质的、难以量化的赌注——给人以非功利性外表，但实际上一直在服从一种经济逻辑。"[①] 货币是一种重要的而且难以捉摸的社会构建，其符号和制度特征是十分显然的，是社会界定和承认的、用作交换媒介的，是获得声望和地位的基础[②]。或者如前述章节中提到"财政是国家治理的基础""没有财便没有政"等意义，也就很难有丰富的国家治理蕴意。所以，"211工程"等诸多项目是以货币性资金为保障实现重点办学、有选择性地发展高等教育事业的工程。这或许也是货币化时代的客观结果。在项目制强大的经济功能面前，本应作为支持工具的项目却反过来成为学术的标准。也可以说，高等教育项目制的经济功能、财政功能衍生了项目制的其他功能与内涵（财政功能为其他功能提供了物质基础与实践前提），从而决定了整个大学学术生态图景。

在跨学科内涵的共同作用下，项目制是一个资本场域、权力场域、

---

① ［法］皮埃尔·布迪厄：《实践感》，蒋梓骅译，译林出版社2012年版，第175页。
② ［瑞典］汤姆·伯恩斯等：《经济与社会变迁的结构化：行动者、制度与环境》，周长城等译，社会科学文献出版社2010年第2版，第128—138页。

第七章 高等教育项目制跨学科内涵的建构与综合分析

学术场域、应付与表演场域、社会场域、经济场域等各种子场域共同建构的大场域。项目制的政治学、组织学意义与特征使得项目制度下国家与高校、高校与教师间的关系是一种工具型、功能型关系,因为凸显了项目制的组织学、政治学等意义,而忘却了高等教育本身的教育、学术意义。项目制在高等教育场域内的境遇并非项目制设计初衷,可以说是项目制的意外。但也正是在这种形式上,项目制展现出了它的诸种属性与跨学科内涵,项目制的不同职能与角色,也都使其获得了跨学科意义。高等教育项目制的象征意义往往依其承担的不同职能(如评价、分配)而具有不同的意味。因而,项目制在执行这些职能的过程中,随着这些职能的独立化而得到了特殊的象征存在形式。

在这种跨学科的学术语境中,项目制俨然具有了一种结构性意义与能力的制度安排,构成了现代高等教育结构化的一种方式,以及高等教育组织与个体、学术科研等进行自我认同的制度存在模式。恰如研究者在分析资本逻辑时指出的:如果看不到资本逻辑的社会结构化意义,只是停留于经济层面的理解,就容易陷入经济决定论的框架[①],无论从哪个学科角度来看,都无法脱逃于这一结构化架构。高等教育项目制实践的财政学属性与政治学、组织学、哲学等属性的多重叠加,彼此联合将项目制固化为一种高等教育治理的常态,这是探寻高等教育项目制结构化能力的一个前提。

第二节 高等教育项目制内涵的建构性:一个未竟的状态

前述内容着重勾勒出高等教育项目制跨学科内涵的建构,即一种财政学、政治学、组织学、哲学等跨学科意义的组合,使我们看到了高等教育项目制实践及其理论上的多重样态。就本书而言,高等教育项目制内涵在其完成形态与终极意义上,是作为交换价值的被高等教育界承认

[①] 仰海峰:《从主体、结构到资本逻辑的结构化——反思关于马克思思想之研究模式的主导逻辑》,《哲学研究》2011年第10期。

的符号,是作为学术的象征而存在的,具有一种至高无上的客观性。然而,需要慎重乃至长远思考的是就高等教育项目制的实践呈现状态而言,本书中所论述的这种跨学科内涵的建构是否是一种已经完成的状态?简而言之,高等教育项目制的跨学科性是否仅指这几个学科?答案或许是否定的。

一方面取决于研究的进一步推进,伴随对高等教育项目现象与资料的收集与解读以及理论的引入与视野的拓展,高等教育项目制将会被赋予更多学科身份与内涵,这为未来研究空间的拓展提供了一个思路;另一方面则与国家高等教育项目制发展的进程有关。从国家的角度来看,纵观高等教育项目制的发展历程,可以发现,高等教育项目制并非是一个已经完成了的制度形态(因为项目制并非是一个在短时间内对高等教育产生影响的制度安排,且并非只涉及高等教育的某一个要素、某一个方面),而是在国家政策实践中不断向前推进。在历时性上,从20世纪80年代至今,近40年的经验实践已使项目制牢牢扎根于高等教育场域,并通过绩效合法性建构了项目制足以继续推进的强大惯性与合法理由;在内容涉及与发展上,从最初的项目制科研到项目制一流大学建设、项目制人才再到高等学校教学、高等教育评估等诸方面的项目化,在这个过程中,项目制不断将高等教育的各个组成元素纳入其中(如项目吸纳学术、项目吸纳教学等)。因此,在国家层面上,高等教育项目制内涵的建构性体现在其历史与内容中国家治理逻辑的丰富性。只要国家在政策实践中不断实施新的项目,那么其中或多或少都会潜隐着国家治理的政治学意味。国家以项目制方式传达出其对高等教育的态度与治理倾向,而这种态度与治理倾向不是一成不变的,而是随着国家战略需求等框架不断演变,从而展现出高等教育项目制中蕴涵的丰富治理逻辑。简而论之,就是伴随各种理论的引入与研究的推进以及高等教育项目制实践的建构性决定着其内涵的建构性。

在高等学校组织层面上,高等教育项目制内涵的建构性体现在高等学校组织对项目制的诠释,高等学校为项目制提供了一个微观的实践场域与制度空间。一种新的制度诞生后,必须由相关行动者将其实践化(不论制度实践以何种方式呈现),才能发挥其作用、体现其意图。"制度不是权力机构制定的文本,也不是仅依靠科层体系自上而下执行的,而是在行动者复杂的关系结构和策略互动中实践的结果。制度是通过行动者实践形成的一种游戏规则,它既是约束行动者行为的规则,也是行动者之间争斗、妥协的结果,因此制度与行动之间是约束与建构的关系。"[1] 对于高等教育项目制来说,国家层面的项目制设计仅仅是呈现了一个类似于"文本"的制度表达,而其作用必须体现在经由高等学校组织与高校教师这一"基层社会"组织与个体的制度实践中。通过前文的分析可知,正是由于高等学校组织的制度实践,才赋予了高等教育项目制的组织学内涵,也就是高等教育项目制的再制度化。从总体上来说,虽然高等学校都是将项目作为评价的工具,但每个学校都会呈现出一定的差异。而且,高等学校如何运作项目则与学校自身考量紧密关联。因此,从组织的角度来看,高等教育项目制内涵也是一个不断被建构的状态,能够建构成何种状态取决于高等学校如何诠释。可以引起关注的一点是:在高等教育项目制的组织学内涵建构中,某些内涵比如在评价上可能会发生一些变化,如果中共中央办公厅、国务院办公厅于2018年2月26日印发的《关于分类推进人才评价机制改革的指导意见》中"改变片面将论文、专利、项目、经费数量等与科技人才评价直接挂钩的做法"[2] 这一目标能实现的话,那么高等教育项目制内涵在这个意义上就会减弱其建构性。而是否会增加另一种建构性,则取决于是否会增加其他的项目制实践形式。

在项目制的框架内或项目制的场域内,所攸关的主要行动主体除了国家之外,还包括了地方政府、高等学校、高校教师(实际上就是政府、组织与个体三个行动主体)。项目制已成功地将各方行动者勾连在一个场域内。项目制正是在国家、地方政府、高等学校、高校教师这四个主要行动主体共同参与下发展和演变的。项目制不仅是指不是单一的自上而下资源输入的过程,而是不同行动者的行动逻辑中不断建构和演

---

[1] 包艳:《行动与制度实践:东北F市小煤矿场域整顿关闭过程的经验研究》,博士学位论文,上海大学,2008年。

[2] 《中共中央办公厅、国务院办公厅印发〈关于分类推进人才评价机制改革的指导意见〉》,http://www.gov.cn/zhengce/2018-02/26/content_5268965.htm,2018年3月3日。

溢出高等教育财政内涵

变的多重内涵的组合。概而言之，高等教育项目制内涵的跨学科性是一个会随着国家意图、高等学校组织的实践方式而不断被建构的过程；即使高等教育项目制跨学科性不会有大的改变（即主要是财政学、政治学、组织学、哲学意义），但在每个学科之下高等教育项目制的细微呈现与具体内容必定会跟随行动者的差别而不同；也许高等教育项目制在某些方面的建构性减弱，但也有可能会在实践中生发出其他方面的建构性。不管怎样，只要建构性存在（无论弱与强），其都是一个动态过程。

虽然高等教育项目制内涵的跨学科性是一个不断建构的过程，但这并不影响其作为一种总体性支配的制度设计。政治学、社会学甚至哲学等学科内涵的建构将高等教育项目制推入一种将其理解为现代社会结构化的一种方式的境地，乃至全社会自我认同的存在模式，也就是项目作为一种全社会的总体性。因此，必须要看到项目逻辑的社会结构化意义。正是由于这种跨学科性的存在，才更凸显其作为一种总体性的存在；也由于跨学科性的存在，其制度能力也越发强大。国家高等教育治理逻辑的多重样态与高等学校组织实践的多重样态决定了高等教育项目制是一个不断结构化的总体，而不是一个已经完成了的总体。这种上下互动造成项目的结构性运转，谁也无法逃脱这一结构的制约。正是在金钱、规则、符号等逻辑的统摄下，高等教育项目制才越来越成为一个总体，将一切都吸纳于自身中，推动着其向高等教育的全方位覆盖。这种建构性的存在便意味着高等教育项目制不是一个静态的制度实体，而是在国家、高等学校组织、高等教育个人等互动下的动态形塑过程，从而说明项目制并非一个具有一成不变的含义。也正是由于项目制在不断地进行着结构化的运作，使得项目制的治理能力与总体支配能力越来越强大，谁都无法躲逃，或者说高等教育项目制的结构性会伴随其建构性越来越强大。实际上，这与项目制的再制度化进程保持着一致的状态。在这个意义上，当从社会学意义上去分析制度时，制度便是一个具有生成性、建构性的存在。只要行动者存在，必然会打上各自行动烙印，便赋予制度一个动态生成的过程。因此，项目制对高等教育的影响不只停留在本研究所述的这几个层面，而是会随高等教育项目制内涵的建构性而不断将其影响面扩增。事实上，只要高等教育项目制内涵处于一个"未竟"的状态，那么有关其类型、制度逻辑、制度效应、影响机制等都会"待定"，反之亦然。

第三节 高等教育项目制跨学科内涵的可能限度

高等教育项目制乃由财政学视域一路扩展至政治学、组织学、哲学等学科空间。这种从财政学到哲学的学科扩展见证了高等教育项目制在高等教育治理实践中的功能变迁，从财政资源上升到国家治理再转换为一种符号的支配地位。而无论是资源蕴涵还是身份表征，项目都在发挥激励功能，其终至产生了一种体制性的精神内涵。在特定宏观制度后盾与文化模式主导下，项目有意地被建构成为一种国家治理高等教育的手段与方式，也有意地被选择成为构建、理解当代大学、学术的认知基础。然而，这种有意识的选择与建构并非是一个不可置疑的客观事实，而是一个需要保持足够警醒与反思的对象，对其与高等教育、大学学术的实践进行对照。

一旦此种选择逐渐扩散，被接纳而成为高等教育、大学学术的标准、准则，如此制度性的安排强化了项目的重要性。结果是，在高等教育组织的制度与认知层面，两者相互交织、交互支持、交相强化，建构出一套学术评价、高等教育评价的"正统"知识，项目顺理成章地获取了不可动摇的权威地位。在项目的中介作用下，高等教育与大学学术均被纳入国家逻辑与高等教育组织逻辑的视野中。由于过度在乎高等教育项目制的国家意图与高等学校的组织意图，高等教育与学术两个词汇已无法说明其各自原初性含意，他们已经是某种计算性、某种技术性的知识与存在，或者意味着某种政治性的东西，在高等教育与学术中已存在大量的政治性、行政性、关系性、绩效性元素。高等教育项目制由财政学领域溢出一直到组织学、哲学等意义的诞生使高等教育、大学学术渐渐由具有一种哲学精神、教育学内涵过渡到技术理性、工具理性的范畴中。不论是高等教育还是大学学术都被项目资源框限在一个设计好了的、规划完整的、功能化了的逻辑结构内。

改革开放以来,高等教育项目制的发展历史及其实践表明,项目制承载了太多的高等教育责任与功能,这种责任体现在多个层面:通过项目要实现世界一流(从"211工程""985工程"到"双一流"建设)的战略目标,这是在国际范围上的一个目标;通过项目要提升科研水平(科研项目)、教学质量(教学项目)、促进教师学术职业发展(人才项目),这是在高等教育内部事务上的目标;通过项目要解决高等教育效率与公平(各种重点建设项目与中西部高等教育扶持项目)……,范围太宽、内容太多。国家所构建的这样一个高等教育项目制体系似乎把高等教育发展的一切任务都寄希望于通过项目制加以解决与实现。而其功能则鲜明地体现在其跨学科特征中,不仅提供着资金支持还发挥着评价、区隔、象征等功能。因此,在这里,需要追溯或反思的是高等教育项目所蕴涵的"过度治理"问题:一是从国家意义上来说,高等教育项目的过度设计。由于高等教育项目制内涵是一个未完成的状态,在实践中也就意味着高等教育项目的生产并没停止。福柯说:我们生活在一个"治理术"的时代,国家实际上是多种"治理术"制度的可变效应①。在这个意义上,我们说高等教育领域中的国家是多种高等教育项目的集合。无论是"985工程""211工程"等"超大型项目",还是科研、人才项目等"微型项目",很大程度上其旨趣蕴涵一种对高等教育绩效追逐的情愫,一种基于效用最大化原则式的国家理由的高等教育治理体系建立起来。因此,在国家治理的政治学意义上,高等教育项目制的诞生成就了国家治理的政治经济学范式。随着高等教育项目制的不断建构,必须直面高等教育中的一种关系问题是:这些专项的管理与问责框架与大学的基本运行"机理"之间的关系问题,换句话说,需要直面当前专项过多、过杂而可能破坏大学基本运行机理的问题②。

当高等教育系统内部形成一种以项目为圭臬的高等教育与学术认知而面临事实与逻辑、形式与实质间的矛盾(例如学术真与假的辩证法)

---

① [法]米歇尔·福柯:《安全、领土与人口》,钱翰、陈晓径译,上海人民出版社2010年版,第9、339页。
② 王蓉等:《中国教育财政政策咨询报告(2010—2015)》,教育科学出版社2015年版,第175页。

时，当国家项目铺展至高等教育的各个方面而高等教育不断被建构时，无疑便形成了一种项目的剩余/过剩治理（相对于高等教育内在发展，项目是否越多越好？）。邹诗鹏认为：

> 事实上，在现代社会，人们往往没有能力抱怨制度本身的合法性，而是因不得不卷入以效率或功能为目的、事实上却是繁文缛节的合理化体制而叫苦不迭。因为合理性而增加的叠床架屋的体系及其功能要求，实际上越来越明显地消耗着人们的智慧、活力与创造力，也抹煞了个体及其多样性。这里的合理性主要是指形式合理性而不是实质合理性。①

换句话说，在项目制度下，形式合理性抽离了实质合理性，造成形式合理性的剩余。高等教育项目制的剩余意味着行政的过剩，行政的剩余意味着项目制对高等教育的过度建构。

二是高等学校组织对项目的过度解释。面对高等教育中的系列问题，项目制的设想是通过项目途径解决高等教育中存在的系列问题从而提高高等教育质量。而大学作为理性行动者出于制度合法性的约束不断改变既定的事态或者事件的进程与原初目标，使项目制在实践中表现出极度复杂性从而具有丰富意蕴。无论是将项目作为一种组织治理工具还是在项目运作中专心负责应对技术指标而流行的行政科层体制式的"上有政策，下有对策"效应，都弥漫至整个高等教育场域。任何旨在提升大学学术水平、保障高等教育质量的项目最终并没有形成学术的自觉、高等教育质量保障的自觉，而大学只是在不断地应付各种项目行动。以项目作为前提，高等教育与学术研究存在的目的和依据，越发外在于高等教育、越发与高等教育本身无关，而日益与项目密切关联。在项目嵌入下，由于大学及学人们接受了由项目规则、项目符号等构建的高等教育治理秩序，在某种意义上达成了与项目的象征性联盟与共谋从而巩固了项目治理秩序。一旦人们接触到批量生产的符号和图像，并把它们当作真的，

---

① 邹诗鹏：《现代性与剩余》，《学术月刊》2016 年第 8 期。

他们便更容易把任何场面误以为是现实生活。① 在这个过程中，项目符号可以承载甚或等价为高等教育中乃至人的诸多本体性存在，大学、教师极有可能将项目的占有误识为高等教育和学术研究的全部或主体，无论出于哪一层次的组织、个人都以此为圭臬。一个社会统治的体系往往看起来是不可避免的，而一旦它被认为是不可避免的，按照这一逻辑，即使是那些因这一体系而处于劣势的人也会倾向于承认这一体系的自然性，进而也会倾向于认为，凡是自然的就是正当的或合理的。② 所以在项目制渗透的高等教育世界中，高等教育组织与一大批"与时俱进"的人群，或为了谋求自身利益，或避免自身利益受损，专心致志做项目、一心一意谋项目，纷纷争做项目时代的"俊杰"③（"俊杰"即为携带各种项目头衔的人才）。然而，大学、学人们之间围绕项目资源而展开的激烈竞争和利益分割，客观上无法构建一个"共同体"，大学仅仅是一个又一个的"原子化"存在。单一的大学个体始终无法抗衡强大的行政权力体系，最终只能沦为"弱者"的境地。这种"弱者"的身份同时也是大学自身主动扮演和塑造的形象。④ 再一次对肖瑛教授的论述予以强调：正是大学及学人们的举动强化了科研项目制的负面效应，把科研项目制变成了所有学术机构和学术人头上的"紧箍咒"。⑤

国家对项目的过度设计造成了对高等教育的过度建构，再加上高等学校组织的过度阐释，两者都会使高等学校组织完全被功能化。无论是国家还是高等学校组织，在对治理效果的追逐中，高等教育与大学学术自生自发的秩序走向人为理性设计的秩序，高校及教师大多数只是统计学意义上的"数字化存在"、符号化存在，高等教育开始走进由国家设计的数字、技术、符号世界中从而成为一种抽象化、"去身体化"的存

---

① [美]道格拉斯·洛西科夫：《公司化的生活——给在企业纽带另一端真实生活的人们》，余巍译，中信出版社2012年版，第130页。
② [美]詹姆斯·斯科特：《弱者的武器》，郑广怀等译，译林出版社2011年版，第390页。
③ 董云川、罗志敏：《尊重"内生需求"，方能提升大学品质》，《现代大学教育》2014年第6期。
④ 蒋达勇、王金红：《行政权力主导下大学的隐秘行动与生存策略——基于"弱者的武器"视角的理论解释》，《江汉论坛》2016年第8期。
⑤ 肖瑛：《作为治理术的科研项目制》，《云梦学刊》2014年第3期。

第七章 高等教育项目制跨学科内涵的建构与综合分析

在。事实上,国家治理并不总是反映或记录学术世界的真实情况,它们所包含的政府的非个人性和"我"的缺失已经发展壮大到将大学也包含在内。它们是一种隐藏和消除某些痕迹和声音的技术,而这就是国家对于大学权力的关键①。大学学术与学人们被客体化为统计数字与符号机制,学术运作依据的是无分化的抽象原则,只涉及个体身上计算性、获取性的要素,在高等教育市场上起作用的是符号与数字,高等教育及其中的人现在正受抽象治理,其整体性与生命性被肆意割分,以片段式、数字化、原子化形态存于世。高等教育逐渐从人的逻辑走向物的逻辑、符号的逻辑,深陷于鲍德里亚所言的"符码统治"的世界之中。在项目体制下,人们很少对事实与逻辑间关系的问题进行足够的省思,把事实错认为逻辑,把逻辑简化为事实。在一贯强调国家与组织的思维中:

> 大学以其数字化的科研成果来获得进步的幻觉,这种服务对象无论是国家、地方、企业或者个人都被"社会"概括进去。政治现代性的主体性张扬带来了大学自我意识的膨胀,这种自我意识由利益等支撑起来,政治现代性的理性异化成了工具理性,大学以工具化方式陷入计算理性之中。政治现代性无法清除等级和差异,于是以新的形式创造了新等级和差异,大学正在这一差异的等级系统之中寻找生存空间。在大学等组织场域中,员工对组织的价值认同只是基于一个组织的目标与责任的承诺。政治现代性实现过程中的道德权威的丧失使制度成了社会的游戏规则,大学的制度逻辑越来越缺少大学精神关照。②

对于指标、效果的重视促成了对于"漂亮"数据的迷恋,全然不顾其给大学学术带来的损害。国家对高等教育的建设与治理背离了其原有的形塑教育生活的理想与想象,眼花缭乱的教育政绩经常成为教育行政

---

① [美]威廉·克拉克:《象牙塔的变迁:学术卡里斯玛与研究性大学的起源》,徐震宇译,商务印书馆2013年版,第396—417页。
② 刘学坤:《西方社会的政治现代性与大学德性的衰落》,《现代教育管理》2012年第5期。

部门的孤芳自赏。因此当用指标权重学术、用项目切割学术、用项目等级褒贬学术时，学术的时空使命已经被强制性地窄化与矮化、学术的真实使命被阻挡、学术人格被拆解①、学术成为毫无价值意义的游戏钟摆而被浪费。长此以往，也许当行政部门和大学双方都在这种怪诞体制中"各得其所""自得其乐"时，大学的精神、价值与未来会越来越陷入人们深深的怀疑与反思中②。

事实上，在项目表征一种学术关系与发挥"一般等价物"功能的进程中，这种略带"拜物教"色彩的神秘性质，既不来源于高等教育项目制固有的内在规定性，也非来自于学术本真的诉求；而只是人们自己在一定历史阶段下社会实践的产物。因此，高等教育项目制内涵的跨学科存在，实际上表现出了一种文化建构的过程。

当我们在财政学内涵之外对高等教育项目制进行过度诠释与建构，那么项目制对高等教育的影响便会随之无限扩大，甚至项目制本身也会面临被异化的可能，即项目可能叛离单纯的财政支持的原初旨意。高等教育项目制跨学科内涵的建构及其建构性的存在更加会使项目制异化为各种可能形式，这已经远远超出了项目制设计时的最初旨意。

第四节　高等教育项目制跨学科内涵实践限度的超越

改革开放以来，高等教育一直身处国家战略体系，而这个战略体系目标是通过项目来实现的，即一种基于国家理由的高等教育项目制体系。对于通过项目制方式解决高等教育问题固然成效巨大，但对于项目绩效的过度信赖以及项目制方式的广泛采用，使得计划经济时代的行政思维惯性得以延续，即便从计划时代进入规划时代、从统制型治理进入技术型治理。如何规避高等教育项目制治理中存在的局限性，成为一个不得不慎思的话题。总体来看，需要从宏观与微观两个层面上考虑高等教育项目制是否该承担这么多治理责任（实际上与计划经济时代的统一管理

---

① 董云川、张琪仁：《指标时代的学术之殇》，《中国教育报》2016年3月14日第006版。
② 蒋达勇、王金红：《行政权力主导下大学的隐秘行动与生存策略——基于"弱者的武器"视角的理论解释》，《江汉论坛》2016年第8期。

本质上是一致的,只是此时变成了项目的直接管理)与治理功能,特别是在其功能检讨上(也就是说必须从理论上检讨其内涵是否溢出太多、被过度诠释)。

一　理性对待"治理术"的功效与警惕"治理术"的滥用

这是从宏观国家层面来论说的。近现代以来,国家治理的典型特征是通过频繁使用各种方式和手段治理社会问题,即一种福柯意义上的"治理术",项目制便是其中一员。福柯认为,国家实际上是多种"治理术"制度的可变效应[①],"治理术"就是国家治理社会的策略、技术上的内涵。从这个意义上讲,国家就是这些项目的集合,各种高等教育项目的诞生便意味着国家在高等教育各项事务中的在场。改革开放以来,国家采用项目制方式建设、治理高等教育,在调动各主体(中央部门、地方政府、高等学校、高校教师)积极性、提升高等教育整体实力等方面确实取得了重大成就。三四十年来,项目制惯性形成的一个核心要素就是项目制取得了很大绩效合法性。无论是在政策总结(第三章)与相关定量研究(第一章文献综述部分已表明)中,显然这种政策总结与研究关注必定会对项目制惯性的生成产生影响,从而指导着高等教育宏观治理实践。项目制的制度优势一方面就体现在这些"重大成就"中,另外又不妨碍政府对高等学校的权力。在这个过程中,已经形成了对"治理术"(项目制)的路径依赖,认为只要取得了绩效,就可以一直延续这种方式。由于这种经验上的政策总结与学理上的研究结论都站在既定体制框架内也就是从项目制框架出发,这有可能会使我们过度夸大项目制的功效而忽视了如下设问:项目绩效的边际递增效应能否跟得上项目投入增加的边际效应?(也就是项目投入与产出、成本与效益的问题)或者还可以思考:这些年我们获得的高等教育绩效是否就是项目制这一唯一制度因素带来的结果?其中,其他高等教育政策制度因素、高等教育组织因素、人的因素在其中有没有起到什么作用?在理论与政策层面,

---

[①] [法]米歇尔·福柯:《安全、领土与人口》,钱翰、陈晓径译,上海人民出版社2010年版,第339页。

对于高等教育项目制与高等教育绩效的认定，所建立的往往是未经检验的相关关系，而非社会科学意义上的因果联系①。因此，有必要跳出既定的项目体制之外去全面、理性审视当前的高等教育绩效。当然，我们的出发点并不是反对项目制，更不是说要否认项目制所带来的巨大绩效，而需要关注的是在高等教育取得重大绩效中间析离出诸种影响因素，从而看清项目制在其中的影响地位②，以免走入"项目崇拜"的情结之中。就像政府在施展能力的同时，往往倾向于过度依赖或盲目自信过去的成功治理经验，从而制造"能力陷阱"。③

另外需要思考的是，项目治理所要治理的问题究竟是一个什么样的问题（组织问题还是教育问题），在多大程度上构成一个问题，一个高等教育问题能不能成为一个问题或成为一个重要问题，很大程度依赖于是否能被项目化（主要指资源投入是否更多），能被项目化的问题才能被重视，我们很少考量哪些高等教育事务适合项目化、哪些不适合项目化，最后的结局就是主要事务都被项目化。如前所述，这种"治理术"使用的频率越多，越会给国家、高等学校组织、高等教育市场（如学术劳动力市场）等带来系列问题：国家负担过重（项目制责任的巨大，太多的项目会给国家治理带来巨大的财政负荷）、学校对项目的依赖性越强、自主性会渐渐被消解，市场于其中也无法独立运行。而伴随"治理术"内容的无限增多、逐渐扩大和深层渗透，"治理术"权力便会对高等教育的权力、市场的权力出现越来越严重的"僭越"，"治理术"权力话语也会逐渐侵占高等教育自治话语、"治理术"权力程序将不断"殖民"入高等教育与学术的运作程序。虽然项目制等正式制度文本的嵌入为高等教育运作提供了合法性基础，但是可能真正指导高等教育日常生活的还是高等教育的自身规范，是隐藏在合法性背后的一套教育逻辑，一种被斯科特称为"隐藏的文本"的自我逻辑。这些问题的存在会使高等教育项目制治理的问题归纳为我们虽然取得了重大成就，但却似乎意

---

① 刘子曦：《法治中国历程——组织生态学视角下的法学教育（1949—2012）》，《社会学研究》2015 年第 1 期。
② 这一点可在高等教育项目制绩效的实证研究中去论证项目制所起作用究竟有多大。
③ 陈良雨：《教育治理现代化视阈下政府能力陷阱研究》，《教育发展研究》2015 年第 12 期。

第七章　高等教育项目制跨学科内涵的建构与综合分析

味着项目制治理陷入了一种内卷化的境地。

对于大学来说，以高等教育全面项目化为特征的行政治理的"过剩"会成为短时间内大学改革、发展的基本事实而似乎变得并不可逆。福柯认为，国家社会两种权力之间需要一种仲裁话语进行"调节"。如若确实存在一种所谓的"高等教育治理体系与治理能力现代化"的理想图景的话，对项目化高等教育的治理态度必须作一个前提性的反思与现实警醒，否则理想图景终究只会是理想。

对于国家来说，"干预的范围可以是无止境的。社会成为国家管理和改变的对象，意图在于使之走向完善……而不遵循习惯或历史的偶然性"[1]。而事实上，治理不仅表现为一种"术"和方法，而是具有一种道德上的正当性与合法性。[2] 因此，在高等教育项目制治理的问题上，特别需要考量"项目制的适用性"（将适用性问题带进实践的中心，恰如理论适用性问题，我们的制度设计及相关实践也需纳入分析中）这一根本性前提，比如将"合理界定政府财政资金投入科研项目的范围"[3] 等类似问题纳入思考的范畴内。福柯之所以反对"治理术"的滥用，在很大程度上就是启发我们在高等教育治理实践中给适用性问题留下一定的省思空间。我们应减少各种"治理术"的使用，消解高等教育为了应付各种"治理术"而产生的主体沦丧、多重失灵的"意外后果"，使高等教育发展具有长远性、可持续性。对于高等教育治理来说，无论采取何种治理方式、手段、技术，其目标除了追求一个看得见的绩效外，高等学校渐渐成长为一个独立、成熟的治理主体而不再完全依附于任何组织也是题中应有之义；既要进一步发挥技术治理的功效，又要防止其单向度推进带来的弊端[4]。项目制有很大的制度优越性，但要警惕项目制的滥用。有研究指出，高等教育"大型项目"的成功取决于如何克服或减

---

[1] [美] 詹姆斯·C. 斯科特：《国家的视角：那些试图改善人类状况的项目是如何失败的》，王晓毅译，社会科学文献出版社2012年版，第114页。
[2] 张文显：《法治与国家治理现代化》，《中国法学》2014年第4期。
[3] 刘太刚、刘开君：《论我国竞争性科研项目经费配置模式的困境及优化路径——兼论竞争性和非竞争性科研经费协调投入机制》，《天津行政学院学报》2017年第5期。
[4] 李祖佩：《乡村治理领域中的"内卷化"问题省思》，《中国农村观察》2017年第6期。

少官僚主义[①]及其他因素。反对"治理术"的滥用,既可以减轻政府负担(事实上,由于政府承担了高等教育发展的一切,这很容易导致研究与分析人士将问题出现的责任归结到政府身上,由此建构的绩效合法性可能会随着越来越多的问题呈现而被缓慢消解,从而削弱高等教育项目制治理的基础),也可在一定程度上给学校留出足够的自我空间。

二 考量逻辑自洽性,控制内涵溢出效应

如果说上述分析更多的成分是立足于项目制承担高等教育责任的角度,那么另一个需予以关注的则是项目制所承载的功能问题。概括性地讲,项目制对高等教育的主体影响很大程度上是由项目制所肩负的责任与所发挥的功能两方面来完成的,这种责任与功能的扩大导致了项目制的无限自我扩张。

通过前文分析可悉,经过国家与高等学校组织上下建构而形塑的高等教育项目制跨学科内涵,是一个发挥着资源获取、利益分配、学术评价、地位区隔、符号意义等多重功能的制度实体,很明显这种建构正在无限放大项目制的功能或者说其溢出效应愈加强大(由于其建构性,其溢出效应与功能可能还会被一直放大下去)。这种功能被无限放大的项目制也构成了一个高等教育的总体性、高等学校与高校教师发展的一个结构性存在。

那么,于内涵溢出与功能放大之中,存在的一个问题就是项目与溢出财政内涵之间的逻辑性问题,特别是其与学术评价、地位区隔及其他符号意义间的逻辑关系。虽然我们对项目运行中存在的问题都有描述,但很少从本体上(无论宏观还是微观)考量项目制逻辑的合理性与自洽性。

如果逻辑上不能自我证明,那么以项目制为中心的评价等行为机制与制度导向就失去了正当性基础,这对于一个真正的学术研究所起效用甚微,无益于实现高水平的研究,也无益于学术实践的改革与推进。理

---

① Deok-Ho Jang, Leo Kim, "Framing 'World Class' Differently: International and Korean Participants' Perceptions of the World Class University Project", *Higher Education*, No. 65, 2013, p. 728.

第七章 高等教育项目制跨学科内涵的建构与综合分析

论上,项目与学术间的唯一关联只应体现在经费支持上,仅仅是用于支持研究的展开,无论在逻辑上还是在政策中,我们拿到或没拿到一个项目的区别应仅仅在于有无经费的支持。我们不应让项目成为一种利益分割的功利载体,也不应让项目成为一种毫无逻辑意义与真实所指的符号中介,因为这种符号的存在对于真正的学术来说确实毫无意义。

例如,《"长江学者奖励计划"实施办法》中明确规定:"长江学者奖励计划"是国家重大人才工程的重要组成部分,与"青年英才开发计划"等共同构成国家高层次人才培养支持体系,由中央财政专项拨付一定的奖金(特聘教授每人每年 20 万,讲座教授每人每月 3 万)支持他们在高等学校课程、教师与学生指导、学科发展、科学研究、学术梯队建设等方面作出贡献。高等学校与"长江学者"之间通过合同确立聘任关系,明确双方各自权利与义务。也就是说,这些教授被遴选出来只是一种经费支持用于其为高等教育发展服务的,本身并不携带任何的身份象征。但当前的情形是,我们强行建立起了项目制与财政支持之外功能的某种关联。

如果说通过非常规的方式作为收入分配的主导,而项目制在学术上并不能逻辑自洽的话(即如果项目制本身并不能区分好与坏的学术的话),那么这种非常规方式则面临合理性的质疑。虽然借助于国家权威、组织治理建立起了某种关联,但这种关联的唯一合法性就是指向于政策与组织的治理绩效。在以项目制为代表的"治理术"风行的时代中,这种"治理术"所遵循的唯一逻辑就是行政与组织逻辑,我们似乎很难看到还有其他逻辑的产生。

当然,或许由于在国家层面项目制绩效合法性逻辑的主导,使得项目制在从上至下的实践历程中,沾染上了工具主义的浓烈气息。这种考量必须由政府与高等学校共同努力,控制溢出效应,走向一种有限功能型。

对于政府与高等学校组织而言,必须思考的是如前面所提及的那样:必须将项目制制度目标与实践机制的设计与适用对象和问题情境紧密关联起来。哪些高等教育事务及相关的评价行动等适合采用项目制的形式、哪些不适用,恐怕都需要被腾留出一定的思考空间,尽可能地实现高等教育项目制内涵的教育转向,实现高等教育项目制的学术意义与教育意义。2018 年 2 月 26 日，中共中央办公厅、国务院办公厅印发了《关于分类推进人才评价机制改革的指导意见》，其中关于项目等要素与评价的关联作出了明确规定：

> 着力解决评价标准"一刀切"问题，合理设置和使用论文、专著、影响因子等评价指标，实行差别化评价。深入推进项目评审、人才评价、机构评估改革，树立正确评价导向，进一步精简整合、取消下放、优化布局评审事项，简化评审环节，改进评审方式，减轻人才负担。避免简单通过各类人才计划头衔评价人才。实行代表性成果评价，突出评价研究成果质量、原创价值和对经济社会发展实际贡献。改变片面将论文、专利、项目、经费数量等与科技人才评价直接挂钩的做法，建立并实施有利于科技人才潜心研究和创新的评价制度。[①]

可以说这些规定在减弱高等教育项目制所发挥的功能、控制其财政内涵溢出效应上具有重大作用，但能否打破当前人才评价中项目的结构化作用，试待高等教育实践的推进。

总而言之，即使项目制有其不得不如此选择治理的现实客观性与"苦衷"，也有其优越性，但也必须要兼顾逻辑上的合理性与正当性。这是防止"治理术"滥用的一个前提，也是尊重高等教育自主的一个基础，更是能让我们撇开项目所可能构造的学术幻象去辨明真正的学术究竟是何种状态。

三 优化"常规性"与"非常规性"间的结构关系

"常规性"与"非常规性"及其相互间关系问题的讨论常见于政治学等学科有关国家治理模式的研究中。在主流研究中，常规性与非常规性是一种二元对立的治理模式，常规性治理是一种科层制治理的"理想

---

① 《中共中央办公厅、国务院办公厅印发〈关于分类推进人才评价机制改革的指导意见〉》，http://www.gov.cn/zhengce/2018-02/26/content_5268965.htm，2018 年 3 月 3 日。

第七章 高等教育项目制跨学科内涵的建构与综合分析

类型",非常规性治理则是如严打、整治等运动式治理。当研究者在论述后发展国家的相关治理行为时指出,"非常规"的治理行为可能对于一个需要在经济上"赶超"、治理资源有限的国家来说是一种客观的必需选择。但在研究者视域中,不论非常规性治理存在多大的"苦衷"与"身不由己"的客观基础与取得多大绩效,以其为中心的治理模式都不利于社会的持久运行与发展,而必须实现向常规治理的转变。

在本书中,常规性与非常规性表现出别样意味。我们从国家与高等学校组织两个层面论析。当下,无论是在哪一个层面上,围绕高等教育项目所产生的"常规性"与"非常规性"之间的关系问题始终都存在。在国家层面上,常规性与非常规性主要从高等教育财政拨款的角度而言,常规性与非常规性在财政拨款中往往被转化为一种非竞争性(常规性)与竞争性(非常规性)这两种存在[1]。在科研项目制中,常规性与非常规性是否一定以一种二元对立的方式存在,事实上不然。这里存在两种情形:如果两者不是二元对立,也就是说国家要在常规性拨款与竞争性拨款上保持同样比例,这是一种解决办法,但这个解决之道会让国家面临巨大财政压力(因为大规模的高等教育)。另外一种办法就是将两者二元对立,那么又有三种情况是常规性少、竞争性大与常规性大、竞争性少。显然,我们现在采取的是前一种拨款方式。面对竞争性拨款所出现的问题,在继续推进科研体制改革的前提下,遵循科研工作和科研人才成长的基本规律,分类施策,逐步缩减竞争性科研项目规模,逐步扩大基础性研究中非竞争性科研经费投入规模,进一步探索完善符合科研人才成长规律、竞争性与非竞争性相协调的科研经费投入机制。避免人才项目成为利益再分配的杠杆机制,不断提高科研经费的普惠化程度。[2]

---

[1] Auranen, O., & Nieminen, M, "University Research Funding and Publication Performance——An International Comparison", *Research Policy*, Vol. 39, No. 6, 2010, pp. 822–834; Lepori, B., Dinges, M., Reale, E., Slipersaeter, S., Theves, J., & Van den Besselaar, P, "Comparing the Evolution of National Research Policies: What Patterns of Change?", *Science and Public Policy*, Vol. 34, No. 6, 2007, pp. 372–388; Lepori, B., Masso, J., Jabłecka, J., Sima, K., & Ukrainski, K, "Comparing the Organization of Public Research Funding in Central and Eastern European Countries", *Science and Public Policy*, Vol. 36, No. 9, 2009, pp. 667–681.

[2] 刘太刚、刘开君:《论我国竞争性科研项目经费配置模式的困境及优化路径——兼论竞争性和非竞争性科研经费协调投入机制》,《天津行政学院学报》2017年第5期。

在大学拨款中，应该使非竞争性拨款与竞争性拨款保持适当的比例关系，非竞争性拨款不与特定的研究项目相联系，其主要用于以下三个方面：一是为专职研究人员提供工资和福利待遇所需的经费；二是满足大学系统内实体科研机构的基本运行经费；三是为大学科研人员提供自由探索研究所需要的基本科研经费。①

这种解决策略恰如在经济学、社会学等学科领域，众多研究者都会提出如下这种协调常规性与非常规性间关系的策略：强调要减少专项项目，把专项转移支付的范围限制在具有溢出效应的跨区域和全国性的公共服务项目上，逐步降低专项转移支付占总体转移支付的份额，将其置换出来的财力纳入一般性转移支付，增强地方政府统筹安排资金的能力②，简而言之则是减少转移支付项目，将其转化进而增加财力性转移支付。在国家层面，常规性与非常规性的问题主要在于拨款方式的问题，而在高等学校组织层面及其内部，常规性与非常规性间的问题可能集中于用项目决定组织、教师间关系及收入分配上。特别是在教师的收入分配上，其他常规性教师或者没有获得项目的教师只有常规性待遇，从长远来看不利于高校的整体发展，毕竟这些常规性教师构成了教师群体的主体。特别是在项目与学术间没有正当逻辑性关系的前提下，更无法以此作为收入再分配的最大工具。《教育部办公厅关于坚持正确导向促进高校高层次人才合理有序流动的通知》也对此作了相应规定：科学合理统筹人才薪酬待遇，不得简单以"学术头衔""人才头衔"确定薪酬待遇、配置学术资源③。概而言之，在当前情势下，就是提高常规性、减弱非常规性在收入分配等方面的作用。

---

① 康小明：《中国高等教育基础研究的财政支持研究》，北京大学中国教育财政科学研究所，2008年。
② 刘扬：《国家治理的逻辑、模式与实现路径——基于财政视角》，《地方财政研究》2014年第6期；白彦锋等：《我国高等教育发展不均衡的财政原因与对策分析》，《中央财经大学学报》2018年第2期；马万里：《政府间事权与支出责任划分：逻辑进路、体制保障与法治匹配》，《当代财经》2018年第2期。
③ 教育部办公厅：《教育部办公厅关于坚持正确导向促进高校高层次人才合理有序流动的通知》，http://www.moe.gov.cn/srcsite/A04/s7051/201701/t20170126_295715.html，2018年3月17日。

余 论

财政社会学视域中的
高等教育项目制
——研究的观点、范式与空间拓展

本章为总结与展望部分，主要任务有两个：一方面，呼应并回答绪论中提出的几个问题，其中包括形成与文献述评内容的对照；另一方面对在本书基础上可以拓展的学术空间进行探讨。根据前文研究，本章按照观点、范式与方法三个角度将本研究的创新之处与局限整合于其中，之后再作学术空间拓展的理论思考。

财政社会学为解读高等教育项目制提供了独特思路，赋予了高等教育项目制丰富内涵。从结构形式上看，本书都在尽力诠释高等教育项目制从财政学到其他学科的内涵展演，而这种内涵表达却又无时无刻不是在生动叙述着高等教育场域中的系列变迁等另重蕴意。从这个视角出发实际上构成了本研究的明、暗两条线索：明线是在财政社会学视域中对高等教育治理的项目制内涵进行了跨学科的审视，暗线则是这些跨学科内涵的存在便意味着项目制对高等教育治理的影响存在跨学科意义上的实践效应。明线表征、支撑着暗线的表达，暗线是明线的实质。明、暗两条线交织在一起，叙说与诠解着"高等教育治理中的项目制"与"项目制中的高等教育治理"双重框架内容究竟"何为"与"为何"，在总体上表达着高等教育项目制一个更加丰富、完整的理论与实践相貌。

总体观之，研究高等教育项目制及其治理，实际上包含了两种意义上的价值取向或者说两种学术旨趣与思路。一种是从"本体论"意义出发，把高等教育中的项目制作为一种研究对象，对这种新的宏观制度形态与治理机制进行多学科视角的全方位解读，并提炼为一种"溢出高等

溢出高等教育财政内涵

教育财政内涵"的财政社会学研究进路。其中关涉的主题包含项目制的初始内涵（高等教育财政项目制的内涵）、项目制在高等教育中的历史发展进程（高等教育项目制的历史学）、高等教育项目制的种类（高等教育项目制的类型学）、项目制对高等教育治理的影响（即高等教育项目制的财政溢出效应）及其影响机制等内容。且这种多学科视角的审视并非孤立进行，而是彼此勾连在一起，从一个学科内涵向外溢出、衍生出另一个学科的意义，以此窥探出高等教育项目制中复杂的治理逻辑与实践机理。另一种是从"方法论"意义开始，将项目制看作是一个新的场域形态与中介机制：一个国家与大学互动的场域以及开解国家与大学关系、大学与教师关系等其他高等教育理论与实践问题的透视镜，蕴涵着对高等教育宏微观治理、国家与大学权力关系等理论问题的学术扩展空间，从而在一定程度上实现了研究视角、研究范式的转换。以这两种意义为基础，可以将本书的主要内容、创新之处、研究局限等归纳在如下观点、范式、方法与空间拓展的分析中。

第一节　研究的观点："溢出高等教育财政内涵"及其理论价值

　　观点即是从本体论上来论说的。在本体论意义上，通过前文分析可获，高等教育项目制作为一种制度安排在当前高等教育实践中（经验层面）至少以三种方式存在：财政制度、治理制度、符号制度。正是基于这三种实践方式的制度存在，才会在理论层面促成高等教育项目制内涵由财政学向前发展为多学科意义（即高等教育项目制的制度存在决定其内涵发展），从而才引发了本书所提出的中心议题——溢出高等教育财政内涵。经由此，项目制对高等教育的影响可以归纳为：财政（资源、利益）、治理工具（国家与高等学校组织）、高等教育认同。概括性地讲，高等教育项目制表现出强大的资源效应、治理效应以及符号效应，这三个效应构成了一个结构性框架，高等教育组织与个人都在这些效应框架下找寻各自所需。

　　问题提出拟定了四个有待回答的问题，其实质就是要回答"项目制

余论：财政社会学视域中的高等教育项目制

对高等教育的影响"这一核心问题。在回答项目制对高等教育的影响时，以往的研究侧重于分析项目绩效、效率，比如科研项目对科研生产力、科研生产率的影响，人才项目对高校人事制度改革与高校师资队伍建设的影响以及"985工程""211工程"对提升我国高等教育整体实力与国际影响力的重大作用等。事实上，这些经验与实证研究更大程度上只是回应了项目制对高等教育影响的一个侧面（即本书中所论及的制度绩效这一个片段），其方法论基础与凭借的理论资源都较为单一。其更为本质性的影响，还体现在国家治理方式、国家治理逻辑、高等教育组织规则运作等方面的结构性变化，且这种影响有着坚实的实践基础（如前所说的三种制度存在形式）。因而，为了使研究进一步向前推进、更全面地把握高等教育项目制治理的影响，我们引入财政社会学作为本研究分析框架构建的理论基础。

应该说，"溢出高等教育财政内涵"作为一种解释性的命题，既为高等教育项目制治理及其逻辑提供了一个分析框架，又构成了本书的具体内容所指与观点表达。当然，本书对高等教育项目制所作的跨学科讨论与分析并不仅仅因为在实践中有了坚实基础，更为可贵的是，在理论上如果离开"溢出高等教育财政内涵"这一财政社会学所构建的框架与进路，也就是说单从财政学角度出发诠释高等教育项目制、视而不见其他学科视域的分析，那么研究过程与研究结论极大可能不具有对当下高等教育治理实践的批判超越性。纵观历史与当前实践，项目制已经突破了财政空间，开始在国家高等教育治理和高等教育组织、个人等领域中建构实践场域，并通过不断出台的项目文本与高等教育组织的解释积累实践类型与丰富含义。可以说项目制已经成为国家推进高等教育改革，提高高等教育治理有效性与合法性的关键工具。在此，我们将本书所得出的观点归纳如下。

第一，在高等教育财政拨款方式、国家财政体制与国家财政能力变迁中，高等教育项目制历经萌生探索到发展再到强化的三个历史阶段。现如今，已构建了一个由"超大型高等教育项目"与"微型高等教育项目"、完全高等教育项目与非完全高等教育项目、竞争性高等教育项目与非竞争性高等教育项目、专有性关系强的高等教育项目与专有性关系

溢出高等教育财政内涵

弱的高等教育项目等综合而成的国家高等教育项目制体系。但是，这种体系的建构或许并未结束，高等教育项目制会伴随国家诸多宏观制度变革、国家战略需求以及时代发展等表现出一定的建构性，从这个角度而论，高等教育项目制体系是一个颇具开放性的体系从而可以将高等教育的诸项事务纷纷纳进其体系中。

第二，财政是国家治理的基础，财政内蕴国家治理的多重意味。作为财政活动的一种表达形式，高等教育项目制很快便建立起了与国家高等教育治理的第一个财政社会学关联之政治学。在高等教育项目制发展进程以及不同的高等教育项目中，可以探视出其与国家治理高等教育相关的命题有：国家高等教育治理转型、国家高等教育治理逻辑、国家与高等教育竞争市场之间的关系（项目制治理本质上是行政主导下的"双轨制"，市场元素能否发挥作用以及发挥多大作用都受很大限制）、国家治理高等教育合法性与有效性的关系等问题，从而最终完成了高等教育项目制的政治学建构。

也就是说，当前，项目制成为国家高等教育治理逻辑的制度表征，这一制度表征偶然性地恰巧符合了国家治理的需求。项目支出不仅是技术、程序上的经济问题，更是一个政治问题。国家财政项目自上而下注入高等学校，所释放出来的系列技术程序、指标、符号等意义，即是国家如何为高等教育、大学学术订立规则并获取服从的问题，它不仅包括了高等教育资源分配问题，还包括了高等教育组织与学人们的行为导向（时间、内容、质量等）问题[1]，高等教育项目制在扩散过程中，沿袭并强化了科层制中的等级色彩，成为各种高等教育评价的结构制约因素。在当前时代背景下，可以认为项目制是国家为治理高等教育所采取的一种有力措施，并为其实施、实践建构了一整套机构设置、资源配置与制度体系，在国家高等教育治理谱系中占据重要地位，理应属于国家治理体系中的重要组成部分。"根据现代治理理论，国家对于社会的治理都

---

[1] Geuna, A, "The Changing Rationale for European University Research Funding: Are There Negative Unintended Consequences?" *Journal of Economic Issues*, Vol. 35, No. 3, 2001, pp. 607 – 632; Laudel, G, "The Art of Getting Funded: How Scientists Adapt to Their Funding Conditions", *Science and Public Policy*, Vol. 33, No. 7, 2006, pp. 489 – 504.

是在一定的时空背景之下通过特定的公共权力和制度安排运用相应的治理资源实现社会整合的过程。"[1] 自高等教育项目制诞生伊始,就以国家、金钱、符号等不同要素创建国家高等教育治理逻辑与国家对于高等教育的权力逻辑,并通过一流大学与一流学科建设成效、科研项目与人才项目成就等项目绩效在高等教育世界内不断进行扩张。教学、科研等均被纳入项目制这一具有总体性意义的框架中。教师的职业发展被项目制所吸纳、内化与裹挟,并与高等学校组织的总体性目标紧密关联,以实现组织的发展目标。

第三,全面把握项目制对高等教育的影响要求我们将视野从上往下调至高等学校组织这一高等教育项目制实践的"基层社会"与微观场域。高等教育项目制内涵的丰富性以及项目制对高等教育影响的波及面在高等学校场域中获得生动演绎。在制度合法性约束下,高等学校对项目制进行重新形塑,使组织场域中的各个人员都与项目规则相交织,通过构建项目与学术资格、利益分配、学术评价等高等教育学术事务间的关联,衍生出等级、等价、数字符号、合作捆绑、非常规、激励、约束、动员等系列高等学校组织内部机制。此时的高等教育项目制内涵是被组织构型后的产物,从而建构了高等教育项目制的组织学。当高等教育项目制在高等学校内部的实践机制、形态迈向整个高等教育系统而成为一种普遍性机制与形态时,又可能面临内涵再次溢出与再次概念化的理论效应——以一种哲学姿态存立于高等教育系统。

第四,以绩效为核心特征的高等教育项目制治理的政治经济学已远远不能囊括高等教育项目制的丰富意指而再次面临内涵的外溢,在各种评价实践与主体认知中,高等教育项目制的符号学意义已经远远超越了以绩效等国家考量为主要范畴而搭建政治经济学理论所拥有的界限。但是这一切伴随着高等教育组织实践所带来的普遍化改变了高等教育项目的资金、资源等财政学特征。在高等学校组织规则的诠释下,高等教育项目逐渐脱离或者超越了它原本的意义而成为学术评价等高等教育事务的法则。对于学术评价几乎完全忽视了具体内容、学科特征、学科差别、

---

[1] 陈潭:《治理的秩序》,人民出版社2012年版,第2页。

真实需求，项目变成了一个可以进行自由交换的抽象单位；项目主导下的交换价值成为各种学术共同的量化指标，异质性学术转而成为一种由项目进行抽象的学术。因此，从财政资源走向符号表征，这是高等教育项目制的实质性突变。无论是为了争夺财政项目资源还是力求获取符号意义，高等教育组织都必须予以各种方式展开应对，从而使高等教育世界都携带形式化、技术性的特征。随着项目作为象征价值的日益浓重与扩大，学术与学术之间的关系演变为项目与项目间的形式关系，具体表现为项目级别间的比对。这意味着，项目的象征价值是学术存在的根据，或者说，在逻辑关系上，学术能力与学术水平由项目级别来设定。项目关系决定着学术与学术、学人与学人间的关系。在日复一日的认知与实践中，这种意识逐渐沉淀为高等教育中的无意识，主导者人们的认知与实践。学术评价的背后蕴藏着深层次的"符号消费"：以项目级别与论文级别为甚。项目比学术还要学术（符号比真实还要真实），项目比学术、学者自身更能代表自身，学术的真实性消失在对符号的想象、期盼中。简而言之，在这种情况下，项目制这一概念把高等教育和大学学术推向了一个并无明确指向的局面。总体上来说，高等教育项目制把我们带入一个形式化境况中。形式化，不仅意味着我们都在不断地去应付它，还意味着我们都会在项目形式中去寻找价值与合法性，其本身是抽离于高等教育与学术的质的规定性，使其量与级别的规定作为衡量一切的准则，学术的认知与学人的学术行为都"按照符号的意愿发生蜕变与异化"[1]。

第五，在各种实践机制作用下，高等教育项目制不再是一个简单的财政学内涵，同时是一个兼备其他学科意义的跨学科存在。财政学、国家治理的政治学、组织治理的组织学、哲学等学科内涵的诞生与强化共同塑造着高等教育发展格局、高等教育学术生态等高等教育的总体印象。而且，高等教育项目制内涵的建构性会随着高等教育项目制的建构性而变化，并成为一个不断结构化的总体。结构化，意味着谁也无法逃离。

---

[1] 刘同舫：《象征交换：鲍德里亚超越符号消费社会的解放策略》，《广东社会科学》2016年第4期。

项目制不断作用于高等教育中的学校内部治理、学术认可、学术评价、学校建设、学术关系、学校转型等认知与实践的各个层面，项目制的不断扩展推动着高等教育、学术规则的总体转型，高等教育内的诸多元素、认知与实践均被统摄于高等教育项目制体系中。高等学校内部围绕项目所展开的各种活动与行为（包括在绪论部分提及的各种有关项目的现象），构成了项目制治理逻辑的"基层表达"，从而塑造了高等教育项目制的"基层"治理秩序。项目制已然是高等教育的一种治理方式、一种认知图式、一种精神内涵、一种"形而上"的时代哲学。从符号学观点来看，高等教育项目制（主要是科研项目与人才项目）的发展及其实践历程实际上是一个能指与所指相分离的过程，且是一个项目制的能指意义（符号）逐渐占据高等教育诸类评价的主导地位的过程。也就是说，在高等教育评价中，首先被赋予意义的是附着于学校、教师、学术等之上的能指，即首先注重有没有拿到项目以及拿到何种级别的项目，而学术内容等本身所指可能被置放于次要地位。

　　总而言之，改革开放40年来的实践经验与实践惯性已经使项目制成为一项稳定的高等教育制度安排（已经结构化），项目制成为重新认识高等教育领域诸多问题的新视角。高等教育项目制总是在多方行动者的实践及其关系中展开其存在、在场的实践基础，演绎出了跨越单一学科的丰富内涵。从政治学、社会学的角度来看，项目制不仅是资源分配方式的简单内涵，而更表现在其强大的溢出效应，即超越财政分配领域，成为自上而下工作部署、任务实施的一种"体制的精神内涵"或者"公共治理逻辑"的治理机制与体制。这种精神性内涵体现在一旦哪一个高等教育组织或高等教育个体获得了项目尤其是高等级项目，其在高等教育场域中的地位、身份、资源、关系、生涯等都会随之发生结构性改变。

　　当然，"溢出高等教育财政内涵"不仅体现在本书所呈现的几个学科内容，随着实践的变化以及理论解读视角的不同，高等教育治理的项目制的存在方式与内涵发展也会蕴涵更加丰富的跨学科意义，即使在本书所呈现的几个学科情境中，也必定会有更多可延展的空间，故而"溢出高等教育财政内涵"是一个颇具理论开放性的命题。这样一个理论开放性命题，其作为一种研究框架也必然是开放的，从而相异于一般研究框架中所显现出的静态特性。在高等教育研究领域中，这种略带静态特性的研究框架直观地表现在研究者习惯于借用西方理论所构建的框架及其中的几个要素与维度来框定我国高等教育现象与问题（例如采用新制度主义理论中多个流派分析我国高等教育政策变迁及其中的问题），其中或可存在的理论风险是专注于西方舶来理论所注重的几个要素片段，是以简化本土性事实、狭窄问题意识空间等为代价，终究会使我国的高等教育现实与问题成为西方各学科理论的"检验场"与"殖民地"，无法在根本上推动高等教育研究的学术生产与学术进步。虽然，从"溢出高等教育财政内涵"所具备的开放性这个角度上而言，我们的研究局限就明显地体现在项目案例的有限选择以及理论解读的不足等诸多方面，但是这种不足的局限本身也能转化为一种可加以利用的优势与空间，指明了一个可以去拓开的研究方向；虽然，我们无法穷尽高等教育项目制财政溢出效应的所有表现，但是这种研究思路确确实实能给我们的研究带来一定程度上的"方法论"启示。

第二节 研究的视角与范式：诠解项目制与高等教育治理

视角与范式是从方法论上来论说的。在某种意义上，与前文中所呈现的观点相对照（即一种从"本体论"出发所得出的观点），本书在研究视角与研究范式上可能更具创新性。这也是研究高等教育项目制的"方法论"意义所在。也就是说，对高等教育项目制展开研究，其"方法论"价值比"本体论"价值表现得更为突出。而这种"方法论"的意义与价值主要体现在两个方面：一是高等教育项目制研究的视角转换；二是高等教育项目制研究对高等教育治理研究范式以及在研究方法论等层面上的启发。

第一，高等教育项目制研究的视角切换。在高等教育理论界，主流研究几乎都倾向于把项目制看作高等教育资源分配的中介工具，关注项目资源在高等教育组织、个人间的分配，项目分配的效率与项目绩效等技术性、计算性议题。目前高等教育学界对项目的讨论已经解决并重点回答了高等教育项目的绩效、存在的问题以及从增加投入等方面提出了该如何完善的策略。长期以来，我们习惯于将高等教育项目制单纯地当作一种财政现象、财政问题去理解，所依凭的经济学、财政学知识表现出强大的工具理性主义、功利主义的威力与优势，对高等教育治理实践与治理绩效起到了巨大的指导作用，表现出强大的制度优势并形成了强大的制度惯性，这也是现有理论分析倾向于此的原因。然而，财政学的研究视角未能迈进到高等教育项目制的制度性、实践性、社会性关联的分析进路中，只是刻画了项目制对高等教育影响的一个片段，从而忽视了其蕴涵的多重命题与多重蕴意。真正的学理探究不会止步于此，更何况还有值得探究的问题或许内隐于社会情境与复杂的高等教育实践中，这也是本书的出发点。事实上，在社会学等学科研究中，无论在宏观层次还是在经验分析中，把项目制理解成为一种国家治理、社会治理、组织治理、乡村治理、基层治理等制度性手段并为此展开论证，最后的结果是有利于形成对作为一种财政学意义上项目制理论的重要补充。因此，从一个完整的视角出发，若想厘清高等教育项目制的社会含义与制度性关联，我们的研究或在未来研究中对高等教育项目制的分析就必须超越其在完成形态（在本书中其完成形态是其哲学意义）上的某种具体形式特别是要超越其作为一种财政的存在，进而扩展至更宽阔的学科视域中。这种全面分析便将高等教育项目制研究带入财政社会学的学科视域中，这也是更加全面地了解项目制对高等教育影响的一个重要切入点。

在实践中，从国家到高等学校再到整个高等教育系统，高等教育项目制从资源分配的过程提升到价值标准的地位，但这种地位是由多种元素合力形成的。高等教育项目制在实践中的多种存在样态，决定了其具备调动高等教育组织、高等教育个人积极参与项目的无形的力量；或许，高等教育项目制存在的本质，可能并不仅仅在于其所谓资源分配的"经济性"规定（虽然这种"经济性"规定构成了一个前提），只有同时把握住其"社会性"意涵，亦即是从财政社会学视角出发才能对高等教育项目制存在的本质作出全面的审视。而高等教育项目从资源走向评价工具与象征符号，证明了高等教育项目制内涵本身所内蕴的开放性与不确定性因素，或许在未来实践中高等教育项目制的意义会得到更大扩展，

溢出高等教育财政内涵

这也就促使研究必须跟随项目制实践的变化而变化，既能对项目制的微观机制进行描述，又能抽离于微观机制上升到更为宏大的理论与实践命题，以此透彻实践本质、丰富更具本土特色的相关理论。所以，本书虽已展开了几个跨学科意义的讨论，但并不意味着高等教育项目制研究的主要问题就此停留，而是希望通过此研究引出关于这一话题乃至居于这一话题之上更多宏观性命题的理论探讨，或许这才是本书的最大价值与可能贡献。

与此同时，本书所作的跨学科分析并非仅仅从多学科的角度各自分析高等教育项目制的理论涵蕴，而是彼此间相互勾连，从一个学科衍生另一个学科内涵，从而探究项目制跨学科内涵的发生机理。传统上，我们习惯于倡导多学科或跨学科的高等教育研究，但当前的多学科研究或者跨学科研究往往在各自领地独立展开分析，并没有做到勾连起诠释同一问题的逻辑关系，并未对其中的关联机制作更多分析，使得看上去宽阔、综合的多学科或跨学科研究陷入一种简单堆砌、碎片化、"各自为政"的研究状态。因此，对于高等教育的多学科或跨学科研究而言，"溢出单一学科内涵"相较于现有的多学科、跨学科研究更具内在的逻辑关联性，更具认识论上的指导价值。从一个较为广阔的学术图景来看，高等教育项目制已变成一个具有政治的、社会的、经济的、技术的和心理的因素且彼此间关联的混合意味的词汇，这一研究进路对高等教育跨学科研究或多学科研究更具启示价值。

事实上，对高等教育项目制展开研究更多启发于其他学科领域中部分议题的相关思维。如同：以列斐伏尔等为代表的空间理论，突破了将空间视为社会活动的容器或平台的观念，从不同角度扩展了对空间的理解，促成了所谓社会理论的空间转向，也为空间视角下的城市研究提供了理论支持。[1] 此外还有如对资本、货币、时间等理论关注一样，这些概念的实践都远远超越了它们的初始内涵（如资本到资本哲学，货币到货币哲学，时间到时间社会学，时间政治学、空间到空间社会学与空间政治学等），而这种内涵的诞生对社会的影响呈现出与初始内涵对社会

---

[1] 包亚明：《游荡者的权力》，中国人民大学出版社2004年版。

余论：财政社会学视域中的高等教育项目制

影响的别样景观，所具有的政策启发效应也更强大，因此都成为一些理论家的关注重点。故而，对高等教育项目制的研究，基本上也是启发于此思考路径，根据高等教育项目制的实践，建构了一套蕴涵丰富意义的高等教育项目制内涵体系。当然，如若可能，在财政社会学的理论视角下，可以尝试对传统意义上的国家与大学关系等高等教育研究中的经典命题构建出异样的解释范畴，或许能得出一些更有创见的结论。

第二，高等教育项目制研究对高等教育治理研究的启发。本书认为，高等教育项目制可作为一种研究方法论或视角，是高等教育治理中国家、大学、教师等各个主体相遇的场所，也是诠解高等教育治理及主体间关系的平台。长期以来，高等教育治理研究更侧重基于西方治理理论之上的应然与规范层面，忽视了具体制度、规则情境下高等教育治理的实然状况与过程，忽视了其中蕴涵的复杂性成分。在主体论范式下，我们秉持一种"国家与社会"二元对立式的思维分析高等教育宏观治理中国家与大学间的关系、国家与大学的各自存在状态。在这种二元对立式的思维中，无论是国家还是大学都只是一个静态的实体，都只是在应然与规范层面的高等教育治理结构中找寻各自角色与身份，没有充分考虑到国家治理实践与大学治理实践的复杂性以及国家与大学等主体的生动形象。而当我们从这种角色规范的主体论转向至具体的制度、规则中时，高等教育治理中的相关问题便有了一种新的理解的可能。在讨论国家与大学的概念时，我们不再坚持将他们当作一种静止的实体，而是一个动态的集合。我们可以用多种治理规则取代对抽象国家的简单想象，国家、大学等便被认为是系列治理规则的存在。其意义在于，各种治理规则都意味着国家的在场，治理规则便代表着国家。因此，在高等教育研究领域，当我们在分析项目制时，实际上便塑造了一个国家的概念，那就是项目制中的国家是由一系列高等教育项目集合而成的存在。国家并不是作为一个实体，而是作为一个规则体系存在，不同的项目规则构造出不同的国家角色。而在对高等教育项目的态度中，高等学校的角色也随着项目的不同呈现出不同的意义。再如，在国家与大学权力关系的讨论中，有可能会突破一种先在地认定为控制、主导与被控制、被主导的关系，会根据具体的项目情境去观察国家、大学在其中的表现。如同李友梅教授在分析国家与社会关系时指出的那样：对"抽象国家"观念进行解构，充分重视不同条线和不同层级的政府部门在推动社会治理创新实践中的制度执行逻辑，以及这些政府部门所面临的风险规避问题和激励设置问题等，进而不断超越"国家与社会"理论和"治理理论"等西方理论范式。[①] 这种研究的尝试，不管结果怎样，作为一种新的分析思路与分析范式，是值得去关注的研究课题。至少，在当前的高等教育治理研究中，这种思路与范式可能更加契合我国本土实践。周雪光教授认为：一个理论思路有其特定的视角，正在于它特定的取舍不同，有所为有所不为。[②] 项目作为一种国家治理高等教育的策略与技术，不同的项目及其运作构成了国家与大学间关系的丰富内涵，而项目治理实践中所呈现出来的行为互动等则使国家与大学的关系具备了由二元走向多元的可能。无论如何，我们不能先入为主地以抽象式的"强—弱"式二元对立来认识国家与大学间关系，而应该在我国高等教育治理实践的具体语境和基本事实中认真把握真实的国家与大学间的互动及其复杂关系形态，然后再上升到更高层次加以讨论。

事实上，主体论、结构主义的研究在应然性、规范性研究的意义上相当成功也很深入，对于构建一个"理想型"的高等教育治理结构具有重大指导意义。而在实际的研究实践中，主体论、结构主义的研究范式逐步迈向了一种"边际效应递减"的状况，虽然研究成果丰富，但却表现出同质的理论境况；而定量、实证研究的运用不仅陷入理论深度不够的窘境，且由于总体上理论范式尤其是其中的问题意识并没有显现出与理论研究之间的本质性差异，也同样面临同质化的学术遭遇。通过高等教育项目制的研究，我们试图以规则论式的阐释消解主体论式叙事的高等教育治理研究的霸权。以此范式的转换为未来相关研究奠定基础，比如我们可以在其他宏观制度或微观制度安排中找寻高等教育治理的解释空间。总体来看，本书撇开了对理想型高等教育治理模式建构的研究进

---

① 李友梅：《中国社会治理的新内涵与新作为》，《社会学研究》2017年第6期。
② 周雪光：《从"黄宗羲定律"到帝国的逻辑：中国国家治理逻辑的历史线索》，《开放时代》2014年第4期。

路，只关注治理的规则与过程，注重对这些规则与过程的诠释，因而更大程度上属于一种解释性研究。

总言之，关注"谁在治理"的主体论高等教育治理研究范式以一种结构主义姿态和宏大叙事格调视国家、大学为抽象化存在并将他们在"日常生活"中的互动隐匿于结构统摄之下，无法深入理解复杂的权力关系以及不同行为主体的复杂反应。而规则论凸显"怎样治理"的规则性命题，关切在具体治理规则中去把握高等教育治理。它吸收"过程—事件分析"的优点，刻画高等教育治理中国家、大学的具体构型，重视国家与大学的互动过程及其中所发生的事件。这种分析范式赋予高等教育宏观治理研究一个新的学术视域，这种研究路径和风格的转变有助于高等教育治理研究与高等教育项目制研究的知识创新和再生产，或可作为未来研究关注的一个切入点。

第三节 研究的方法：个案研究的局限及其价值

在高等教育项目制的组织学内涵分析中，本书并未将所有高等教育项目都展开论析，事实上也很难做到。因此，本书根据高等教育项目制的类型学以及高等教育项目制的部分特点等因素，选择了部分项目和几所学校作为分析的对象。当然，个案的确定过程既没有经历一个科学的抽样过程，也不能十分确定地说它们就能说明高等教育项目制治理中的所有问题，因为不同高校之间、不同地方之间存在着或多或少的差异。表面上看，由于各种差异以及个案本身局限性的存在，似乎决定着本研究的个案不能作为推论总体的依据，但是如同在第四章所作的扩展性讨论中指出的：本书提及的这两个项目并非只针对一所或几所高等学校，而它们在高等学校中的实践机制与实践形态并不仅仅为某一类高校或某一地区的高校所独有，也不只反映在"项目治理科研"这一个事项上（其他项目是否也具有财政溢出效应可在今后的研究中予以关注），因而本书据此在第五章中所提出的几个讨论议题具有一定的普遍性。"社会科学的复杂性决定了没有完美的研究方法，个案研究亦不完美，能够在适当的研究目标里发挥价值就是它最大的意义体现。"① 不过，在这个研究过程中，除了在逻辑性与严谨性上执着于案例的"代表性"问题外，还可予以深度关注的是项目案例所带来的认识论意义。因为，通过对文中几个案例的分析所得出的结论不但可以启发对问题更为深入的思考，而且可以作为更广泛的大规模调查建立预设的依据。

波普尔曾说：

> 一切描述都具有选择性的理由是因为，构成我们世界的事实表象具有无限的丰富性和多样的可能性。为了描述这无限的丰富性，我们只能用有限的语汇来处理。因此我们可以随意描述：我们的描述总是不完整的，仅仅是一种选择，并且所描述的事实总是事实中的一小部分。这表明，要避免一种有选择性的观点不仅是不可能的，而且想这样做也不足取；因为即使能这样做的话，我们也不会得到一种更"客观"的描述。因而，各种解释是重要的，因为它们代表了一种观点。②

这种论说启发我们可以确立的一种方法论立场是：本书的选择性描述以及由此而生的解释也许是片段式的，但这种"片段式的深刻"可能为观察与认识高等教育治理提供一面透镜。从项目案例与学校案例能看出宏观、微观的相互交织与缠结，在宏观结构与微观社会的交织与缠结中能探寻更多理论建构与重构的可能，便已具备很大价值。事实上，真正理解、诠释高等教育项目制治理中的问题也不一定需要案例数量的大量、简单堆积，而是尽可能地累积理论视角、思维与方法，从一些案例片段中揭露出具有一般性理论价值的命题。弗里德曼在研究中国村庄问题时主张不能以村庄民族志为模式，不能以村庄研究的数量"堆积出"一个中国来，而要关注村庄和国家的关系，从整体上说明中国到底是一

---

① 柳倩：《从"逻辑"到"意义"的个案研究外推分析——通过与统计调查对比》，《社会学评论》2017年第1期。

② ［英］卡尔·波普尔：《开放社会及其敌人》（第二卷），郑一明等译，中国社会科学出版社1999年版，第393—394、401页。

种什么样的社会。① 因此，借助于个案能够观测到某种整体性机制而非执着于追求个案数量，也未尝不是一种颇具认识论、方法论意义的选择。

故而，在本书中，通过这种个案所提出的相应观点、理论、机制无意于对所有高等教育项目中的所有细节承担解释责任，事实上也无法承担。本书的任务仅仅着眼于从整体上去把握项目制对高等教育的影响，找到当前普遍存在的问题。如果本书的案例分析还不能满意地支撑起学理层面（包括概念、观点等）的论析，那么，在未来的研究中，可以将个案的选择向前推进，或许能揭示出在项目制背景下蕴涵的更多高等教育治理逻辑，挖掘出高等教育项目制更为丰富、更加细致的内涵与韵味。高等教育项目制治理的理论价值的进一步提升有赖于对更多项目案例中的学术议题进行适当提炼与抽象；意即，研究中所选择的几个案例仅仅只是认识高等教育项目制的一个起点，也只能说明"部分整体性"问题，以此为基础的理论任务是逐步接近认识高等教育项目制的"全部整体性"问题。

第四节 高等教育项目制及相关研究的拓展

只要高等教育项目制不是一个已经完成的状态，有关这一研究的进程远不能结束，无论是在本体论上还是在方法论上都有新增与扩充的可能。具体来说，可以作如下内容的拓展思考：

第一，规则论视域下高等教育治理研究的展开。为了实现高等教育治理研究的创新，有必要根据中国本土的实际挖掘出更多的理论资源，以提供更具解释力的研究，而不仅仅是一种规范、应然层面的研究，也就是必须从应然研究向实然研究的转变。多年来，高等教育治理研究很少将研究范式的转变或者说是方法论上的思考纳入学术进程中，无论是理论研究还是实证分析，除了研究过程（研究形式）呈现不一样之外，其他都易陷入同质化的境地。只有形式上的改变，而无实质性的突破。在规则论指导下，通过主体在规则中的角色呈现可以更加细致地观察出

---

① 参见陈潭《治理的秩序》，人民出版社2012年版，第295页。

溢出高等教育财政内涵

一个真实的国家与大学究竟是何与为何。我们虽然将整个国家或者政府部门当作一个"行动者"来处理,但突出的还是治理规则中的国家、大学与国家、大学在治理规则中的角色呈现。把握高等教育治理中的国家逻辑或者在具体的高等教育规则、制度中透视国家治理逻辑既是观察中国高等教育的一扇窗口,更是可以作为高等教育宏观研究的一种新的学术生发点。

那么,这种范式转向要求在研究方法论及具体研究方法上也要尽可能地实现调整,比如兼顾整体主义与个人主义的方法论。具体来说,以结构—制度分析与过程—事件分析为例。从方法论的角度来说,"结构—制度"分析与"过程—事件"分析体现的是整体主义与个体主义两种不同的方法论。"结构—制度"的研究范式往往将主体关系当作一种结构的形态来进行研究。在这种假设的基础上,他们试图回答的是:这种关系是怎样的一种模式,是什么样的因素造就了这样的模式,这样的结构模式意味着什么,这种关系模式形成了一种什么样的结构体。[1] 比如社会学研究中国家、社会、基层政权之间的关系是什么状态,他们的关系是如何演变的以及为何形成这样的结构关系,如何调整至一个合适的结构状态中。其中,常见的关系结构分类就是"强国家—弱社会""弱国家—强社会""强国家—强社会""弱国家—弱社会"四种类型[2]。传统上,讨论国家、社会与大学等不同主体间关系尤其是国家与大学关系时,就是遵循一种"结构—制度"的视角,去回答国家大学的关系状态如何(如国家权力过大、大学权力过小),是什么原因造成这种状态,如何调整两者关系等根本性的命题。所以像"放权""服务""资源依赖""路径依赖""中央集权""政治介入"等词汇的归纳与总结既有理论上的诉求也有改革中的尝试。因此,在对国家、社会、大学三大主体的理解上,"结构—制度"范式也习惯于将其看作一种静态的实体,只从宏观结构上去把握三者间关系,而不在具体事件与过程中去挖掘三者内涵及其互动关系。

---

[1] 孙立平:《迈向对市场转型实践过程的分析》,载谢立中《结构—制度分析,还是过程—事件分析?》,社会科学文献出版社2010年版,第205—206页。

[2] 梁丽萍:《政治社会学》,中央编译出版社2009年版,第36页。

余论：财政社会学视域中的高等教育项目制

而我们要做的是需找到每项具体制度的根源，像福柯那样，通过精细的史实发掘进行知识考古学的梳理，从而质疑某项制度安排的合法性，尝试寻找打破路径依赖的可能性。① 实际上，"过程—事件"分析方法要求我们去关注高等教育治理的社会学问题。教育治理的研究，不能仅仅将视野放置在政策、行政组织或宏观的社会结构/制度上，还应将相关者的行动纳入分析的中心，以完整地呈现结构与制度。在分析"高等教育项目制治理的影响究竟在大学、教师的日常行为中是如何体现的"这一问题时，将大学、教师的行为认定为由一系列事件构成的，比如在问题提出中大学和学院层面所采取的那些项目行动，而这些行动就构成了一种"项目事件"。通过这些事件、行动的整理归纳、抽象出一般性的理论命题。也就类似于李化斗所指出的那样，可以通过个案描述发现抽象性的某种存在方式，然后通过多个个案描述进行比较研究，进而寻求抽象层面的解释，最后落实到发生学的解释，即达到以具体性解释抽象性②、以抽象性统整具体性的目的。事实上，我们并非要在这两者间作一个非此即彼的抉择，而是发挥各自功能与优势在同一问题的解决上。张静教授主张对各种框架有益成分的包容，而不是排斥。他相信，不同方法将引导研究者发现不同的东西，因而更适当的态度是，不妨尝试将各种方法综合。③

总言之，我们之所以在本书中强调高等教育治理研究范式的转换（或者说范式更迭之所以必要和可能），乃是由于——不同范式在解释力上存在差异。而解释力的差异来源于两方面因素的共同作用：首先是范式本身的解释逻辑，这个逻辑注定了它在解释力上的优势和局限；其次是社会形势的变化，这可能造成一个范式在解释力上的既定优势被削弱甚至丧失，不得不让位于其他范式④。本书更强调前者的意义。"把规则论带入高等教育治理研究中"实际上面临的一个最需要辨明与解决的问

---

① 林杰：《制度分析与高等教育研究》，《北京师范大学学报》（社会科学版）2004 年第 6 期。
② 李化斗：《社会生活中的具体与抽象：兼论"过程—事件"分析》，《社会》2011 年第 2 期。
③ 张静：《基层政权：乡村制度诸问题》，浙江人民出版社 2000 年版，第 14 页。
④ 冯仕政：《重返阶级分析？——论中国社会不平等研究的范式转换》，《社会学研究》2008 年第 5 期。

题是：主体论与规则论各自的解释逻辑及其在解释力上的优势和局限是什么以及何种动力催化了这种范式转换的需求？前文虽有所述及，但并未对规则论视域下的高等教育治理研究提供"怎么样"的具体指导，因此未来须寻找机会将此研究任务加以细致推进，包括此一范式下的研究议题、可能的理论视角和研究方法论等内容。

第二，个案研究的推进及其中的相关议题。对于高等教育项目制的财政溢出效应，本书从国家与高等学校组织两个主体展开分析。对于高等教育项目制国家治理内涵的把握，本书从总体上（包括历史与类型）进行治理方式、治理逻辑等方面的理论解读，并没有以项目案例的形式进行不同项目案例中国家治理意蕴的政治学分析。而在组织学分析中，本书也仅仅只是选择了有限的两个案例。当然，我们更没有做到的是从一个项目案例出发，从中分析其国家治理意义、组织学特征及哲学内涵。也正因如此，本书的研究更显得是一种框架性的研究，其功能是为高等教育项目制治理研究提供一个新的切入视角。虽然这一部分的案例挑选是研究者根据自身所掌握的理论基础与研究兴趣进行的有选择性、契合性的行为，但案例呈现与理论分析之间并非断裂，且过程的分析也是客观的。故而，在未来的研究中，如果可能的话，可在项目案例的选择与分析上尽力做到如下两点：一是以一个或多个项目为例，将其溢出财政学内涵及相关机制、机理展开一个"首尾一致"的研究，也就是从某一个案例出发去观察其政治学、组织学等学科内涵；二是以更多项目案例为分析对象诠释溢出财政学内涵的更多表现，进而丰富现有关于高等教育项目制研究的理论讨论。与此同时，在将个案研究向前推进的过程中，如下议题可加以进一步关注：不同高等教育项目的实践逻辑；不同高等教育项目的学科性特征；高等教育项目制与国家高等教育治理体系中其他制度构件（如评估制度）间的互动关系，高等教育项目制与高等学校组织内部治理中其他制度构件（如论文等级制度）间的互动关系，项目在高等学校组织内部的发展史及其逻辑，以及由此辨认出项目在高等学校内部治理中的身份与地位（如项目对高等学校内部治理规则的重构）等。

第三，高等教育财政与高等教育治理：一个财政社会学的视域。除了以上在研究视角、研究范式、研究方法可以获得拓展空间外，本书还

余论：财政社会学视域中的高等教育项目制

有利于引出一个可上升到另一个高度去分析的议题，即高等教育财政与高等教育治理。

一直以来，有关财政学研究什么、如何研究等问题在财政学术史上始终存有争议，传统财政学以资源配置为中心，在经济学框架下找寻研究的问题意识与构建分析框架。国内高等教育财政研究总体上并未脱离传统财政学研究的基本范式，重点关注以高等教育财政资源分配为中心的诸多命题[①]：高等教育财政资源在地域、城乡、阶层之间的分配；高等教育财政拨款方式的变革；高等教育财政投资的比例与规模变化；高等教育财政支出的影响因素；高等教育财政支出的绩效评价；高等教育财政支出对经济增长等影响的分析等。在"财政是国家治理的基础和重要支柱"的宏观叙事、财政在各个领域的广泛实践以及理论上转型诉求背景下，财政学研究注定要超越经济学框架，走向经济学、政治学、管理学、历史学、社会学、哲学等跨学科的研究视野[②]，在跨学科的研究视野中建立起财政学研究的"大问题与元问题意识"[③]。因此，把政治

[①] 相关研究现状可参见方芳、钟秉林《我国民办高等教育财政支持制度研究》，北京师范大学出版社2016年版；许林《我国民族高等教育财政投入研究》，世界图书出版广东有限公司2014年版；张小萍《公共财政体制下中国高等教育财政投入优化研究》，中国市场出版社2009年版；罗晓华《高等教育财政投资政策研究》，中国财政经济出版社2008年版；赵永辉《我国高等教育支出责任与财力保障的匹配研究》，中国社会科学出版社2016年版；李小克、郑小三《高等教育财政支出影响因素研究——基于2000—2009年中部六省的面板数据》，《教育发展研究》2012年第11期；刘晓凤《地理区域高等教育财政支出模式的路径依赖与锁定效应研究》，《高教探索》2016年第3期；郑备军《我国高等教育财政支出的经济学分析》，《高等工程教育研究》2007年第2期；宗晓华《地方高等教育财政投入及其影响因素》，《高等教育研究》2010年第11期；刘畅《公平理念下公共教育财政支出法律制度研究》，博士学位论文，辽宁大学，2016年。

[②] Wagner, R.E, Public Finance in Democratic Process, in Charles K. Rowley, Friedrich Schneider, *The Encyclopedia of Public Choice*, New York: Kluwer Academic Publishers, 2004, pp.780-782.

[③] 马珺、高培勇：《国家治理与财政学基础理论创新》，中国社会科学出版社2017年版，序言第9页。例如，自1994年分税制改革后，分税制及其他政府财政行为研究往往就体现出这种跨学科研究的特色，与政治、社会、法治、治理等进行了学科交叉、契合与关联，促使了一些现实财政体制问题学理上的支撑，准确界定了现实运行中的一些似是而非的矛盾问题和现象。参见王振宇、赵晔《分税制国内研究现况、困境及其展望》，《财政研究》2017年第12期。再如，通过跨学科研究，在财政理论上重构政府与市场的关系，进而解决和回答政府与市场的关系问题，以便为构建具有解释力和预测力的科学的财政理论体系奠定基础。参见李俊生、姚东旻《重构政府与市场的关系——新市场财政学的"国家观""政府观"及其理论渊源》，《财政研究》2018年第1期。

学、社会学、历史学等跨学科视野带入财政研究，并不是一种主观臆断，而是有着特定的宏观制度基础与财政实践基础。

总体上看来，高等教育项目制只是高等教育财政中的一个片段，高等教育项目制中的治理意蕴也不过是财政与治理间关系的一个片段。因此，可以以高等教育财政项目制研究为起点，进而扩展到探讨高等教育财政与高等教育治理间的关联，特别是在"财政是国家治理的基础和重要支柱"的宏观背景下。在高等教育财政中去把握高等教育治理的国家逻辑进而观察到国家逻辑对高等教育及其治理的影响也有必要成为一个学术关注点，"财政社会学"就为此命题提供了丰富理论支撑和论证，从而有效地勾连起财政学与政治学等学科间的相遇、交汇与融合。事实上，当要探讨财政对高等教育等社会事务的影响并对其中的关联机理展开追溯时，我们其实已经进入了财政社会学的学科构境。在中国特殊的高等教育领域内，高等教育场域中所呈现出来的系列特征、模式与逻辑往往是国家治理逻辑通过财政等途径不断"嵌入"高等教育领域的典型结果，在一定时候，对财政与国家治理逻辑的演变这一中轴脉络的把握就能窥探出高等教育治理的"前世今生"。这是理解高等教育宏观治理的一个总体性出发点。国家治理高等教育的逻辑总是会随着时代的变化从而具有很强的开放性。以财政社会学为基础分析高等教育财政与高等教育治理本质上就是在探寻高等教育财政的财政学溢出效应，归纳、总结在高等教育财政历史与实践中所生发出来的理论意涵，以此更加全面地把握高等教育财政对高等教育的全方位影响。

这种视角的转换[1]并不意味着我们需要舍弃当前主流的高等教育财政研究，而是在不断汲取其智识资源的基础上，试图找寻一种能将高等教育财政中的问题作为宏大架构与微观叙事相结合来研究并具有跨学科或综合社会科学特征的视角，形成一个具备统整能力的理论设想与构架，实现并提升高等教育财政研究对高等教育宏、微观治理等高等教育改革与实践问题的解释力。其转向可以让或者要求我们在本体

---

[1] 参见马珺、高培勇《国家治理与财政学基础理论创新》，中国社会科学出版社2017年版，第129页。

论和方法论上保持足够多的"注意力分配"。在本体论上，高等教育财政与国家、高等教育组织、高等教育个人间的制度性、社会性关联等，是演绎高等教育财政内涵的三大主体；围绕高等教育财政在高等教育组织中的现象呈现是把握高等教育财政内涵及其对高等教育影响程度的实践基础。在方法论及研究方法上，由于当前高等教育财政研究重点关注资源分配这一经济学的中心议题，所使用的研究方法毫无疑问是以定量分析为主，基于此，未来有关高等教育财政的研究可以将定性分析纳入进来，将定量与定性结合（事实上，有时可以将定量分析放置在定性分析的框架中，比如本书中将高等教育项目所取得的绩效纳入国家治理的框架中进行讨论）。综合考量跨学科的研究视野与定量、定性相结合的研究方法，以此建立高等教育财政研究的另种问题意识，共同诠释高等教育财政内涵及其影响的丰富性与复杂性等实存样态。

在研究中，任何理论分析与建构都会凸显某一方面而悬置其他方面[①]。"溢出高等教育财政内涵"是基于财政社会学及相关概念与理论所提炼出的一种解读方式，是刻画项目制对高等教育产生影响的一个视角。也许，伴随财政社会学理论的解读与其他理论的引入，还可找到超越"溢出财政学内涵"之外更多解读高等教育项目制治理的路径。"溢出财政学内涵的高等教育项目制治理研究"也仅仅是我们研究的一个起点与初涉，在此基础上，能否将规则论视角下的高等教育治理、财政社会学视野下的高等教育财政研究、高等教育项目制的具有逻辑关联性的跨学科研究等在本体论、方法论上具有一定学术空间与潜力的议题转化成可视的研究成果，则仰赖于研究者在未来研究中所作出的努力。

---

① 冯仕政：《政治市场想象与中国国家治理分析：兼评周黎安的行政发包制理论》，《社会》2014年第6期。

附录1 分税制改革前后中央与地方财政收入情况

年 份	绝对数（亿元） 中 央	绝对数（亿元） 地 方	比重（%） 中 央	比重（%） 地 方
1987	736.29	1463.06	33.5	66.5
1988	774.76	1582.48	32.9	67.1
1989	822.52	1842.38	30.9	69.1
1990	992.42	1944.68	33.8	66.2
1991	938.25	2211.23	29.8	70.2
1992	979.51	2503.86	28.1	71.9
1993	957.51	3391.44	22.0	78.0
1994	2906.50	2311.60	55.7	44.3
1995	3256.62	2985.58	52.2	47.8
1996	3661.07	3746.92	49.4	50.6
1997	4226.92	4424.22	48.9	51.1
1998	4892.00	4983.95	49.5	50.5
1999	5849.21	5594.87	51.1	48.9
2000	6989.17	6406.06	52.2	47.8
2001	8582.74	7803.30	52.4	47.6
2002	10388.64	8515.00	55.0	45.0
2003	11865.27	9849.98	54.6	45.4
2004	14503.10	11893.37	54.9	45.1
2005	16548.53	15100.76	52.3	47.7

资料来源：参见魏建国《财政分权制度模式比较与中国的选择》，《法制与社会发展》2007年第6期；王蓉等《中国教育财政政策咨询报告（2010—2015）》，教育科学出版社2015年版，第20—21页。

附录2 分税制改革前后中央与地方财政支出情况

年 份	绝对数（亿元）中央	绝对数（亿元）地方	比重（%）中央	比重（%）地方
1987	845.63	1416.55	37.4	62.6
1988	845.04	1646.17	33.9	66.1
1989	888.77	1935.01	31.5	68.5
1990	1004.47	2295.81	32.6	67.4
1991	1090.81	2295.81	32.2	67.8
1992	1170.44	2571.76	31.3	68.7
1993	1312.06	3330.24	28.3	71.7
1994	1754.43	4038.19	30.3	69.7
1995	1995.39	4828.33	29.2	70.8
1996	2151.27	5786.28	27.1	72.9
1997	2532.50	6701.06	27.4	72.6
1998	3125.60	7672.58	28.9	71.1
1999	4152.33	9035.34	31.5	68.5
2000	5519.85	10366.65	34.7	65.3
2001	5758.02	13134.56	30.5	69.5
2002	6771.70	15281.45	30.7	69.3
2003	74201.10	17229.85	30.1	69.9
2004	7894.08	20592.81	27.7	72.3
2005	8775.97	25154.31	25.9	74.1

资料来源：参见魏建国《财政分权制度模式比较与中国的选择》，《法制与社会发展》2007年第6期。

附录3　省级层面人才项目体系

项目类别	设立年份	设立省份	相关信息
闽江学者计划	2000	福建省	福建省政府提出《关于加快实施科教兴省战略的决定》，配合重点学科建设，加速中青年学科带头人队伍建设而设置的一个招揽人才项目 聘任范围包括自然科学与人文社会科学 特聘教授享受每年10万人民币津贴
江海学者	2009	江苏省	2007年以来，江苏省财政每年拿出2亿元（2010年增至4亿元）专项资金，组织实施"江苏省高层次创新创业人才引进计划"，围绕本省优先发展的重点产业，每年面向海内外引进200名左右高层次创新创业人才或团队，一次性给予每人100万元的资金支持，着力打造一批竞争优势明显的高新技术产品群和企业群
江苏省双创引才计划	2007		
钱江学者	2007	浙江省	特聘教授津贴标准为正式引进和正式签约两类，正式引进的为每人每年25万元人民币，正式签约的为每人每年10万元，连续资助5年，同时享受学校按照国家有关规定提供的工资、保险、福利待遇。在聘期内，学校应为特聘教授配备助手，并提供良好的工作和生活条件，其中人文社科类特聘教授的科研配套经费应不少于50万元，其他学科特聘教授的科研配套经费应不少于100万元

续表

项目类别	设立年份	设立省份	相关信息
泰山学者	2003	山东省	2003年起实施第一期工程，在全省高等学校优势学科中分步设置100个特聘教授岗位，面向国内外公开招聘100名学术造诣深、发展潜力大、具有领导本学科保持或赶超国内外先进水平能力的中青年杰出人才。在第一期工程实施中，省财政每年给予每位"泰山学者"特聘教授10万元、所带学术团队5万元岗位津贴，每年为每位"泰山学者"特聘教授提供5万元科研补助经费。获准设置"泰山学者"特聘教授岗位的高等学校要配套部分经费，每年给予每个"泰山学者"特聘教授所带学术团队提供5万元岗位津贴配套经费，每年为每位自然科学类特聘教授提供15万元、每位人文社会科学类特聘教授提供5万元科研配套经费，5年间为"泰山学者"特聘教授所在的自然科学类学科提供200万元、人文社会科学类学科提供50万元的学科建设经费
芙蓉学者	2001	湖南省	面向国家重大科技和工程、哲学社会科学问题等 第一期特聘教授奖金标准为每人每年人民币10万元，同时享受学校按照国家有关规定提供的工资、保险、福利待遇。根据国家的有关规定，特聘教授奖金免征个人所得税。省属高校的特聘教授奖金由"芙蓉学者计划"专项经费全额支付。省部共建高校的特聘教授奖金由"芙蓉学者计划"专项经费和学校各负担一半。在聘期内学校应为特聘教授配备助手，并提供良好的工作和生活条件，学校五年内向特聘教授提供不低于特聘教授专项奖金数额的教学科研配套经费
楚天学者	2007	湖北省	聘任范围包括自然科学和人文社会科学 楚天学者资助标准：讲座教授资助经费每人每月人民币1.5万元；特聘教授资助经费每人每年人民币10万元；主讲教授资助经费每人每年人民币5万元；楚天学子资助经费每人每年人民币3万元

续表

项目类别	设立年份	设立省份	相关信息
河北百人计划	2010	河北省	从2010年开始用5—10年时间，支持和引进100名左右能够突破关键技术、带动新兴产业、发展高新技术的海外人才
北京海外人才聚集工程	2009	北京市	时间：从2009年6月开始，用5—10年时间。范围：在北京市级重点创新项目、重点学科和重点实验室、市属高等院校、科研院所、医院、国有企业和商业金融机构及中关村科技园区、北京经济技术开发区等高新技术产业开发区 政策支持：100万人民币奖励
山西百人计划	2009	山西省	用5—10年时间为山西省6个重点领域引进100名左右海外人才。每年从省财政拿出5000万元专项资金
皖江学者	2002	安徽省	皖江学者，是安徽省政府在高等教育领域内启动的一项延揽学界精英，造就学术大师，带动学科建设的工程。目的是采取一系列超常规的举措吸纳海内外学者精英，为安徽高等教育发展助力。受聘者聘期内特聘教授津贴标准为每人每年人民币10万元，讲习教授津贴标准为每人每年人民币5万元
河南省百人计划	2009	河南省	从2009年开始，河南省将用5—10年时间实施"海外高层次人才引进百人计划"，即在国家和省重点创新项目、重点学科和重点实验室、重点企业和地方商业金融机构、以高新技术产业开发区为主的各类园区引进并有重点地支持120名左右能突破关键技术、发展高新产业、带动新兴学科的领军人才来豫创新创业。入选河南省"百人计划"的人选，省政府给予每人120万元的一次性奖金资助

附录3 省级层面人才项目体系

续表

项目类别	设立年份	设立省份	相关信息
两江学者	2009	重庆市	在全市重点产业、重点学科、重点建设领域设立100个特聘岗位，面向海内外公开选聘100名学术造诣深、发展潜力大、具有领导本学科保持或赶超国内外先进水平的特聘教授和特聘专家，建成100个以特聘专家、特聘教授为核心的高水平科研团队，带动全市重大项目、重点产业和优势学科发展 聘任期内，市财政每月向每名"两江学者"发放岗位津贴5000元，每年给予所在团队科研经费20万元；设岗单位每年按不低于40万元进行科研经费配套。引进来渝的"两江学者"，享受100万元安家资助和家属随调等优惠政策
陕西省百人计划	2009	陕西省	从2009年开始用5—10年时间引进并重点支持200名高层次人才，省财政每年安排不少于5000万元专款，用于高层次人才创业、服务的资助和有关补贴，并由省财政给予每人50万元人民币的一次性资助
宁夏百人计划	2009	宁夏	从2009年开始，用5—10年时间，在自治区重点创新项目、特色产业、优势学科和重点实验室、工程技术研究中心、大中型企业和国有商业金融机构、以高新技术产业开发区为主的各类创新创业园区等，把招商引资与招才引智结合起来，引进并重点地支持200名左右海外高层次科技人才创新创业 自治区政府每年专门安排1000万元，作为引进海内外高层次人才创新创业专项扶持资金。列入"百人计划"的引进人才，自治区财政给予引进单位30万—50万元的补助

附录4　高等学校教师职务试行条例

第一章　总则

第一条　为了充分发挥高等学校教师为我国教育事业服务的积极性、创造性，激励教师提高教育水平、学术水平及履行相应职责的能力，努力完成本职工作，促进人才合理流动，特制定本条例。

第二条　高等学校教师职务是根据学校所承担的教学、科学研究等任务设置的工作岗位。教师职务设助教、讲师、副教授、教授。各级职务实行聘任制或任命制，并有明确的职责、任职条件和任期。

第三条　高等学校的教师编制应依据国家规定的师生比例确定。教师职务应有合理结构。高等学校及校内各专业、学科的各级教师职务定额应与所承担的任务相适应。

第二章　职责

第四条　助教的职责

1. 承担课程的辅导、答疑、批改作业、辅导课、实验课、实习课、组织课堂讨论等教学工作（公共外语、体育、制图等课程的教师还应讲课），经批准，担任某些课程的部分或全部讲课工作，协助指导毕业论文、毕业设计。

2. 参加实验室建设，参加组织和指导生产实习、社会调查等方面的工作。

3. 担任学生的思想政治工作或教学、科学研究等方面的管理工作。

4. 参加教学法研究或科学研究、技术开发、社会服务及其他科学技术工作。

第五条 讲师的职责

1．系统地担任一门或一门以上的课程的讲授工作，组织课堂讨论，指导实习、社会调查，指导毕业论文、毕业设计。

2．担任实验室的建设工作，组织和指导实验教学工作，编写实验课教材及实验指导书。

3．参加科学研究、技术开发、社会服务及其他科学技术工作，参加教学法研究，参加编写、审议教材和教学参考书。

4．根据工作需要协助教授、副教授指导研究生、进修教师等。

5．担任学生的思想政治工作或教学、科学研究等方面的管理工作。

6．根据工作需要，担任辅导、答疑、批改作业、辅导课、实验课、实习课和指导学生进行科学技术工作等教学工作。

第六条 副教授的职责

1．担任一门主干基础课或者两门或两门以上课程的讲授工作（其中一门应为基础课，包括专业基础课或技术基础课），组织课堂讨论，指导实习、社会调查，指导毕业论文、毕业设计。

2．掌握本学科范围内的学术发展动态，参加学术活动并提出学术报告，参加科学研究、技术开发、社会服务及其他科学技术工作，根据需要，担任科学研究课题负责人，负责或参加审阅学术论文。

3．主持或参加编写、审议新教材和教学参考书，主持或参加教学法研究。

4．指导实验室的建设、设计，革新实验手段或充实新的实验内容。

5．根据需要，指导硕士研究生，协助教授指导博士研究生，指导进修教师。

6．担任学生的思想政治工作或教学、科学研究等方面的管理工作。

7．根据工作需要，担任辅导、答疑、批改作业、辅导课、实验课、实习课和指导学生进行科学技术工作等教学工作。

第七条 教授的职责

除担任副教授职责范围内的工作外，应承担比副教授职责要求更高的工作。领导本学科教学、科学研究工作，根据需要并通过评审确认后指导博士研究生。

第三章 任职条件

第八条 高等学校教师应拥护中国共产党的领导，热爱社会主义祖国，努力学习马克思主义和党的路线、方针、政策，有良好的职业道德，遵守法纪，能为人师表，教书育人，能全面地、熟练地履行职务职责，积极承担工作任务，学风端正。身体健康，能坚持正常工作。

第九条 助教任职条件是，符合本条例第八条要求，并具备下列条件之一：

1. 获得学士学位；或在工作实践中学习提高经考试或考查，确认达到学士学位水平，经过一年以上见习试用，表明能胜任和履行助教职责。

2. 获得硕士学位或研究生班毕业证书或第二学士学位证书，经考察，表明能胜任和履行助教职责。

第十条 讲师任职条件是，符合本条例第八条要求，并具备下列条件之一：

1. 在担任四年或四年以上助教职务工作期间，已取得高等学校助教进修班结业证书；或确认已掌握硕士研究生主要课程内容，具有本专业必需的知识与技能和从事科学技术工作的能力，能顺利地阅读本专业的外文书籍，经考察，表明能胜任和履行讲师职责。

2. 获得研究生班毕业证书或第二学士学位证书且已承担两年或两年以上助教职务工作，具有本专业必需的知识与技能和从事科学技术工作的能力，经考察，表明能胜任和履行讲师职责。

3. 获得硕士学位且已承担两年左右助教职务工作，或获得博士学位，经考察，表明能胜任和履行讲师职责。

第十一条 副教授任职条件是，符合本条例第八条要求，承担五年以上讲师职务工作；或获得博士学位且已承担两年以上讲师职务工作，经考察，表明能胜任和履行副教授职责，并具备下列条件：

1. 对本门学科具有系统而坚实的理论基础和比较丰富的实践经验，能及时掌握本门学科发展前沿的状况，并熟练地掌握一门外国语。

2. 教学成绩显著，能较好地对学生进行启发式教学，培养其分析问题或解决问题的能力。

3．发表过有一定水平的科学论文或出版过有价值的著作、教科书；或在教学研究方面有较高造诣；或在实验及其他科学技术工作方面有较大的贡献。

第十二条　教授任职条件是，符合本条例第八条要求，承担五年以上副教授职务工作，经考察，表明能胜任和履行教授职责，并具备下列条件：

1．教学成绩卓著。

2．发表、出版过有创见性的科学论文、著作或教科书，或有重大的创造发明。

3．在教学管理或科学研究管理方面具有组织领导能力。

第十三条　对在教学工作或科学研究工作及其他科学技术工作等方面成绩特别突出的教师，其任职条件可不受学历、学位、任职年限等规定限制。

第四章　任职资格评审

第十四条　国家教育委员会指导全国高等学校教师职务任职资格评审工作。省、自治区、直辖市高等学校教师职务评审工作应在各地职称改革工作领导小组领导下进行。

省、自治区、直辖市成立高等学校教师职务评审委员会，负责在本地区的高等学校教师职务任职资格的评审工作。国务院有关部委根据所属高等学校某些专业的特殊需要和教师队伍的实际情况，可设立高等学校教师职务评审委员会，经国家教育委员会同意，负责所属高等学校某些专业教师职务任职资格的评审工作，其他教师职务的评审工作仍由所在省、自治区、直辖市高等学校教师职务评审委员会负责。

有学士学位授予权的高等学校，成立教师职务评审委员会。没有学士学位授予权的高等学校，成立教师职务评审组。部分没有学士学位授予权的高等学校，已具备条件，经所在省、自治区、直辖市批准，也可成立教师职务评审委员会，并报国家教育委员会备案。

第十五条　高等学校教师职务任职资格评审的依据是高等学校教师

的任职条件。各级职务任职资格，由相应的教师职务评审委员会组织同行专家进行评审。

助教任职资格，由学校教师职务评审委员会或评审组审定。

讲师任职资格，由学校教师职务评审委员会审定，报省、自治区、直辖市或主管部委教师职务评审委员会备案；没有成立教师职务评审委员会的学校由教师职务评审组评议，报省、自治区、直辖市或主管部委教师职务评审委员会审定。

教授、副教授任职资格，由学校报省、自治区、直辖市、主管部委教师职务评审委员会审定，审定的教授报国家教育委员会备案。

部分高等学校教师职务评审委员会，经国家教育委员会会同省、自治区、直辖市、主管部委批准，有权审定副教授任职资格，或有权审定副教授、教授任职资格。审定的教授报国家教育委员会备案。

第五章　聘任及任命

第十六条　高等学校教师职务的聘任或任命应根据工作岗位需要，一般由系主任、教研室主任或学科组负责人依据教师任职条件推荐提出任职人选，经相应教师职务评审组织评审通过后，按照限额进行聘任或任命。

第十七条　高等学校教师职务聘任及任命工作由校（院）长负责。校（院）长可以根据工作需要，主持设立一个临时性组织，做好教师职务聘任或任命工作。有条件的学校也可以实行分级聘任或任命的办法。

第十八条　高等学校教师任职时，学校需明确其应履行的职责和承担的任务，颁发聘书或任命书。任职期限由学校根据工作需要确定，一般为二至四年，可以续聘或连任。

第十九条　学校对被聘任或任命职务的教师的业务水平和能力、工作态度和成绩，应进行定期及不定期考核。考核成绩记入考绩档案，作为提职、调薪、奖惩和能否续聘或继续任命的依据。

第二十条　其他专业技术人员或机关团体的工作人员到高等学校任教，经过一年以上的考察，视其业务水平及履行职责的实际能力，经评审或认定任职资格后，聘任或任命为相应的教师职务。

第六章 附 则

第二十一条 《关于〈高等学校教师职务试行条例〉的实施意见》、《高等学校教师职务评审组织章程》另订。

第二十二条 省、自治区、直辖市、国务院有关部委和各高等学校应根据本条例,结合实际情况制定实施细则和实施办法。

第二十三条 本条例适用于普通高等学校。原则上也适用于其他类型的高等学校,其实施办法另订。

第二十四条 本条例的解释权在国家教育委员会。

主要参考文献

一 著作类

《马克思恩格斯全集》（第46卷上），人民出版社1979年版。

白思俊：《现代项目管理》，机械工业出版社2003年版。

包亚明：《游荡者的权力》，中国人民大学出版社2004年版。

别敦荣、杨德广：《中国高等教育改革与发展30年》，上海教育出版社2009年版。

别荣海：《财务绩效视角下高校管理制度创新研究》，中国社会科学出版社2012年版。

财政部综合计划司：《中国财政统计年鉴1950—1991》，科学出版社1992年版。

查显友：《中国高校融资结构优化研究》，中国人民大学出版社2009年版。

陈共：《财政学》，中国人民大学出版社1999年版。

陈共：《财政学》，中国人民大学出版社2012年版。

陈潭：《治理的秩序》，人民出版社2012年版。

陈为雷：《社会服务项目制的建构及其影响研究》，中国社会科学出版社2015年版。

陈先哲：《学术锦标赛制下大学青年教师的制度认同与行动选择》，广东人民出版社2017年版。

陈修斋、杨祖陶：《欧洲哲学史稿》，湖北人民出版社1987年第2版。

狄金华：《被困的治理——河镇的复合治理与农户策略（1980—2009）》，生活·读书·新知三联书店2015年版。

范文曜、马陆亭：《国际视角下的高等教育质量评估与财政拨款》，教育科学出版社 2004 年版。

方芳、钟秉林：《我国民办高等教育财政支持制度研究》，北京师范大学出版社 2016 年版。

费孝通：《江村经济》，商务印书馆 2001 年版。

冯俊等：《后现代主义哲学讲演录》，陈西贵等译，商务印书馆，2003 年版。

高培勇、马珺：《中国财政经济理论前沿（7）》，社会科学文献出版社 2014 年版。

高培勇：《财政学》，中国财政经济出版社 2004 年版。

郭海：《大学内部财政分化》，北京大学出版社 2007 年版。

国家教委办公厅：《改革中的中国教育——中国教育发展改革的实践与经验（2）》，高等教育出版社 1993 年版。

国家统计局：《中国统计年鉴（1994）》，中国统计出版社 1994 年版。

国家统计局、科学技术部：《中国科技统计年鉴》，中国统计出版社 2000 年版。

何平：《清代赋税政策研究：1644—1840 年》，中国社会科学出版社 1998 年版。

何艳玲：《都市街区中的国家与社会：乐街调查》，社会科学文献出版社 2007 年版。

侯怀银：《教育研究方法》，高等教育出版社 2009 年版。

黄仁宇：《十六世纪明代中国之财政税收》，三联书店 2001 年版。

黄宗智：《华北的小农经济与社会变迁》，中华书局 2000 年版。

江晓原、刘兵：《科学的算计》，华东师范大学出版社 2009 年版。

姜国钧：《中国教育周期论》，北京大学出版社 2005 年版。

蒋达勇：《现代国家建构中的大学治理：基于中国经验的实证分析》，中国社会科学出版社 2014 年版。

蒋逸民：《社会科学方法论》，重庆大学出版社 2011 年版。

康小明：《中国高等教育基础研究的财政支持研究》，北京大学中国教育财政科学研究所，2008 年。

柯政：《理解困境：课程改革实施行为的新制度主义分析》，教育科学出版社 2011 年版。

李慧勤:《期望与行动:边疆少数民族地区高等教育投入研究》,人民教育出版社 2009 年版。

李津石:《"教育工程"研究:基于政策工具理论视角》,北京大学出版社 2015 年版。

李景山等:《社会科学研究方法》,哈尔滨工程大学出版社 2011 年版。

李萍:《中国政府间财政关系图解》,中国财政经济出版社 2006 年版。

李振:《货币文明及其批判——马克思货币文明思想研究》,人民出版社 2009 年版。

李祖佩:《分利秩序:鸽镇的项目运作与乡村治理(2007—2013)》,社会科学文献出版社 2016 年版。

梁丽萍:《政治社会学》,中央编译出版社 2009 年版。

刘克崮、贾康:《中国财税改革三十年:亲历与回顾》,经济科学出版社 2008 年版。

刘少杰:《后现代西方社会学理论》,社会科学文献出版社 2002 年版。

刘志广:《新财政社会学研究:财政制度、分工与经济发展》,上海人民出版社 2012 年版。

楼继伟:《中国政府间财政关系再思考》,中国财政经济出版社 2013 年版。

芦丽君:《高教管理创新思维研究》,中国经济出版社 2006 年版。

罗晓华:《高等教育财政投资政策研究》,中国财政经济出版社 2008 年版。

马珺、高培勇:《国家治理与财政学基础理论创新》,中国社会科学出版社 2017 年版。

马永霞等:《高校筹资多元化研究》,北京理工大学出版社 2013 年版。

莫斯可:《云端:动荡世界中的大数据》,中国人民大学出版社 2017 年版。

强世功:《法制与治理:国家转型中的法律》,中国政法大学出版社 2003 年版。

全国哲学社会科学规划办公室:《国家社会科学基金年度报告(2012)》,学习出版社 2013 年版。

全国哲学社会科学规划办公室:《国家社会科学基金年度报告(2013)》,学习出版社 2014 年版。

全国哲学社会科学规划办公室:《国家社会科学基金年度报告(2014)》,

学习出版社 2015 年版。

全国哲学社会科学规划办公室：《国家社会科学基金年度报告（2015）》，学习出版社 2016 年版。

孙琳：《重构场域——出场学场域十论》，人民日报出版社 2013 年版。

童之伟：《法权与宪政》，山东人民出版社 2001 年版。

王建华：《第三部门视野中的现代大学制度》，广东高等教育出版社 2008 年版。

王莉华：《中英高等教育绩效拨款研究》，浙江大学出版社 2008 年版。

王蓉等：《中国教育财政政策咨询报告（2005—2010）》，教育科学出版社 2011 年版。

王蓉等：《中国教育财政政策咨询报告（2010—2015）》，教育科学出版社 2015 年版。

王绍光：《分权的底线》，中国计划出版社 1997 年版。

王绍光、胡鞍钢：《中国国家能力报告》，辽宁人民出版社 1993 年版。

王诗宗：《治理理论及其中国适用性》，浙江大学出版社 2009 年版。

王雪峰：《高等教育资本运营》，知识产权出版社 2002 年版。

吴猛、和新风：《文化权力的终结：与福柯对话》，四川人民出版社 2003 年版。

谢海定：《学术自由的法理阐释》，中国民主法制出版社 2016 年版。

谢立中：《结构—制度分析，还是过程—事件分析?》，社会科学文献出版社 2010 年版。

许林：《我国民族高等教育财政投入研究》，世界图书出版广东有限公司 2014 年版。

薛晓源、陈家刚：《全球化与新制度主义》，社会科学文献出版社 2004 年版。

杨会良：《当代中国教育财政发展史》，人民出版社 2006 年版。

杨善华：《当代西方社会学理论》，北京大学出版社 1999 年版。

张静：《基层政权：乡村制度诸问题》，上海人民出版社 2007 年版。

张军：《"双轨制"经济学：中国的经济改革（1978—1992）》，上海人民出版社 2006 年版。

张天勇：《社会符号化——马克思主义视域中的鲍德里亚后期思想研究》，人民出版社 2008 年版。

张文喜：《方法与反方法：基于哲学与人文社会科学的思想对话》，西南交通大学出版社 2016 年版。

张小萍：《公共财政体制下中国高等教育财政投入优化研究》，中国市场出版社 2009 年版。

张应强：《精英与大众：中国高等教育 60 年》，浙江大学出版社 2009 年版。

张永宏：《组织社会学的新制度主义学派》，上海人民出版社 2007 年版。

赵树凯：《乡镇治理与政府制度化》，商务印书馆 2010 年版。

赵永辉：《我国高等教育支出责任与财力保障的匹配研究》，中国社会科学出版社 2016 年版。

赵中建：《全球经济发展的研究热点——90 年代以来联合国科教文组织的报告》，教育科学出版社 1999 年版。

中国财政杂志社：《中国财政年鉴（2003—2006）》，中国财政杂志社 2007 年版。

中国高等教育学会：《改革开放 30 年中国高等教育发展经验专题研究（1978—2008）》，教育科学出版社 2008 年版。

中国管理科学学会科学基金专业委员会：《中国科学基金年鉴》，科学出版社 1991 年版。

中国项目管理研究委员会：《中国项目管理知识体系与国家项目管理专业资质认证标准》，北京机械工业出版社 2002 年版。

中华人民共和国国家统计局：《中国统计年鉴》，中国统计出版社 2007 年版。

中华人民共和国教育部：《邓小平理论指导下的中国教育二十年》，福建教育出版社 1998 年版。

钟柏昌、李艺：《教育工程学新探》，教育科学出版社 2012 年版。

周飞舟：《以利为利：财政关系与地方政府行为》，上海三联书店 2012 年版。

周黎安：《转型中的地方政府：官员激励与治理》，上海人民出版社 2008

年版。

周雪光：《组织社会学十讲》，社会科学文献出版社 2006 年版。

［澳］杨小凯、黄有光：《专业化与经济组织——一种新兴古典微观经济学框架》，张玉刚译，经济科学出版社 1999 年版。

［德］伽达默尔：《真理与方法》，洪汉鼎译，上海译文出版社 2004 年版。

［德］马克斯·韦伯：《新教伦理与资本主义精神》，康乐、简惠美译，广西师范大学出版社 2010 年版。

［德］齐奥尔格·西美尔：《金钱、性别、现代生活风格》，顾仁明译，学林出版社 2000 年版。

［德］齐奥尔格·西美尔：《时尚的哲学》，费勇、吴蕾译，文化艺术出版社 2001 年版。

［德］西美尔：《货币哲学》，于沛沛等译，中国社会科学出版社 2007 年版。

［法］米歇尔·福柯：《安全、领土与人口》，钱翰、陈晓径译，上海人民出版社 2010 年版。

［法］米歇尔·福柯：《生命政治的诞生》，莫伟民、赵伟译，上海人民出版社 2011 年版。

［法］皮埃尔·布迪厄：《实践感》，蒋梓骅译，译林出版社 2012 年版。

［法］皮埃尔·布迪厄：《文化资本与社会炼金术》，包亚明译，上海人民出版社 1997 年版。

［法］皮埃尔·布迪厄、华康德：《实践与反思——反思社会学导引》，李猛、李康译，中央编译出版社 1998 年版。

［法］乔治·索雷尔：《进步的幻象》，吕文江译，上海人民出版社 2003 年版。

［法］让·鲍德里亚：《象征交换与死亡》，车槿山译，译林出版社 2012 年版。

［韩］河连燮：《制度分析：理论与争议》，李秀峰、柴宝勇译，中国人民大学出版社 2014 年第 2 版。

［荷］弗兰斯·F. 范富格特：《国际高等教育政策比较研究》，王承绪译，浙江教育出版社 2001 年版。

［美］埃尔菲·艾恩：《奖励的惩罚》，程寅、艾斐译，上海三联书店

2006年版。

［美］奥斯特罗姆，V. 等：《制度分析与发展的反思：问题与抉择》，王诚等译，商务印书馆1992年版。

［美］保罗·皮尔逊：《时间中的政治：历史、制度与社会分析》，黎汉基、黄佩璇译，江苏人民出版社2014年版。

［美］伯顿·克拉克：《高等教育新论——多学科的研究》，王承绪等译，浙江教育出版社2001年版。

［美］道格拉斯·洛西科夫：《公司化的生活——给在企业纽带另一端真实生活的人们》，余巍译，中信出版社2012年版。

［美］道格拉斯·诺斯：《经济史中的结构与变迁》，上海三联书店、上海人民出版社1994年版。

［美］杜赞奇：《文化、权力与国家：1900—1942年的华北农村》，王福明译，江苏人民出版社2003年版。

［美］瞿同祖：《清代地方政府》，范忠信、晏锋译，法律出版社2003年版。

［美］罗伯特·贝斯等：《分析性叙述》，熊美娟、李颖译，中国人民大学出版社2008年版。

［美］马克·波斯特：《福柯、马克思主义与历史：生产方式与信息方式》，张金鹏译，南京大学出版社2015年版。

［美］玛格利特·利瓦伊：《统治与岁入》，周军华译，格致出版社、上海人民出版社2010年版。

［美］曼纽尔·卡斯特：《认同的力量》，曹荣湘译，社会科学文献出版社2003年版。

［美］米格代尔：《强社会与弱国家：第三世界的国家社会关系及国家能力》，张长东等译，江苏人民出版社2012年版。

［美］诺曼·邓津、伊冯娜·林肯：《定性研究：策略与艺术》（第2卷），风笑天等译，重庆大学出版社2007年版。

［美］诺曼·邓津、伊冯娜·林肯：《定性研究：方法论基础》（第1卷），风笑天等译，重庆大学出版社2007年版。

［美］乔纳森·特纳：《社会学理论的结构（下）》，邱泽奇译，华夏出版社2001年版。

主要参考文献

［美］威廉·克拉克：《象牙塔的变迁：学术卡里斯玛与研究性大学的起源》，徐震宇译，商务印书馆2013年版。

［美］沃尔特·鲍威尔、保罗·迪马吉奥：《组织分析的新制度主义》，姚伟译，上海人民出版社2008年版。

［美］项目管理协会：《项目管理知识体系指南》，许江林等译，电子工业出版社2013年第5版。

［美］詹姆斯·马奇、约翰·奥尔森：《重新发现制度：政治的组织基础》，张伟译，生活·读书·新知三联书店2011年版。

［美］詹姆斯·斯科特：《国家的视角：那些试图改善人类状况的项目是如何失败的》，王晓毅译，社会科学文献出版社2012年版。

［美］詹姆斯·斯科特：《弱者的武器》，郑广怀等译，译林出版社2011年版。

［挪］斯坦因·拉尔森：《社会科学理论与方法》，任晓等译，上海人民出版社2002年版。

［日］金子元九：《高等教育财政与管理》，刘文君编译，华东师范大学出版社2010年版。

［瑞典］汤姆·伯恩斯等：《经济与社会变迁的结构化：行动者、制度与环境》，周长城等译，社会科学文献出版社2010年第2版。

［印］阿玛蒂亚·森：《以自由看待发展》，任赜等译，中国人民大学出版社2012年版。

［英］安东尼·吉登斯：《社会的构成：结构化理论大纲》，李康、李猛译，生活·读书·新知三联书店1998年版。

［英］安东尼·吉登斯、克里斯多弗·皮尔森：《现代性——吉登斯访谈录》，宏毅译，新华出版社2000年版。

［英］卡尔·波兰尼：《大转型：我们时代的政治与经济起源》，冯钢等译，浙江人民出版社2007年版。

［英］卡尔·波普尔：《开放社会及其敌人》（第二卷），郑一明等译，中国社会科学出版社1999年版。

Altbach, P, Empires of Knowledge and Development, in P. Altbach & J. Bala'n. *World Class Worldwide: Transforming Research Universities in Asia and Latin America*, Baltimore: Johns HopkinsUniversity Press, 2007.

Amaral, A, ed., *The Higher Education Managerial Revolution?* The Netherland: Kluwer Academic Publishers, 2003.

Anthony Giddens, *Central Problems in Social Theory: Action, Structure and Contradiction in Social Anaalysis*, London: The Macmillan Press LTD, 1979.

B. Guy Peters, *Institutional Theory in Political Science*, London and New York: Wellington House, 1999.

Beger, P. L., Luckmann, T, *The Social Construction of Reality*, New York: Anchor Books, 1966.

Bennis, W, *Changing Organizations*, New York: McGraw-Hill Book Company, 1996.

Bennis, W., Slater, P, *The Temporary Society*, New York: Harper and Row, Inc, 1968.

Braun, D., Merrien, F, *Towards a New Model of Governance for University*, London: JessicaKingsley Pubishers, 1999.

Burns, T. R, *Actors, Transactiuons and Social Structures*, London: Sage, 1986.

Clark, B, *Academic Profession: National, Disciplinary and Institutional Settings*, Berkeley: University of California Press, 1987.

Clark, B, *The Higher Education System: Academic Organization in Cross-National Perspective*, Berkeley, CA: University of California Press, 1983.

Daniel, K, *Peasant Power in China: The Era of Rural Reform 1979–1989*, New Haven: Yale University Press, 1992.

Derrida, J, *Of Grammatology*, Trans. G. C. Spivak, Baltimore: Johns Hopkins University Press, 1976.

Ferguson, J, *The Anti-politics Machine: Development, Depoliticization and Bureaucratic Power in Lesotho*, Cambridge: Cambridge University Press, 1990.

Gardner, K., David, L, *Anthropology, Development and the Post-Modern Challenge*, London: Pluto Press, 1996.

Georg · Simmel, *The Philosophy of Money*, Translated by Tom Bottomore, New York: Routledge, 2011.

Giddens, Anthony, *The Nation-State and Violence*, Cambridge: Polity Press, 1985.

Harvey · S. Rosen, Ted Gayer, *Public Finance* (Tenth Edition), New-York: McGraw-Hill International Edition, 2013.

Hearn, J., & Lacy, T, Governmental Policy and the Organization of Postsecondary Education, in G. Sykes, B. Schneider, & D. Plank, *Handbook of Education Policy Research*. NY: Routledge, 2009.

Hirsch, W., Weber, L, *Governance in Higher Education: the University in a State of Flux*, London: Economica Ltd, 2001.

Joseph A. Schumpeter, *The Crisis of the Tax State*, New York: Macmillan, 1958.

Karl Polanyi. *The Economy as Instituted Process*, in Conrad Aresberg, Harry Pearson, Karl Polanyi Trade and Market in the Early Empires: Economics in History and Theory, Chicago: Henery Regnery Company, 1957.

Kettle, D, *Sharing Power: Public Governance and Private Markets*, Washington D. C: Brookings Institution, 1993.

Kevin J. Dougherty, ed., *Performance Funding for Higher Education*, Baltimore, MD: Johns Hopkins University Press, 2016.

Khan, J, *Budgeting Democracy: State Building and Citizenship in America, 1890 – 1928*, New York: Cornell University Press, 1997.

Lundgren, U, *Governing the Education Sector: International Trends, Main Themes and Approaches*, Governance for Quality of Education Budapest: Open Society and World Bank, 2001.

Musgrave, R. A, *The Theory of Public Finance: A Study in Public Economy*, New York: McGraw-Hill, 1959.

Pierre Bourdieu, *Language and Symbolic Power*, Cambridge: Harvard University Press, 1999.

Powell, W. W, *Expanding the Scope of Institutional Analysis*, in Walter W

Powell, Paul J DiMaggio, *The New Institutionalisn in Organizational Analysis*, Chicago: University of Chicago Press, 1991.

Rauhvargers, A, *Global University Rankings and Their Impact*, Brussels: European University Association, 2011.

Salmi, J, *The Challenge of Establishing World-class Universities*, Washington, DC: The World Bank, 2009.

Salter, B., Tapper, T, *The State and Higher Education*, Ilford: Woburn Press, 1994.

Scott, P, *The Meaning of Mass Higer Education*, Buckingham: Open University Press, 1995.

Shattock, M, *The UGC and the Management of British Universities*, Buckingham: Society for Research into Higher Education & Open University Press, 1994.

Tapper, T, *The Governance of British Higher Education: the Struggle for Policy Control*, Netherlands: Springer, 2007.

Wagner, R. E, Public Finance in Democratic Process, in Charles K. Rowley, Friedrich Schneider. *The Encyclopedia of Public Choice*, New York: Kluwer Academic Publishers, 2004.

二 论文类

白彦锋等:《我国高等教育发展不均衡的财政原因与对策分析》,《中央财政大学学报》2018年第2期。

包艳:《行动与制度实践:东北F市小煤矿场域整顿关闭过程的经验研究》,博士学位论文,上海大学,2008年。

鲍威等:《我国"985工程"的运行机制与投入成效分析:基于国际比较与实证研究的视角》,《复旦教育论坛》2016年第4期。

别敦荣等:《高等教育治理体系和治理能力现代化的基本原则》,《复旦教育论坛》2015年第3期。

蔡潇彬:《中国国家治理研究述评》,《天津行政学院学报》2016年第3期。

主要参考文献

曹龙虎：《作为国家治理机制的"项目制"：一个文献评述》，《探索》2016年第1期。

陈柏峰、董磊明：《治理论还是法治论——当代中国乡村司法的理论建构》，《法学研究》2010年第5期。

陈飞：《货币与自由的辩证关系探微——从马克思经济哲学的观点看》，《南京社会科学》2017年第8期。

陈共：《财政学对象的重新思考》，《财政研究》2015年第4期。

陈家建：《项目制与基层政府动员——对社会管理项目化运作的社会学考察》，《中国社会科学》2013年第2期。

陈家建、张琼文、胡俞：《项目制与政府间权责关系演变：机制及其影响》，《社会》2015年第5期。

陈金圣：《重塑大学治理体系：大学治理能力现代化的实现路径》，《教育发展研究》2014年第9期。

陈良雨：《教育治理现代化视阈下政府能力陷阱研究》，《教育发展研究》2015年第12期。

陈世华：《数字资本主义：互联网政治经济学批判》，《南京社会科学》2017年第9期。

陈水生：《项目制的执行过程与运作逻辑——对文化惠民工程的政策学考察》，《公共行政评论》2014年第3期。

陈先哲：《师范院校转型背景下"青椒"的学术行动策略》，《教育发展研究》2017年第1期。

陈学飞：《理想导向型的政策制定——"985工程"政策过程分析》，《北京大学教育评论》2006年第1期。

陈正华：《中国高等教育治理：现实还是理想？》，《高教探索》2006年第4期。

陈正江：《国家示范性高职院校建设项目运作机制与治理逻辑》，《高教探索》2016年第11期。

程雅杰：《从"211工程"到"985工程"再到"2011计划"——基于渐进模型视角的分析》，《教育与考试》2013年第5期。

程瑛：《竞争条件下大学资源集中现象形成的实证分析——以国家社会科

学基金立项为例》,《现代大学教育》2013年第5期。

程瑛:《社会转型期大学资源竞争研究》,博士学位论文,华中科技大学,2011年。

程莹、杨颉:《从世界大学学术排名(ARWU)看我国"985工程"大学学术竞争力的变化》,《中国高教研究》2016年第4期。

狄金华:《项目制中的配套机制及其实践逻辑》,《开放时代》2016年第5期。

狄金华、钟涨宝:《从主体到规则的转向——中国传统农村的基层治理研究》,《社会学研究》2014年第5期。

丁惠平:《"国家与社会"分析框架的应用与限度——以社会学论域中的研究为分析中心》,《社会学评论》2015年第5期。

丁岚:《"985工程"实施效率及影响因素研究》,博士学位论文,湖南大学,2011年。

丁轶:《承包型法治:理解"地方法治"的新视角》,《法学家》2018年第1期。

丁轶:《国家主义的两重维度》,《政治与法律》2017年第1期。

董云川、罗志敏:《尊重"内生需求",方能提升大学品质》,《现代大学教育》2014年第6期。

董云川等:《当大学成为江湖·大咖与青椒》,《高教发展与评估》2017年第3期。

杜春林、张新文:《从制度安排到实际运行项目制的生存逻辑与两难处境》,《南京农业大学学报》(社会科学版)2015年第1期。

杜月:《制图术:国家治理研究的一个新视角》,《社会学研究》2017年第5期。

方芳:《高等教育产权与大学治理探析》,《高校教育管理》2014年第1期。

冯仕政:《政治市场想象与中国国家治理分析:兼评周黎安的行政发包制理论》,《社会》2014年第6期。

冯仕政:《重返阶级分析?——论中国社会不平等研究的范式转换》,《社会学研究》2008年第5期。

冯向东:《实践观的演变与当下的教育实践》,《高等教育研究》2013年第 9 期。

付建军：《清单制与国家治理转型：一个整体性分析框架》，《社会主义研究》2017 年第 2 期。

付敏杰：《分税制二十年：演进脉络与改革方向》，《社会学研究》2016 年第 5 期。

付伟、焦长权：《"协调型"政权：项目制运作下的乡镇政府》，《社会学研究》2015 年第 2 期。

高培勇：《论国家治理现代化框架下的财政基础理论建设》，《中国社会科学》2014 年第 12 期。

谷成：《现代国家治理视阈下的税收职能》，《学术月刊》2017 年第 8 期。

管清友、邵鹏：《由财政压力引发的农民超负担》，《上海经济研究》2002 年第 7 期。

桂华：《项目制与农村公共品供给体制分析——以农地整治为例》，《政治学研究》2014 年第 4 期。

郭琳琳、段钢：《项目制：一种新的公共治理逻辑》，《学海》2014 年第 5 期。

郭忠华：《主客体关系的对立与融通——诠释吉登斯的"结构化理论"》，《东方论坛》2008 年第 2 期。

韩东屏：《是的，历史就是被决定的——答孙、樊二位先生的商榷》，《湖北社会科学》2017 年第 6 期。

何艳玲：《理顺关系与国家治理结构的塑造》，《中国社会科学》2018 年第 2 期。

贺修炎：《大学自治：政府与大学关系系统的序参量》，《湖南师范大学教育科学学报》2014 年第 6 期。

胡建华：《从文件化到法律化：改善大学与政府关系之关键》，《苏州大学学报》（教育科学版）2015 年第 4 期。

胡莉芳、黄海军：《教育治理视域下的政府与大学新型关系构建》，《复旦教育论坛》2015 年第 5 期。

黄建新：《农民工返乡创业行动研究——结构化理论的视角》，《华中农业大学学报》（社会科学版）2008 年第 5 期。

黄少安：《经济学为什么和怎样研究制度——关于制度经济学研究对象、目的和一般理论框架的梳理》，《学术月刊》2009年第5期。

黄盈盈：《跨国视野下的身体与性/别：加拿大中国移民的"中西方"想象》，《开放时代》2017年第2期。

黄宗智、龚为纲、高原：《"项目制"的运作机制和效果是"合理化"吗?》，《开放时代》2014年第5期。

蒋达勇、王金红：《行政权力主导下大学的隐秘行动与生存策略——基于"弱者的武器"视角的理论解释》，《江汉论坛》2016年第8期。

焦长权、焦玉平：《"大政府"的兴起：经济发展与政府转型——中国政府公共收入水平研究报告（1980—2014）》，《开放时代》2018年第3期。

康宁等：《"985工程"转型与"双一流方案"诞生的历史逻辑》，《清华大学教育研究》2016年第5期。

康晓强：《社会组织一定促进协商民主吗？——对国外文献的评述和批判性考察》，《马克思主义与现实》2018年第1期。

赖岳山：《互为体用的"隐微政治"与"客观学术"——论"民族主义"情绪如何引导了"民国教育部'著作发明及美术奖励'（1941—1949）"中"著作类"的评审》，《学术月刊》2017年第11期。

李国强：《高等教育"创优"工程项目的喜与忧——基于〈高等教育第三方评估报告〉的分析》，《中国高教研究》2016年第3期。

李汉林、李路路：《资源与交换——中国单位组织中的依赖性结构》，《社会学研究》1999年第4期。

李红宇：《基于资源依赖理论探析中国大学自治——以"985工程"建设为例》，《江西社会科学》2011年第2期。

李红专：《当代西方社会历史观的重建——吉登斯结构化理论述评》，《教学与研究》2004年第4期。

李化斗：《社会生活中的具体与抽象：兼论"过程—事件"分析》，《社会》2011年第2期。

李俊生：《盎格鲁—萨克逊学派财政理论的破产与科学财政理论的重建——反思当代"主流"财政理论》，《经济学动态》2014年第4期。

李俊生、姚东旻：《重构政府与市场的关系——新市场财政学的"国家观""政府观"及其理论渊源》,《财政研究》2018年第1期。

李立国:《大学发展逻辑、组织形态与治理模式的变迁》,《高等教育研究》2017年第6期。

李明超:《历史社会学兴起的学科基础探析》,《学术探索》2008年第4期。

李奇:《从符号到信念:大学文化建设的概念框架》,《高等教育研究》2017年第6期。

李硕豪、何敏:《"985工程"大学本科教学质量绩效分析》,《国家教育行政学院学报》2012年第6期。

李涛:《教育发展的符码政治哲学批判——"超真实"构境中的草根浪漫主义公正与自由》,《社会科学论坛》2010年第6期。

李炜光:《财政何以为国家治理的基础和支柱》,《法学评论》2014年第2期。

李炜光、任晓兰:《财政社会学源流与我国当代财政学的发展》,《财政研究》2013年第7期。

李祥云:《本科教学质量与教学改革工程实施现状、问题与政策建议——基于武汉市9所高校的学生问卷调查》,《中国高教研究》2011年第7期。

李小克、郑小三:《高等教育财政支出影响因素研究——基于2000—2009年中部六省的面板数据》,《教育发展研究》2012年第11期。

李一花:《财政在国家治理中基础和支柱地位的理论分析》,《公共财政研究》2015年第1期。

李永友:《国家治理、财政改革与财政转移支付》,《地方财政研究》2016年第1期。

李友梅:《中国社会治理的新内涵与新作为》,《社会学研究》2017年第6期。

李有学:《反科层治理:机制、效用及其演变》,《河南大学学报》(社会科学版)2014年第1期。

李祖佩:《资源消解自治——项目下乡背景下的村治困境及其逻辑》,《学习与实践》2012年第11期。

李祖佩、钟涨宝：《分级处理和资源依赖——项目制基层实践中矛盾调处与秩序维持》，《中国农村观察》2015 年第 2 期。

郦菁：《历史比较视野中的国家建构——找回结构、多元性并兼评〈儒法国家：中国历史的新理论〉》，《开放时代》2016 年第 5 期。

练宏：《注意力分配——基于跨学科视角的理论述评》，《社会学研究》2015 年第 4 期。

梁传杰：《对我国"211 工程"建设的若干思考》，《学位与研究生教育》2013 年第 10 期。

林杰：《制度分析与高等教育研究》，《北京师范大学学报》（社会科学版）2004 年第 6 期。

林尚立：《在有效性中累积合法性：中国政治发展的路径选择》，《复旦学报》（社会科学版）2009 年第 2 期。

刘畅：《公平理念下公共教育财政支出法律制度研究》，博士学位论文，辽宁大学，2016 年。

刘德宝等：《中央高校基本科研业务专项资金管理刍议》，《科技管理》2013 年第 1 期。

刘海洋等：《学术锦标赛机制下的激励与扭曲——是什么导致了中国学术界的高数量与低质量？》，《南开经济研究》2012 年第 1 期。

刘晖：《地方大学治理：特征、理念与模式》，《教育研究》2008 年第 7 期。

刘念、赵红军：《"211 工程"现代项目管理运行机制的探索》，《中国成人教育》2007 年第 2 期。

刘守刚、刘雪梅：《财政研究的政治学路径探索》，《江苏教育学院学报》（社会科学版）2010 年第 3 期。

刘太刚、刘开君：《论我国竞争性科研项目经费配置模式的困境及优化路径——兼论竞争性和非竞争性科研经费协调投入机制》，《天津行政学院学报》2017 年第 5 期。

刘同舫：《象征交换：鲍德里亚超越符号消费社会的解放策略》，《广东社会科学》2016 年第 4 期。

刘威：《"行动者"的缺席抑或复归——街区邻里政治研究的日常生活转

向与方法论自觉》,《南京社会科学》2010 年第 7 期。

刘晓凤:《地理区域高等教育财政支出模式的路径依赖与锁定效应研究》,《高教探索》2016 年第 3 期。

刘学坤:《货币经济时代的大学学术——基于西美尔货币哲学的思考》,《现代教育科学》2010 年第 5 期。

刘学坤:《西方社会的政治现代性与大学德性的衰落》,《现代教育管理》2012 年第 5 期。

刘扬:《国家治理的逻辑、模式与实现路径——基于财政视角》,《地方财政研究》2014 年第 6 期。

刘志广:《财政社会学研究述评》,《经济学动态》2005 年第 5 期。

刘志广:《中央集权型财政体制与我国古代社会发展的停滞——对我国社会经济发展史的"财政社会学"分析》,《上海行政学院学报》2002 年第 2 期。

刘子曦:《法治中国历程——组织生态学视角下的法学教育（1949—2012）》,《社会学研究》2015 年第 1 期。

柳倩:《从"逻辑"到"意义"的个案研究外推分析——通过与统计调查对比》,《社会学评论》2017 年第 1 期。

龙献忠、刘鸿翔:《论高等教育发展的治理模式》,《高等教育研究》2007 年第 2 期。

鲁建坤、李永友:《超越财税问题:从国家治理的角度看中国财政体制垂直不平衡》,《社会学研究》2018 年第 2 期。

陆春萍、邓伟志:《社会实践:能动与结构的中介——吉登斯结构化理论阐释》,《学习与实践》2006 年第 2 期。

吕国光:《我国社会科学学术生产力布局研究——国家社科基金项目立项课题的视角》,《武汉理工大学学报》（社会科学版）2008 年第 4 期。

[乌克兰] 马尔·丁诺夫:《历史社会学:跨学科综合研究》,刘伸译,《国外社会科学》2004 年第 6 期。

马骏、温明月:《税收、租金与治理:理论与检验》,《社会学研究》2012 年第 2 期。

马珺:《布坎南财政思想中的国家治理理论》,《财政研究》2016 年第

12 期。

马珺：《财政学研究的不同范式及其方法论基础》，《财贸经济》2015 年第 7 期。

马陆亭：《当前现代大学制度建设的两个着力点》，《苏州大学学报》（教育科学版）2015 年第 4 期。

马廷奇：《省级统筹与高等教育治理体系建设》，《国家教育行政学院学报》2015 年第 8 期。

马万里：《政府间事权与支出责任划分：逻辑进路、体制保障与法治匹配》，《当代财经》2018 年第 2 期。

满永：《政治与生活：土地改革中的革命日常化》，《开放时代》2010 年第 3 期。

莫家豪：《跨越社会主义和全球资本主义：中国教育治理和社会政策范式的变革（下）》，《高教发展与评估》2009 年第 6 期。

莫少群：《"211 工程"建设与高等学校的发展定位》，《中国高教研究》2012 年第 2 期。

潘懋元、左崇良：《高等教育治理的衡平法则与路径探索——基于我国高教权责失衡的思考》，《清华大学教育研究》2016 年第 4 期。

钱大军、薛爱昌：《司法政策的治理化与地方实践的"运动化"》，《学习与探索》2015 年第 2 期。

渠敬东：《坚持结构分析和机制分析相结合的学科视角，处理现代中国社会转型中的大问题》，《社会学研究》2007 年第 2 期。

渠敬东：《破除"方法主义"迷信：中国学术自立的出路》，《文化纵横》2016 年第 2 期。

渠敬东：《项目制：一种新的国家治理体制》，《中国社会科学》2012 年第 5 期。

渠敬东、周飞舟、应星：《从总体支配到技术治理——基于中国 30 年改革经验的社会学分析》，《中国社会科学》2009 年第 6 期。

任剑涛：《国家的均衡治理：超越举国体制下的超大型项目偏好》，《学术月刊》2014 年第 10 期。

沈亚平、陈良雨：《高等教育治理现代化的生态位困境及优化策略》，

《中国高教研究》2016年第3期。

盛冰：《高等教育的治理：重构政府、高校、社会之间的关系》，《高等教育研究》2003年第2期。

盛洪：《关于中国市场化改革的过渡过程的研究》，《经济研究》1996年第1期。

史锦华：《基于财政社会学中"中国困惑"的深度思考——兼论中国财政学的构建》，《地方财政研究》2016年第3期。

史普原：《科层为体、项目为用：一个中央项目运作的组织探讨》，《社会》2015年第5期。

史雯婷：《从高等教育的社会治理看第三部门的发展》，《江苏高教》2004年第3期。

宋德孝：《"符号的政治经济学批判"之理论检视》，《北方论丛》2012年第3期。

宋维强、廖媛红：《大学竞争的政治学分析：以"985工程"为例》，《高等教育研究》2004年第6期。

孙睿昕、叶敬忠：《由斯皮瓦克命题到福柯命题——中国参与式发展话语的国家化》，《华中科技大学学报》（社会科学版）2013年第6期。

唐皇凤：《常态社会与运动式治理——中国社会治安治理中的"严打"政策研究》，《开放时代》2007年第3期。

陶凤翔：《国外大学治理形态的变迁与其借鉴意义——以迪特玛·布劳恩的三角模型为视角》，《大学教育科学》2011年第4期。

王春光：《城市化中的"撤并村庄"与行政社会的实践逻辑》，《社会学研究》2013年第3期。

王佳佳、万姝：《美国教师进步项目述评》，《外国教育研究》2014年第11期。

王建民：《高等教育"工程化"建设中的管理模式：问题与对策》，《高等教育研究》2008年第10期。

王群光：《治理的西方语境与中国化重建》，《社会主义研究》2017年第5期。

王绍光：《治理研究：正本清源》，《开放时代》2018年第2期。

王绍光、马俊：《走向"预算国家"：财政转型与国家建设》，《公共行政评论》2008年第1期。

王世权：《日本国立大学治理制度的源流考察及创新发展》，《日本学刊》2013年第2期。

王为径、叶敬忠：《"以国之名"：农村征地策略中的国家在场分析》，《南京农业大学学报》（社会科学版）2013年第1期。

王晓升：《论学术表演》，《江海学刊》2016年第2期。

王雄：《从技术治理到治理现代化：政府治理高等教育的现实与未来》，清华大学教育研究院第五届博士生论坛，北京，2016年。

王雨磊：《村干部与实践权力——精准扶贫中的国家基层治理秩序》，《公共行政评论》2017年第3期。

王雨磊：《农村精准扶贫中的技术动员》，《中国行政管理》2017年第2期。

王雨磊：《数字下乡：农村精准扶贫中的技术治理》，《社会学研究》2016年第6期。

王允修、宗刚：《高等教育项目管理探析》，《北京工业大学学报》（社会科学版）2005年第4期。

王振宇、赵晔：《分税制国内研究现况、困境及其展望》，《财政研究》2017年第12期。

魏士强：《〈高等教育哲学〉蕴涵的高等教育管理理念——读约翰·S.布鲁贝克的〈高等教育哲学〉》，《高等教育研究》2014年第11期。

魏欣、奚晓雪：《高等学校专项经费管理研究》，《天津大学学报》（社会科学版）2014年第6期。

吴本厦：《进一步做好高等学校重点学科的评选工作》，《国务院学位委员会公报》1983年第3期。

吴理财、李芝兰：《乡镇财政及其改革初探》，《中国农村观察》2003年第4期。

肖瑛：《作为治理术的科研项目制》，《云梦学刊》2014年第3期。

谢小芹、简小鹰：《从"内向型治理"到"外向型治理"：资源变迁背景下的村庄治理》，《广东社会科学》2014年第3期。

谢岳、葛阳:《城市化、基础权力与政治稳定》,《政治学研究》2017年第3期。

熊进:《科层制嵌入项目制:大学学术治理的制度审思》,《现代大学教育》2016年第3期。

熊进:《科层制与项目制:高等教育治理"双轨制"的形成研究》,《江苏高教》2016年第6期。

徐岩等:《合法性承载:对运动式治理及其转变的新解释——以A市18年创卫历程为例》,《公共行政评论》2015年第2期。

许长青:《高等教育管理的新常态:现代大学治理的动力、特征与体系构建》,《教育学术月刊》2016年第4期。

许士荣:《"211工程""985工程"终结的障碍与治理路径》,《重庆高教研究》2015年第3期。

阎光才:《高等教育治理体系与治理能力的现代化》,《苏州大学学报》(教育科学版)2014年第3期。

阎光才:《学术等级系统与锦标赛制》,《北京大学教育评论》2012年第3期。

颜克高、林顺浩:《地方政府行政嵌入与社会组织发展》,《公共行政评论》2017年第5期。

杨发祥、刘楠:《"乡财县管":理论视角与经验反思——一个跨学科的探索性研究》,《华东理工大学学报》(社会科学版)2012年第4期。

杨光斌:《作为建制性学科的中国政治学——兼论如何让治理理论起到治理作用》,《政治学研究》2018年第1期。

杨旭、李竣:《什么影响了转移支付资金在村级层面的分配》,《南京农业大学学报》(社会科学版)2015年第5期。

杨志军:《运动式治理悖论:常态治理的非常规化——基于网络"扫黄打非"运动分析》,《公共行政评论》2015年第2期。

杨志勇:《现代财政制度:基本原则与主要特征》,《地方财政研究》2014年第6期。

仰海峰:《从主体、结构到资本逻辑的结构化——反思关于马克思思想之研究模式的主导逻辑》,《哲学研究》2011年第10期。

应星:《且看今日学界"新父"之朽败》,《文化纵横》2009年第4期。

应星:《新革命史:问题与方法》,《妇女研究论丛》2017年第5期。

游宇等:《次国家财政结构与地方治理:一项实证研究》,《公共行政评论》2016年第5期。

游玉佩、熊进:《单位制与项目制:高等教育资源分配的制度逻辑及反思》,《江苏高教》2017年第2期。

于龙刚:《法治与治理之间——基层社会警察"解纷纠息"机制分析》,《华中科技大学学报》(社会科学版)2016年第3期。

于文明、卢伟:《治理理论的适用性及大学治理的中国实践方略》,《高等教育研究》2016年第10期。

余承海、程晋宽:《高等教育治理的四种国际模式——基于目标与手段的分类》,《江苏高教》2017年第2期。

臧晓霞、吕建华:《国家治理逻辑演变下中国环境管制取向:由"控制"走向"激励"》,《公共行政评论》2017年第5期。

张德祥:《1949年以来中国大学治理的历史变迁——基于政策变革的思考》,《中国高教研究》2016年第2期。

张宏宝:《"中国模式"高等教育分层治理的理论框架及模式选择》,《现代教育管理》2016年第3期。

张继明、王希普:《大学权力秩序重构与大学治理的现代化——基于社会参与大学治理的视角》,《高校教育管理》2017年第1期。

张军、王邦虎:《从对立到互嵌:制度与行动者关系的新拓展》,《江淮论坛》2010年第3期。

张良:《"项目治国"的成效与限度——以国家公共文化服务体系示范区(项目)为分析对象》,《人文杂志》2013年第1期。

张睿等:《本科教学质量与教学改革工程案例》,《中国高校科技》2014年第5期。

张文显:《法治与国家治理现代化》,《中国法学》2014年第4期。

张雄:《货币幻象:马克思的历史哲学解读》,《中国社会科学》2004年第4期。

张应强:《从完善大学制度来抓高等教育质量》,《大学教育科学》2012

年第 5 期。

张应强：《高等教育质量建设：创新体制机制与培育质量文化》，《江苏高教》2017 年第 1 期。

张应强：《关于将高等教育改革纳入法治化轨道的思考》，《江苏高教》2015 年第 6 期。

张应强：《我国高等教育改革的反思和再出发》，《深圳大学学报》（人文社会科学版）2016 年第 1 期。

张云鹏：《试论吉登斯结构化理论》，《社会科学战线》2005 年第 4 期。

赵炬明：《精英主义与单位制度——对中国大学组织与管理的案例研究》，《北京大学教育评论》2006 年第 1 期。

赵俊芳、车旭：《对"世界一流大学建设工程"的反思——基于中韩政策的比较》，《教育发展研究》2016 年第 7 期。

折晓叶：《"田野"经验中的日常生活逻辑：经验、理论与方法》，《社会》2018 年第 1 期。

折晓叶：《土地产权的动态建构机制——一个"追索权"分析视角》，《社会学研究》2018 年第 3 期。

折晓叶、陈婴婴：《项目制的分级运作机制和治理逻辑——对"项目进村"案例的社会学分析》，《中国社会科学》2011 年第 4 期。

郑备军：《我国高等教育财政支出的经济学分析》，《高等工程教育研究》2007 年第 2 期。

郑世林：《中国政府经济治理的项目体制研究》，《中国软科学》2016 年第 2 期。

郑世林、应珊珊：《项目制治理模式与中国地区经济发展》，《中国工业经济》2017 年第 2 期。

郑世林、周黎安：《政府专项项目体制与中国企业自主创新》，《数量经济技术经济研究》2015 年第 12 期。

郑卫东：《农民集体上访的发生机理》，《中国农村观察》2004 年第 2 期。

郑震：《当代西方消费社会学的主要命题》，《人文杂志》2017 年第 2 期。

钟柏昌等：《"211 工程"建设的三大问题与对策》，《江苏高教》2009 年第 6 期。

钟秋明、郭园兰：《大学生就业压力主体与高校主体压力辨析》，《现代大学教育》2014年第3期。

周飞舟：《财政资金的专项化及其问题：兼论"项目治国"》，《社会》2012年第1期。

周飞舟：《锦标赛体制》，《社会学研究》2009年第3期。

周光礼：《高等教育治理的政策范式：办学自主权的国际比较》，《湖南师范大学教育科学学报》2011年第5期。

周建民等：《"985工程"政策执行中的委托代理关系探究》，《东北大学学报》（社会科学版）2009年第4期。

周黎安：《行政发包的组织边界：兼论"官吏分途"与"层级分流"现象》，《社会》2016年第1期。

周黎安：《行政发包制》，《社会》2014年第6期。

周黎安：《中国地方官员的晋升锦标赛模式研究》，《经济研究》2007年第7期。

周雪光：《从"黄宗羲定律"到帝国的逻辑：中国国家治理逻辑的历史线索》，《开放时代》2014年第4期。

周雪光：《基层政府间的"共谋现象"：一个政府行为的制度逻辑》，《社会学研究》2008年第6期。

周雪光：《权威体制与有效治理：当代中国国家治理的制度逻辑》，《开放时代》2011年第10期。

周雪光：《项目制：一个"控制权"理论视角》，《开放时代》2015年第2期。

周雪光、程宇：《通往集体债务之路：政府组织、社会制度与乡村中国的公共产品供给》，《公共行政评论》2012年第1期。

朱家德：《从回应民主诉求到提高绩效：西方大学治理范式的发展演变》，《中国高教研究》2013年第3期。

宗晓华：《地方高等教育财政投入及其影响因素》，《高等教育研究》2010年第11期。

邹诗鹏：《现代性与剩余》，《学术月刊》2016年第8期。

Adrianna Kezar, "What Is More Important to Effective Governance: Relationship, Trust, and Leadership, or Structures and Formal Process, New Direction for Higher Education", *Wiley Periodical Inc.*: *Fall*, No. 127, 2004.

Auranen, O., Nieminen, M, "University Research Funding and Publication Performance——An International Comparison", *Research Policy*, Vol. 39, No. 6, 2010.

Braun, D., Merrien, F, Towards a New Model of Governance for University, London: Falmer Press, 2000.

Capano, G, "Government Continues to Do Its Job: a Comparative Study of Governance Shifts in the Higher Educatin Sector", *Public Administration*, Vol. 89, No. 4, 2011.

Claus Offe, "Governance: An 'Empty Signifier'?" *Constellations*, Vol. 16, No. 4, 2009.

Deok-Ho Jang, Leo Kim, "Framing 'World Class' Differently: International and Korean Participants' Perceptions of the World Class University Project", *Higher Education*, No. 65, 2013.

Eigi, J., Pille, P., Endla, L., Katrin, V, "Supervision and Early Career Work Experiences of Estonian Humanities Researchers Under the Conditions of Project-based Funding", *Higher Education Policy*, Vol. 27, No. 4, 2014.

Ellen Immergut, "The Theoretical Core of the New Institutionalism", *Politics & Society*, No. 26, 1998.

Engwall, L, "Universities, the State and the Market: Changing Patterns of University Governance in Sweden and Beyond", *Higher Education Management and Policy*, Vol. 19, No. 3, 2007.

Ewan Ferlie, et al, "The Steering of Higher Education Systems: a Public Management Perspective", *Higher Education*, No. 56, 2008.

Feldstein, M, "The Transformation of Public Economics Research: 1970-2000", *Journal of Public Economics*, Vol. 86, No. 3, 2002.

Gaddis, P. O, "The Project Manager", *Harvard Business Review*, Vol. 37,

No. 3, 1959.

Geuna, A, "The Changing Rationale for European University Research Funding: Are There Negative Unintended Consequences?" *Journal of Economic Issues*, Vol. 35, No. 3, 2001.

Goldsheid, R. *A Sociological Approach to Problems of Public Finance*, Translated by Elizabeth Henderson, in Classics in the Theory of Public Finance, Edited. Richard A. Musgrave and Alan T. Peacock. London: Macmillan, [1925] 1958.

Goodman, R. A. , Goodman, L. P, "Some Management Issues in Temporary Systems: a Study of Professional Development and Manpower-the Theater Case", *Administrative Science Quarterly*, Vol. 21, No. 4, 1976.

Harman, K, Treadgold, E, "Changing Patterns of Governance for Australian Universities", *Higher Education Research and Development*, Vol. 26, No. 1, 2007.

Jin, Hehui, Yingyi Qian, Berry Weingast, "Regional Decentralization and Fiscal Incentives: Federalism, Chinese Style", *Journal of Public Economics*, No. 89, 2005.

Joseph Alois Schumpeter, "The Crisis of the Tax State", *International Economic Paper*, No. 4, 1918/1954.

Key, V. O, "The Lack of a Budgetary Theory", *American Political Science Review*, Vol. 34, No. 6, 1940.

Larsen, M. I. , Maassen, P. Stensaker, B, "Four Basic Dilemmas in University Governance Reform", *Higher Education Management and Policy*, Vol. 21, No. 3, 2009.

Laudel, G, "The Art of Getting Funded: How Scientists Adapt to Their Funding Conditions", *Science and Public Policy*, Vol. 33, No. 7, 2006.

Laudel, G, "The 'quality myth': Promoting and Hindering Conditions for Acquiring Research Funds", *Higher Education*, Vol. 52, No. 3, 2006.

Lepori, B. , Dinges, M. , Reale, E. , Slipersaeter, S. , Theves, J. , Van den Bes selaar, P, "Comparing the Evolution of National Research Policies: What Pat terns of Change?", *Science and Public Policy*, Vol. 34, No. 6, 2007.

Lepori, B., Masso, J., Jabłecka, J., Sima, K., Ukrainski, K, "Comparing the Organization of Public Research Funding in Central and Eastern European Countries", *Science and Public Policy*, Vol. 36, No. 9, 2009.

Liefner, I, "Funding, Resource Allocation, and Performance in Higher Education Systems", *Higher Education*, No. 46, 2003.

Maassen, P, ed., "Reforming Higher Education in the Netherlands and Norway: the Role of the State and National Modes of Governance" *Policy Studies*, Vol. 32, No. 5, 2011.

Marginson, S., & Van der Wende, M, "To Rank or To be ranked: The Impact of Global Rankingsin Higher Education", *Journal of Studies in International Education*, Vol. 11, No. 3, 2007.

McDaniel, O. C, "The Paradigs of Governance in Higer Educatin Systems", *Higher Education Policy*, Vol. 9, No. 2, 1996.

Montinola, G., Yingyi Qian, Berry Weingast, "Federalism, Chinese Style: the Political Basis for Economic Success in China", *World Politics*, No. 48, 1995.

Neave, G, "The Changing Boundary between the State and Higher Education", *European Journal of Education*, Vol. 17, No. 3, 1982.

Olaf C. McDaniel, "The Paradigms of Governance in Higher Education Systems", *Higher Education Policy*, Vol. 9, No. 2, 1996.

Parahoo, K, "Politics and Ethics in Nursing Research", *Nursing Standard*, Vol. 6, No. 1, 1991.

Parker, L. D, "Contemporary University Strategising: The Financial Imperative", *Financial Accountability and Management*, Vol. 29, No. 1, 2013.

Peter Hall, Rosemary Taylor, "Political Science and the Three New Institutionalism", *Potitical Study*, Vol. 44, No. 4, 1996.

Pierre Bourdieu, "Rethinking the State: On the Genesis and Function of the Bureaucratic Field", *Social Theory*, No. 12, 1994.

Pranab, B, "Irrigation and Cooperation: an Empirical Analysis of 48 Irrigation Communities in South India", *Economic Development and Cultural Change*, Vol. 48, No. 4, 2000.

Raudla, R., Karol, E., Valdmaa, K., Kattel, R, "Implications of Project-based Funding of Research on Budgeting and Financial Management in Public Universities", *Higher Education*, No. 70, pp. 957–971.

Rosen, H. S, "The Way We Were (and Are): Changes in Public Finance and Its Textbooks", *National Tax Journal*, Vol. 50, No. 4, 1997.

Shattock, M, "Rebalancing Modern Concept of University Governance", *Higher Education Quarterly*, Vol. 56, No. 3, 2002.

Shattock, M, "University Governance, Leadership and Management in a Decade of Diversification and Uncertainty", *Higher Education Quarterly*, Vol. 67, No. 3, 2013.

Shin, J., Harmon, G, "New Challenges for Higher Education: Global and Asia-Pacific Perspectives", *Asia Pacific Education Review*, No. 10, 2009.

Sultan, H, "Public Finance and National Economy Sociologically Considered", *Bulletin of the National Tax Association*, Vol. 21, No. 2, 1935.

Susan, L, "Arresting Decline in Shared Governance: Towards a Flexibel Model for Academic Participation", *Higher Education Quarterly*, Vol. 58, No. 4, 2004.

Tammi, T, "The Competitive Funding of University Research: The Case of Finnish Science Universities", *Higher Education*, Vol. 57, No. 5, 2009.

Taylor, J, " 'Big is Beautiful.' Organizational Change in Universities in the United Kingdom: NewModels of Institutional Management and the Changing Role of Academic Staff". *Higher Education in Europe*, No. 3, 2007.

Trakman, L, "Modelling University Governance", *Higher Education Quarterly*, Vol. 62, No. 1/2, 2008.

Viven Lowndes, "Varieties of New Institutionalism: A Critical Appraisal", *Public Administration*, Vol. 74, No. 2, 1996.

三　网络文献、报纸类

《高校"青椒"的新"范进中举"》，http://news.xinhuanet.com/yuqing/2015-10/12/c_128307216.htm，2017年10月31日。

教育部办公厅：《教育部办公厅关于坚持正确导向促进高校高层次人才合理有序流动的通知》，http://www.moe.gov.cn/srcsite/A04/s7051/201701/t20170126_295715.html，2018年1月22日。

教育部人事司：《关于做好2017年度"长江学者奖励计划"人选推荐工作的通知》，http://www.moe.gov.cn/srcsite/A04/s8132/201705/t20170523_305576.html，2018年3月17日。

教育部人事司：《教育部实施"长江学者奖励计划"十六年》，http://www.moe.gov.cn/publicfiles/business/htmlfiles/moe/s8133/201406/169991.html，2014年12月27日。

教育部人事司：《长江学者打造科教兴国生力军》，http://www.moe.edu.cn/publicfils/business/htmlfiles/moe/s8133/201406/169993.html，2014年12月27日。

教育部人事司：《出人才、出成果、出机制——教育部实施"长江学者奖励计划"成效显著》，http://www.moe.gov.cn/publicfiles/business/htmlfiles/moe/s8133/201406/169992.html，2014年12月27日。

《十二届全国人大五次会议举行记者会　陈宝生就"教育改革发展"答记者问》，http://www.moe.gov.cn/jyb_xwfb/gzdt_gzdt/moe_1485/201703/t20170313_299293.html，2018年1月26日。

孙立平：《关于新总体性社会特征的探讨》，http://sun-liping.blog.sohu.com/213940652.html，2017年12月11日。

熊丙奇：《获青年基金为何感觉"似中举"》，http://blog.sina.com.cn/s/blog_46cf47710102vtu3.html，2017年10月31日。

《高校青年教师陷科研教学双重压力，晋升难度大》，http://learning.sohu.com/20160122/n435477053.shtml，2017年5月2日。

《高校报销年关：学生替导师办报销手续，凌晨四点半排长队》，http://news.163.com/15/1204/19/BA10H3U100014AED.html，2017年5月2日。

《广西大学校长：扶正人才"帽子"必须从薪酬制度着手》，https：//www. sogou. com/link？url＝B7ss7T7Ay4nZF1qjWdh_uN0DRJdnKmRMssLC2cIneEqA5CBMX1oWVnnjLYuW-XFqtsCnpVGpPpA，2018年5月9日。

余氓：《李兮言：高校文史哲青教与博士生存实录》，http：//www. 121ccom. net/articles/zgyj/gqmq/article_20140512105796. html，2015年1月3日。

中华人民共和国教育部：《关于印发〈"211"工程建设实施管理办法〉的通知》，http：//www. moe. gov. cn/srcsite/A22/s7065/200308/t20030825_112420. html，2016年6月20日。

中华人民共和国教育部：《"985工程"十年建设成效》，http：//www. moe. gov. cn/was5/web/search？channelid＝255182，2018年1月12日。

袁汝婷、闫睿：《高校"挖人大战"下的"职业跳槽教授"》，http：//news. xinhuanet. com/mrdx/2017－03/31/c_136172592. htm，2018年1月20日。

《中共中央办公厅、国务院办公厅印发〈关于分类推进人才评价机制改革的指导意见〉》，http：//www. gov. cn/zhengce/2018－02/26/content_5268965. htm，2018年3月3日。

Krücken，G，A Euopean Perspectives on New Modes of University Governance Actorhood，http：//cshe. Berkeley. edu/December2011，2017－03－29.

董云川、张琪仁：《指标时代的学术之殇》，《中国教育报》2016年3月14日第006版。

高培勇：《新一轮财税体制改革的战略定位》，《人民日报》2014年6月9日第7版。

郭军：《"废墟"之上，怎样建大学》，《中国社会科学报》2009年7月7日第10版。

罗荀：《"十一五"时期中央财政多方投入全力支持，教育事业改革发展留下深深足迹》，《中国财经报》2010年11月13日第1版。

渠敬东：《社会科学越来越美国化的危机》，《文汇报》2014年12月12日第T03版。

王晶：《县镇干部跑"部"要钱　支农资金亟须监管》，《中国经营报》

2006年11月27日第A06版。

《关注高校青年教师》,《光明日报》2013年8月13日第05版。

张晓山:《后农业税时代 回归物质与权利命题》,《21世纪经济报道》2005年10月10日第010版。

郅庭瑾:《用项目制回答教育治理"是什么"》,《中国教育报》2016年5月24日第010版。